시크교와 시크 문화

SIKHISM: AN INTRODUCTION
©2011 Nikky-Guninder Kaur Singh
All rights reserved.

Korean translation copyright ©2024 by Sunest
Korean translation rights arranged with Bloomsbury Publishing Plc.
through EYA Co.,Ltd

이 책의 한국어판 저작권은 EYA Co.,Ltd를 통해 Bloomsbury Publishing Plc 와 독점 계약한
써네스트 출판사가 소유합니다.
저작권법에 의하여 한국 내에서 보호를 받는 저작물이므로 무단 전재 및 복제를 금합니다.

시크교와 시크 문화

니키-거닌더 카우르 싱 지음 임나탈리야 옮김

우물이 있는 집

들어가는 말

　이 연구는 한스 가다마((Hans-Georg Gadamer, 1900-2002)의 해석학(<진실과 방법>(Truth and Method), 295)에 기본적인 '친숙함과 낯설음의 양극화'에 근거하고 있다. 시크교(Sikhism)에 대한 내 기억은 할머니와 함께 바틴다[1][Bathinda, 펀자브 남서쪽에 위치한 도시]의 구르드와라[Gurdwara, 시크교의 예배 장소]를 방문했던 어린 시절로 거슬러 올라간다. 나는 지금도 그 특별한 공간의 엄숙한 분위기, 화려한 색색 무늬 천들, 기쁨이 넘치는 음악, 그리고 별 모양이 가득 수 놓인 캐노피[canopy, 덮개]와 그 위에서 돌아가는 선풍기 소리를 느낄 수 있다. 내가 속한 시크교의 전통을 이해하기 위해 나는 지금까지 수많은 세월 동안 신성한 문헌을 연구하고 저술하고 가르쳐왔다. 그런데, 이러한 친숙함과 더불어, 가다마가 해석학적 행위에 있어 '낯설음'의 조건을 규정하였을 때 참으로 흥미로운 긴장이 창출되었다. 미국에서 소녀 예비학교에 다니던 어린 십 대부터 나는 가족과, 그리고 친숙했던 시크교

---

[1] [ ]로 표시된 부분에는 역주가 포함되어 있다.

의 세계와 떨어져 있게 되었다. 하지만, 이 입문서의 독특한 성격은 내가 친숙했던 문헌, 예식, 예술, 역사적 사건들과의 보다 의식적인 결별을 유도해 냈다. 그래서 나는 '거리 있는 타자'(distanciated other)가 되어 그들에게 되돌아가기를 시도했다. 그러자, 역설적이게도, 친밀했던 사람들이 이국적(異國的)이 되면서 새로운 통찰력과 가능성이 열리게 되었다. 시크와 관련된 출판물과 학술대회 발표문, 방송 보도, 웹 사이트와 같은 최근의 흐름이 나의 모험에 추가되었다.

이해한다는 것은 영속적인 행위이므로 우리는 텍스트와 사건들에 접근할 때 자신의 고유한 시야로 해야 한다. '시야를 확보하는 것은 가까운 것 그 너머에 있는 것을 보도록 배우는 것이다 - 그로부터 떨어지기 위해서가 아니라 더 잘 보기 위해서, 즉 보다 큰 전체 내에서 보다 정확한 균형 속에서 보기 위해서이다'(T & M: 305). 이 입문서는 현재의 글로벌 사회에서 보다 의미 있는 소통을 위한 초대장이다. 이 책은 그 어떤 종류의 닫힘도 의도하지 않는다. 나는 이 책이 시크교를 보다 친숙하게 느끼게 되고 반향을 일으켜서 시크교에 관한 출판물이 더욱 많이 생성되는 데 도움이 되기를 희망할 뿐이다.

타우리스(I.B.Tauris) 출판사의 편집자 알렉스 라이트(Mr. Alex Wright)에게 기회를 제공한 것에 대해 감사하고 싶다. 나는 그와 짧게 한 번 만났는데, 20년 전 AAR 전시관에서였다. 그때 나는

<시크교의 여성주의 원칙과 비전>(Feminine Principle in the Sikh Vision) 원고를 들고 주위를 돌아다니고 있었다. 제목에 있는 '시크교'라는 단어가 당시 케임브리지 대학교 출판부에서 근무하던 라이트의 눈에 금방 들어왔다. 시크교 연구에 대한 그의 넓은 비전과 지속적인 관심은 커다란 격려가 되었다. 또한 아주 짧은 시간에도 교정본을 세심하게 읽고 귀중한 제안을 한 것에 대해 하버드 대학교의 하르프리트 싱(Harpreet Singh)에게 매우 감사한다. 이 연구에 직접 혹은 간접으로 관계된 학생들과 친구들, 동료들과 비평가들에게 감사한다. 그림과 관련하여 바이 사트팔 싱 칼사(Bhai Satpal Singh Khalsa)와 엘리자 브라우닝(Eliza Browning), 구루무스투크 싱 칼사(Gurumustuk Singh Khalsa), 빈키 만프리트 싱(Binky Manpreet Singh), 닥터 나린데르 카파니(Dr. Narinder Kapany), 그리고 아일랜드의 하르프리트 싱(Harpreet Singh)에게 감사를 전한다. 수잔 존스(Suzanne Jones)의 꾸준한 도움과 멜 레그넬(Mel Regnell)의 전문적인 기술에 감사한다.

친숙함과 낯설음의 결합은 수많은 매력적인 주제와 개성을 발견하게 했고, 나는 그 모든 것을 포함하고 싶었다. 그러나, 안타깝게도, 그 많은 것을 책 한 권에 넣기는 어려웠다. 무엇보다 유감인 것은, 각 대륙의 여러 영역에서 시크교를 전파하는 젊은 세대 남녀 신앙인들을 포함할 수 없었다는 것이다. 그들의 무한한 창조성과 에너지는 정말 경탄할 만한 것이었다. 나는 그들 모두에게, 그

중에서 특히 젊은 아지트 싱 마타루(Ajeet Singh Matharu)에게 경의를 표한다. 2010년 7월 25일 그의 비극적인 죽음은 시크교 전체에 있어 커다란 손실이었다. 캘리포니아에서 태어나 필립 아카데미(Phillips Academy)와 서던 캘리포니아 대학교에(University of Southern California)서 공부했던 아지트는 컬럼비아 대학교(Colombia University) 역사학부 박사과정에 재학 중이었다. 올해 여름 그는 펀자브어를 공부하기 위해 찬디가르(Chandigarh)로 갔다. 학문적으로 장래가 촉망되는 청년이 교통사고로 한순간에 사라졌다는 사실을 받아들이기는 쉽지 않다. 아지트를 기억하며 이 책을 바친다.

니키-거닌더 카우르 싱

차·례

들어가는 말 • 4

서문 • 10

제 1장 구루 나나크와 시크교의 기원 • 21

제 2장 구루 아르잔과 시크 신앙의 정립 • 59

제 3장 구루 고빈드 싱과 시크 정체성의 확립 • 93

제 4장 시크교의 형이상학, 윤리학, 미학 • 128

제 5장 예배, 의식, 통과 의례 • 165

제 6장 가부장적 맥락에서 여성주의 텍스트 • 203

제 7장 식민주의와의 만남 • 237

제 8장 시크 예술 • 302

제 9장 시크 디아스포라 • 375

역자 후기 • 443

용어 설명 • 445

참고문헌 • 452

색인 • 461

미주 • 466

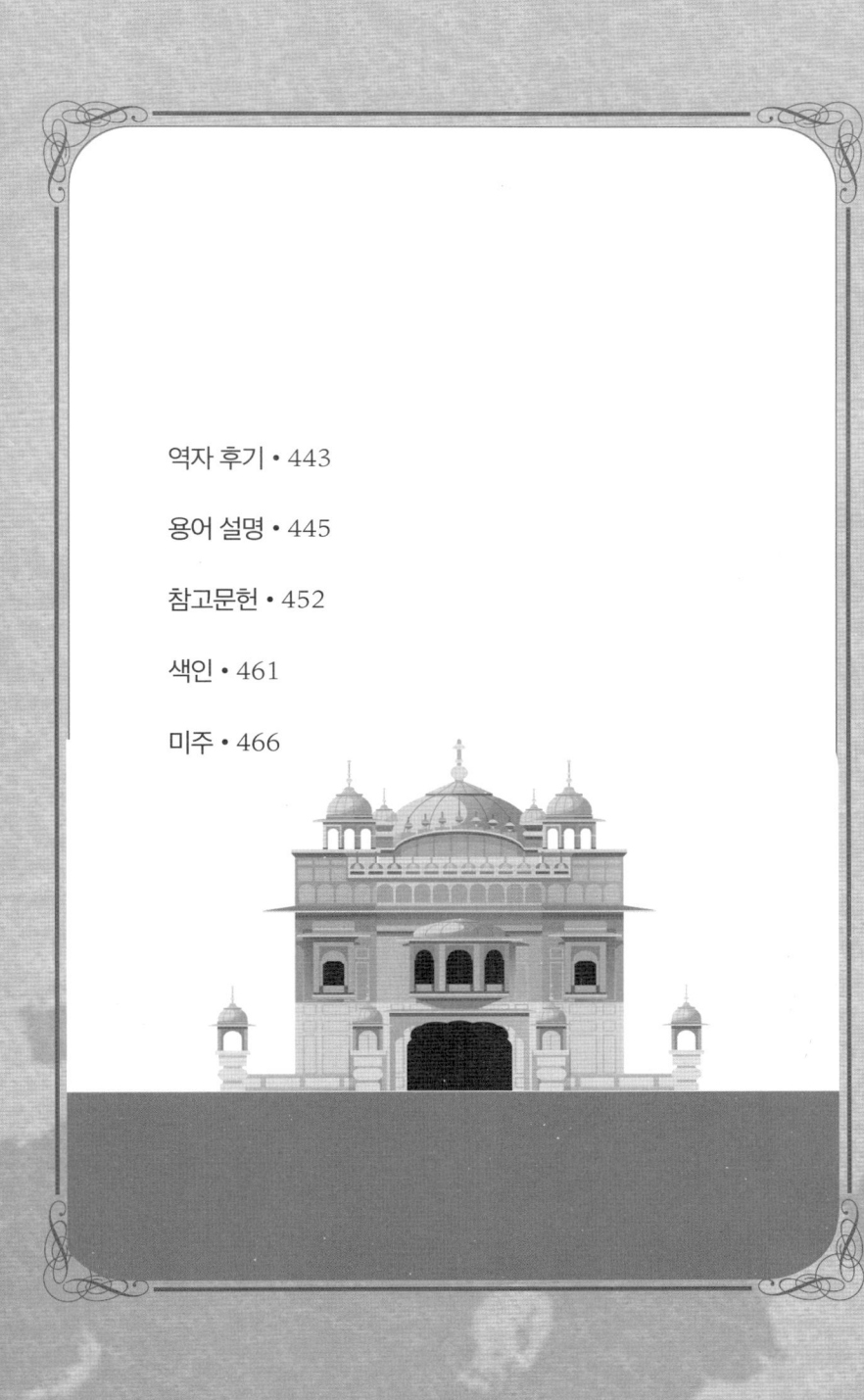

서문

21세기에 종교는 아주 생생하다. 어떤 영적이고 내세적인 것으로서 종교의 개념은 사라졌지만, 종교의 강력한 충격은 현대의 정치와 경제, 문화에서 발견된다. 세계의 종교적 전통에 대한 이해는 현대 세계를 이해하기 위해 필수적이다. 분명한 것은, 개별 학문의 전문적 영역이었던 것이 실존적 리얼리티가 되고 있다는 것이다. 이 책은 지금 '세계에서 다섯 번째로 큰' 종교인 인도 북부의 시크교의 전통에 대한 입문서이다. 이 책은 세 가지 목적을 갖고 있다. 첫째, 학문의 주된 흐름 속에서 시크교에 대한 다각적인 연구를 증진시키는 것, 둘째, 이를 일반 대중에게 알리는 것, 그리고 셋째, 시크 공동체의 인류평등주의(egalitarian) 원칙을 상기시키는 것이 그것이다.

시크교에 대한 연구가 종교 연구를 넘어 보다 넓은 인문학과 사회과학 분야에서 학문적으로 다루어지게 하는 것이 나의 첫 번째 목적이다. 시크교가 학교와 교과서에서 눈에 띄게 소홀히 취급되었던 예전에 비하면 커다란 발전을 한 것도 사실이다. 예전에는, 혹시 언급되었다 해도, '힌두교의 분파'나 '이슬람의 분파', 혹은 '힌두교와 이슬람의 혼합'으로 부정확하게 범주화되어 왔던 것이다.[1] 내가 고등학교와 대학교에 다니던 시절, 심지어 미국에서 대학교원 과정에서 공부할 때도 시크교는 커리큘럼에 존재하지 않았다. 그러나 오늘날 상황은 크게 달라졌다. 미국의 주요대학교에서 시크교 연구에 강좌가 주어지고, 국제적으로는 학술지와 학술서적에 있어 꾸준한 흐름이 일어나고 있는 것이다. 전집과 백과사전은 시크교에 고정된 활자 공간을 부여하고 있다. 시크교를 주제로 하는 대륙 간 학술대회는 향후 연구의 추동력이 되고 있다. 시크 디아스포라의 열정적이고 개혁적인 젊은 세대는 자신의 유산을 이해하고 전파하기 위해 새로운 길을 모색하고 있다.

그렇지만 시크교에 대한 연구의 대부분은 아직도 종교 분야로 한정되어 있다. 그 결과 매우 복잡하고 광범위한, 그리고 매력적인 주제는 열리지 않은 채로 남아있다. 시크교의 전통은 서아시아와 남아시아 사이의 지리와 역사에서 유래한다(혹은 발전한다). 따라서 시크교는 동양과 서양의 종교를 연구하는 학자 모두에게 언어적이고 문화적이며 철학적이고 예술적인 광범위한 자료를 제공한다. 철학적 강령과 신화들, 예술과 건축, 역사적 기념비, 정치 운동, 독특한 의식과 상징에 이르기까지, 시크교의 풍요로운 유산은 서로 다른 학문 분야와 방법론에 다양한 자료의 원천을 제공한다.

나는 이 책이 예술의 역사와 인류학, 문학, 철학, 여성학, 문화학, 그리고 인종지리학에 이르는 모든 연구에 상호 대화와 관계를 촉진하는데 도움이 되기를 바란다. 콜비 대학교(Colby College)에서 20년 이상 강의를 하면서 나는 이 대학교에 인문학적 분위기가 아주 충만해 있다는 것을 알았다. 예를 들어 최근 학기 시크교 세미나에서는 자남사키(Janamsakhi, 시크교 창시자의 탄생과 관련된 설화 문학) 회화에 등장하는 식물 그림들이 환경학과 관련하여 연구되었다. 문학 전공 학생들은 구루 나나크(Guru Nanak, 시크교의 창시자)의 자프(Jap, 시크교 경전에 등장하는 첫 번째 노래)와 엘리엇(T.S. Eliot)의 시 〈사중주〉(Four Quartets)를 연구했다. 교육은 무엇보다 관계를 만드는 것이고, 이 텍스트는 상호 이해의 패턴을 창조하도록 고무할 것이다. 시크교와 관련된 주제들이 다양한 학문 영역에서 공부하는 학생들에게 도달하는 것을 목격하는 것은 흥미로운 일이다.

나는 테마로 접근하는 방식을 택할 것이다. 이는 학생들로 하여금 그들이 관계 맺을 수 있는 방식으로 시크교의 자료와 친숙하게 하는 동시에 다른 종교와 문화에 대한 연구에 입문하게 할 것이라 생각한다. 이 책에서 아홉 개의 장은 각각 다른 주제를 담고 있다. 그 주제들이 시크교의 여러 양상에 대해 독자에게 심층적 이해를 부여한다는 점에서 '미시적'이라면, 현대의 인문학과 사회과학에 집중적인 관심과 질문을 불러일으킨다는 점에서는 '거시적'이다. 결국 나는 이 전통에 대한 광범위하면서도 심층적인 그림을 제공하는 한편, 교수와 학생들이 아시아 종교뿐 아니라 다른 학문 분야에서도 이를 이용할 수 있게 하도록 노력했다. 예를 들어 시크 예술에 대한 장이 아시아 예술 일반을 조망하는 데 이용될 수 있다면, 시크교의 의식에 관한 장은 인류학 분야의 연구에 이용될 수 있다. 그리고 젠더와 시크교 장은 여성과 젠더, 성별의 연구 과정에서 사용될 수 있다.

두 번째 목적은 이 역동적인 신앙과 그 현대적 적합성을 일반 대중에게 알리는 것이다. 시크교는 구루 나나크의 무한한 유일 신성(infinite singular Divine, 문자 그대로 숫자 '1'(one))에 대한 계시에 기반하고 있는데, 이때 무한한 유일 신성은 각각의 개별적인 감각으로 모든 사람에게 감지된다. 이러한 이상은 우리의 세속 세계 구석구석에 영적인 마법을 불어넣고 있다. 시크교의 윤리적 구조는 카스트와 계급, 인종, 젠더의 헤게모니와 억압적 관습을 깨뜨렸는데, 모든 사람은 독립적이고 평등하며 신성과 다른 사람 앞에서 모두 똑같은 책임을 갖고 있는 것이다. 시크교의 경전은 문학적 아름다움과 다원주의로 두드러진다. 모든 텍스트는 시크 구루와 힌두 성인, 그리고 무슬림 신비주의자의 목소리로 무한 신성에 대한 사랑을 표현하고 있다. 그 넓은 범위의 시적인 이미지와 우주적인 음악의 선율은 다양한 방식으로 독자와 청자의 마음을 조명하고, 이들이 원하는 모습으로 될 수 있도록 도와주는 잠재력을 지니고 있다. 이 포괄적인 텍스트에 상응하는 정체성의 표지로 시크교의 남성과 여성들은 다섯 가지 상징을 착용하는데, 이는 보편적인 인류애와 결부되어 있다. 신생 종교인 시크교는 세계의 해묵은 과제와 동시대의 문제에 대한 현대적인 접근법을 제공할 수 있다.

많은 사람이 지구촌에 살며 일하고 여행하지만, *다른(other)* 신앙을 가진 남성들과 여성들에 대해서는 거의 아는 것이 없다. 현대의 전자식 혹은 지리적 접근은 인간의 본질적인 소통을 창출하는데 실패했다. 영국의 사우스올(Southall), 프랑스의 보비니(Bobigny), 미국의 유바 시티(Yuba City)에는 인구학적으로 많은 수의 시크교인들이 살고 있다. 그러나 이들 시크교 남성과 여성들, 그리고 이들의 자녀들은 지역 주민들에게 영원한 이방인으로 남아있다. 이들의 세계관과 관습은 외부 사람들에게 거의 알려져 있지 않은 것이다. 911 테러 이후 미국에서는 최소 200명의 시크교인이 혐오 범죄의 희생양이 되었다. 단지 수염을 기르고 터번을 썼다는 이유였다. 피터 디킨슨(Peter Dickinson)의 공상 과학 소설 《악마의 아이들》(Devil's Children)에서 영국의 시골 사람들이 검은 수염을 기른 시크교인들을 악마의 아이들로 상상하며 공포를 느꼈다면, 이는 오늘날 섬뜩한 반향으로 나타난다. 외부 사람들은 심지어 면전에서 시크교의 종교적 상징들 - 의식용 칼, 강철 팔찌, 터번, 자르지 않은 머리카락과 수염 - 에 대해 의심의 눈초리를 보내고 있는 것이다.

종교 분야의 학자들은 현대인의 질병을 치료하기 위해서 우리가 다양성(diversity)을 넘어 다원주의(pluralism)로 가야한다고 조언한다 - '*우리는 모두 서로 우리*에 대해 말한다'(윌프레드 캔트웰 스미스(Wilfred Cantwell Smith)의 언급에서).[2] 300년 전 시크교의 열 번째 예언자 구루 고빈드 싱(Guru Gobind Singh, 1666-1708)도 이와 비슷하게 권유하였다. 17세기 인도는 명확히 지구의 중심이었다. 남아시아의 아대륙이 상업과 무역으로 동아시아와 서아시아를 연결하고 있었던 것이다. 무굴 제국(The Mughul Empire)은 전성기를 맞이했고, 페르시아, 아라비아, 아나톨리아 등지에서 무슬림 시인들과 예술가들이 몰려들었다. 말라야, 인도네시아, 필리핀의 상류층 사이에서 인도의 비단에 대한 수요가 높았다. 무굴 시대는 또한 유럽의 팽창과 영토 확장의 역사와 긴밀하게 얽혀 있었다. 포르투갈은 고아(Goa)를, 네덜란드는 스리랑카를, 영국은 벵갈(Bengal)을 차지했고, 프랑스는 폰디체리(Pondicherry)를 차지했다. 그들은 모두 상업적 침략을 자행했다. 서로 다른 나라와 서로 다른 종파의 기독교 선교사들이 토착민이었던 힌두교, 자이나교, 불교, 그리고 시크교의 주민들과 접촉했다. 시크교의 구루는 종교적 문화적으로 다양한 풍경 속에서 우리가 서로 연결되어 있다고 말했다.

마나스 키 자트 사바이 에카이 파히칸보...
에크 히 사루프 사바이 에카이 조트 잔보
manas ki jat sabai ekai pahicanbo...
ek hi sarup sabai ekai jot janbo(Akal Ustat: 85)

인류애만이 유일한 카스트라는 것을 깨달아라...
우리는 모두 같은 몸 같은 빛이라는 것을 알아라.

이때 두 개의 명령어 *'pahicanbo'*(*파히칸보*, 깨달아라 recognize)와 *'janbo'*(*잔보*, 알아라 know)를 말하는 그의 목소리에는 절박함이 있다. 모든 사람이 같은 몸(*에크 히 사루프 사바이 ek hi sarup sabai*)를 갖고 있다는 것, 그리고 모두 같은 영적인 빛(*에카이 조트 ekai jot*)을 형성하고 있다는 것을 자신의 사람들은 알아야(*janbo*) 한다는 것이다. 구루는 자신의 동시대 사람들이 서로 무서워하지 않기를 바랐다. 그는 서로 다른 눈동자 색깔, 다른 피부색, 다른 언어의 사람들이 단지 서로에 관대함(tolerate)에 머무르지 않기를 바랐다. 오히려 그는 도덕적 책임을 부과했는데, 그것은 타자(others)에 대해 적극적으로 배우고 이들의 근본적인 인류애를 깨달아야 한다는 것이다.

실제로, 다양성과의 조우는 타자에 대한 새로운 이해는 물론이고 자신에 대한 이해도 새롭게 한다. 디킨슨의 젊은 주인공 니키

(Nicky)는 시크교 집단에 합류하여 같이 살게 되는데, 그러면서 이들의 관습과 믿음에 대해 알게 된다. 그리고 시크교인도 다른 사람처럼 - '뼈와 정맥과 근육과 지방'을 가진 - 평범한 사람이라는 것을 알게 되고, 과대망상에 빠진 주위의 마을 사람들이 깨어나기를 바란다.[3] 나는 이 책에서 시크교의 역사와 교리, 윤리, 의식, 수행 그리고 예술에 대해 알기 쉬운 설명을 제공하고자 한다. 그리고 이를 통해 알려지지 않은 *타자(other)*에 대한 불필요한 심리적 공포(phobia)를 극복하고 진정한 대화와 상호 이해가 일어나기를 바란다. 니키가 시크교인들을 만났던 것처럼, 다종교적이고 다인종적이고 다문화적인 마을에서 우리는 '언어를 넘어 세대를 넘어, 그리고 모든 인종과 태생과 양육의 차이를 넘어'(〈악마의 아이들〉, 181) 서로와 대화할 수 있는 것이다.

세 번째 목적은 시크 공동체가 자신의 구루들이 의도했던 대로 자유로운 존재 양식으로 살 수 있도록 재충전할 수 있게 하는 것이다. 그 창시자로부터 10대 구루에 이르기까지 시크교의 모든 구루는 남성과 여성들에게 구시대의 관습과 타부(taboo)의 감옥을 깰 수 있는 기회의 창을 열어놓았다. 그러나 그들의 급진적인 인류평등주의와 열린 마음이 완전히 실행되지는 않았다. 가부장적 가치가 구루들의 메시지에 대한 해석보다 우선했고, 고대의 봉건적 규범이 사회적 행동을 지배했던 것이다. 구루들에 의해 폐기되었던 신성화된 '전통들'이 종종 시크교의 관례에 도입되었다. 인습적 규약과 제도, 이원성이 구루들이 구상했던 고양된 개성을 부서뜨렸다. 시크교의 핵심에 있는 사랑이라는 강력한 현상은 통제되거나 공포로 억압되어서는 안 되는 것이었다. 구루들은 자신의 말과 행동에 담긴 해방의 의미를 모두 알아차리지 못했을 수도 있지만 이를 활동할 수 있게 했고, 21세기의 시크교 남성과 여성들은 그 추진력을 지속해야 한다.

나는 또한 내가 펀자브(Punjab)의 시크교 가정에서 태어나고 성장했다는 것을 알리고 싶다. 나는 매일 아침 엄마가 시크교 경전을 낭송하는 멜로디를 들으면서, 매일 저녁 아버지가 시크교 학문에 헌신적으로 작업하는 것을 보면서 성장했다. 일요일 아침이면 부모님의 친구분들이 우리 집을 방문하였고, 시크교의 역사와 정치에 대해 토론하는 소리가 온 집안에 생생하게 울려 퍼졌다. 펀자브 대학교의 활기찬 캠퍼스는 그보다 더 큰 집이었다. 그곳에서 열리는 수많은 축제와 축일 속에서 시크교의 사회적 문화적 측면에 대해 알게 되었던 것이다. 십 대에 집을 떠났지만 그래도 시크 공동체는 항상 나와 가까이 있었다. 북아메리카와 유럽에서 나를 환영하고 사랑과 온기를 주었던 구르드와라의 신자들과 많은 가족들에게 깊은 감사를 표한다. 이렇게 나는 시크교의 영속적인 특질에 대해 '내부자'(insider)의 시각을 갖게 되었다.

동시에 나는 '외부자'(outsider)의 눈을 갖고 있는데, 이는 고등학교 때부터 미국에서 학교를 다녔기 때문이다(아마 나는 살던 동네에서 유일한 시크 학생이었을 것이다). 나의 최근 상황은 광범위한 기반을 가진 미국의 인문대학교인데, 이 대학교에서 시크교는 힌두교, 불교, 유교, 도교, 젠(Zen), 신도교(Shinto), 그리고 수피즘(Sufism)과 함께 내가 가르치는 아시아 종교의 당당한 하나로 나타났다. 나는 또한 남아시아의 여성 작가들에 대해 강의했고, 인도와 서양의 창작에 대해서도 강의했다. 이렇게 광범위한 영역은 나로 하여금 시크교의 현상들을 다각적인 측면에서 파악할 수 있게 했다. 재직 당시 동양과 서양, 그리고 서아시아의 여성학 학자들이 나의 연구를 깊이 있게 하였고 나의 학문적 감수성을 예리하게 하였다. 여성의 시각이 나의 주된 해석 기제라면, 이는 종교에 대한 여성주의 연구를 통해 연마되었던 것이다. 이러한 시각은 복잡 미묘한 시크교의 고찰에 있어서 비판적 전망을 제공하였다.

그럼에도 불구하고 나는 이 책의 객관성을 단언하지 않을 것인데, 그것은 불가능한 일이기 때문이다. 호주의 여성학자 엘리자베스 그로스(Elizabeth Gross)가 말하듯이, '육체에서 분리된 합리적이고 성적으로 무관심한 주체 - 시간과 공간, 혹은 타인과의 조직적인 상호 관계에 마음을 두지 않는 연구자라는 관습적인 가정은 천사에게나 가능한 일이다.'[4] 또한 나는 550년 지속되었던 시크교의 모든 양상들이 이 한 권의 책에 들어있다는 주장도 하지 않겠다! 이 책에 담긴 내용과 표현에는 반드시 나의 주관적 인상이 내포되어 있다. 시크교는 하나의 돌로 구축된 것이 아니다. 다른 모든 종교와 마찬가지로, 그것은 다채롭고 역동적이며 영원한 축적의 과정을 겪고 있다. 이 책은 그 만화경의 변화무쌍한 한 장면일 뿐이다.

제1장
구루 나나크와 시크교의 기원

시크교는 1469년 지금은 파키스탄에 속한 북인도의 탈완디(Talwandi) 마을에서 구루 나나크의 탄생으로 시작된다. 창시자 구루에 대한 문서 자료는 많지 않지만, 빈약한 자료에도 불구하고 구루 나나크의 생애는 시크교인의 집단 기억 속에 강하게 각인되어 있다. 그의 생애에 대해서는 세 개의 생생한 출처가 있는데, 자남사키 이야기(Janamsakhi Narrative), 바이 구르다스의 노래(The Ballad of Bhai Gurdas), 그리고 시크교 경전이 그것이다. 이들 모두 나나크의 생애와 가르침에 대한 생생한 초상을 제공하는 것이다. 2천 3백 만이 넘는 전 세계의 시크교인에게 있어[5] 구루 나나크는 그들의 유산의 출발점이 된다. 시크교인은 누구나 그의 장엄한 시를 낭송하는 것으로 하루를 시작하고, 대부분의 시크 가정과 사업장에는 구루 나나크의 그림이 걸려 있다. 구루는 보통 하얀 수염에 후광에 싸여 있는 모습으로 그려지는데, 이때 그는 힌두

시크교의 초대 구루 나나크

양식과 이슬람 양식이 결합된 옷을 입고 있다. 그의 눈은 성스러운 묵상에 잠겨 있고 오른쪽 손바닥에는 유일 신성 *이크 오안 카르(Ikk Oan Kar)*의 상징이 새겨져 있다. 이 장에서는 구루 나나크를 이해하기 위해 전통적인 세 가지 문학적 원천을 살펴볼 것이다(그의 외모에 대한 묘사는 제 8장 시크 예술 편을 보라).

자남사키 문학

구루 나나크가 세상을 떠나자 제자들은 그의 탄생과 생애에 대한 이야기를 쓰기 시작했다. 이것은 펀자비(Punjabi, 펀자브어)로 쓰인 첫 번째 산문 작품으로 나타나는데, 여기에는 구르무키 문자〔Gurmukhi, 펀자브어의 문자〕가 사용되었다. 이는 자남사키라고 하였는데, 자남(janam)은 펀자브어로 '탄생'(birth)을 의미하고 사키(sakhi)는 '이야기'(story)를 의미했다. 세월이 지남에 따라 이 이야기는 발라(Bala), 미하르반(Miharban), 아디(Adi), 푸라탄(Puratan)과 같은 다양한 형식으로 변주되었다. 자남사키의 주된 모티프는 지리적 혹은 연대기적 정확성이 아니었다. 저명한 시크 역사학자가 말하듯이, '이 이야기는 신앙인들이 신자들을 위해 쓴 것이다. 그들은 신자들의 삶 속에서 사실적이고 생생한 진리로 성장할 수 있는 주제에 대해서 썼다. 역사적 정확성은 물론이고 객관

적이고 개념적인 묘사도 역시 그들의 관심사가 아니었다.'[6]

신화화의 양식은 인도의 문화에 근거하고 있다. 자남사키 작가들은 인도의 고대 문학과 중세 문학을 잘 알고 있었다. 〈라마야나〉(Ramayana)와 〈마하바라타〉(Mahabharata)와 같은 서사시, 〈푸라나〉(Purana)에서 차용된 내러티브들이 수 세기 동안 이야기되고 기억되었다가 다시 이야기로 전해졌다. 신화와 역사, 철학과 지리의 혼합체였던 이 텍스트들은 실제 일어났던 사건을 서술하고 있다. 따라서 이 텍스트들은 인도에서 *이티하사(Ittihasa*, 산스크리트어로 '역사')로 알려져 있다. 자남사키가 유포되던 때 예언자 모하멧(Prophet Muhammad)과 무슬림 성인(카라마트karamat)의 기적에 대한 이야기(무지자트mujizat) 또한 수피 교단을 통해 펀자브 지역에 널리 유포되기 시작했다. 자남사키 작가들은 주변의 이러한 흐름에 영향을 받았고, 이에 영적으로 위대한 인물이 이해되고 기억되는 양식을 채택했다.

여러 작가들의 성향과 개인적인 충정에도 불구하고 자남사키에는 구루 나나크의 탄생과 생애의 중요성과 독창성을 변함없는 배경으로 한다. 여기에는 나나크의 신성한 섭리, 친절한 행위와 사회적 단결에 대한 관심, 그리고 신성한 화합과 이에 따른 사회적 화합에 대한 강조가 신화와 알레고리의 언어로 묘사되어 있다. 몇몇 이야기들은 그의 신적이고 윤리적인 가르침을 전기의 틀 안에서 조명하기 위해 구루 나나크의 저작에 있는 시들과 혼합되기도 하였다. 자남사키의 민첩하고 활달한 문체는 쉽게 입으로 전달되었고, 곧 대중화 되었다. 젊은 사람과 나이 든 사람 모두 계속해서 이를 읽고 이야기했다. 수많은 시크 가정에서 엄마와 아버지, 할머니와 할아버지가 밤마다 아이들이 잠들기 전 이야기로 자남사키를 읽어주었다. 이는 또한 멋진 삽화와 그림으로도 그려졌다(이것은 8장에서 설명할 것이다). 자남사키는 시크교인에게 자신의 유산을 문학적, 시각적으로 소개하는 최초의 것이었고, 이후 일생 동안 계속해서 영양분을 공급하는 것이었다.

자남사키는 힌두인 카트리[Khatri, 상인 계급] 부부에게서 나나크의 탄생이라는 장대한 사건으로 시작된다. 아버지 칼리안 찬드(Kalyan Chand)는 지역 무슬림 지주의 회계사였고, 어머니 트리프타(Tripta)는 신앙심이 깊은 여인이었다. 나나크의 탄생 내러티브는 그 주된 관심과 빛나는 묘사에 있어 붓다(Buddha), 그리스도(Christ), 그리고 크리슈나[Krishna, 힌두의 신]와 많은 공통점을 갖게 된다(오토 랭크(Otto Rank)의 저작 《영웅의 탄생 신화》(The Myth of the Birth of the Hero)[7]에 잘 나타나 있다). 예언자들은 붓다의 아버지 숫도다나(Suddhodhana) 왕에게 아들이 위대한 왕이 되거나 아니면 위대한 고행자가 될 것이라고 말한다. 세 명의 현자가 베들레헴의 마구간에서 태어나는 아기 예수(Jesus)를 경배하기 위해 빛나는 별을 따라온다. 베들레헴의 빛나는 별이 마구간을 비추었던 것처럼, 나나크가 태어날 때 그의 소박한 흙집에는 빛이 가득 흐르고 있었다. 하늘과 땅의 모든 지혜롭고 뛰어난 사람들이 이 기념비적인 사건을 축하하면서 충만한 신성한 의지(the Divine Will)의 육체적 형태로 간주되는 이 고귀한 영혼에게 절을 했다. 그렇지만 부처의 탄생이나 예수의 '처녀'(virgin) 탄생과 달리 나나크는 평범하게 태어난다. 조산사 다울탄(Daultan)은 산모 트리프타의 평상적인 임신과 출산을 증언한다. 트리프타의 육체가 무슬림 다울탄에게 맡겨졌다는 것은 또 다른 상징적인 의미를 지니고 있다. 나나크의 가족이 이슬람교인들과 긴밀한 관계를 맺고 있었다는 것이다. 자남사키에서는 트리프타가 행복하게 아이를 품에 안고 있는 것을 목격할 수 있는데, 이때 다울탄은 자신이 많은 아이들을 받았지만, 나나크처럼 특별한 아이는 처음이라고 즐거우면서도 자랑스럽게 말한다. 이들의 기쁨에는 수태와 임신, 출산이라는 자연적인 능력이 그 근저에 놓여 있다.

 자남사키는 계속해서 나나크의 생애에 대해 사실적인 그림을 제공한다. 자라면서 나나크는 기존의 규범에 불만을 갖게 된다. 어린 나나크는 아들이 사회적으로 금전적으로 성공하기를 바라는 아버지와 충돌하게 된다. 그는 공식적인 학교 교육을 좋아하지 않았다. 나나크는 사색적인 성격이었다. 그는 대부분의 시간을 밖에서 가축을 돌보거나 여행하는 수피 현자들과 이야기하면서 혹은 혼자 내적으로 교감하면서 보냈다. 나나크는 누나 나나키(Nanaki)와 친했다.[8] 그는 성장하여 나나키와 남편 자이람(Jairam)이 있는 술탄푸르(Sultanpur)로 갔다. 그리고 그 지역 상점에서 일하면서 같이 살았다. 이후 그는 술라크니(Sulakhni)와 결혼해서 두 아들 스리 찬드(Sri Chand, 1494)와 라크미 다스(Lakhmi Das, 1497)를 갖는다.

술탄푸르에서 나나크는 실재의 일자성(the oneness of Reality)에 대한 계시를 체험하게 된다(아래에서 분석한다). 그리고 그는, 자남사키에서 이야기 하듯이, '힌두도 없고 무슬림도 없다'고 주장하면서 종교적 사명을 수행하기 시작한다. 그는 인도와 그 밖의 지역을 여행하였는데, 이때 당대의 전형으로 간주되었던 '힌두'와 '무슬림'의 구분을 초월하는 신성한 합일(Divine unity)에 대한 자신의 메시지를 전파한다. 대부분의 여행에 있어, 구루 나나크가 펀자브의 구어로 궁극적인 일자(One)에 대한 열렬한 사랑을 노래할 때 그의 무슬림 동반자 마르다나(Mardana)는 라밥(rabab, 류트(lute)와

구루 나나크의 탄생 (1830년 자남사키)

비슷한 현악기. 아프가니스탄의 국가 악기의 하나이다)을 연주했다. 구루 나나크의 단순하고 명쾌한 가르침은 서로 다른 종교적 사회적 배경을 가진 사람들을 매료시켰다. 그를 '구루'로 받아들이고 그 가르침을 따르던 사람들은 시크(Sikh)라고 불렸는데, 이는 편자브어로 '제자'(disciple) 혹은 '찾는 자'(seeker)를 의미했다(산스크리트어로 시샤(shishya), 팔리어로 세카(sekha)).

구루 나나크는 마침내 카르타르푸르(Kartarpur, 산스크리트어로 '창조자의 도시'(City of Creator)의 뜻. 현재 파키스탄에 있다)에 정착했다. 라비(Ravi) 강변의 한 마을에 자리를 잡았던 것이다. 이곳에서 그를 중심으로 제자들의 공동체가 커져갔다. 이들은 일상적인 생활을 영위하면서 금욕 수행을 거부하고 새로운 가족 개념을 긍정하였다. 이들의 생활양식이었던 *세바(seva*, 자발적 봉사), *랑가르 (langar*, 카스트, 종교, 성별에 상관없는 요리와 식

구루 나나크의 계시 (자남사키 B-40)

사), *상가트(sangat*, 회합)는 시크교의 교리와 수행을 위한 청사진을 제시하였다. 나나크는 제자 라히나(Lahina)를 앙가드(Angad, '나의 손발'(my limb))이라고 부르며 살아생전에 그를 후계자로 정했다. 구루 나나크는 1539년 카프타르푸르에서 세상을 떠났다.

구루의 이러한 전기적인 프레임은 기적이라는 디테일로 채워진다. 자남사키에는 무섭고 위험한 자연적인 요소들이 등장하는데, 그들은 나나크를 보호하거나(잠든 나나크에게 그늘을 제공하는 코브라) 나나크에 의해 제어된다(커다란 바위가 날아올 때 나나크는 팔을 들고 손바닥으로 막는다). 자남사키에는 나나크의 신성한 모습이 묘사된다. 죽음에 있어 구루 나나크의 수의 속에는 시신이 없었는데, 시신 대신 꽃이 있었던 것이다. 힌두와 무슬림, 모두 향기로운 꽃을 운구했고, 각자 자신의 관습에 따라 화장 또는 매장을 하였다.

자남사키에는 공식적인 의식을 비난하는 구루 나나크의 모습이 반복

잠든 나나크에게 그늘이 되어주는 코브라
(자남사키 B-40)

적으로 묘사되는데, 이때 종종 유머와 아이러니가 동반되었다. 여행을 하던 나나크가 힌두교의 순례지인 갠지스(Ganges) 강변의 고대 도시 하르드와르(Hardwar)를 방문한다. 일부 사제들이 태양이 떠오르는 동쪽을 향해 물을 뿌리는 것으로 본 나나크는 서쪽을 향해 물을 뿌리기 시작한다. 사제들은 그의 행위를 신성모독으로 간주하면서 서쪽으로 뿌려진 물이 누구를 이롭게 하느냐고 물었다. 그러자 나나크가 그들에게 똑같은 질문을 했다. 사제들은 돌아가신 조상의 영혼에게 봉헌하는 것이라고 대답했다. 그러자 나나크는 자신이 하던 일을 계속했는데, 심지어 더 열심히 하는 것이었다. 이런 극적인 장면을 통해서 나나크가 주장하고자 했던 것은, 만일 사제들이 뿌린 물이 돌아가신 조상들에게 도달한다면 자신이 뿌린 물은 길 아래 있는 밭에 도달해서 수확을 도울 것이 확실하다는 것이다.

이런 교훈적인 양식은 자남사키 내러티브에서 되풀이 된다. 나나크는 사람들에게 내재된 가정에 도전하는 방식으로 기존의 의식 규범을 비틀고 뒤집었다. 그리고 새로운 실재를 향해 방향을 전환하게 했다. 그와 관련된 수많은 기적은 그의 위대함을 확대하기 위한 것이 아니었다. 이는 오히려 듣는 사람의 마음을 움직이도록 유도하는 렌즈로 작용했다. 예를 들어 메카(Mecca, 사우디아라비아의 도시, 이슬람교 제 1의 성지)에 갔을 때 나나크는 발을 카바(Ka'bah. 메카의 대모스크 안에 있는 신전)로 향한 채 잠이 들었다. 이를 본 카디〔Qadi, 이슬람의 종교 재판관〕는 방문객의 이 부적절한 행위에 화가 났다. 그렇지만 나나크는 움직이지 않았다. 반박하는 대신에 나나크는 카디에게 적절하다고 생각하는 방향으로 자신의 발을 돌려놓으라고 정중하게 부탁했다. 그러자 나나크의 발이 돌려졌을 때, 신성한 카바도 함께 돌려졌던 것이다. 이 이야기가 독자들에게 역사적 사실로 간주될 필요는 없다. 돌린다는 것은 굳어진 마음의 공식을 부수는 행위일 뿐이기 때문이다. 신성은 모든 방향에 존재한다는 것, 그리고 내적인 종교성은 외적으로 표현될 수 없다는 것이 효과적으로 전달되었다. 이와 같은 내러티브는 독자들의 관습적인 규범과 선적인 구조에 혼란을 야기하고 광범위한 내적 지평을 향해 그것들을 방향 전환하게 한다.[9]

자주 인용되는 이야기 중에 나나크가 *우파나야나(ypanayana. 힌두교의 통과 의례)* 성인식에 참여하기를 거절한 이야기가 있다. 그것은 '두 번 태어난'(twice born, 힌두의 상위 세 계급 - 브라흐만, 크샤트리야, 바이샤 - 를 일컫는다) 힌두 소년이 받는 주요한 실*(자네우janeu)*의 의식이다. 자남사키는 나나크가 수 세기 동안 행해졌던 이 중요한 통과 의식을 거부하는 것에 초점을 맞춘다. 부모가 정성 들여 마련한 무대를 배경으로 그는 이를 부정하는 행위를 한다. 수많은 친척과 친구들이 그의 집에 모였다. 존경받는 가족 사제 판디트 하르디알(Pandit Hardyal)이 의식을 집행한다. 특별히 마련되어 소똥 반죽으로 정화된 단 위에 판디트 하르디알이 앉아 있고, 그 맞은편에는 소년 나나크가 앉아 있다. 판디트 하르디알이 램프에 불을 붙이고 향에 불을 붙이고 밀가루로 아름다운 칠을 하고, 그리고 선율적으로 만트라를 낭송한다. 사제가 입문자에게 성스러운 실(*자내우*)을 입히려고 할 때 나나크는 의식을 중단하게 한다. 그리고 그에게 실로 무엇을 하느냐고 물으면서 입기를 거부한다. 이 내러티브에는 손으로 만든 실에 대한 나나크의 비판과 함께, '자비의 무명으로 짜고 만족이라는 실로 만들어진, 미덕으로 꿰어지고 진리로 꼬는' 영적이고 정서적인 실에 대한 그의 열정적인 제안이 병치되어 있다.[10] *자내우*는 밖으로 걸쳐지는 것이 아니라 내적인 과정이 되었다. '그 실은 끊어지지도 않고 더러워지지도 않는다. 타지도 않고 잃어버리지도 않는다.'라고 나나크는 말하였다. 배타적인 통과 의식에 대한 거부를 설명하기 위해 나나크의 전기와 시는 이런 식으로 자남사키 작가에 의해 함께 섞이게 되었다. 어린 나나크는 아버지의 집에 모인 많은 사람들 앞에서 순조롭게 진행되던 의식을 중단시켰는데, 이에 그의 동시대인들은 다른 유형의 '실', 즉 다른 의식과 전혀 다른 이상을 그릴 수 있었던 것이다. 이러한 일화는 수없이 많은데, 여기서 나나크는 지배적인 카스트와 계급의 사회적 헤게모니를 생생하게 해체하고 인류평등주의의 차원을 강화하였다.

    자남사키는 시크교와 관련된 초기 여성들을 소개할 때 특별한 의미를 지닌다. 자남사키에는 여성들의 개별적인 캐릭터가 충분히 전개되지 않기도 했는데, 구루와 관련해서만 나타났던 것이다. 그렇지만 많지 않은 등장에도 불구하고, 작가는 여성이 갖고 있는 섬세한 알아차림을 조명한다. 어머니 트리프타는 지혜로운 여인이었다. 그녀는 아들을 이해하고 그의 독특한 개성을 파악했다 - 그의 아버지가 파악하는 것보다 훨씬 더 많이. 조산사 다울탄은 자신이 받아낸 아이의 비범한 능력에 놀란다. 예수의 부활을 처음 목격한 마리아 막달레나처럼 나나크의 깨달음을 처음으로 알아챈 사람은 누나 나나키이다. 다만 술라크니의 역할이 모호한데, 마치 저자는 이 여인을 어떻게 다루어야 할지 잘 모르는 것 같다. 시크교 창시자의 아내는 어디에 있는가? 남편과의 관계는 어떠했는가? 남편이 두 아들을 데리고 먼 길을 떠날 때 그녀는 어떤 감정이었는가?

수많은 힌두 종파 출신의 현자들, 수피즘의 여러 교단, 불교 학파, 그리고 자이나교의 승려들이 북인도의 토양을 풍요롭게 만들었다. 서로 다른 인종과 종교적 배경을 지닌 지도자들과 일반 신자들은 자신의 신성한 현존과 경건한 언사, 그리고 사랑과 자비가 가득한 메시지로 역동적인 환경을 창조했다. 자남사키 문학은 나나크를 다른 신앙을 가진 사람들과 의미 있는 교류를 하는 다원적인 인물로 묘사한다. 그는 전혀 신랄하지 않고 존경심 가득한 태도로 그들과 대화하고 토론한다. 함께 여행했던 무슬림 동반자와 그랬던 것처럼, 그에게는 '다른 사람들'과 알고 친해지려는 바람이 있었다. 나나크의 모습은 하르드와르에서 보였고 메카에서도 보였다. 그리고 히말라야의 높은 산맥에서도 보였다. 그는 힌두 사원과 이슬람의 모스크, 비하라(vihara, 불교 수행자를 위한 수도원), 칸카(khanqah, 수피 수행자를 위해 설계된 건물)를 방문했다. 그리고 수많은 전시회와 축제에 참여했다. 그리고 모든 종교의 사람들에게 전달한 것은 인류애라는 기본적인 공통성이었다. 그는 모든 사람에게 스스로 확신을 갖게 했고, 이를 통해 종교적 계율을 위한 서로 다른 실제적 공간을 창조했다. 무슬림을 만나면 이슬람 신앙의 가르침에 따라 믿도록 권유했고, 힌두를 만나면 또한 그들의 전통적 교의에 따라 믿도록 설득했다. 이에 자남사키 작가들은 당대의 종교적 문화적 다양성에 대해 나나크가 행사했고 그럼으로써 자신만의 독특한 신앙을 정립하는 데 성공했던 다원적인 역동성을 자신들의 실질적인 감각과 고유한 재치로 재현했다.

구루 나나크의 계시

푸라탄 자남사키의 극히 단순하지만 고도로 섬세한 내러티브는 *이크 오안 카르(Ikk Oan Kar)*로 상징되는 유일 신성에 대한 구루 나나크의 체험과 계시를 기념한다. 보다 면밀히 분석하면, 이것은 시크교의 기원에 대한 독특한 양상들은 물론, 다양한 문화권의 신화들에서 발견되는 보편적 구조를 조명한다. 구루 나나크의 생애에서 중대한 사건은 그가 술탄푸르의 무슬림 지주가 운영하는 가게에서 일하고 있을 때 일어난다. 어느 날 나나크는 여느 때처럼 아침에 베인(Bein)강에 가서 목욕을 했다. 그런데 그다음에 집으로 돌아오지 않았다. 멀리까지 찾았지만 흔적은 보이지 않았고, 강가에서 그의 옷들이 발견되었다. 사람들은 모두 그가 물에 빠졌다고 생각했다. 마을 전체가 우울함에 젖었다. 그런데 사흘 째 되는 날 나나크가 나타났다. 자남사키는 이 기간에 그가 신성과 직접 교류했다고 이야기한다. 이것은 그의 개인적인 통과 의식인데, 즉 구루 나나크의 영적이고 사회적인 정체성이 재규정되는 새로운 탄생을 상징한다. 우파나야나를 거부했던 그는 전혀 다른 통과 의식을 수행했는데, 이는 분리와 경계, 재결합이라는 세 가지 원형을 따르고 있다.

분리

나나크가 강물에 들어가면서 옷을 남겨두었을 때, 그 옷은 예전의 규범과 흔적을 의미한다. 그가 시종을 남겨두었을 때, 이는 집과 가족, 일반적으로 사회를 의미한다. 이제 그는 아무것도 소유하고 있지 않다. 나나크는 자신의 문화적 조건을 내던졌고 사회 구조에 속한 자신도 벗어던졌다. 그는 베인 강에서 사흘 동안 사라져버렸다. 그의 무슬림 고용주는 어부에게 사정을 말하고 강에 그물을 던지는 등, 그를 찾기 위해 사방으로 노력했지만 찾을 수 없었다. 나나크는 찾을 수 있는 곳에 있지 않았다. 나나크의 고용주는 낙담하여 그가 얼마나 좋은 직원이었는지를 생각했다.

사이와 중간

이러한 '사이구조적(interstructural) 상황'에서 나나크는 '더이상 속해있지 않았고 아직 속하지도 않았다.'[11] 그는 더이상 상점의 직원이 아니었지만, 아직은 전 세계 수백만의 사람들을 새로운 종교로 끌어들이는 구루도 아니었다. 과거의 경계는 사라졌지만 미래의 가능성은 아직 다가오지 않은 역동적인 경계선상에 있었던 것이다. 사흘 동안 나나크는 물속에 잠겨 있던 것으로 전해지는데, 이때 그는 일련의 초자연적인 사건들을 겪게 된다.

다층적인 신화적 이야기에 따르면, 나나크는 신성한 현존으로 인도되어 *암리타(amrit)*를 받게 된다; '*에후 암리투 메레 남 카 피알라 해(ehu amritu mere nam ka piala hai)* - 이 암리타는 나의 이름의 잔이다.'[12] 베인강의 물속에서 나나크는 불멸의 음료 암리타(문자적 의미: a = not + mrit = death)를 받는다. 그의 눈에는 아무것도 보이지 않는다. 오직 소리가 들릴 뿐이다. 포스트모던 철학자 한스-게오르그 가다마(Hans-Georg Gadamer)는 듣기(hearing)가 전통을 구축하는 데 중요한 현상이라고 말했다: '듣기는 언어에서 일어나고 따라서 모든 곳에서 일어난다. 다만 보이지 않을 뿐이다.'[13]

나나크가 듣는 목소리는 어떤 산꼭대기에서 내려오는 것이 아니었다. 그것은 강의 내부에서 들려오는 것이었다. 마신다는 것은 원초적이고 기본적인 욕구이며 작용이다. 따라서 이 이야기는 근본적인 인간적 과정의 정당성을 인정한다. 신성의 명령 '피오'(pio, 마시다)는 마시고 맛보고 성장하고 영양분을 공급받는 인간의 육체적 행위를 구체화한 것이다.

나나크가 받은 것은 *남 카 피알라* - 이름의 잔이었다. 남(영어 단어 'name'에 해당하는)은 초월적 일자의 정체성을 상징한다. 이는 나나크가 처음으로 신성에게 인도되는 과정이다. 우주적 음료를 마시면서 나나크는 궁극적 실재(Ultimate Reality)를 *알케(know)* 된다. 나나크가 받은 불멸의 음료는 초월적 일자에 대한 사피엔스적 체험을 의미한다.

*알리타*의 잔을 받은 후, 나나크는 사람들을 가르치기 위해 떠나라는 명령을 받는다. 그러나 이는 또한 자남사키 내러티브에서 시험을 통과하는 의미를 지니고 있다. 떠나기 전에 나나크는 방법과 기술을 설명하라는 명령을 받는다: '사람들이 어떻게 나의 이름을 찬양할까? 낭송이다!' 구루 나나크는 휨〔hymn, 송가. 신을 찬미한다〕으로 대답하는데, 그것은 찬양의 노래 - 그리고 증거 - 였다. 여기서 우리는 나나크가 받은 명령 *'카후'(kahu,* 펀자브어로 '낭송하다')와 신이 아르한겔 가브리엘을 통해 예언자 모하멧에게 내린 *'쿤'(kun,* 아랍어로 '낭송하다') 의 놀라운 유사성을 발견하게 된다. 예언자 모하멧이 히라산(Mount Hira)의 동굴에서 말씀(Word)을 들었다면, 구루 나나크는 이를 베인강에서 들었던 것이다. 그의 시적 재능에 대해서 이전에는 아무것도 알려진 것이 없었

다. 그러나 이 공간들을 거친 후 그 말씀들은 모두 거대하고 중요한, 그리고 가장 예술적인 텍스트인 신성한 《코란》(Qu'ran)과 구루 《그란트》(Guru Grant)의 모태가 되었던 것이다.

구루 나나크는 시적인 문장으로 시험을 통과한 후 신성에 의해 받아들여진다. 그는 휨을 낭송했는데, 이는 그의 영적이고 정신적인 능력뿐 아니라 예술적 재능까지 입증하는 것이었다. 그 마지막 구절은 다음과 같다:

만일 내가 마르지 않는 잉크를 갖고 있다 해도,
그래서 바람의 속도로 쓸 수 있다 해도,
나는 여전히 당신의 위대함을 측정할 수 없다.
당신의 이름의 영광을 나타낼 수도 없다!(GG: 13)

나나크는 시인이 되었다. 그는 인간의 언어를 폭발시켰다. 그는 말로 표현할 수 없는 것을 결정적인 비유와 직유, 은유를 사용하여 묘사했다. 나나크의 대답에 대해 목소리(Voice)가 말했다: '나나크, 너는 나의 의지를 분명하게 알고 있다.' 이렇게 자남사키는 나나크의 성공을 증언한다. 그때 나나크가 낭송한 것이 바로 자프(Jap)이다. 그의 모든 휨 텍스트가 자남사키에 열거되어 있지는 않지만, 나나크가 '자프를 끝맺었다 - *자푸 삼푸란 키타(japu sampuran kita)*'는 것은 명시되어 있다. 영적인 만남의 특별한 지점을 낭송하면서 자프는 나나크의 수용과 감사의 마음에 대해 알게 해준다. 자프는 구루 나나크 형이상학의 핵심이다. 그것은 시크교 경전의 오프닝 힘이 되어 경건한 시크교인들에 의해 매일 낭송된다.

신성한 입문의 세 번째 단계에서 구루 나나크는 명예의 옷 (*sirpao*, 일반적으로 *saropa*로 알려진)을 받는다. 자남사키 내러티브는 계속된다:

목소리가 다시 들려왔다: '지금 네 눈 속에 있는 자는, 나나크여, 나의 눈 속에도 있을 것이다. 너의 은총을 받는 자는 누구든지 나의 은총 속에 머무를 것이다. 나의 이름은 최고의 일자이다. 너의 이름은 신성한 구루이다.' 그러자 구루 나나크는 감사의 절을 하고 신성한 궁정으로부터 명예의 옷을 받는다. 라가 다나사리(Raga Dhanasari, 시크교의 음악. 즐겁고 행복한 분위기를 가진다)의 낭랑한 선율이 울려 퍼진다.... 아라티(Arati)...

이제 나나크는 구루가 되었다. 그는 완전히 새로운 정체성과 지위를 부여받았다. 그의 특별한 섭리의 표식이 되는 물리적 사물은 머리(*sir*)에서 발(*pao*)까지 내려오는 옷 *시르파오(sirpao)*였다. 이것은 재단되는 것이 아니므로 그 어떤 남성 혹은 여성을 위해 만들어지지 않았다. 또한 입어볼 수도 없었다. 이를 받은 구루는 크게 기뻐하며 아라티(Arati)를 낭송했는데, 이는 모든 존재를 비추는 초월의 빛을 찬양하는 휨이었다. 풍성한 강물 속에서 나나크는 우주의 존재론적 근거를 깨달았다. 그리고 자신에게 내린 계시를 나누도록 부름을 받았다.

재결합

근본적인 체험을 한 뒤에 주인공은 구루가 되어 다시 사회로 돌아온다. 새로운 지위와 역할 속에서 나나크는 새로운 자각을 하게 된다. 그의 입회식은 젠더적인 입장을 내세우는 것이 아니었는데, 결국 통과 의식을 통해 나나크의 남성적 정체성은 해체된다. 강에 들어갈 때 아들이고 남편이고 남동생이었던 나나크가 신비로운 입회식을 통해 근본적인 인류애를 부여받게 된 것이다. 양수 속에서 그는 마신다는 물리적 과정을 거쳤는데, 이것은 그에게 신성에 대한 형이상학적 통찰력을 부여했다. 그는 시와 감각의 충만 속에서 대답했고, 신성한 궁정에서 젠더를 포괄하는 명예의 옷을 받았다. 다른 입회식과 달리 신체에서 더하거나 빼지는 것이 없었는데, 타투나 할례, 혹은 통과를 입증하는 흔적이 없었던 것이다. 구루 나나크의 경우 새로운 정체성은 *바나(bana,* 물질적인 천)와 *바니(bani,* 시)의 통일로 표시되는데, 즉 *시르파오(옷)*와 *남(nam,* 단어)의 통일인 것이다.

그가 사회에 합류했을 때, '반구조'(antistructure)가 존재의 양식이 되었다. 구루 나나크가 카라타르푸르에서 결성한 첫 번째 시크 공동체는 문화 인류학자 빅터 터너(Victor Turner)가 '반구조'라고 묘사한 것에 적합한데, 사회의 정연한 수직 체계와 수평적 분화가 무너졌기 때문이다. 나나크의 새 공동체에서는 고대 제도에서 네 계급의 엄격한 위계질서나 남성-여성의 젠더 분화는 찾아볼 수 없었다. 대신 시크교의 세 가지 주요 제도 - 세바(seva, 자발적 봉사), 랑가르(langar, 공동 식사), 상가트(sangat, 회합)가 전개되었다. 여기에서는 공식적으로 서로 다른 종교와 계급, 카스트 출신의 남성과 여성이 모두 동등한 역할을 맡고 있었다. 이들은 함께 신성한 휨을 듣고 함께 낭송했다. 이들은 함께 음식을 장만하고 랑가르에서 함께 식사했다. 그리고 이들은 사제나 다른 성직자 없이 함께 민주적인 회합을 구성했다.

카르타르푸르의 첫 번째 시크 공동체에서 정립된 이 제도들은 자남사키에 기록되어 있는 구루 나나크의 에피파니(epiphany, 현현)에 대한 실존적이고 현실적인 결과였다. 신화적인 이야기가 사실이 아닐 수도 있지만, 그러나 그것은 시크교의 역사적 전개에 있어 본질적인 것이었다. 1699년 바이사키 데이〔Baisakhi. 새해를 맞이하는 축제. 보통 4월 13일이나 14일이다〕에 열 번째 시크 구루에 의해 행해진 암리타 입회식의 발회는 사실상 시크교의 초창기로 되돌아가는 것이었다. 첫 번째 구루의 사적이고 개인적인, 그리고 신비한 체험 속에 구현된 시크교의 '태초'(beginning)가 수십 년이 지난 후 열 번째 구루에 의해 아난드푸르(Anandpur)에서 공적이고 사회적인, 그리고 제도적인 규범으로 재창조되었던 것이다. 자신의 다섯 총신(Five Beloved)을 암리타로 입회시키면서, 열 번째 구루는 나나크의 암리타의 기운을 영원으로 확장했다. 그는 이 초역사적 음료를 시크 공동체의 정신과 실천의 정수로 만들었던 것이다. 14)

구루 나나크는 '시크교'의 의식에 생명을 불어넣었다. 그리고 이는 지난 550년 동안 신앙을 유지하는 힘이 되어 왔다. 그가 남긴 유훈은 일상생활을 유지하는 총체적인 부분이 되었다. 사실 자남사키는 공동체의 개별적이고 집단적인 정체성에 지속적인 양분을 제공하는 커다란 힘을 갖고 있었다. 미르체아 엘리아데(Mircea Eliade)가 옳게 말했듯이, 신화는 성스러운 역사를 만들고 거기에서 '진짜 역사'(true history)가 생겨나는데, 그 이유는 항상 *실제 (realities)*를 다루기 때문이다.

바이 구르다스의 노래

바이 구르다스(Bhai Gurdas)는 구루 나나크가 세상을 떠난 지 12년 후인 1551년에 태어났다. 그리고 1636년 85세의 나이로 세상을 떠났다. 그의 긴 생애는 그가 구루 나나크의 다섯 명의 계승자 - 구루 앙가드(Angad, 나나크 2)에서부터 구루 하르고빈드(Hargobind, 나나크 6)에 이르기까지 - 와 동시대인이 되는 것을 가능하게 했다. 바이 구르다스는 지리적, 연대기적으로 구루 나나크와 매우 가까웠고, 그 자신도 시크교의 초기 역사에서 매우 중요한 인물이었다. 그의 이름 구르다스(gurudas 혹은 구루의 시종)는 그의 부모가 구루들과 매우 가까운 관계였음을 나타낸다. 그의 어머니 비비 지바니(Bibi Jivani)는 3대 구루에 의해 시크 교구의 책임자로 임명되었다.[15] 그의 사촌 비비 바니(Bibi Bhani)는 4대 구루와 결혼해서 구루 아르잔(Arjan, 나나크 5)을 낳았다. 아르잔은 시크교 경전을 집대성하고 첫 번째 시크 사원을 건축한 구루이다. 그의 외삼촌은 구루 아르잔에게 선택되어 중요한 종교 텍스트를 번역했다. 바이 구루다스는 구루 하르고빈드 시대에 아칼 타크트(Akal Takht, '무한자의 옥좌'의 뜻. 황금 사원 건너편에 위치한다)가 건축되는 동안 토지를 관리하는 임무를 맡았다. 구루 하르고빈드는 또한 바이 구르다스로 하여금 자신의 어린 아들 테그 바하두르(Tegh Bahadur, 미래의 9대 교주)에게 고전 텍스트와 철학을 가르치는 일을 맡겼다. 이렇게 바이 구르다스는 시크 신앙의 기원과 그 구체화 과정을 생생하게 목격하고 거기에 참여하였다. 시크교인은 그를 자신들의 최초의 역사가이자 신학자로서 신뢰한다.

그의 문학 작품들은 시크교의 역사와 신학의 보고를 여는 '열쇠'(쿤지kunji)로 존중받는다. 펀자브어로 쓰인 그의 바르(Var, 발라드)는 특히 인기가 많은데, 시크교인들은 그 믿음과 행동과 관련하여 이를 기억하고 인용한다. 바르는 몇몇 스탠자(stanza, 연)로 이루어진 영웅 송가 혹은 발라드를 지칭하는 장르이다. 이 발라드에서 바이 구르다스는 간결하면서도 대담한, 그리고 급박한 방식으로 시크교인의 이상과 도덕, 사회를 표현했다. 바르는 또한 대부분 선율적인 리듬으로 되어 있어 시크교의 종교음악인 *키르탄(kirtan)*의 중요한 일부가 되었다. 그의 바르 1장(23-45 칸토 canto)은 자남사키에 상응하여 창시자 구루의 개성과 역할을 조명한다.[16] 자남사키에 등장하는 수많은 사건과 주제들이 바이 구르다스에 의해 또렷한 언어 조직과 독특한 운율로 칭송되는 것이다.

각 지역의 시크교인들이 즐겨 부르는 그의 시구에서 구루는 인간의 형상과 신성의 실재 사이에 위치한 축으로 칭송된다:

구루 나나크가 나타나자, 안개가 걷히고 빛이 세상에 가득했다,
태양이 떠오르면 별이 사라지고 어둠이 물러나는 것처럼,
사자가 포효하면 사슴이 흩어지는 것처럼.
바바(Baba)가 앉는 곳은 어디나 예배를 드리는 장소가 되었다.
싯다〔Siddha. 윤회의 사슬을 벗어난 자〕에게 바쳐진 자리는 이제 나나크의 이름을 찬미한다.
모든 집은 다람살〔Dharamsal, '다르마의 거주지'의 뜻〕이 되고 신성한 챈팅이 울려 퍼진다.

바바는 지구의 아홉 지역과 네 모퉁이를 모두 경작했다.

그들에게 진리의 이름(True Name)을 선물하면서.

어둠의 시대에 성스러운 구루가 나타났다.(1:27)

시와 역사가 함께 섞여 시크 구루의 도래를 표현했다. 바이 구루다스는 구루 나나크 이전의 세계와 그의 등장 이후의 모습을 매력적으로 대비시킨다. 광휘의 등장과 함께 온갖 종류의 짙은 안개와 모호함은 깨끗함 투명함에 길을 내주었다. 별들만 깜박이던 검은 하늘에 밝고 찬연한 광채가 쏟아졌다. 떠오르는 태양이 어둠을 매섭게 몰아내는 것이 아니라 섬세하게 빛나게 하는 것처럼, 15세기 북서부 인도의 지평에 나타난 구루 나나크는 바이 구르다스에게 바로 그런 존재였던 것이다.

자남사키의 시점을 견지하면서, 그는 구루 나나크를 새로운 영적이고 윤리적인 존재 양식의 시발점으로 설명했다. 이에 바이 구르다스는 새로운 신앙에 착수하는 창시자 구루의 평화로운 방식을 자신의 웅변적인 시로 묘사했다. 구루는 자신의 의견을 다른 사람에게 강요하지 않았다. 그는 기존의 종교적 전통을 거부하거나 그것을 자신의 종교로 대치하려 하지 않았다. 그는 당대의 종교적 다원성을 인정했다: '람(Ram, 힌두의 신)과 라힘(Rahim, '알라'의 다른 이름, '자비로운'의 뜻)은 같은 위치를 차지하고 있다 - *람 라힘 이크 타이 칼로이*'(*ram rahim ikk thai khaloi*, 바이 구르다스,

Var I:33). 나나크의 밀레니엄〔milieu, 세계〕에서 힌두와 무슬림의 종교적 이상은 모두 전적으로 긍정되었고 동등한 위치를 부여받았다.

익숙한 자남사키 내러티브는 시적 수단을 갖게 되었고, 여기서 우리는 다시 다원주의 성자 나나크가 다른 종교의 사람들에게 적극적으로 다가가려 했다는 것을 알게 된다. 그는 동서남북 네 방향으로 여행하면서 힌두와 무슬림, 불교 신자들의 수많은 신성한 장소를 방문했다. 그리고 그들의 경전과 철학에 대해 각각 그들과 함께 대화했다. 그는 머나먼 땅에 자신의 족적을 남겼는데, 그의 흔적은 사람들의 마음속에 남았다. 그런 만남 가운데 하나에서 바이 구르다스는 수피의 주요 장소인 물탄〔Multan, 펀자브 서쪽의 도시. 현재 파키스탄에 위치)으로 가는 모습을 그린다. 나나크는 우유가 가득 들어있는 그릇을 받는다. 이 지역에는 이미 종교적 지도자가 차고 넘치게 많아서 나나크와 같은 신참자가 들어설 자리가 없다는 것을 의미한다. 나나크는 어떻게 반응했을까? 그 어떤 언어적 혹은 물리적 철학적 대결 없이 그는 '팔 아래서 재스민 꽃을 꺼내어 그릇 속에 담긴 우유와 섞었다. 이는 마치 강가 강이 바다에 합류하는 것 같았다'(I: 44). 구루 나나크의 '재스민'이 더해졌어도 우유는 그릇에서 흘러넘치지 않았다. 보다 향기롭고 보다 화려한 색채가 되었을 뿐이다. [17]

또 다른 다양한 모험에서 젊은 나나크는 싯다를 방문한다. 그는 수메르(Sumer) 산으로 올라갔다. 하타(Hatha) 요가를 통해 불멸을 얻은 싯다들이 그들의 지도자 고라크나트〔Gorakhnath. 나트(Nath) 운동을 창시한 힌두 요기〕와 함께 이곳에 살고 있다고 알려져 있었던 것이다. 싯다들은 모여서 비밀스레 이야기하고 있었다:

> 여든 네 명의 고라크 수련자들이 아래를 보며 자신의 영역에 들어온 자가 누구인지 마음속으로 궁금해 했다.
> '들어라, 젊은 탐구자(seeker)여,' 그들은 말했다. '너는 어떤 능력을 갖고 있기에 여기까지 왔는냐?'
> '저는 최고의 일자(Supreme One)를 간직하고 있을 뿐입니다. 최고의 일자의 사랑 속에 앉아서 명상을 하고 있습니다.'
> '너는 최소한 이름이라도 말해야 한다, 젊은 탐구자여' 싯다들은 다시 말했다.
> '나의 이름은,' 바바는 말했다, '나나크입니다, 경애하는 나트지(Nathji)여. 신성의 이름을 반복하는 것이 나의 유일한 양분입니다.'
> 더 높이 올라갈수록 더 겸손해진다.(I: 28)

여기서 나나크는 싯다들의 눈을 통해 관찰된다. 그들은 자신의 영역으로 올라오는 순진한 젊은이에게 초점을 맞추었다. 현대 학자들이 그런 것처럼 그들은 나나크의 종교적 유산에 호기심을 나타내며 이 신참자를 정연한 범주에 분류하려 했다. 그러나 구루 나나크의 견지에서 그는 단순히 나나크일 뿐으로서, 그 정체성은 최고의 일자(Supreme One)로부터 유래한다: '저의 이름은,' 바바(Baba)는 말했다, '나나크입니다, 경애하는 나트지여. 신성의 이름을 반복하는 것이 저의 유일한 양분입니다.' 정중하고 겸손하게 나나크는 자신의 이름을 그들의 지도자에게 말한다('나트'(nath)는 주인(master)을 의미하고 '지(ji)'는 경의를 표하는 접미어이다). 나나크는 역사적 계보를 갖지 않는다. 진리의 이름(True Name)에 대한 그의 사랑이 그에게 개별적인 성격과 인격을 부여했다. 진리의 이름은 나나크가 개인적으로 체험하고 시적으로 표현했던 유일 신성(singular Divine)에 대한 계시이다. 이렇게 신성한 계시의 중개자는 그 계시와 하나로 합해졌고, 바이 구르다스는 자신의 전 텍스트를 통해 이들의 합일을 칭송했다.

그는 구루 나나크의 시가 지닌 매력적인 특성을 전달했다. 구루 나나크가 마르다나와 함께 바그다드(Baghdad)를 여행할 때, 그의 성스러운 노래는 정서적 충동을 선사했다: '아침 예배 후에 성스러운 노래가 들려왔다. 그 소리를 듣는 사람들은 황홀경에 빠졌다'(I: 35). 그가 어디를 가든지 남자들과 여자들이 모여들었다: '날이 갈수록 명성이 커져갔고, 그는 신성의 이름으로 칼리 시대〔Kali, 힌두 신화에서 도덕적 타락의 시기. 현재를 의미〕를 굴절시켰다'(I: 45). 서로 다른 종교적 사회적 배경을 지닌 사람들이 나나크와 그가 전하는 메시지를 따르기 시작했다. 바르 I: 38에 따르면, '그의 입술에서 흘러나온 성스러운 단어는 어둠을 빛으로 만들었다.' 구루 나나크의 구술 선물은 심원하게 해방적인 것이었는데, 이는 문자 그대로 *사티(sati,* 진리), *사바드(sabad,* 말씀), *무카트(mukat,* 자유), *카라이아(karaia,* 만들다/가져오다)였다. 이는 의심과 공포를 녹이고 새로운 가능성을 열어주는 것이었다.

바이 구르다스는 구루 나나크에 의해 시작된 새로운 종교에 전적으로 초점을 맞추었다. 나나크의 삶의 방식과 신성의 이름에 대한 강조는 그를 따르는 사람들에게 모범적인 존재 양식이 되었다. 고행과 내세 지향성은 물러나고, 가정과 가족이 찬양되었다. 독특한 의식과 비전을 지닌 새로운 공동체가 탄생했다. 실제로 바이 구르다스는 초기 시크 공동체의 일상생활에 귀중한 청사진을 제시했다: '저녁에는 소다르(sodar)와 아라티(arati)를 낭송하고, 식사 시간에는 자프를 낭송한다'(I: 38). 이 휨들은 후에 시크 경전에 수집되는데, 이는 또한 우리의 자남사키 이야기에서 신성과의 조우로 언급된다. 오늘날까지 시크교인의 가정과 공식 예배 장소에서는 아침에는 자프, 저녁에는 소다르와 아라티를 낭송하는 과정이 준수된다. 그 시초부터 구루 나나크의 말씀은 시크교의 정체성을 배양하는 생생한 원료가 되었던 것이다.

구루 나나크의 후계자 임명은 중요한 역사적 사건이었다. 이는 자남사키에서 강조되는데, 구루 《그란트》(Guru Grant)에서도 마찬가지이다. 바이 구르다스는 이를 감탄사로 전달한다:

그는 신성한 명령(Divine Order)의 권위를 세상에 공표했다. 그리고 더러움(이기적 에고의)을 씻어낸 공동체를 창조했다.

이 세상에 있는 동안 그는 라히나를 자신의 후계자로 임명했다. 그리고 그에게 구루십 (Guruship)의 우산을 수여했다.

자신의 빛에 또 다른 빛을 불붙이면서 구루 나나크는 자신의 모습을 바꾸었다.

그 누구도 이 불가사의한 존재의 불가사의한 행위를 묘사할 수 없다.

그는 자신의 육체를 앙가드의 것으로 바꾸었고, 앙가드는 그의 고유한 빛을 반사했다. (I: 45)

자신의 사명을 자각한 구루 나나크는 생을 마감하면서 후계자를 임명했다. 그는 자신의 아들들을 비끼고 헌신적인 추종자 라히나를 앙가드(Angad, 문자 그대로, 자신의 손과 발)로 만들었다. 구루 나나크로부터 라히나에게 흐르는 빛은 마치 하나의 불꽃이 다른 불꽃에 불을 붙이는 것 같았다(조티 조트 밀라이 카이joti jot milai kai). 그다음에 바이 구르다스는 앙가드(나나크 2)가 카르타르푸르를 떠나 카두르〔Khadur, 암리차르에 있는 마을〕에 칩거했다는 이야기를 한다. 여기서 그는 구루 나나크로부터 받은 빛을 아마르 다스(Amar Das, 나나크 3)에게 전하고, 아마르 다스는 고인드왈〔Goindwal, 편자브의 도시〕도시를 건축한다(I: 46). 바이 구르다스는 시크교의 초기 역사와 그 독특한 승계 현상을 조명했다.

구루 나나크에서 시작된 이 신성한 계승은 한 구루에게 다음 구루로 이어지며 지속되었다. 최초의 시크 역사가이자 신학자는 자남 사키에 나타난 구루 나나크의 모습이 역사적 인물과 영원한 실재(reality)를 가로지르는 초상이라는 것을 확인했다.

시크교 경전

우리는 시크교의 경전을 통해 구루를 직접 만날 수 있다. 제 5대 시크 구루는 초대 구루 나나크의 시 974편을 한데 모아 1604년 구루 《그란트》(Guru Grant)를 편집했다. 실제로, 자프가 오프닝 휨이 된 것을 비롯하여, 구루 나나크의 시는 경전 전체의 모델이 되었다.[18] 이 광대한 목록에서 구루 나나크는 무한한 일자(infinite One)에 대한 자신의 열망을 표현하고 있다. 그의 형이상학적 시에서 우리는 그의 인격에 대한 귀중한 통찰력을 얻게 된다. 그의 자기 이해에 대한 느낌을, 그리고 그 시대의 사회적-정치적 조건에 대한 전망을 획득하게 된다.

역사적 맥락

바부르 바니(Babur Vani) 편은 구루 나나크가 살았던 시기는, 이브라힘 로디〔Ibrahim Lodi, 델리 술타나트의 마지막 왕〕의 아프간 통치가 바부르(Babur, 1483-1530)의 무굴 통치로 넘어가는 시기의 인도 북서부였다는 것을 보여준다. 구루 《그란트》에 기록된 구루 나나크의 네 개의 휨(세 개는 라그 아사(Rag Asa)에, 나머지 한 개는 라그 틸랑(Rag Tilang)에 있다)에는 바부르가 군대를 이끌고 아프가니스탄에서 내려와 인도를 정복하는 것이 묘사되어 있다. 구루 나나크의 상세하고 공감적인 대화는 그가 이 사건에 지리적으로 시간적으로 근접해 있었다는 강력한 증거가 된다. 이 '바부르 바니' 편은 구루 나나크의 다문화적 시기를 암시하는데, 여기에는 힌두교의 푸자〔Puja, 힌두교의 제사 의식〕와 무슬림의 나마즈〔Namaz, 이슬람교의 기도 의식〕가 나란히 자리 잡고 있다. 그리고 그중 하나에서 힌두 여인들은 *사티(sati,* 남편의 화장 장작 위에서 죽는 것)를 당하고, 무슬림 여인들은 푸르다(purdah, 베일쓰기)의 관습을 지킨다. 구루 나나크가 인도 역사의 이 특별한 순간에 생생하게 응답하는 방식은 그가 델리 술탄(Delhi Sultan)의 최후의 운명에 매우 비통해 한다는 것을 보여준다. 구루 나나크의 영성은 그의 사회적-정치적 현실에 굳게 기반하고 있었던 것이다.

앙가드가 구루로 임명되다

창시자 구루가 구루 앙가드에게 승계를 넘기는 것 또한 시크교 경전에 기록되어 있다. 시크 궁정의 두 명의 바르드〔bard, 음유시인〕인 사타(Satta)와 발반드(Balvand)의 작품은 구루 나나크를 영적 '제국'(empire, 라즈raj)의 창시자이자 굳건한 토대를 지닌 '진리의'(true, 사크sac) '요새'(fort, 코트kot)의 건설자로 찬양하고 있다:

> 나나크는 자신의 제국을 건설했다 -
> 굳건한 토대 위에 자신의 진리의 요새를 건축했다.
> 그는 라히나의 머리 위에 캐노피를 씌웠다,
> 신성을 찬양하며 한 모금을 마셨다.
> 그는 강한 칼을 건네주었다,
> 영적 지혜로 만들어진.
> 구루는 제자에게 절을 했다
> 그의 생애에 계속해서.
> 그는 티카(tikka, 이마의 징표)를 찍었다
> 아직 살아있는 동안에.
> 이제 라히나는 나나크를 계승했다 -
> 그는 그럴 자격이 있다.
> 똑같은 빛 똑같은 예법,
> 육체만 바뀌었다.
> 청결한 캐노피가 머리 위에서 흔들거렸다.
> 그는 구루의 거래에서 왕좌를 차지했다...
>
> (GG: 966-7)

두 명의 바르드는 정치적 언어와 화려한 수사를 통해 나나크가 살아있는 동안 자신의 제자를 후계자로 임명하는 결단력 있는 인물로 그리고 있다. 구루의 통찰력은 자신의 유산을 예리하게 인지하면서 공동체의 발전을 위해 새로운 지도자를 지명했다. 구루십의 양도는 감동적으로 연출되었다. 구루 나나크는 후계자의 머리에 캐노피(영예를 나타내는 문화적 표시)를 씌우고 이마에는 *티카*(의식용 표식, 경의를 표하는 또 다른 문화적 수사이다)를 찍었다. 그리고 그를 향해 경건하게 절을 했다. 이런 행위를 하면서 나나크는 신을 찬미하며 신의 음료 암리트를 마셨다. 이는 그가 베인 강에서 계시를 체험할 때 했던 것과 같은 것이다. 앞서 언급했듯이, 구루 나나크는 또한 구루 앙가드에게 '영적 지혜의 도구'(*마트 구르 아탐 데브 디/mat gur atam dev di*)를 상징하는 강한 칼(*카라그 조르/kharag jor*)을 주었다. 훗날 시크교의 역사에서 제 10대 구루가 시크교인들에게 주었던 다섯 상징 중의 하나가 칼이다. 자남사키와 바이 구르다스에 호응하면서(제 8장 시크 예술을 보라), 경전의 이 페이지는 구루 나나크가 라히나를 자신의 후계자 이상으로 만들었다고 주장한다. 그는 라히나를 자신과 동등한 존재로 만들었다. 바이 구르다스와 구루《그란트》의 시적인 문장에 의하면, 첫 번째 구루의 마법이 물리적으로 지적으로, 그리고 영적으로 두 번째 구루에게 흡수되었다는 것이다.

정체성

구루 나나크는 자신을 사이루(sairu/shair, 시인)라고 불렀는데, 이 단어는 아랍어의 시(al-shi'r)에서 유래된 것이다. 나스르(S.H.Nasr)는 그 뿌리가 의식(consciousness)과 지식(knowledge)이라고 추적한다.[19] 그러므로 나나크의 시는 '시'(poetry)라는 단어의 만든다는 뜻과는 매우 다른 의미를 갖고 있다. 만들거나 다듬는 대신에, 시인 나나크는 신성에 대한 강렬한 알아차림과 사랑으로 이를 소진시킨다: *사수 마수 사부 지오 투마라 투 마이 카라 피아라 나나쿠 사이루 에바 카하투 하이 사세 파르바드가라(sasu masu sabhu jio tumara tu mai khara piara nanaku sairu eva kahatu hai sace parvadgara)* - 나의 숨이 당신에게 속하고 나의 살이 당신에게 속한다; 시인 나나크는 말했다. 진리의 일자인 당신은 나의 사랑이다'(GG: 660). 그는 자신이 신의 종이라고 자주 언급했다. 그는 인정했다: *하우 아파후 볼 나 자나다 마이 카히아 사부 후크마우 지우(hau apahu bol na janada mai kahia sabhu hukmau jiu)* - 나는 무슨 말을 해야 할지 모른다. 나는 당신이 명한 것을 말한다'(GG: 763). 자신이 시인이라 불리는 것에 기뻐하던 구루는 자신의 목소리와 감각, 비전의 원천이 신이라고 고백했다. 자남사키 내러티브에서 볼 수 있듯이 그가 시험을 통과하고 구루로 인정받은 것은 모두 시를 매개로 해서였다. 따라서 구루 나나크는 이 장엄한 언어 속에서 자신의 섬세한 형이상학을 윤리적 이상과 심미적 테크닉과 결합시켰다. 그의 신성으로 고무된 발화들은 빠르게 나타나서 아름다운 예술적 형식을 취하게 된다. 그것들은 그 어떤 언어적, 문법적, 개념적 법칙의 부수적인 것이 아니었다. 그것들은 자연적인 탄력을 지닌 채 완전한 두운과 리듬 속에서, 그리고 서정적인 유음과 화음 속에서 흘러가는 것이었다. 아랍어와 페르시아어, 산스크리트어라는 엘리트 언어 대신에, 구루 나나크는 펀자브의 방언을 소통 수단으로 사용했다. 그의 시는 매력적인 기하학적 문양과 언어의 아라베스크, 그리고 다이내믹한 반전을 창조하면서 널리 청중에게 도달했다. 이 계시의 언어는 절묘하게 예술적이었는데, 그것은 살아있는 생각을 전달하는 것이었다.

현대 사상

구루 나나크의 소통 양식은 생각을 일으키는 것을 목적으로 하는 현대적 학문 분위기에 적합하다. 그는 설교를 하지 않았다. 그는 신자들에게 체계적인 믿음을 전달하지 않았다. 그 대신에 그는 질문하고 배우고 함께 했다. 그는 사람들에게 자기 자신이 되라고 요구했다. 어떤 법칙이나 교리에 규정되지 않고 구루는 자신의 독자들이 각자의 지적 재능을 사용하여 새로운 행로를 발견하도록 예술적으로 훈련시켰다. 예를 들어, 자프 21연에서는 태초의 기원에 대한 물음이 제기된다:

시간이 무엇인가, 세월이 무엇인가,

날짜는 무엇인가, 요일은 무엇인가,

계절은 무엇인가, 달은 무엇인가,

언제 창조되었는가?

구루 나나크의 질문은 예리하고 그 걸음은 민첩하다. 이렇게 세월, 시간, 날짜, 요일, 달, 계절로 세밀하게 구분하면서 독자는 자신의 근원에 대해 회상하고 우주에서 자신의 위치에 대해 사실적으로 생각하게 된다. 그의 역동적인 질문은 우주의 기원에 대한 현대적 논쟁의 시작이었다. 모든 것은 언제 시작되었는가? 우리는 어떻게 진화하였는가? 구루는 그의 시대에도 학자들은 자신만의 해답을 제시하였다고 말한다. 그러나 그는 그 어떤 이론도 받아들이지 않았고 그 어떤 지식도 추정하지 않았다: '이 우주를 디자인한 창조주만이 알고 있다.' 그의 대답에는 모든 문이 열려 있다. 그것은 단지 사람들이 자신의 실재에 대해 보다 깊이 숙고하게 만들 뿐이다.

그의 문답법은 청자와 독자의 마음속에 자유와 창조성을 심어 주었다. 질문을 던지면서 나나크는 사람들이 자신의 삶에 통찰력을 얻고 상상 밖의 지대를 상상하고, 그리고 자신의 도덕적 가치에 따라 살 수 있게 했다. 여기 또 다른 예가 있다: *'무효 키 볼란 볼리아 지수 슌 드하레 피아르(muho ki bolan jisu sun dhare pyar)*

- 듣고 나서 신성한 사랑을 얻게 하려면 우리의 입술은 무엇을 말해야 하는가'(Jap: 4)? 사제들과 해석학자들은 해고되었고, 대신에 각각의 개인에게 자신의 언어를 연마할 책임이 주입되었다. 구루는 우리가 가족과 친구, 직장 동료에 대해 말하는 것을 진지하게 생각하게 했다. 법의 제정은 이해를 반영한다. 구루는 증오가 아닌 사랑으로 인도하는 언어를 말하도록 시적인 방식으로 가르쳤다. 나나크는 가르침 없이 가르치는 선생이었다.

결론적으로, 자남사키와 바이 구르다스의 발라드, 그리고 시크교 경전은 다인종적이고 다종교적인 중세 인도 사회에게 구루 나나크가 전하는 일자에 대한 새로운 메시지였다. 좋은 인간이 되는 것이 좋은 '힌두'나 좋은 '무슬림'(그의 시대에 기본적인 종교적 카테고리)이 되는 것보다 먼저라는 것, 이것이 바로 엘리트 언어인 산스크리트어나 아랍어, 페르시아어의 경계를 가로지르며 지방어로 쓰인 자신의 우주적인 시 속에서 구루 나나크가 전하는 메시지였다. 유일 신성을 어떻게 생각하는가, 반영하는가, 깨닫는가, 느끼는가는 그가 정초한 민주적 제도 *랑가르*와 *상가트*, 그리고 *세바*의 토대가 되었다. 시와 실천은 서로에 대한 반영의 과정이다. 무한자에 대한 고양된 체험이야말로 그의 장엄한 시들이 전하고자 하는 것이다. 그리고 그의 기억이 고무하고자 하는 것이다.

제2장
구루 아르잔과 시크 신앙의 정립

　구루 나나크에서 시작된 메시지와 사명은 열 명의 살아있는 구루들을 통해 전달되었다. 시크교에서 구루는 어떤 식으로든 신성을 대체하거나 구현하지 않는다. 오히려 궁극적 일자의 사랑과 본성을 흡수할 수 있도록 사람들을 일깨우는 통로이고 안내자이다. 구루 나나크로부터 시작된 구루십의 계승은 경전이 영원한 구루로 정립될 때까지 연속적으로 이루어졌다. 시크교의 열 명의 구루는 다음과 같다.

　구루 나나크(1469-1539)

　구루 앙가드(1539-52)

　구루 아마르 다스(1552-74)

　구루 람 다스(1574-81)

　구루 아르잔(1581-1606)

구루 하르고빈드(1606-44)

구루 하르 라이(1644-61)

구루 하르 키셴(1661-4)

구루 테그 바하두르(1664-75)

구루 고빈드 싱(1675-1708)

열 명의 구루는 시크교 신앙의 발전에서 각각 중요한 역할을 하였다. 이들이 가르치는 내용은 모두 같다. 이들이 사용하는 시적 방법 역시 같다. 이들은 모두 같은 빛을 인격화했다. 같은 목소리가 열 명을 통해 말했다. 열 번째 구루인 구루 고빈드 싱이 구루의 자리를 경전에 전수하였을 때, 인간 구루의 대열은 마감되었다. 구루 나나크에서 구루 고빈드 싱으로 이어지는 영적 대열의 중간 지점에 위치하고 있는 구루 아르잔은 3대 구루 아마르 다스의 딸 비비 바니(Bibi Bhani)와 4대 구루 람 다스의 아들이었다.

구루 앙가드(나나크 2)

구루십을 계승한 구루 앙가드(나나크 2)는 13년 동안 시크 공동체가 성장하고 확산하는 것을 도왔다. 그는 구루 나나크의 휨을 한 권의 책으로 묶은 것으로 유명한데, 이 책은 펀자브어로 쓰인 문

제 2대 구루 앙가드

헌의 시작이 되었다. 2대 구루 역시 전임자처럼 신성한 시의 심미적이고 인식론적인 힘에 가치를 두었다: '*암리트 바니 타트 바클라니 기안 디안 비키 아이 (amrit bani tat vaklani gian dhian vici ai')* - 영적인 말씀은 존재의 본질을 밝힌다. 그것은 지식과 명상을 동반한다'(GG: 1243). 구루 나나크의 자프에 대한 에필로그(*샬록 shalok*)는 시크교인의 기도 의식에서 인기가 많은데, 이 역시 구루 앙가드의 공헌이다. 여기서 가장 인상적인 장면은 전체 우주, 그리고 그 '밤과 낮, 남성과 여성 양육자의 무릎'(*divas rati dui daia khele sagal jagat*) 위에서 놀고 있는 우주의 수많은 생명을 묘사한 부분이다. 복합적이고 다양한 피조물들이 밤과 낮의 어머니의 무릎 위에 자유롭고 편안하게 누워 있다. 경쟁자나 적이 없는 상황에서 그들은 함께 편안하게 누워있다. 자프의 흽은 완벽하게 유기적인 텍스트의 구조를 갖고 있다. 나나크의 프롤로그 *이크 오안 카르(Ikk Oan Kar)*가 독자에게 무한을 가리킨다면, 구루 앙가드의 에필로그는 그들 - 인간과 자연 모두 - 이 함께 행복하게 밤과 낮의 선율적인 동작을 하게 했다. 구루 앙가드는 구루 나나크의 선집에 자신의 시를 덧붙이고 '나나크'의 이름으로 서명했다. 시크교 경전에는 2대 구루의 시구가 62편 있다.

카르타르푸르에서 구루 나나크의 임무를 수행한 구루 앙가드는 마침내 카두르의 고향 마을로 간다. 그의 아내 마타 키비(Mata Khivi)는 넉넉한 랑가르의 운영으로 기억되었다. 그녀의 관대한 감독과 풍부한 키르(*kheer*, 미음죽)의 공급으로 인해 전통은 상징적 식사가 아니라 진정한 축연이 되었다. 이들의 딸 비비 아마로(Bibi Amaro)는 구루 나나크의 영적 유산을 존속시키는데 중대한 역할을 하였는데, 아마르 다스(Amar Das, 비비 아마로의 남편의 삼촌)가 그녀의 입을 통해 나나크의 매혹적인 시가를 들었기 때문이다. 아마르 다스가 구루를 만나고 싶다고 했을 때 비비 아마로는 기꺼이 그를 고향에 계신 아버지 구루 앙가드에게 안내했다. 나이로는 훨씬 위였지만, 아마르 다스는 2대 구루를 헌신적으로 따랐다. 그리고 마침내 구루의 자리를 물려받았다.

구루 아마르 다스(나나크 3)

구루 아마르 다스(나나크 3)는 도시 고인드발(Goindval)을 건축하여 공동체의 확대에 도움을 주었다. 그는 먼 곳에 위치한 회중과 소통하기 위해 22개의 권위 있는 자리(*만지(manji*, 카르포이(charpoi) 혹은 '우리'의 뜻)가 설치된 잘 짜인 조직을 만들었다. 이 자리에는 신앙심 깊은 시크교인들이 지도자로 임명되었다. 이들은 자신의 관할 구역에서 구루 나나크의 메시지를 가르치고 회합을 감독하는 한편, 신자들의 공물을 고인드발에 전달하는 일을 했다. 구루는 또한 여성들을 지도자로 임명했다. 그는 여성의 억압적인 조건에 특별한 주의를 기울였고, *푸르다(purdah)*와 *사티(sati,* 남편의 화장 장작 위에서 죽는 것)의 관습을 비난했다. 신

제 3대 구루 아마르 다스

자들은 전통 축제인 *바이사키(Baisakhi,* 봄)와 *디발리(Divali,* 가을) 기간에 고인드발을 방문하도록 장려되었는데, 이를 통해 그들의 고유한 '시크' 축제가 전개되고 있다는 느낌을 갖게 되었던 것이다. 구루 아마르 다스는 고인드발에 84개의 계단이 있는 커다란 우물을 건축하여 주민들에게 마실 물을 제공하였고, 이에 고인드발은 시크교인에게 있어 자신의 자비로운 구루와 연관된 특별한 장소가 되었다.

3대 구루는 신성한 시에 대해 커다란 경의를 표하였고, 규범을 성문화하는데 중요한 기여를 하였다. 그는 선임자의 작품들을 수집하였는데, 동시대 성인들의 일부 작품들도 수집했다. 그 자신의 시도 심오한 아름다움을 지니고 있었다. 사실, 모든 시크 의식과 의전에서 신자들은 그의 작품 '아난드'(Anand, '더없는 축복'의 의미)의 일부를 함께 낭송한다. '아난드'는 또한 저녁 기도에도 포함되어 있는데, 하루를 끝내며 시크 남성과 여성들은 축복의 공간으로 들어가는 것이다. 그 시작 연은 다음과 같다.

아난드 바이아 메리 마에
사트구루 마이 파이아
사트구르 타 파이아 사하즈 세티
만 바지안 바다이안

anand bhaia meri mae

satguru mai paia

satgur ta paia sahaj seti

man vajian vadhaian

어머니! 저는 더없는 축복을 느낍니다.
진정한 구루를 찾았기 때문입니다.
진정한 구루를 금방 찾았습니다.
저의 마음은 축하의 종소리를 울립니다.

자신의 내부에서 진정한 빛을 발견한 구루는 더없는 축복을 느낀다. 독자는 그와 함께 분별도 방어 장치도 없는 영역으로 들어간다. 그곳에는 자유가 있고 그곳에는 희열이 있다. 아름다운 음악이 감돌고, 마음은 선율적인 리듬으로 울려 퍼진다. 구루 《그란트》에는 구루 아마르 다스의 서정적인 907개의 휨이 실려 있는데, 이들은 우리가 복합적인 기쁨을 경험하고 총체적인 통일성을 상상할 수 있도록 도와준다. 1574년 사망하기 전에 구루 아마르 다스는 자신의 사위를 후계자로 지명했다.

구루 람 다스(나나크 4)

구루 람 다스(나나크 4)는 신성한 시가를 작곡하여 공동체의 자의식을 배양하는 일을 계속했다. 그는 탄생과 결혼, 죽음을 위한 간단한 의식과 의전을 정초했는데, 이는 시크교인에게 있어 뚜렷한 정체성의 확립을 촉진하는 것이었다. 그가 작곡한 '라반'(Lavan)은 현재 시크교인의 결혼식에서 기본이 되었다. *라반*(circling, 원을 돌다)에서 결혼은 존재의 더욱 깊은 원으로 들어가는 통과 의식으로 묘사되고 있다. 그 여행은 세속에서 활발한 노동과 신성한 이름의 숭배로 시작된다. 두 번째 시는 마음을 묘사하고 있는데, 그것은 모든 사람의 내면에서 보이고 들리는 유일한 일자를 인식한다. 신성(Divine)은 모든 곳에서 만날 수 있고, '나지 않

제 4대 구루 람 다스

는 소리'(*아나하드 사바드anahad sabad*)는 자신의 깊은 곳에서 들을 수 있다. 세 번째 원에서는 감정이 파도치고 자아가 신성한 사랑(Divine Love)에 완전히 빠져든다. 네 번째 원에서는 *'안 딘 하르 리브 라이'(an din har liv lai)* - 밤과 낮에 우리는 신성을 명상한다'라는 시작처럼 모든 자아가 환희로 뒤덮이고 개별은 무한과 결합한다. 이때 결혼은 문자 그대로인 동시에 은유적인 것이 된다. 문자 그대로의 수준에서 그것이 두 사람의 결합이라면, 은유적인 수준에서는 소우주와 대우주의 결합이다. 신성과 완전히 조율된 상태에서, 남편과 아내는 감각적으로 이 세계에서 살기 시작하는 것이다.

네 번째 구루는 초기의 만지 체계에 마산드(Masand)의 직위를 도입했다. 마산드는 중앙의 구루와 지역의 신자를 연결하는 공동체 지도자였다. 이들은 신자들의 기도를 지도하고 교리적으로 인도했다. 그리고 종종 구루가 있는 곳으로 신자들을 안내했다. 구루 람 다스는 암리차르(Amritsar)의 건설로 가장 기억에 남게 되었는데, 이곳은 시크교의 발전에서 중요한 장소이다. 이곳은 처음에는 람다스푸르(Ramdaspur)로 알려졌는데, 이는 네 번째 구루의 이름을 딴 것이다. 이곳은 델리-카불(Delhi-Kabul) 통상 루트 근처에 있었기 때문에 빠르게 번성했는데, 구루 람 다스의 생존 시기에 이미 봄과 가을 축제에 시크교인들이 모이는 중심지가 되었던 것이다. 그리고 구루 람다스의 아들 구루 아르잔이 그 후계자들과 함께하면서 암리차르는 시크교의 종교적 수도가 되었다.

구루 아르잔(나나크 5)

구루 아르잔은 태어나서 처음 11년을 부모인 비비 바니와 구루 람다스와 함께 고인드발에 있는 외할아버지 구루 아마르 다스의 집에서 보냈다. 델리와 라호르(Lahore)를 잇는 제국의 교통로에 위치한 이 지역에서 어린 아르잔은 몇 가지 다른 언어를 배웠다 - 바이 붓다(Bhia Buddha)에게서 구르무키어를 배웠고, 판디츠 케

제 5대 구루 아르잔

소(Pandits Keso)와 고팔(Gopal)로부터 산스크리트어를 배웠다. 그리고 지역의 무슬림 학교에서 페르시아어를 배웠다. 그는 이후 7년 동안 람다스푸르와 라호르에서 지냈다. 람다스푸르에서 구루 아르잔은 상주악사와 객원악사로부터 고전 라가를 배웠다. 그리고 그는 강가 데비(Ganga Devi)와 결혼했다. 또한 성년 초기를 라호르에서 보냈는데, 이곳에서 시크교 회중의 아침 예배와 저녁 예배의 형식을 정초했다. 수피 센터를 방문하는 등 다른 종교의 사람들과 교류하면서, 그는 라호르에 활기찬 분위기를 조성했다. 구루 람다스는 1581년에 자신의 뒤를 이어 5대 구루로 아르잔을 지명했는데, 이로 인해 아르잔의 형은 심한 적개심을 일으키게 되었다. 그렇지만 자신의 무한한 창조성으로 구루 아르잔은 올바른 후계자임을 입증했다.

 그가 구루로 있는 동안 시크교는 경전과 교리, 조직에 있어 강력한 기초를 다지게 되었고, 시크교의 박애정신과 사회적 봉사는 공동체의 복지 수준을 넘어 확대되었다. 새로운 건설 프로젝트를 주창하면서, 구루 아르잔은 아버지 때 시작되었던 암리차르와 산토크사르(Santokhsar), 람사르(Ransar)의 신성한 연못의 건축을 완성했다. 펀자브에 기근이 닥쳤을 때 구루는 이 마을 저 마을 다니면서 사람들이 우물을 파거나 공공선(善)을 위한 다른 일을 할 수 있도록 도와주었다. 그 결과 더 많은 사람들이 시크교의 울타리 안으로 들어왔다. 구루 아르잔은 또한 시크교의 새로운 중심 센터들을 건축하는 한편, 신도시 타란 타란(Taran Taran)을 정초했다. 그는 농업과 상업을 장려했고 시크교에 대한 금전적 지원 체계를 조직했다. 이 기간 동안에 시크교인들은 아프가니스탄과 페르시아, 그리고 터키와 교역을 하였다.

구루 아르잔에게 역사적 정치적 배경막을 제공한 것은 강력한 무굴 제국이었는데, 자유로운 종교적 비전을 지닌 황제 아크바르(Emperor Akbar)가 제국의 실권을 쥐고 있었다. 이 무슬림 지도자는 상호 종교적인 토론을 위해 사람들을 소집했고, 새로운 '신성한 신앙'(Divine Faith, *Din-i-Ilahi*)을 만들었다. 흥미로운 것은, 페르시아어가 무굴 행정부의 링구아 프랑카(lingua franca, 공통어)가 되었을 때, 인도 북서부 지역의 방언 펀자비가 구루 아르잔에 의해 정립되고 있었다는 것이다. 시크 구루는 펀자브어로 된 첫 번째 시선집으로 《그란트》를 편집하고, 또 그것을 보존하기 위해 하르만디르(Harmandar, 현대의 황금 사원(Golden Temple))를 건축했다. 아크바르 황제가 관용적인 정책을 펼치는 동안 구루 아르잔은 힌두교와 이슬람과는 명백히 다른 시크교의 뚜렷한 정체성을 선명하게 정초했다: '나는 하지(Haji, 이슬람의 순례)나 다른 힌두 순례는 하지 않는다. 나는 일자만 섬긴다. 나는 힌두 예배나 무슬림의 기도를 하지 않는다. 나의 가슴 속에는 무형의 일자가 있다. 나는 힌두도 아니고 무슬림도 아니다'(GG: 1136). 구루 아르잔이 편집한 《그란트》와 그가 건축한 하르만디르(황금 사원의 원류)

는 모두 시크교의 정신과 시크교인의 정체성 구축에 역동적인 요소가 되었다.

구루《그란트》

구루 앙가드(나나크 2)가 구루십을 계승했을 때, 그는 자신의 선임자의 형이상학적 기질에 따라 시가를 창작하였고 구루 나나크가 상점의 직원으로 있을 때 사용했던 구르무키 문자를 발전시켰다. 이에 회계 속기 문자 *란드/마하자니(lande/mahajani)*에서 진화한 구르무키는 마침내 구루《그란트》의 활자가 되었다.

구루십이 전승됨에 따라 구루가 한 말은 다음 구루에게 전해졌다. 구루들은 자신의 선임자의 문학적 유산을 소중히 여기면서 이를 풍요롭게 하는 한편, 수집된 것에 자신의 작품을 덧붙였다. 그리고 그 시적 유산을 다음 구루에게 전달했다. 여러 구루들은 모두 구루《그란트》에 '나나크'란 필명을 사용하였다. 구루 나나크는 새롭고 다른 그 무엇의 창시자로 신봉되었고, 그들은 자신이 단지 그의 메시지를 지속할 뿐이라는 것을 느꼈다. 1603년 구루 아르잔은《그란트》의 편찬을 시작했는데, 이는 엄격한 지적 소양뿐 아니라 지속적인 노동을 요구하는 작업이었다. 그가 이 수고로운 과제에 착수한 것은 두 가지 이유에서였다. 첫째, 그는 시크 공동체(*판*

트panth)가 시크교의 세계관을 구체화한 텍스트(_그란트granth_)를 필요로 한다는 것을 깨달았다. 시크교 신자가 수적으로 증가하고 지리적으로도 확산하는 상황에서 이들에게 영적, 도덕적 생활을 위한 중심 법규가 필요했다. 구루 나나크와 그 후계자들의 계시를 법제화하는 것이 절실했던 것이다. 둘째, '위조' 작품의 문제가 있었다. 네 번째 구루가 다른 아들들을 제치고 막내인 아르잔을 후계자로 임명하였을 때, 큰아들 피르티 찬드(Pirthi Chand)는 그로부터 멀어지게 되었다. 피르티와 그의 재능 있는 아들 메하르반(Meharban)은 나나크의 이름으로 신성한 시가를 작곡하기 시작했다. 이에 신성한 단어를 봉인하고 이를 보존하여 후손에게 물려주려는 목적으로 구루 아르잔은 시크교의 문학적 유산을 권위 있는 책으로 법제화하기 시작했던 것이다.[20]

자신의 특별하고 신비로운 통찰력으로 중대한 과제에 착수하면서, 구루 아르잔은 바이 구르다스에게 도움을 청했다. 시크교인에게 선임 구루들의 훰을 모으라는 메시지가 전달되었다. 고인드발에 있는 구루 아마르 다스의 아들 바바 모한(Baba Mohan)의 집에는 두 권의 선집이 있었는데, 그는 이를 내놓기를 거절했다. 이에 구루 아르잔은 직접 고인드발을 찾아 갔고, 마침내 그가 선집들을 손에 넣었을 때 이는 최고의 존중을 받았다. 이 책들(혹은 그들이 _포티(pothis)_ 라고 불렀던 것들)은 보석으로 장식된 가마 속에 안치되어 시크교인들의 어깨 위로 운반되었다. 이렇게 포티를 운반한 것은 구루 아르잔의 문화에서 왕을 대하는 방식과 다름없었다. 숭고한 시가의 힘을 강하게 느낀 구루는 타고 있던 말에서 내려 그 뒤를 맨발로 따라 걸어갔다.

그는 편찬 작업을 위해 암리차르 외곽에 있는 아름다운 장소를 선택했다. 오늘날 이 지역에는 람사르(Ramsar)라 불리는 신전이 있다. 수많은 양의 시가 있었지만, 그중에서 선대의 네 구루와 자신의 작품만을 선택해야 했다. 구루 아르잔은 다양한 레퍼토리를 가진 뛰어난 시인이었다. 더 나아가, 만일 시크 구루들과 조화를 이룬다면, 힌두교나 무슬림 성인들의 시들도 포함될 수 있었다. 결국 옥석이 가려지고 진짜가 만들어졌다. 구루 아르잔은 자신의 특별히 세련된 문학성으로 편집자와 편찬자의 작업을 세심하게 수행했다. 바이 구르다스는 서예가(calligrapher)였다. 필사본은 구르무키 문자로 쓰였다.

구루의 울타리 안에서 시크와 힌두, 무슬림의 경계는 없었다. 영적인 언어는 그들 모두에게 공통이었다. 구루 아르잔은 창시자 구루의 비전에 공명하는 철학적이고 예술적인 모든 것을 《그란트》에 포함시켰다. 그러나 그는 힌두 경전이나 이슬람 경전을 시크 법전의 모델로 삼거나, 그 경외하는 경전의 구절들을 포함하거나 하지는 않았다. *람* 혹은 *라힘*이라는 신, *푸자* 혹은 *나마즈*라는 의식, *만디르* 혹은 *마스지드*라는 예배 장소, 산스크리트어 혹은 아랍어라는 경전의 언어 등 서로를 구분하는 배경에 반대하면서, 구

바이 붓다와 함께 그란트를 편집하는 구루 아르잔

루 아르잔은 이를 공통적인 영적 소망을 표현하는 한 목소리로 묶었다. 그의 선택을 지배했던 것은 전통적으로 우세한 종교적 교리나 개념의 종합 혹은 융합이 아니라 신성에 대한 그의 통찰력이었다. 선임자들과 마찬가지로 구루 아르잔도 초월성(Transcendent)에 대한 지식이 힌두 신전에서처럼 신에 대한 봉사(*세바이 고사인 sevai gosain*)로 얻어지거나 혹은 알라에 대한 예배(*세바이 알라 sevai allah*)를 통해 얻어진다고 믿지 않았다. 그것은 신성한 의지(*Divine Will, 후캄 hukam*)에 대한 적극적인 깨달음, 그리고 이에 대한 참여에 의해 얻어지는 것이었다:

어떤 사람은 람에게 기도하고 다른 사람은 쿠다(Khuda, 신(God)을 뜻하는 페르시아어)에게 기원한다,
어떤 사람은 고사인(Gossain, 힌디어로 '제왕'의 뜻)에게 예배하고 다른 사람은 알라에게 예배한다…….
나나크는 말씀하셨다, 신성한 의지를 깨닫는 자
그들은 초월적 일자의 비밀을 아는 자이다. (GG: 885)

구루 아르잔은 다작의 시인이었다. 그는 나나크의 형이상학적 공식인 *이크 오안 카르(Ikk Oan Kar)*, 문자 그대로 '일자의 존재가 있다'를 다양한 관점에서 생생한 이미지로 반복했다. 그는 《그란트》에 2218개의 휨을 포함시켰는데, 여기에는 그의 유명한 *수크마니(Sukhmani)*, 혹은 '평화의 진주'(the Pearl of Peace)가 포함되어 있었다.

작품을 선별한 후에 구루 아르잔은 이를 음악적 패턴에 따라 배열했다. 일부 휨을 제외하고 전체 선집은 31 섹션으로 구성되었는데, 이때 각 섹션은 같은 음악적 운율(*라가raga*, 산스크리트어로 '색깔'과 '음악 양식'을 모두 의미한다)의 시들로 구성되었다. 구루 아르잔은 또한 민속 음악의 기본 박자를 사용했는데, 여기에는 원시 리듬을 지닌 지역의 박티(Bhakti, 힌두 고전 음악)와 카피(Kafi, 수피 음악) 형식은 물론 아프가니스탄에서부터 인도반도의 남쪽에 이르는 다양한 음악 양식이 포함되어 있었다. 표준적인 형식의 구루 《그란트》에서 라가는 일정한 순서로 나타나는데, 그것은 스리 라가(Sri Raga), 마즈흐(Majh), 가우리(Gauri), 아사(Asa), 구즈리(Gujri), 데브간다리(Devgandhari), 비하가라(Bihagara), 와다한스(Wadahans), 소라트(Sorath), 다나스리(Dhanasri), 자이츠리(Jaitsri), 토디(Todi), 바이라리(Bairari), 틸랑(Tilang), 수히(Suhi), 빌라발(Bilaval), 가운드(Gaund), 람칼리(Ramkali), 누트-나라얀(Nut-Narayan), 말리-가우라(Mali-Gaura), 마루(Maru), 투카리(Tukhari), 케다라(Kedara), 바이로(Bhairo), 바산트(Basant), 사랑(Sarang), 말라르(Malar), 칸라(Kanra), 칼리얀(Kalyan), 프라

바트(Prabhat), 그리고 자이자완티(Jaijawanti)로 되어 있다. 모든 라가는 이를 노래하는 계절이 정해져 있었고, 또한 하루의 시간과 감정 상태, 그리고 각각의 운율이 특정 지역에서 진화하게 된 문화적 분위기가 정해져 있었다. 각각의 운율은 고유한 특징, 적절한 시간과 계절을 갖고 있었다. 예를 들어 첫 번째 스리 라가에서 스리라는 단어는 그 자체로 '최고'를 의미한다. 이는 다른 라가들을 파생시킨 기본적인 운율 중의 하나이다. 이 라가는 금속을 금으로 만드는 모든 돌 중에서 최고인 철학자의 돌에 비유된다. 스리 라가는 어둠이 깔리는 저녁때 불리는데, 그 내용 역시 구루 나나크의 사회에 함몰되었던 무지와 미신의 어둠을 표현하고 있다. 스리 라가는 계절적으로 아주 덥거나 추운 때와 관련되어 강렬한 감정을 지시하고 있다. 이 운율 속에서 시인은 신성에 대한 열렬한 갈망을 표현했다.

구루 아르잔은 모든 섹션에서 명백히 계획적으로 작품을 배열했다. 처음에는 구루들의 계승 순서에 따라 작품이 등장했다. 앞서 보았듯이, 구루들은 모두 자신의 작품에 나나크의 이름으로 서명하여 나나크의 유산을 지속한다는 것을 보였는데, 이때 혼란을 피하기 위해 숫자를 붙여 각각 다르게 구분되었다. 첫 번째 구루의 작품은 마할라 1로, 두 번째 구루의 작품은 마할라 2로 썼던 것이다. 마할라(Mahalla)는 '신체'(body)라는 뜻의 단어인데, 이는 구루들이 유형적인 존재이고 영적으로 지속된다는 것을 강조한다.

구루들의 작품 다음에는 박타와 수피의 작품들이 배열되었다. 휨의 창작자와 그 숫자는 다음과 같다.

구루 나나크: 휨 974편

구루 앙가드: 휨 62편

구루 아마라 다스: 휨 907편

구루 람 다스: 휨 679편

구루 아르잔: 휨 2218편

구루 테그 바하두르, 9대 구루: 휨 59편과 쿠플레 56편(이들은 아들인 10대 구루 고빈드 싱에 의해 덧붙여졌다).

박타와 수피들:

카비르: 휨 292편

파리드: 휨 4편과 쿠플레 130편

남데브: 휨 60편

라비다스: 휨 41편

자이데브: 휨 2편

베니: 휨 3편

트릴로찬: 휨 4편

파르마난다: 휨 1편

사다나: 휨 1편

라마난다: 휨 1편

다나: 휨 4편

피파: 휨 1편

사인: 휨 1편

비칸: 휨 2편

수르 다스: 1 줄

순다르: 휨 1편

마르다나: 쿠플레 3편

사타와 발반드: 휨 1편

바츠: 123 *스와야(swayya)*

 부단한 육체적 정신적 노동 끝에 《그란트》가 모습을 드러냈을 때, 시크교인들의 기쁨은 끝이 없었다. 시크교인들은 무한한 환희로 이를 축하했다. 축제는 훗날 시크 역사에서 결혼식에 비유되었다. 많은 양의 설탕, 버터, 물, 밀가루가 들어간 거대한 성체 케이크 *카라프라샤드(Karahprashad)*가 만들어져서 나누어졌다. 가장 신성한 책을 보러 온 교인들은 이 시크 케이크의 모습을 보고 전율했다. 람사르에서 만들어진 이 신성한 책은 화려한 행렬과 함께 새로 건축된 하르만디르로 옮겨졌다. 존경받는 시크 원로 바이 붓다(Bai Buddha)가 머리에 책을 이고 옮겼는데, 그 뒤로 경의의 표시로 책 위에 깃털 비를 올린 채 구루 아르잔이 걸어갔다. 악사들은 신성한 텍스트에 있는 횜을 연주했다.

1604년 8월 16일《그란트》는 황금 사원의 내부 성소에 성대하게 안치되었다. 각 지역에서 시크교인들이 모였다. 자신의 구루들의 선율적인 메시지를 함께 경험하면서, 자아와 타자의 구분은 상쇄되고 공동체*(communitas)* 정신이 생겨났다. 이 역사적인 날 구루 아르잔이 서 있는 가운데 바이 붓다는《그란트》를 열고 신성의 메시지를 얻었다.

산타 케 카라즈 압 칼로야 하리 캄 카라바누 아야 람
다라티 수하비 탈 수하바 비쿠 암리트 잘 차야 람
암리트 잘루 차야 푸란 사주 카라야 사갈 마노라트 푸레
제 제 카르 바야 자구 안타르 라테 사갈 비수레

시크 경전 구루《그란트》

푸란 푸라크 아쿠트 아비나시 자수 베드 푸라니 가야...

santa ke karaj ap khaloia hari kam karavanu aia ram
dharati suhavi tal suhava vicu amrit jal chaia ram
amrit jalu chaia puran saju karaia sagal manorath pure
jai jai kar bhaia jagu antar lathe sagal visure
puran purakh acut abinasi jasu ved purani gaia...(GG: 783)

일자(The One)는 신성한 과업을 수행하는 신자들 옆에 서 있었다가 도와주었다.
이곳은 아름답다, 이 연못은 아름답다.
생명의 물로 가득 차 있다,
생명의 물이 흐른다, 과업은 완성되었다.
모든 열망은 완수되었다.
기쁨이 전 세계로 퍼졌다. 고통은 끝났다.
완전, 순수, 영원이
《베다》와 〈푸라나〉의 노래로 고양되었다.

시크교인의 집단 기억 속에서 이 '첫 번 째' *바크(vak*, 혹은 후 캄)는 모든 행위와 성취의 근원인 신성을 축하했다. 열광적인 환희를 표현하면서, 그것은 루돌프 오토(Rudolf Otto)의 유명한 정

언을 예증한다: *미스터리움 트레멘둠 에 파스키난스(mysterium tremendum et fascinans, 두렵고도 매혹적인 신비)*.[21] 연못과 네 개의 문이 있는 하르만디르의 건축물이 신격화되지는 않았지만 신성은 매우 가깝게 느껴졌고, 그 강한 경험을 통해 시간적 공간적으로 넓은 시야가 열렸다. 시크교의 이 특별한 순간은 과거와의 연속성을 창조했는데, 태곳적부터 찬양된 것을 특별하게 인지했기 때문이다: '《베다》와 〈푸라나〉가 너의 영광을 노래한다.' 역설적으로, 새로 건축된 하르만디르의 경내에서 느껴지는 기쁨은 벽을 넘어 '전 세계 속으로' 확장된다: '*자그 안타르*' *(jag antar)*. 구루 아르잔에 의한 《그란트》와 하르만디르의 교차적 만남은 세대와 지역을 넘어 사람들의 새로운 관계를 강화하였다.

해질녘이 되자 《그란트》가 닫히고 비단에 쌓여 특별히 마련된 방으로 이동되었다. 그곳에서 대좌에 올려 졌고, 아르잔은 그 옆에서 경의의 뜻으로 마룻바닥에서 잠을 잤다. 다음날 아침 일찍 《그란트》는 하르만디르로 옮겨졌다. 그리고 저녁 예배에서 소힐라(sohila) 휨이 낭송된 후 다시 휴식을 취하기 위해 구루가 설계한 방으로 돌아왔다. 이러한 관습은 오늘날까지 시크교인들에 의해 이어지는데, 구루 《그란트》가 아칼 타크트로 옮겨지는 것이 다를 뿐이다.

하르만디르의 건축

《그란트》(신성한 텍스트)가 첫 번째 구루에 의해 창안되고 그 후계자들에 의해 발전되어 마침내 구루 아르잔에 의해 결실을 보았듯이, 하르만디르(신성한 장소) 역시 영적인 계열을 거슬러 올라간다.[22] 3대 구루 아마르 다스는 시크교인의 예배를 위한 특별한 장소를 착상했고, 그의 후계자 구루 람 다스가 1577년 연못의 공사를 시작했다. 그리고 구루 아르잔은 1601년 연못 한가운데 유명한 신전을 완성했다. 구루들은 정신적, 심리적, 영적인 풍경은 사람들이 거주하는 곳에 위치한다는 것을 알고 있었다. 사실, 사람들이 세계를 향하는 방식과 역사를 기억하는 방식, 사회 현실을 개혁하는 방식, 심지어 자신을 상상하고 감지하고 규정하는 방식까지 모두 지리적 위치에 달려 있다. 시크 공동체를 강화하기 위해 '장소'는 지극히 중요한 것이었다.

구루 아르잔은 뛰어난 시인이자 건축가였다. 그는 보이지 않는 소리를 자신의 3차원의 건축에 연결하여 재생산했다: '우리가 당신의 이름을 찬양하는 곳, 그곳이 바로 천국이다'(*taha baikunthu jah kirtanu tera*, GG: 890).' 경전 곳곳에서 그는 아름다운 천국의 지형과 낭랑하고 장대한 리듬의 결합을 반복했다: '당신의 이름이 낭송되는 곳, 그곳이 바로 천국이다'(*tah baikunthu jah namu uchrahi*, GG: 890); '신성한 찬양을 하면서 많은 이들이 천국에 살고 있다'(*yasu japat kai baikunth vas*, GG: 236); 그리고 '공동체가 신성을 찬미하는 곳, 그곳은 향기와 과일, 기쁨이 가득한 상서로운 곳이다'(*yahan kirtanu sadhsangati rasu tah saghan bas falanad*, GG: 1204). 감각적인 향기와 맛, 즐거움은 모두 좋은 사람들과 함께 신성을 찬양한 결과였다. 구루 아르잔은 자신의 예술적 천재성으로 형이상학적 시와 초월적 공간을 물리적으로 결합했는데, 이에 사람들은 함께 모여 지상의 '천국'을 재창조할 수 있었다.

구루-건축가의 하르만디르 건축 설계와 디자인은 철학적 메시지와 융합되었다. 구루 아르잔은 《그란트》의 문학적 양식을 섬세하게 도입했다. 그에 의해 창조된 책에는 무엇보다 시크교 원리의 진수인 *이크 오안 카르*가 표현되어 있었다. 오프닝 페이지서부터 시작된 무한한 일자(The Infinite One)는 《그란트》의 1430페이지에 걸쳐 반복되는데, 이는 사원의 설계에 있어 건축학적으로 재현된다. 그는 자신의 아버지가 시작했던 연못 중앙에 구르드와라를 건축하는 일을 완수했다. 흔들리는 물결 위에 솟아오른 구루 아르잔의 건축물은 어떤 굳건한 경계나 한계 없이 서 있는 모습으로 보였다. 빛나는 태양 아래 반짝이는 물과 결합하도록 건축된 광경은 방문객들을 감각의 소용돌이로 데려갔다. 그리고 여기서 시크교인들은 무한한 일자에 대한 구루 나나크의 감지력을 시각적으로 만날 수 있었다.

사원의 입구는 아래를 향하도록 설계되었는데, 이러한 물리적

하강은 겸손한 마음으로 그곳에 들어간다는 것을 의미하는 건축학적 계획이다. 구루 나나크는 말했다: '에고를 없애고 말씀을 얻는다'(*haumai marai gur sabad pae*, GG: 228). 신성을 받아들이기 위해서 자아는 이기적이고 자기 위주인 '나'를 비워야 한다. 5대 구루는 자기중심주의의 병리적 효과를 반복하여 말했다: '오만을 없애면 우리는 혐오를 피할 수 있다'(*taj abhiman bhai nirvair*, GG: 183). 또한 그는 말했다: '에고를 없애고, 신성의 지식을 묵상하라'(*taj haumai gur gian bhajo*, GG: 241). 오만과 자기중심주의는 축소되었다. 그것들은 타성과 무지로 마음을 채우고 타자에 대한 적대감으로 동맥을 채우는 독이다. 계단을 따라 아래로 내려가는 물리적 동작을 통해 신자들은 무한한 일자를 맞이할 준비를 하는 것이다.

하르만디르의 네 개의 문은 구루 《그란트》에 명시된 구루의 윤리적 훈령을 건축학적으로 전달한다: '크샤트리야, 브라흐민, 수드라 그리고 바이샤, 이 네 계급은 모두 같은 명령을 갖고 있다'(*khatri brahmin sud vais updesu cahu varna kahu sajha*, GG: 747). 구루가 계급으로 언급하는 단어는 *바르나*(varna)인데, 이는 '피부색'(complexion)을 의미한다. 그의 신성한 구조에서 네 개의 문은 서로 다른 계급과 피부색의 사람들을 환영한다. 이 문들은 아주 오래되고 억압적인 사회적 인종적 헤게모니를 해체한다. 문들을 따라 걸으면서 시크교인은 구루 나나크가 자신의 자프에

황금사원

서 의미하는 것을 보고 느낄 수 있게 된다: '모든 사람을 너와 동등하게 받아들여라. 그리고 그들이 너의 유일한 종파가 되게 하라'(ai panthi sagal jamati, Jap: 28).

힌두 사원이나 이슬람의 모스크와 많은 것을 공유하지만, 시크교의 하르만디르는 전혀 다른 공간이다. 이슬람 모스크에 감도는 전능한 창조자에 대한 전적으로 순종적인 느낌은 구르드와라의 당당한 느낌에 의해 전복된다. 시크교의 장소에는 기도벽(미르합 mirhab)과 설교단(민바르minbar), 그리고 성인들의 무덤(특히 수피의 신성한 장소에 많이 있는)과 같은 모스크의 기본적인 양상들이 존재하지 않는다. 또한 하르만디르에는 전통적인 인도인의 지형학적 의식으로 미루어볼 때 특별한 것이 아무것도 없다. 아주 특별한 장소에 건축되는 - '신이 임하시는' - 힌두 사원과 달리 하르만디르가 건축된 장소는 어떤 특별한 이유로 선택되지 않았다. 구루 아르잔이 건축했던 바, 내부에 위치한 연못에 대한 아이디어는 고인드발이 시크의 중심이었던 3대 구루 아마르 다스 시대로 거슬러 올라가는 것이다.

구르드와라는 또한 전통적인 건축학적 도식에 따라 세워지지 않았다. 신을 이곳에 모시기 위한 기술적 청사진에 있어 구루 아르잔은 고도로 정교한 힌두교의 건축 과학을 사용하지 않았다. 저명한 예술사학자 스텔라 크램리치(Stella Kramrich)에 따르면, '힌두 사원은 그것이 어디에 세워지든지 간에, 그 건축 기간이 얼마인지 간에, 그리고 지대와 건물, 그 안에 거주하는 신(에센스 Essence)의 크기가 어떻든지 간에, 모두 똑같이 바스투푸루샤만달라(Vastupurushamandala, 인도의 전통적인 건축 양식)의 원칙에 따라 건축되었다.'[23] 만달라는 우주적 본질(푸루샤Purusha)의 의식적이고 도형적인 형식으로서 모든 힌두 사원의 건물들은 신의 실체적인 형식으로 간주되었다. 그러나 시크교 신전은 그 구조 안에 신성을 안치하려 하지 않았다. 그 풍경은 어떤 의미에서도 신격화되지 않았다. 구르드와라는 깨달음(구루guru)을 향한 문(드와라dwara)일 뿐이다. 아버지가 시작한 연못을 완성하고 정비하면서, 구루 아르잔은 그 안에 건물을 앉히고자 했다. 그는 아마 물 위에 잔잔히 떠 있는 '연꽃'(lotus)이나 대양을 항해하는 '배'를 상상

아칼타크트

했을 것이다. 마이클 온다치(Michael Ondaatje)의 현대 소설《잉글리시 페이션트》(English Patient)에서 하르만디르는 다음과 같이 묘사된다.

> 노래는 예배의 중심이다. 당신은 노래를 듣고 사원 정원에서 날아오는 석류와 오렌지 과일 향기를 맡는다. 사원은 누구나 접근할 수 있는 도도한 삶의 안식처이다. 그것은 무지의 대양을 건너는 배이다. [24]

구루 아르잔의 건축은 협소한 지방성을 넘어 보다 넓고 심원한 전망으로 피어났다. 그것은 어떤 의미에서도 '혼합적'(syncretic)

이지 않았다.

6대 구루는 하르만디르 건너편에 자신의 정치적 의무를 실행할 연단을 건축했는데, 그것은 훗날 아칼 타크트(Akal Takht, 영원한 일자의 옥좌)로 발전했다. 하르만디르가 시크교의 영성을 위한 중심이라면, 아칼 타크트는 세속적 업무를 위한 중심이었다. 훗날 마하라자 란지트 싱(Maharaja Lanjit Singh)을 비롯한 후원자들이 힌두와 무슬림, 그리고 시크 장인들을 고용하여 구루들에 의해 간직되었던 독특한 시크교의 이상을 건축하고 윤색하였다. 오늘날 하르만디르 - 황금 사원(Golden Temple) - 는 매우 인기 있는 장소이다. 대리석 바닥 위에 놓인 방들을 따라 걷노라면 당신의 눈에 물 위에 부드럽게 솟아있는 성소(聖所)가 보인다. 그리고 당신의 귀에 경전의 시구가 울린다: '당신이 바로 연꽃이고 당신이 바로 수련이다. 당신 스스로 보고 기뻐한다'(*kaul tun hain kavia tun hain ape vekhi vigasu*, GG: 23). 사원의 경내에서는 수많은 방식으로 신성을 가깝게 느낄 수 있다.

황금 사원은 방문객들을 재충전하게 하고 그들이 무한한 일자를 깨달을 수 있게 한다. 바닥과 벽, 천장에는 《그란트》의 텍스트가 색색으로 짜여 순환하는 것을 볼 수 있다. 사람들이 걷고 있는 검고 하얀 대리석 바닥은 리듬적으로 반복된다. 마찬가지로, 벽 위에는 양식화된 꽃들과 새들, 덩굴과 과일들, 아라베스크와 격자무늬가 있다. 구조는 그 자체로 아치와 돔, 기둥과 정자, 창문과 계단을 반복하고 있다. 사람들은 이 끝없는 반복 속에서 걸음을 걷고 벽을 터치하고 건물을 보고 말씀의 선율을 듣는다. 이 리듬적인 반복은 감각들과 상상을 위한 역동적인 움직임을 창조한다. 그것은 함께 앞으로 나가도록 명령한다. 모든 불편한 느낌은 조화에 길을 내주고, 의심과 이중성은 녹아버린다. 그리고 무지한 정신은 고무되어 근원적인 불꽃을 발견하게 된다. 이렇게 하르만디르는 그 유한한 구조를 통해 무한한 초월성(Infinite Transcendent)을 향한 힘찬 움직임을 창조한다. 하르만디르의 시각적 형상 속에 재창조된 구루《그란트》의 물결치는 청각적 리듬은 인간 경험의 넓은 영역을 계시한다. 분명한 것은, 시크교의 예술은 단순한 재현이 아니다. 그것은 계시이다. 이러한 계시 과정에서 압축된 장벽은 무너지고, 우리는 가장 내밀한 곳으로 안내된다. 들리거나 읽히는 것들로 짜인 텍스트들은 보이는 디자인과 합해져서 영적이고 정신적인 연결을 창조한다 - 시크와 힌두, 무슬림들 사이에, 황인과 백인, 흑인들 사이에.

구루 아르잔의 순교

1605년 아크바르 황제의 죽음과 함께 시크교에 주어졌던 자유로운 정치-사회적 배경은 변화하였다. 황제 자한기르(Emperor

Jahangir, 1605-27 재위)는 아크바르의 관용적이고 개방적인 종교 정책을 바꾸려 했던 시르힌드 (Sirhind. 델리와 라호르 사이에 있는 도시)의 셰이크 아흐마드(Sheikh Ahmad)의 영향을 받아 새로운 정책을 전개했다.[25] 구루 아르잔의 눈부신 성공은 새 황제에게 당면한 문제가 되었다. 시크 구루를 향한 황제의 적대감은 그의 회상록 *투주크-이-자한기리(Tuzuk-i-Jahangiri)*에 표현되었다: '그는 수많은 순진한 힌두교인의 마음을 사로잡았다. 심지어 몽매하고 모자란 이슬람 교인의 마음도 사로잡았다……. 그들은 그를 구루라 불렀다. 사방에서 어리석은 자들이 그를 숭배하고 그에 대한 믿음을 보이기 위해 모여들었다. 이 쓸데없는 일을 그만두게 하거나, 아니면 그를 이슬람의 대중 앞에 데려가려고 생각한 적이 한두 번이 아니었다.'[26] 구루 아르잔은 아버지의 왕좌를 요구하는 쿠스라우(Khusrau) - 자한기르의 고집 센 아들 - 를 지지하여 더욱 더 무굴 황제를 분노하게 했다.

자한기르 황제의 회상록에는 구루 아르잔이 그의 제국의 법에 따라 죽임을 당했다는 증언이 기록되어 있다: '나는 그를 데려오라고 명령했고, 그의 집과 거주지, 아이들을 무르타자 칸(Murtaza Khan)에게 넘겨주라고 명령했다. 그리고 그를 사형에 처하고 그의 재산을 몰수하라고 명령했다.'[27] 제수이트 교단의 신부 제롬 하비에르(Jerome Xavier)는 1606년 9월 25일 라호르에서 쓴 편지에서 '많은 상처와 고통, 모욕'이 구루 아르잔에게 가해졌다고 보고

했다. [28] 시크교인의 집단 기억에서 구루는 라호르에게 잔인하게 처형되었다. 그는 며칠 동안 혹독한 고문을 당했다. 벌겋게 달궈진 철판 위에 앉아 있었고, 머리 위로 뜨거운 모래가 부어졌다. 뜨거운 기름 속에 넣어졌고, 그리고 라비 강물 속으로 던져졌다. 1606년 5월 30일 구루는 명상에 잠긴 채 평화롭게 안식했다. 비록 시신을 강에서 회수하지는 못했지만, 구루가 물로 들어간 곳에는 구르드와라의 신전이 세워졌다. 시크교인들은 매년 차가운 물과 우유를 나누며 구루 아르잔의 순교를 기념한다. 자신들의 신앙을 위해 견뎌야 했던 고통에 경의를 표하며 평안의 음료를 마시는 것이다.

구루 아르잔은 시크교인들에게 세심하게 편찬한 《그란트》라는 권위 있는 책을 선물했다. 이 책은 시크교인들의 영적 종교적 안내자가 되었을 뿐 아니라, 미래 세대 공동체를 위한 지적 문화적 환경을 조성했다. 《그란트》에 대한 개인적인 응답으로 그는 또한 새로운 형식의 예배와 의식을 제공했다. 그는 하르만디르의 건축을 통해 시크교인들에게 영적 사회적 의식을 위한 새로운 장소를 선사했다. 이제 시크교인들은 자신만의 순례지, 자신만의 메카(Mecca)를 갖게 되었다. 그리고 자신의 삶에 대한 포기를 통해 시크교인의 자의식에 또 다른 생생한 단층을 창조했다. 그러나 그는 세상을 떠나기 전에 바이 구르다스가 기록하듯이, '아르잔은 자신의 몸을 바꾸었다. 그는 하르고빈드(Hargobind)의 모습이 되었다'(Var I: 48).

제3장
구루 고빈드 싱과 시크 정체성의 확립

5대 구루의 순교는 강한 저항의 충동을 발생했고, 새로운 무장의 시대가 열렸다. 아버지의 시련을 목격했던 구루 하르고빈드(나나크 6)는 묵주와 그 밖의 다른 성스러운 장식을 한 채, 무사의 옷을 입고 승계 의식을 진행했다. 그는 두 자루의 칼을 차고 있었는데, 하나는 *피리(piri)*, 다른 하나는 *미리(miri)*라 불리었다. '피리'는 종교적 스승을 지칭하는 *피르(pir)*에서, '미리'는 충실한 사령관을 의미하는 *아미르(amir)*에서 유래한 것인

제6대 구루 하르고빈드

데, 두 용어 모두 이슬람과 함께 인도에 들어온 것이다. 이 둘을 결합하고자 하는 6대 구루의 공공연한 행위는 시크 공동체의 진화에서 중요한 역할을 하였다. 구루 나나크가 후계자 앙가드에게 선물했던 상징적 칼은 이제 그 물리적 형태를 갖추고 구루에게 영적인 권위와 세속적인 권위를 동시에 부여했던 것이다.

 구루 하르고빈드는 작은 규모의 무장 부대를 위해 시크교인을 모집하면서, 앞으로 신자들은 말과 무기를 선물로 갖고 와야 한다는 메시지를 보냈다. 그리고 자기 자신과 정의로운 타인을 보호하기 위해 무기를 소지할 것을 명령했다. 그는 무장의 상징으로 커다란 북과 깃발을 도입했다. 그가 부대원들의 사기를 돋우기 위해 사용했던 커다란 북소리는 오늘날 구르드와라에서 *아르다스(ardas)* 낭송 때 대중적으로 들을 수 있다. 마찬가지로, 시크교 장소의 표식으로 걸리는 깃발 *니샨 사히브(nishan sahib)* 역시 구루 하르고빈드 싱의 정치 감각에서 유래를 찾을 수 있다. 그는 1609년 도시 암리차르를 방어하기 위해 *로흐 가르흐(Loh Garh*, 철의 요새)라는 요새를 건축하고, 하르만디르의 맞은편에 현세 권력의 자

니샨 사히브

리인 아칼 타크트를 위한 연단을 설치했던 것이다. 구루는 당당한 모습으로 이곳에 앉아서 공동체의 세속적인 일을 지휘했다. 어린 시절 구루를 가르쳤던 바이 구르다스는 그를 가리켜 '*바다 조다 바후 파루프카리(vadda jodha bahu parupkari)* - 위대한 전사, 아주 자애로운'(Var I: 48) 이라고 했다. 숙련된 사냥꾼이었던 구루는 무굴 관원에 대항하는 몇몇 교전을 끝냈는데, 말년에는 시발리크(Shivalik, 히말라야 외곽의 산맥) 언덕으로 옮겨가서 마지막 나날을 보냈다. 정사에서 물러난 그는 수틀레즈 강 동쪽에 도시 키라트푸르(Kiratpur)를 건설했다. 그에게는 다섯 명의 아들과 한 명의 딸 비비 비로(Bibi Viro)가 있었다. 세상을 떠나기 전 그는 손자 하르 라이(Har Rai)를 후계자로 임명했다. 제 7대 구루는 부드러운 성정을 가진 것으로 기억되는데, 그의 초상은 시크 회화에서 아주 풍요롭게 나타난다(7장을 보라). 구루 하르 라이는 어린 아들 하르 키셴(Har Kishen)을 8대 구루로 임명했다. 불행히도 어린 구루는 8살의 나이에 천연두에 감염되어 사

제 7대 구루 하르라이

제 8대 구루 하르 키셴

제 9대 구루 테그 바하두르

망했다. 그리고 그 뒤를 위대하고 사색적인 하르 라이의 삼촌 테그 바하두르(Tegh Bahadur, 구루 하르고빈드와 마타 나나키(Mata Nanaki)의 막내 아들)가 계승했다.

하르 고빈드가 시크교에 도입했던 무장의 분위기는 구루 테그 바하두르(나나크 9)의 순교 이후 본격적인 역할을 하였다. 이 시크 구루는 힌두를 이슬람으로 강제로 개종시키려 했던 무굴 통치자의 정책에 도전했고, 이에 종교적 자유를 옹호했다는 죄로 1675년 11월 11일 델리의 레드 포트(Red Fort) 근처에 있는 찬드니 초크(Chandni Chowk)에서 공개적으로 처형되었다. 그의 아들이자 후계자인 구루 고빈드 싱은 아버지의 고귀한 희생에 대해 존재의 이유(raison d'être)를 제공했다: '그는 이마의 표식과 신성한 실을 수호했다'(*tilak janjhu rakha prabh taka, Bicitra Natak* 5: 13). 구루 테그 바하두르는 *틸락*(*tilak*, 이마에 찍는 표식)이나 *자네우*(*janeu*, 상위 카스트의 힌두 남성들이 걸치는 신성한 실)를 지지하지 않았다. 그러나 그는 그것을 믿는 사람들의 권리를 위해 자신의 목숨을 바쳤다. 두 개의 종교적 상징을 방어하는 것은 모두가 각자 자신의 종교를 자유롭게 행사할 수 있는 권리를 옹호하는 것을 의미한다. 구루 고빈드 싱은 아버지의 커다란 용기를 존경했고, 이는 그의 자전적인 시 *비시트라 나나크*(*Bicitra Nanak*)에서 아름다움이 흐르는 시어 속에 나타난다: '*세에수 데에야 파루 세에 나 우카리*(*seesu deeya paru see na ucari*, 5:13) - 그는 자신의 머리를 포기했다, 그러나 한숨을 쉬지는 않았다.' 그리고 다음 시행에는: '*세에수 데에퍄 파루 시라루 나 데에퍄*(*seesu deeya paru siraru na deeya*, 5:14) - 그는 자신의 머리를 포기했다. 그러나 신념을 포기하지는 않았다.' 또다시: '*테그바하두레 세에 크리아 카리 나 킨훈 아니*(*teghbahadure see kria kari na kinhun ani*, 5: 15) - 테그 바하두르의 행동은 아무나 할 수 있는 것이 아니었다.'

구루 테그 바하두르 역시 매혹적인 쿠플레〔대구(對句)로 된 2행시〕를 작곡했다. 이 시들은 시크교 경전에 포함되어 의식의 마지막에 낭송된다. 구루에게 있어 해방(*묵티*/*mukti*/*목샤*/*moksha*)이란 평정 속에 살아가는 것인데, 즉 모든 순간, 그리고 모든 물질 속에서 똑같은 일자에 대해 기본적으로 느끼는 것이다: '칭찬과 비난이 같고, 금과 쇠가 같다는 것을 아는 사람은 자유롭다고 나나크가 말했다'(*ustati nindia nahi jihi kanchan loh saman/kahu nanak suni re mana mukati tahi tai jan*, GG: 1427).

아버지의 처형 이후 구루 고빈드 싱은 시크교인들에게 강력한 리더십을 제공했다. 황제 아우랑제브(Auranzeb, 1658-1707)는 지배적인 통치자였다. 그는 지지야(Jijya. 이슬람 국가에서 비무슬림 국민에게 부과하는 세금)를 폐지하고 상호-종교적인 *딘-이-일라히(Din-i-ilahi*, 신성한 믿음)을 도입했던 할아버지 아크바르나 우파니샤드의 일부를 페르시아어로 번역하도록 후원했던 형제 다라 시코(Dara Shikoh)와는 달랐다. 그는 인도를 배타적인 무슬림 국가로 만들고자 했다. 아우랑제브는 비무슬림을 탄압하는 명령을 발표했고, 지지야, 즉 비 무슬림이 이슬람 국가에서 살기위해 내야 하는 허가세가 다시 부과되었다. 이는 세금을 낼 형편이 안 되는 사람들을 이슬람으로 끌어들이려는 강제적인 방식이었다.[29] 그는 파타와-이-알람기리(Fatawa-i-Alamgiri)라 불리는 이슬람법의 성문화를 후원했고, 샤리아(Sharia, 이슬람의 관습법)를 연구하기 위해 무슬림 대학교를 세웠다. 구루 고빈드 싱과 그의 시크 공동체를 포함하여 이슬람을 믿지 않는 사람들은 모두 아우랑제브의 희생자가 되었다. 심지어 시야(Shia) 무슬림과 일부 수피 지도자들도 그가 진행하는 이슬람화의 과정에서 날카로운 공격을 받았다. 라즈푸트(Rajput. 크샤트리아 계급)를 제외한 모든 '힌두'는 가마나 코끼리, 혹은 품종이 좋은 말에 타는 것이 금지되었다. 무기 소지 또한 금지되었다.

구루 고빈드 싱은 탄압 정책이 진행되던 1666년 비하르(Bihar) 주에 있는 도시 파트나(Patna)에서 구루 테그 바하두르와 마타 구자리(Mata Gujari) 사이에서 태어났다. 그가 태어날 당시 그의 아버지는 동쪽을 여행하면서 자선사업을 위한 신성한 장소를 방문하고 있었다. 파트나는 고대에 파탈리푸트라(Pataliputra)로 알려졌던 곳인데, 위대한 불교신자 아소카(Ashoka, 273-232 BCE) 왕으

제 10대 구루 고빈드 싱

로 유명한 마우리아 왕국의 수도였다. 로드 붓다(Lord Buddha)도 이곳을 방문했다고 전해진다. 번영하는 불교의 중심지였던 파탈리푸트라는 이후 힌두의 강력한 제국 굽타 왕조(Gupta, 4-6 세기 CE)의 수도가 되었다. 그리고 1510년 벵갈의 샤(Shah of Bengal) 알라 우드-딘 후사인(Ala ud-Din Husain)이 모스크를 건축하면서 이슬람의 존재가 더해졌다. 1541년 셰르 샤(Sher Shah)가 요새를 건축했고, 1574년 아크바르 황제는 무굴을 위해 도시를 점령했다. 1640년과 1666년에는 영국과 네덜란드의 동인도 회사가 각각 공장을 세웠다. 구루 고빈드 싱은 힌두와 무슬림, 불교, 자이나교, 파시교, 그리고 기독교인이 북적이는 이 역동적인 대도시에서 사춘기를 보냈다. 어린 고빈드는 수 세기에 걸친 종교적 문화적 다양성을 흡수했을 것이다. 그의 탄생과 함께 파트나는 시크교인들에게 의미 있는 장소가 되었다. 타크트 스리 하르만디르 사히브(Takht Sri Harmandir Sahib)는 구르 고빈드 싱의 탄생을 기념하는 곳이다. 파트나의 오래 된 지역에 있는 이 신전은 원래 구루 나나크의 제자였던 살리스 라이 조흐리(Salis Rai Johri)의 저택이었다. 시크 신앙에 대한 헌신성을 보이기 위해서 그는 자신의 집을 호텔로 개조하고 여행객과 순례자들에게 무료로 제공했다. 구루 테그 바하두르도 파트나를 여행하면서 이곳에서 머물렀다. 호텔이 있던 곳에 훗날 웅장한 구르드와라가 건축되었는데, 이 건물은 시크교의 다섯 옥좌(Five Seats, *타크트Takhts*)의 하나로 유명해졌다.

구루 고빈드 싱의 어린 시절에 대해 전해지는 여러 이야기에는 아이가 없어 슬퍼했던 여왕 마니아(Queen Mania) 이야기가 있다. 그녀는 당시 4살밖에 안 된 어린 구루를 보면서 종종 자신도 아이가 있었으면 하고 바랐다. 그녀가 가엾어진 구루는 아들이 되겠다고 하였다. 두 사람은 친구가 되었고, 마니아는 그에게 옥수수를 주었다. 어린 고빈드와 여왕 마니아의 우정을 기념하는 의미에서 오늘날 파트나 사히브의 랑가르에서는 옥수수를 대접한다.

일곱 살이 되었을 때 온 가족이 시발리크 언덕 위에 세워진 아난드푸르(Anadpur)로 이사 했다. 아난드는 '축복의 도시'(the city of bliss)라는 뜻이다. 이 도시는 구루 고빈드 싱의 아버지인 구루 테그 바하두르에 의해 건축되었는데, 펀자브의 로파르(Ropar) 지역에 있는 시발리크 산맥의 낮은 지맥에 그림 같이 세워졌던 것이다. 약 7마일쯤 뒤에는 나이나 데비〔Naina Devi, 히말라야 산 기슭의 도시〕의 높은 산봉우리들이 솟아 있었다. 아난드푸르 언덕을 지나 수틀레즈 강이 흐르고 있다. 그리고 바로 여기에서 어린 고빈드는 처형된 아버지의 머리를 전달받았는데, 시크교인들이 델리에서 가져왔던 것이다. 이때 아홉 살의 어린 소년은 놀라운 용기를 보여주었다. 그는 1676년 3월 29일 바이사키 데이〔Baisakh day, 새해와 추수를 축하하는 시크교의 축제〕에 자신에게 부과된 구루십을 수여 받았다. 어머니 마타 구자리의 도움으로 그는 아버지의 처형으로 인한 충격과 황폐하고 침체된 분위기에서 벗어나 빠른 속도로 창조성과 활동성을 회복했다. 영적 육체적으로 활기찬 분위기 속에서 신성이 기억되었고 영웅적인 시가 낭독되었다. 모두가 다 아는 음악이 연주되었고 모의 전쟁이 벌어졌다. 이러한 활동력은 공포의 기억을 지우고 시크교인들이 복수심에서 멀어지게 했다. 아난드푸르에는 다시 신성한 성가와 영웅적인 발라드, 말달리는 소리, 무예 연습, 다양한 스포츠, 그리고 구르 고빈드 싱의 승리의 드럼 소리가 울려 퍼지기 시작했다. 그러나 이러한 정치적 힘의 상징들로 인해 이웃 언덕에 있는 왕국들은 위협을 느끼게 되었는데, 이에 구루와 그의 신하들은 몇 번의 전투를 치러야 했다.

구루는 브라즈어(Braj, 인도 서쪽의 힌디어)와 페르시아어를 계속 공부했고, 몇몇 학자들이 기록하듯이, 산스크리트어와 아라비아어도 공부했다. 그는 1677년에 마타 지토지(Mata Jitoji)와, 1684년에 마타 순다리(Sundari)와 결혼했다. 이들 사이에는 네 명의 아들이 있었다. 아지트 싱(Ajit Singh), 주즈하르 싱(Jujhar Singh), 조라와르 싱(Jorawar Singh) 그리고 파테흐 싱(Fateh Singh)이 그들이다. 그리고 1700년 아난드푸르에서 세 번째 아내 마타 사히브(Mata Sahib)와 결혼했다.

선임자들과 마찬가지로, 구루 고빈드 싱은 뛰어난 시인이었다. 자신의 시 전체에 걸쳐 그는 사랑과 평등, 그리고 엄격한 윤리적 도덕적 행동 규범의 주제를 표현했다. 그는 우상숭배, 미신적인 믿음과 행동을 비난하였고, 유일 신성을 환기시켰다. 시는 또한 그가 속한 공동체에 새로운 방향성을 부과하는 매체가 되었다. 그는 사람들에게 새로운 활력을 주기 위해 활동적인 운율과 리듬을 도입했고, 상상력을 펼칠 수 있는 새로운 이미지와 패러독스를 창조했다. 또한 무예에 대한 열정을 고무하기 위해 고대 인도의 신화와 서사시의 주제를 들여왔다.

구루 고빈드 싱은 위대한 예술의 후원자였다. 그가 줌나(Jumna) 강가에 세웠던 도시 *파운타(Paunta*, 그의 말이 흙 속에 빠졌던 사건에서 유래한다. *파브(pav)*는 말의 발이라는 뜻)는 영적 문화적 부흥의 중심지가 되었다. 구루는 시와 관련된 심포지엄을 열고 상을 나누어주었다. 서로 다른 종교적 배경을 가진 많은 시인들이 이 아름다운 도시 파운타에 모였다. 그들 중에서 사이나팟(Sainapat), 알람(Alam), 라칸(Lakhan), 암리트 라이(Amrit Rai) 등, 52명이 일자리를 얻어 이곳에 정착했다. 시인들은 산스크리트어와 페르시아어로 된 몇몇 고전들을 번역하였고, 자신의 작업에 대해 상당한 보상을 받았다. 생애 말년에 구루는 담다마(Damdama)를 학술 활동의 중심지로 만들었는데, 펀자브의 바틴다 근처에 위치한 담다마는 '구루의 카시(Guru's Kashi〔바라나시의 다른 이름〕)로 알려졌다. 고대 힌두 문헌과 배움의 중심지의 시크 버전으로 간주되었던 것이다. 그는 담다마에서 몇 달을 지내면서 서로 다른 사회 계층의 사람들과 섞여서 자신의 문학적 영감을 추구했다. 이곳에서 그의 지도하에 구루《그란트》의 마지막 교정본이 바이 마니 싱(Bhai Mani Singh)에 의해 준비되었다. 구루 고빈드 싱과 그의 궁정 시인들이 쓴 시들 중 대부분이 1705년 그가 아난다푸르를 떠나 피난했을 때 유실되었기 때문에 바이 마니 싱은 구할 수 있는 자료들을 수집하는 데 몇 년을 보내야 했다. 그리고 이로부터 《다삼 그란트》(Dasam Granth, '열 번째 구루의 책'을 의미)의 첫 번째 교정본이 만들어졌다. 이 책은 1,428 페이지나 되는데, 이는 구루 《그란트》(1,430)와 거의 같은 크기였다. 구루 《그란트》가 《아디 그란트》(Adi Granth, 첫 번째 책)라고 알려진 시크교의 신성한 경전이라면, 시크 기도문에는 《다삼 그란트》의 일부도 사용된다. 많은 부분에 있어 이 책의 저자와 출처는 명확하지 않다. 《다삼 그란트》는 대부분 브라즈 어로 쓰였지만, 전체 작품은 구르무키 활자로도 출간되었다.

　《다삼 그란트》는 학자들 사이에서 논쟁거리로 남아있지만, 신자들로부터는 호응을 받았다. *자아프(Jaap), 아칼 우스타트(Akal Ustat), 비시트라 나나크(Bicitra Nanak), 칸디 카리트라(Candi Caritra), 칸디 디 바르(Candi di Var), 사브드 하자레(Sabd Hazare)* 그리고 *기안 프라보드(Gian Prabodh)*와 같은 작품들은 일반적으로 구루 고빈드 싱의 작품으로 받아들여졌고, 시크교인들에 의해 존중되었다. 《다삼 그란트》의 대부분(약 1,185 페이지)은 거의 인도의 신화에 근거한 이야기였고, 다른 것들은 애정 이야기를 다루고 있었다.[30] 많은 사람들이 이 부분은 구루 주변에 있던

《다삼 그란트》의 표지

시인들이 쓴 것이라고 믿고 있다. 따라서 이 부분은 무시되었는데, 그러나 그중에서 *베나티 차우파이(Benai Chaupai)*는 시크교의 일일 기도의 하나가 되었다.

《다삼 그란트》는 *자아프*로 시작되는데, 이는 구루 나나크의 자프(구루《그란트》의 첫 번째 휨)와 유사하다. 구루 고빈드 싱의 자아프는 나나크의 일자의 실재(One Reality)에 대한 메시지를 전면에 내세운다. 많은 시크교인이 매일 아침 이것을 낭송한다. 이는 또한 시크 입회식의 일부로 낭송되는 휨들 중의 하나이다. 자아프는 그 역동적인 메타포와 리듬을 통해 수많은 피조물 속에 흐르고 서로 연결하는 활기차고 생명력 있는 일자(One)를 고양시킨다: '모든 나라에서 모든 복장의 사람들이 당신(You)을 경배한다'(Jaap: 66). 나나크의 자프와 마찬가지로, 구루 고빈드 싱의 자아프도 다양하고 영광스러운 우주에서 초월성의 현존을 기념한다: '당신은 물속에 계시고 당신은 땅 위에 계시다'(Jaap: 62); '당신은 지구를 떠받치는 분이시다'(Jaap: 173).

자아프 다음에는 *아칼 우스타트(Akal Ustat*, 영원한 일자에 대한 찬양)가 오는데, 이는 《다삼 그란트》에서 28 페이지를 차지하고 있다. 이는 인류의 통일성을 주창한다.

> 힌두와 무슬림은 하나이다…….
> 힌두 사원과 무슬림 모스크는 같다…….
> 모든 인류는 하나이다.

마하트마 간디(Mahatma Gandhi)는 자신의 유명한 기도문에서 이 시들을 대중화하였다: '이시바라와 알라는 여러분의 이름이고, 사원과 모스크는 여러분의 집이다.'[31] 20세기 인도가 분리의 상처로 피를 흘릴 때 마하트마는 구루 고빈드 싱의 비전을 되살려 조화와 평화를 찾으려 하였던 것이다.

아칼 우스타트 뒤에 *비시트라 나나크(Bicitra Nanak*, 놀라운 드라마)가 나오는데, 38페이지로 구성된 이 시적 자서전에는 자전적인 요소와 문학적 상상력이 마법적으로 결합되어 있다. 이는 시크 구루들의 작품 중에서 유일하게 자전적인 작품이다.[32]

그다음에는 세 편의 *두르가-칸디(Durga-Candi)* 시가 나오는데, 이는 데비 마하트마야(Devi Mahatmaya)로부터 시작된 두르가와 악마의 거대한 전투를 이야기한다. 자신의 모든 예술적 열정으로 구루는 고대 힌두 여성 전사의 영웅적 역할을 증폭시켰다. 특별한 단순함과 유머를 지닌 그의 수사는 커다란 호소력을 갖고 있었다. 목수들, 기름 짜는 사람들, 염색 기술자, 제과업자 등 친숙한 상업과 수공업에서 많은 비유들이 생겨났다. 그녀는 전차와 코끼리, 말에 탄 병사들을 던졌다 - 마치 제빵사가 *바라(varra*, 펀자브의 유명한 과자)를 적시는 것처럼.

칼사 마히마(Khalsa Mahima, 칼사에 대한 찬양)는 《다삼 그란트》의 후미에 위치하는데, 이는 시크교인들이 좋아하는 휨이다. 이 휨은 구루 고빈드 싱이 창설한 민주적인 공동체 칼사(Khalsa)를 기념하는 것이다: '칼사는 나의 특별한 형식이다…… 칼사는 나의 몸이고 나의 숨이다'.

초기 구루들의 원칙에 따라 그도 역시 사랑을 가장 고귀한 행위라고 인식했다. 사랑이 없다면 종교 수행은 소용이 없다. 구루 고빈드 싱의 경건한 작품들은 시크교의 이상과 윤리를 반복하고 있다. 이 책의 서문에서 이야기했듯이, 그 작품들의 어조는 강하고 그 명령은 분명했다.

> 인류애만이 유일한 카스트라는 것을 깨달아라...
> 우리는 모두 같은 몸 같은 빛이라는 것을 알아라.(Akal Ustat: 85)

열 번째 구루의 시는 지금까지 우리의 글로벌 사회에 커다란 반향을 일으키고 있다. 서로 알아가는 과정에서 차이는 길을 비켜서야 한다: '서로 다른 나라에서 온 서로 다른 옷들은 우리를 서로 다르게 만든다. 그러나 우리는 같은 눈을 갖고 있고, 같은 귀를 갖고 있고, 같은 몸을 갖고 있고, 같은 목소리를 갖고 있다'(Akal Ustat: 86).

칼사의 창설

구루 고빈드 싱은 궁극적인 실재의 일자성(Oneness)과 인류애의 단일성을 긍정하고 기념하는 구루 나나크의 비전을 구체화하였다. 1699년 바이사키 데이에 그는 순수의 교단(Order of the

Pure)인 칼사(Khalsa)를 창설했다.[33] 수많은 대중 앞에서 그는 극적인 드라마를 연출했는데, 다섯 명의 신도의 목숨을 요구하면서 마치 자신이 그들을 죽이는 듯한 행동을 했던 것이다. 역사적인 문헌은 거의 없지만, 이 사건은 시크교인의 마음과 가슴 속에 깊이 각인되어 있다. 선도적인 역사학자 휴 맥레오드(Hew McLeod)는 통찰력 있게 말했다.

> 다섯 명의 지원자들이 진짜 호출되었는지, 다섯 마리의 염소가 진짜 살해되었는지는 중요하지 않다. 중요한 것은, 이 이야기의 기본적인 골격이 굳게 믿어졌고 이러한 믿음이 이후 시크교인의 행동 규범을 형성하는 데 기여했다는 것은 의심의 여지없는 사실이다.[34]

모든 정체성을 구축하는 것은 기억이고, 1699년 바이사키는 실제로 시크 정체성의 형성에 매우 중요했다. 시크교의 성격과 그 명칭, 탄생 장소, 종교 의식과 기도 - 다시 말해, 이들이 무엇을 하고 입고 자신을 어떻게 바라보는가 - 의 형성은 모두 1699년 구루 고빈드 싱의 바이사키로 거슬러 올라가는 것이다.

전하는 바에 따르면, 1699년 아난드푸르에서 연례 봄 행사인 바이사키 축제를 위해 구루 고빈드 싱은 특별하고 세심한 준비를 명령했다. 많은 시크교인이 모였고, 아난드푸르의 분위기는 기대감으로 가득 찼다. 마지막에 구루 고빈드 싱이 많은 사람 앞에 나

말을 탄 구루 고빈드 싱

타났다. 그는 칼집에서 뺀 칼을 손에 들고 물었다: '여기 온전한 시크교인이 있느냐, 누가 구루에게 자기 목을 바치겠는가?' 이 이상한 요구에 모인 사람들은 할 말을 잃었다. 그 누구도 움직이지 않았다. 그 누구도 말을 하지 않았다. 구루 고빈드 싱은 자신의 말을 반복했다. 당황이 공포로 바뀌기 시작했다. 구루가 세 번째 요청했을 때, 모임의 일원이었던 다야 람(Daya Ram)이 일어나서 자신을 바치겠노라고 했다. 그는 구루를 따라 천막 안으로 들어갔다. 모인 사람들은 쿵하는 커다란 소리를 들었고 흘러나오는 피를 보았다. 구루가 혼자 천막에서 나왔다. 그의 칼에서는 신선한 피가 떨어지고 있었다. 그는 다시 두 번째 시크의 목을 요구했다. 더 이상 견디지 못한 많은 사람들이 떠나기 시작했다. 그들 중 일부는 구루의 어머니를 찾아가서 불평을 했다. 그런데 곧이어 다람 다스(Dharam Das)라는 사람이 일어나 구루의 칼에 자신을 바치겠다고 했다. 그 또한 천막 안으로 들어갔고, 구루는 더욱 신선한 피가 떨어지는 칼을 들고 돌아왔다. 그리고 세 번째 머리를 요구했다. 이러한 행동이 다섯 번 반복되었다. 자신을 바쳤던 다른 세 명의 신자는 무캄(Mukham)과 히마트(Himmat), 그리고 사히브 찬드(Sahib Chand)였다. 다섯 번째 이후 구루는 그들 - 모두 건강하고 신실한 - 을 다시 사람들 앞에 데려왔다. 다섯 사람을 대신하여 다섯 마리 염소의 머리가 잘려 있었다.

바이사키 사건은 히브리 성서(Hebrew Bible)에서 유사한 사건을 만날 수 있다 - 신이 아브라함을 시험하기 위해 사랑하는 아들 이삭의 희생을 요구했던 것이다. 구루 고빈드 싱의 칼은 아브라함이 사랑하는 아들 이삭을 죽이기 위해 모리아(Moriah) 산으로 가져갔던 칼과 유사한 역할을 한다. 아브라함의 칼은 마아첼렛(ma'achelet)이라 불렸는데, 그 어원인 *아촐(achol)*은 먹다를 의미했다. 미드라시 랍바〔Midrash Rabbah, 구약 성서의 편집본〕에 따르면 '이 세상에서 이스라엘 사람들이 먹는 모든 것은 이 칼의 덕택이다.'[35] 구루 고빈드 싱의 칼은 수세대에 걸쳐 시크교인에게 영적이고 정서적인 양분을 제공했다. 그는 이기적인 시험을 하거나 드라마를 위한 드라마를 연출한 것이 아니었다. 이것은 그의 수년간의 깊은 명상과 심오한 도덕적 비전 실현의 정점이었다. 구루 고빈드 싱의 창조적 연출은 신자들의 내적 역량을 강화하기 위한 것이었다. 비록 모인 사람들 중에 다섯 명만이 과정을 통과했지만, 1699년 바이사키에 모인 사람들은 모두 그 속에 강하게 속해 있었다. 시크교의 세계에 무언가 새로운 것이 들어왔다. 구루의 *아키다흐(aqudah*, '신조'(Creed)를 의미하는 이슬람 용어〕는 시크교의 개인이나 전체 공동체 모두에게 있어 심리적 의미를 지니고 있었다. 죽음의 위기를 겪게 하면서 구루 고빈다 싱은 시크교인들에게 삶과 생활에 대한 새로운 태도를 선사했다. 바로 그 순간 그는 교인들로 하여금 자신의 결정과 사랑을 깨닫게 했던 것이다. 아키다흐는 그가 시크교인에게 의식을 전달하는 방식이었다. 즉, 내적인 확신을 주입하면서 이들이 성장하고 영적 도덕적으로 발전할 수 있게 하는 것이다.

구루 고빈드 싱의 요구에 성공적으로 응답한 용감한 다섯 시크들은 그의 다섯 총신(Five Beloved, *판즈 피아레Panj Pyare*)이 되었다. 구루는 이들에게 불멸의(암리트) 명약을 마시게 했는데, 이와 함께 새로운 칼사 교단이 창설되었다. 사람들에게 *칸데 키 파훌(khande ki pahul*, 양날의 칼을 통한 입회식)로 알려진 이 입회식에서 구루는 철제 그릇에 담긴 물을 자신의 양날의 칼*(칸다/khanda)*로 휘저으면서 신성한 시를 챈팅했다. 그의 아내 지토지가 그릇 안에 크림을 넣었고, 여성의 손을 통한 단맛이 철과 함께 섞이는 연금술이 이루어졌다. 오늘날 다섯 횜(구루 나나크의 *자프*, 구루 고빈드 싱의 *자아프*, *스와이야스(Swaiyyas)*, *차우파이(Chaupai)* 그리고 구루 아마르 다스의 *아난드(Anand)*가 연주되는 가운데 양날의 칼로 암리트 정수를 만드는 관습은 구루 고빈드 싱이 자신의 다섯 총신을 입회시킨 그날부터 시작되었다고 믿어진다. 이 사건은 구루 고빈드 싱이 새로운 단체를 창설하려는 계획의 표식이 되었는데, 단체는 그 어떤 독재와 압제에도 저항할 수 있는 강하고 용감해야 했던 것이다.

다섯 총신은 각각 인도의 서로 다른 지역 출신이었다. 이들은 서로 다른 사회적 계급에 속해 있었다. 그러나 이들은 구루와 그 아내가 만든 *암리트*를 같은 그릇으로 마셨다. 이것은 낮은 카스트

터번을 쓴 시크교인

의 사람은 그 그림자조차 물과 음식을 오염시킨다고 생각했던 인도의 전통적인 문화에서 급진적인 출발점이 되었다. *암리트*를 마시면서 다섯 사람은 더이상 사회적 종교적 문화적 차이가 없는 새로운 관계로 결속되었다. 한 모금 마실 때마다 분리를 지탱하는 고대의 규범과 카스트의 위계적 신념이 씻겨나갔다. 이들이 함께 마시는 행위는 칼사의 가족으로서 새로운 탄생과 동등한 멤버십을 의미했다. 모유를 나누면서 아이들이 가족이 되는 것처럼, 구루의 *암리트*를 마시면서 다섯 총신은 영원한 칼사 가족이 되었던 것이다. *칸데 키 파훌*을 통해 구루는 새로운 도덕을 창출했고, 사람들은 태어날 때부터 주어진 특별한 역할을 수행해야 한다는 오래된 관습을 몰아낼 수 있었다. 생물학적 카스트와 주어진 규범을 한껏 거부하면서 구루 고빈드 싱은 모든 사회적 차별을 내던진 공동체를 향해 창을 열었다. 구루는 불가촉 수드라에 대한 상위 브라흐민 카스트의 헤게모니를 제거했을 뿐 아니라, 여성에 대한 남성의 헤게모니 역시 제거하려 했다. 그런데 이 사실은 아직 시크 공동체에 알려지지 않았다.

구루 고빈드 싱으로부터 *암리트*를 받은 다섯 명은 또한 싱(Singh)이라는 성을 받았는데, 이는 사자를 의미한다. 그리고 이들은 '파이브 K'(Five Ks)라고 알려진 칼사의 표장을 착용하게 되었다: *케샤(kesha*, 혹은 긴 머리와 수염), *캉가(kangha*, 케샤를 단정하게 빗는 빗, 이는 세상을 등진 표시로 머리를 흐트러트린 은둔자와 대비된다), *카라(kara*, 강철 팔찌), *카차(kacha*, 당시 병사들이 입던 짧은 바지), 그리고 *키르판(kirpan*, 칼). 이들이 새로운 상태로

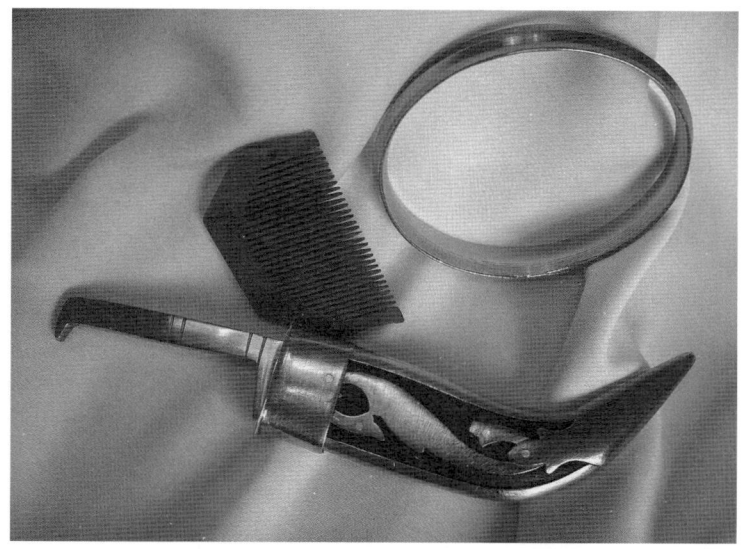

시크 신앙의 상징(5K) 중 세 가지 - 빗, 강철 팔찌, 칼

재탄생한 것은 이전의 가족적 유대와 세속적 직업의 속박, 이전의 모든 신념, 그리고 이들이 지금까지 준수했던 의식과의 단절을 의미했다. 이들은 약자를 돕고 억압과 싸우기 위해 함께 모였다. 이들은 일자에 대한 믿음이 있었고, 모든 인간은 종교와 카스트에 상관없이 평등하다고 생각했다. 구루 고빈드 싱은 이들에게 말했다.

> 나는 여러분이 모두 하나의 신념을 갖고, 현존하는 모든 다른 종교를 넘어 하나의 길을 따르기를 바란다. 네 개의 힌두 카스트는 경전에 서로 다른 의무가 규정되어 있다. 그러나 이를 모두 폐지하고 상호 협동과 협력의 길을 받아들이고 서로 자유롭게 섞이게 된다. 낡은 경전을 따르지 말라. 힌두교에서 신성한 것으로 간주되는 강가나 다른 순례지에 경의를 표하지 말고, 라마와 크리슈나, 브라흐마, 두르가와 같은 힌두 신들에게 경배하지 말라. 그리고 구루 나나크와 그 후계자들의 가르침에 대한 믿음을 간직하라. 네 카스트 모두 나의 양날의 칼의 세례를 받고, 같은 그릇에 먹고, 서로에 대한 경멸이나 소외감을 느끼지 않게 하라.[36]

암리트 입회식은 남성과 여성 모두에게 열려 있었다. 여성 또한 칼사의 다섯 표장을 착용할 수 있었다. 남성이 싱이란 성을 받은 것처럼 여성은 카우르(Kaur)란 성을 받았는데, 이는 공주를 의미했다. 이 역시 뚜렷한 역사적 기원을 찾을 수 없다.[37] 결혼을 했

든 안 했든, 시크 여성들은 카우르란 성을 유지하고 있다. 이에 따라 가부장적인 사회 구조는 바뀌었다. 남성과 여성은 더이상 '아버지'(father)의 혈통이나 직업을 따르지 않았다. '싱'과 '카우르'는 시크교의 새로운 평등한 가족의 모습이 되었다.

*칸데 카 파훌*은 이를 받는 모든 사람에게 자유를 주고 새로운 삶으로 숨 쉬게 하는 변용 의식이다. 칼사는 구루 고빈드 싱의 집단적이고 민주적인 제도이고, 그 안에서 모든 구성원은 왕족이 된다 - 싱과 카우르 모두 평등하게. 다섯 총신을 입문시킨 후, 구루 역시 이들로부터 *암리트*를 받고 이들과 동등하게 되었다. 이 또한 매우 급진적인 퍼포먼스였다. 제자들이 구루를 입문시킨 것이다! 이들은 확신을 가졌고, 지도의 책임을 갖게 되었다. 지도를 받는 것이 아니었던 것이다. 그의 찬양 시는 이들의 상호 관련성을 축하했다: '칼사는 나의 특별한 형식이고 칼사는 나의 손발이고 칼사는 나의 몸과 숨이고 칼사는 나의 생명의 생명이다(*khalsa mero roop hai khas, khalsa mero mukh hae anga, khalsa mero pind paran, khals meri jan ki jan*).' 1699년 모임에서 구루 고빈드 싱에 의해 형성된 해방된 자아의 새로운 양상은 후세에도 같은 의미를 갖고 있다.

시크교 경전의 첫 번째 휩인 자프와 10대 구루의 바이사키 퍼포먼스 사이에는 유형학적 관계가 존재한다. 구루 나나크의 자프의 16 연은 다섯(Five, *빤츠 'Panch'*)를 다음과 같이 소개한다:

다섯이 수용되었고 다섯이 인도하였다.

다섯은 궁정에서 영광을 받았다.

다섯은 왕궁의 문(Royal Gate)에서 눈부시게 빛났다.

다섯은 하나이고, 유일한 구루에 대해 명상했다.(Jap: 16)

*판즈*는 신성한 사랑을 위한 역할 모델이다. 그들은 영광을 받았고, 눈부시게 빛났고, 그리고 유일한 일자에 대해 명상했다. 나나크의 이 구절은 구루에 대한 사랑에 흠뻑 젖어서 그의 칼에 자신을 바친 다섯 총신의 극적인 등장에 대한 초안이다. 그다음에 다섯 총신은 공동체의 지도자가 되어 나나크에 의해 시작된 해방의 길을 바이사키 회합에 모인 모든 시크교인에게 보여주었다. 나나크의 *판즈*와 마찬가지로, *판즈(Panj)* 역시 최고의 존경과 존중을 받았다. 이들은 선택된 것이 아니었다. 이들은 자원했고, 자신의 무한한 사랑을 입증했다. 선임자들로부터 전해진 신성에 대한 시적 찬양으로 휘저은 *암리트*를 마시게 하면서 구루 고빈드 싱은 다섯 총신*(판즈 피아레Panj Pyare)*에게 그 일자(That One)에 대한 인식과 직접적인 감식을 제공했다. 사실상, 1699년 바이사키 무대에서 연출되었던 드라마는 첫 번째 시크 구루에 의해 이미 문장화되어 있었던 것이다.

파이브 케이(Five K)는 더 멀리 거슬러 올라갈 수 있다. 이전 작업을 탐색한 바에 따르면, 시크 남성과 여성이 착용하는 파이브 케이는 경전에도 예시되어 있었다.[38] 그들은 모두 케이(k)라는 글자로 시작되어 마지막에 모두 무한한 일자로 끝나는데, 그들 모두가 각각 다원적인 영적인 관계를 상징적으로 상기시키기 때문이었다. 예를 들어, 손목에 차는 *카라*(팔찌)는 *크리타 나사(krita nasa)* - 사회에서 개인의 위치를 결정하는 세습 직업의 폐지 - 의 최상의 표시였다. 경전에서 구루 나나크는 신성이 팔찌의 창조자임을 상기시켰다: '그녀는 창조주가 창조한 팔찌를 차고 있었고, 이에 꾸준히 의식을 유지할 수 있었다'*(kari kar karta kangan pahirai in bidhi citu dharei*, GG: 359). 이렇게 일상적인 생활의 리듬 속으로 초월적인 것이 들어왔다. 10대 구루의 문화에서 일상적인 사물 - 빗, 팔찌, 긴 머리, 특별한 속옷, 칼과 같이 아주 단순하고 평범한 것들 - 은 구루 고빈드 싱에게 개인적으로 특별한 의미를 지니고 있었는데, 그가 성장하며 익힌 텍스트에서 영성을 담지하고 있었기 때문이다. 그가 자신의 생애 말기에 구루십과 함께 이를 부여했다는 것(다음에 살펴 볼 것인데)은 심오한 열의의 의미를 표명하는데, 이는 그에게 숭고한 말씀이 갖는 의미와 같은 것이다. 파이브 케이는 예술적 철학적으로 《그란트》와 결합되어 있었고, 이에 구루 나나크에서 구르 고빈드 싱까지의 역사를 단일한 전망으로 연결하고 있었다.

10대 구루는 시크교인이 물리적으로 착용하는 *바나(bana)*와 그들이 낭송하는 시 *바니(bani)*를 완벽하게 연결했다. 그는 사회적 정치적 억압이 극심했던 시기에 칼사를 창설했고, 시크교인에게 외적인 정체성을 부여했다. 파이브 케이는 자기-수양을 촉진하는 것이었다. 초대 시크 구루가 베인 강에서 신비적 경험을 하면서 신성으로부터 받았던 옷처럼, 파이브 케이는 각자에 대한, 그리고 서로에 대한 존중의 상징으로 칼사에 주어졌다. 이 물건들은 모두 각각의 영적인 요소를 구성하는 것이었다.

《그란트》를 영원한 구루로 임명하다

1707년 3월 아우랑제브의 사망 이후, 구루는 새로 등극한 바하두르 샤(Bahadur Shah)와 함께 데칸(Deccan)을 여행하고 있었다. 그는 잠시 여행을 멈추고 고다바리(Godavari) 강가의 작은 마을 난데르(Nander)에 천막을 쳤다. 여기서 구루는 칼에 찔리게 되는데, 시크 구루를 향한 새 황제의 유화적인 태도를 질투한 시르힌드 태수의 명령에 의한 것이었다. 이 소식을 들은 바하두르 샤는 숙련된 외과 의사들을 보냈는데, 여기에는 영국인도 포함되어 있었다. 그렇지만 불행히도 봉합된 상처가 터져버렸고, 구루 고빈드 싱은 1708년 10월 6일(바트 바히(Bhatt Vahi) 전통에 따르면) 세상을 떠났다. 그리고 세상을 떠나기 바로 전에 경전을 영원한 구루(Guru Eternal)로 만들었다.

신성한 경전이 구루십을 계승한 것은 또 하나의 기념비적 사건이었다. 구루 나나크가 앙가다를 자신의 후계자로 임명한 것을 생각나게 하는 방식으로, 구루 고빈드 싱은 다섯 개의 동전과 코코넛 하나를 《그란트》 앞에 놓고 고개 숙여 경의를 표했다. 그는 모여 있는 공동체 앞에서 자신의 명령에 따라 앞으로는 《그란트》가 자신의 자리에 있게 될 것이라고 말했다. 정치적 종교적 풍랑 속에서, 전쟁과 전투의 포화 속에서, 《그란트》의 물리적 현존은 구루들과 그 신자들을 한곳에 모으고 양분을 제공하며 유지하게 했다. 구루 고빈드 싱이 《그란트》를 영원한 구루로 만들면서 했던 신성한 말씀 역시 중요한 의미를 갖는다. 당시 시크교의 문서 *바트 바히 탈라우다 파르가나흐 진드(Bhatt Vahi Talauda Parganah Jind)*는 이 사건을 상세하게 묘사한다:

> 열 번째 예언자, 구루 테그 바하두르의 아들, 구루 하르고빈다의 손자, 구루 아르잔의 손자의 손자, 구루 람 다스의 가족, 수라즈반시 고살(Surajbansi Gosal)의 씨족, 소디 카트리(Sodhi Khatri), 아난드푸르의 거주자, 파르가나흐 카훌루르(Parganah Kahlur), 현재 데칸의 고다바리 지방의 난데르에 있는 구루 고빈드 싱은 부드바르(Buddhvar)〔수요일〕카틱 차우트(Katik chauth), 슈클라 파크(shukla pakkh), 삼바트(samvat) 1765〔1708년 10월 6일〕에 바이 다야 싱(Bhai Daya Singh)에게 《스리 그란트 사히브》를 가져오라고 말했다. 구루는 그

앞에 다섯 개의 동전과 코코넛 하나를 놓고 고개를 숙였다. 그는 신도들에게 말했다, '나의 명령이다; 《스리 그란트 지》가 나의 자리에 앉게 될 것이다. 그것을 인정하는 자는 누구든지 그녀/그의 보상을 받을 것이다. 구루는 시크교인을 구원할 것이다. 이것이 진리임을 알아라.'[39]

구루는 자신의 제자 중 하나에게 구루십을 전수하지 않았다. 그는 구루 《그란트》에게 영원히 전수했다. 시크교인은 구루를 다른 형식으로 감지하지 않는다. 말씀만이 영원한 구루였다. 이에 구루 《그란트》는 구루들의 물리적 신체인 동시에 그들이 지은 시의 형이상학적 신체로 존중받게 되었다.

책의 물리성은 구루 고빈드 싱의 아내 마타 순다리에 의해 특별하게 강조되었다. 구루의 죽음 이후 시크교인들은 길을 찾기 위해 그녀를 찾았다. 그녀는 암리차르의 신성한 신전 관리를 위해 바이 마니 싱을 임명하고, 그에게 구루 고빈드 싱 저작의 수집을 위임했다. 그녀의 봉인하에 칙령이 반포되었고, 시크 모임에 명령(*후캄나마스hukamnamas*)이 전달되었다. 분리파들이 자신의 지도자를 내세우며 구루십 승계를 주장할 때, 마타 순다리는 그 어떤 조처도 단호하게 거절했다. 그녀는 힘 있는 목소리로 다음과 같이 말했다:

칼사지여, 영원한 일자 외에 그 누구도 믿어서는 안 됩니다. 말씀을 찾아 오직 열 명의 구루만 따라 가십시오. '나나크는 말씀을 찾는 것을 목표로 하는 사람들의 종입니다.' '구루는 말씀 속에 계십니다. 그 일자는 말씀을 계시한 구루와 하나입니다.' 말씀은 모든 생명의 생명입니다. 말씀을 통해 우리는 궁극적인 일자와 만납니다. [40]

물리적 구루의 속성과 자산은 명백히 말씀 속에 구현되었다: '구루는 말씀 속에 계신다'(*guru ki nivas sabad vich hai*). 그러므로 말씀은 형태 없는 '로고스'(logos)지만 '모든 생명의 생명이다'(*jian andar ji sabad hai*). 정치적 사회적으로 불안했던 시기에 마타 순다리는 시크교인이 삶과 생명을 향해 시선을 돌리게 했다. 그녀는 이 책이 영원한 일자(Timeless One, *아칼akal*)의 구체적인 실재라는 것을 재확인했다. 열 명의 구루들의 신성-인간의 조우를 포함하면서, 시크교인은 구루 《그란트》에게서 영감과 미래의 안내자를 발견했다. 다른 구루는 없었다. 열 명의 구루의 실재는 그들의 시 속에 구현되어 있었다. 한편, 마타 순다리는 '말씀'(Words)은 적극적으로 추구(*코즈khoj*)해야 한다고 호소했다. 시크교인들은 구루 = 《그란트》라는 정체성을 수동적으로 받아들일 수 없었다. 자신만의 방법으로 영원한 일자에 접근하고 이와 친밀함을 갖기 위해서는 각각의 개인이 구루들의 신성한 시를 통해 보고 듣고 만지고 느끼고, 그리고 자신의 길을 역동적으로 상상해야 했다.

비슷한 맥락에서 구루 고빈드 싱의 측근이었던 뛰어난 시인 난드 랄(Nand Lal)은 또한 구루《그란트》의 물리성을 강조했다. 산스크리트어로 기록된 그의 시적 증언에 따르면 10대 구루는 마지막 순간에 자신을 따르는 사람들에게《그란트》를 숨 쉬는 구루로 여기라고 말했다:

《그란트》가 진짜 구루다.
이것이 당신이 보는 것이다. 이것이 당신이 존중해야 하는 것이다.
이것이 당신의 담화의 중심이 되어야 한다. [41]

《그란트》가 구루였고, 그래서 방문하고 예경받고 시크교인들에 의해 영원히 수용되었다. 관계 가능성은 생명의 원천으로 간주되었다.《그란트》는 멀리서 존경받는 거리를 둔 '대상'(object)이 아니었고, 단지 낭송될 뿐인 텍스트가 아니었다. 오히려 시크교인이 조언을 청하고 함께 기쁨과 근심을 나눌 수 있는 살아있는 구루로서 소중히 여겨졌다.

구루《그란트》는 수세대에 걸쳐 시크교인들을 탄생시키고, 심미적으로 연마하고, 그리고 사회적이고 정서적으로 그리고 영적으로 부양했다. 구루《그란트》스스로 주장하듯이: '책이 궁극적 일자의 장소임을 알라'(*pothi parmesur ka than*, GG: 1226). 구루들의 계시는 시크교인들을 신성과 연결시켰다. 개인적 혹은 집단적 경건의 순간에 시크교인들은 구루들의 현존에 내적으로 참여할 수 있었다. 《그란트》를 구루로 임명하면서, 10대 시크 예언자는 시크교인들에게 영적 역사적 과거를 영원한 현재로 만들어 주었다. 하르반스 싱(Harbans Singh) 교수는 그의 경이적인 업적을 기념했다.

이것은 공동체의 역사적 발전에서 가장 의미 있는 일이었다. 신성한 책으로의 완결은 종교적 사회적 함의가 풍부한 사실이었다. 구루《그란트》는 구루가 되었고, 신성한 예식을 받았다. 그리고 구루들을 통해 내려온 계시의 매체로 인정받았다. 그것은 시크교인에게 있어 영적으로 역사적으로도 영원한 권위를 지니고 있었다. 그것에 화답하며 시크교인은 종교 생활을 하였다. 그리고 이를 통해 자신의 믿음을 보다 완전하게 그리고 보다 생생하게 관찰할 수 있었다. 그것은 이후 시크교인의 삶에서 일어나는 모든 것의 중심이 되었다. 구술 전통의 원천이 되었고, 지적 문화적 환경을 형성했다. 그것은 삶에 대한 시크교적 개념을 빚어냈다. 그것으로부터 공동체의 이상과 제도, 의식이 그 의미를 축출했다. 공동체의 통합과 영속을 보장하고 역사의 과정을 결정하는 데 있어 그것의 역할은 결정적이었다. [42]

이러한 내적 메커니즘 속에서 구루 고빈드 싱은 서로 다른 세 개의 카테고리로 결합했는데, 학자들은 이를 은유로 간주하였다: '존재론적'(ontological), '지향적'(orientational)' 그리고 '구조적'(structural).[43] 시로 된 형이상학적 책, 살아 숨 쉬는 구루처럼 인격화된 이 책은 '존재론적' 은유이다. 구루 고빈드 싱의 과거는 모두 텍스트 속에 담겨있는데, 추상이 구체화된 것이다. 그것이 '지향적 은유'가 되는 이유는 시크교인에게 공간적인 방향을 지시하기 때문이다. 경전은 교인들의 개인적, 사회적, 종교적 생활의 중심이 되어야 했던 것이다. 또한 구루들의 시(poetry)는 그들의 몸(body)의 용어로 이해되고 표현되었기 때문에 그것은 완벽한 '구조적 은유'로 나타난다. 이렇게 결합된 힘들을 통해 구루 고빈드 싱은 종교의 역사에서 독특한 현상을 창조했다. 사실, 히브리 《성서》나 《베다》(Veda), 《신약》(New Testament), 신성한 《코란》(Qu'ran)은 모두 각각의 전통에서 절대적인 의미를 갖는다. 그러나 그들이 유대 선지자나 리시(rish. 힌두 성인. '보는 자'의 뜻), 사도, 혹은 선지자 모하멧을 구현하는 것은 아니다. 그러나 시크교의 경우, 구루 고빈드 싱은 개인적인 구루십을 마감하고 자신의 영적 역사적 유산을 신성한 책에 전수했다. 그것은 법인의 지위를 획득했는데, 이는 심지어 인도의 최고 법원에 의해서도 인정되었다.[44] 시크교의 모든 예배와 의식, 통과 의례는 경전 구루의 입회하에 진행된다. 시크교인은 구루 《그란트》의 공유된 정체성과 구루들의 현시된 몸*(데흐deh)*을 상기하면서, 매일 입을 모아 낭송한다.

구루 그란트 지 마니오 프라가트 구란 키 데흐
자 카 히르다 수드 하이 크호즈 사밧 마히 레흐

guru granth ji manio pragat guran ki deh
ja ka hirda sudh hai khoj sabad mahi leh

구루 《그란트》가 구루들의 현시된 몸이라는 것을 알아라
마음이 순결한 자는 말씀 속에서 그 몸을 발견할 것이다.

구루 《그란트》는 형이상학적으로 시크교인들을 신성한 일자와 연결하고, 역사적으로 열 명의 구루와 연결하며, 사회적으로 공동체와 연결하는 물리적 몸이다. 구루 《그란트》를 역사적 구루들의 인격체로 간주하면서 10대 구루는 시크교인이 세상에 전례 없는 존재 방식을 상상하게 했다. 그의 의미론적 혁신은 몸과 마음, 순간과 영원, 언어와 실재라는 폭력적인 구분을 해체했다. 그리고 시크 남성과 여성들로 하여금 일상생활 속에서 신성하면서도 감각적인 것을 경험할 수 있는 공간을 열어 놓았다.

제4장
시크교의 형이상학, 윤리학, 미학

시크교는 구루 나나크의 계시 '*이크 오안 카르(Ikk Oan Kar)* - 일자의 존재가 있다(One Being Is)'에 전적으로 근거하고 있다. 구루《그란트》는 이 정언으로 시작된다. 1,430 페이지에 걸친 구루《그란트》의 장엄한 시들은 신성의 통일성과 확장성을 반복한다. 시크교의 형이상학적 교리와 윤리적 수행, 그리고 심미적 경험은 이로부터 유래한다.

시크교의 형이상학

일자성(Oneness)의 교리
역사적 지리적 맥락에서 신은 람〔Ram, 힌두의 신〕이나 라힘〔Rahim, 이슬람에서 알라(Allah)의 다른 이름〕의 목소리로 말하고, 사람들이 '다신'과 '유일신'의 개념을 두고 다투어 왔다면, 구루 나나크는 혁신적으로 (*이크 오안 카르(Ikk Oan Kar)*, 즉, 일자의 존재가 있다)를 선언했다. 이 신성의 상징에는 세 가지 의미론적 양상이 적용되었는데, 그것은 숫자와 알파벳, 그리고 기하학이다. 첫 번째 숫자 '1'은 모든 언어권과 문화권에서 인정하는 것이다. 그다음에 등장하는 오안('being', 산스크리트어 아움Aum)은 구르무키 경전의 알파에 해당한다. 이는 *카르(Kar,* Is)에 의해 완전해지는데, 이 기호는 먼 공간까지 뻗어있는 기하학적 아치이다. 앞의 두 개가 수학적 문자와 언어적 문자의 시작이라면, 이 아치는 시작도 없고 끝도 없다. 일자(One)의 존재가 동작과 움직임 - 무한한 가능성을 여는 - 으로 나타나는 것이다. 구루 나나크의 후계자들은 그의 모범을 따랐고, 구루 《그란트》는 유일 신성의 실재로 가득 차 있다.

사히부 메라 에코 하이
에코 하이 바이 에코 하이

sahibu mera eko hai
eko hai bhai eko hai(GG: 350)

나의 군주는 일자(One)이다.

그 분은 일자이다, 그렇다 일자뿐이다!

에캄 에칸카루 니랄라
아마루 아조니 자티 나 잘라

ekam ekankaru nirala
amaru ajoni jati na jala(GG:838)

일자, 일자는 홀로 존재한다 -
영원히, 태어나지 않고, 그 어떤 카스트나 한계도 없이.

함 키추 나히 에카이 오히
아가이 파차이 에카이 소이

ham kichu nahi ekai ohi
agai pachai ekai soi(GG:838)

우리는 아무것도 아니다. 오직 그 일자(That One)만이 앞에 혹은 뒤에 계시다, 그 일자다!

가히르 가비루 아타후 아파루 아가나투 툰

나나크 바르타이 이쿠 이코 이크 툰

gahir gabhiru athahu aparu aganatu tun
nanak vartai ikku ikko ikk tun(GG: 966)

당신은 깊고 바닥을 알 수 없고 끝이 없고 경계가 없고 헤아릴 수도 없다,
오, 나나크, 당신만이, 일자이다, 우리 모두를 지원하는.

하르 이코 다타 바르타다
두자 아바르 나 코에

har ikko data vartada
duja avar na koe(GG: 36)

일자 주는 자(One Giver)가 모든 것에 스며들어있다,
다른 이는 없다!

가르 이코 바하르 이코
탄 타난타르 아압

ghar ikko bahar ikko

than thanantar aap(GG: 45)

일자는 안에 있고 일자는 밖에 있다.
그 일자는 모든 공간과 모든 공간 사이에 있다!

*아페 파티 칼람 아피 우파리 레쿠 비 툰
에코 카히아이 나나카 두자 카헤 쿠*

*ape pati kalam api upari lekhu bhi tun
eko kahiai nanaka duja kahe ku*(GG: 1291)

당신 자신이 석판이고, 펜이고, 그리고 당신이 또한 그 위에 쓰인 글이다.
나나크는 말한다, 일자를 선언하면서 왜 다른 이를 찾느냐?

구루 《그란트》에 있는 수많은 시들은 신성의 유일성과 통일성을 주장한다. 명백한 것은, 이 수학적 일자는 형태가 없는 것이다. 그것은 인과 관계 너머에 있다. 그것은 모든 시간이고 공간이지만, 또한 무한히 초월적인 것이다. 순수한 일자성에 대한 시크교인의 직관 속에는 경계도 없고 이미지(여성 혹은 남성)도 없고 개념도 없고 그 어떤 명칭도 없다. 이렇게 일자는 널리 알려진 신학적 구조를 의미 있게 재양식화 한다. 구루 나나크에 따르면, 일자는 그 어떤 배타적인 형식으로 모양을 만들 수 없고 이미지화될 수도 없다: '일자는 이미지화될 수 없다. 일자는 장치될 수 없다'(*타피아 나 자에 키타 나 호에/thapia na jae kita na hoe*, Jap: 5). 일자만이 있고, 다른 것은 존재하지 않는다.

시크교의 일신론은 서구의 일신론과는 다르다. 이슬람이 아브라함의 전통을 지속하는 '유일신'(One God) 개념을 갖고 인도에 들어왔을 때, 이는 힌두교와 불교, 자이나교 등 다성악적 이미지의 여러 학파들과 충돌했다. 시크교의 신앙에서 일자와 다자 사이에는 그 어떤 대립도 없으며, 그 통합성과 복수성 사이에는 그 어떤 이중성도 없다. 구루《그란트》는 주장한다: '일자로부터 수만이 나오고, 그 수만은 궁극적으로 일자에 동화된다'(*이카수 테 호이오 아난타 나나크 에카수 마히 사마에 지오/ikkasu te hoio ananta nanak ekasu mahi samae jio*, GG: 131). 통일성은 복수성이 되고, 복수성은 결국 통일성이 된다. 통일성으로 간주되는 복수성의 존재라는 총체성에 대한 칸트의 정언은 같은 진리를 반향한다. 구루《그란트》는 배타적인 일신론이 아니라 내포적인 존재의 일자성을 반복한다: '항상, 항상 너 홀로 일자의 실재이다'(*사다 사다 에쿠 하이/sada sada eku hai*, GG: 139). 페르시아 용어는 존재의 통일성을 강조하는데 사용되었다: '오직 일자가 있다, 누가 또 있겠는가? 오직 당신, 당신뿐이다'(*아스티 에크 디가리 쿠이 에크 투이 에크 투이/asti ek digari kui ek tui ek tui*, GG: 141). 다시: '힌두와 무슬림은 일자의 주군을 공유한다'(*힌두 투르크 카 사히브 에크 hindu turk ka sahib ek*, GG: 1158. 'Turk'는 당시 모든 무슬림을 지칭하는 용어였다). 모든 것은 일자의 존재의 현시이고, 모든 현시는 일자의 일부이다. 이 모든 것을 관통하는 존재로부터는 신도, 몸도, 사물도 배제되지 않았다. 날아가는 오안의 아치는 직관되지 않는 일자를 직관할 수 있는 상상력을 발사하게 했고, 모든 사람은 각자의 방식으로 이 일자를 감지할 수 있게 되었다. 분리와 적대를 창출하는 관습적인 이미지와 우상을 없애고, 이 수학적 일자는 도(Tao), 야훼(Yahweh), 람, 알라, 파르바티 등을 모두 포용했다. 이 숫자적 상징은 *나의 신/너의 신*이라는 갈등을 끝낼 수 있는 잠재력을 갖고 있었다.

창조

창조에 대한 질문을 하긴 하지만, 시크교는 언제 우주가 출현했는지에 대한 어떤 고정된 대답이나 이론을 제공하지 않는다. 중요한 것은, 보이는 것을 그 일자의 표현으로 간주한다는 것이다. 사실 구루 나나크는 이크 오안 카르를 '진리의 이름'(True Name, *사트남(sat nam)*)이라고 표시했다. 그 어떤 존재론적, 인식론적, 도덕적, 혹은 목적론적 증명을 하지 않은 채, 그는 절대자(Absolute, *사트(진리)*)를 영원히 현존하는 정체성인 *남(이름)*으로 찬양했다. 마찬가지로, 구루 아르잔은 말했다: '진리가 스스로 진리를 창조했다. 모든 창조는 그 일자에서 유래한다'(아프 사트 키아 사브 사트 티스 프라브 테 사가이 우타파트ap sat kia sabh sat tis prabh te sagal utpat, GG: 294). 시크교에서 현상 세계는 신성이 충만한 실재로 간주된다.

아랍어 *쿠드라트(qudrat*, 무엇이 창조되었는가 혹은 자연적인가라는 의미에서)는 일자를 표현하는데 자주 사용된다. 다음 구절에서 다양한 현상들은 신성을 현시하는데, 그것은 땅과 하늘과 지하 세계를 포함하는 물리적 요소, 기쁨과 사랑과 공포의 심리적 상태, 힌두와 무슬림의 종교 텍스트, 그리고 먹고 마시고 입는 등의 활동을 통해 이 모든 것의 조화 속에 있는 형태 없는 일자의 특징을 나타낸다.

쿠드라트 디사이 쿠드라트 수니아이 쿠드라트 바우 수크 사루

쿠드라트 파탈리 아카시 쿠드라트 사랍 아카루

쿠드라트 베다 푸라나 카테바 쿠드라트 사랍 비카루

쿠드라트 카나 피나 파이나누 쿠드라트 사랍 피아루

qudrat disai qudrat suniai qudrat bhau sukh saru

qudrat patali akasi qudrat satab akaru

qudrat veda purana kateba qudrat sarab vicaru

qudrat khana pina painanu qudrat sarab piaru(GG: 464)

우리가 보는 것은 일자의 쿠드라트이다.

우리가 듣는 것은 일자의 쿠드라트이다.

쿠드라트는 행복과 두려움의 핵심에 있다.

하늘과 지하 세계, 그리고 보이는 모든 것은 일자의 쿠드라트이다.

《베다》, 〈푸라나〉, 《코란》, 사실 모든 생각은 쿠드라트이다.

먹기, 마시기, 입기는 쿠드라트이다. 마찬가지로 모든 사랑은 쿠드라트이다!

철학적으로 난해한 이 구절에서 전체 우주는 우리의 첫 번째 원칙, 그 일자의 속성일 뿐이다. 그것은 근원적인 힘이자 유일한 실재이다. 마찬가지로 일자 외에는, 그리고 일자 밖에는 그 무엇도 있을 수 없다. 물질과 사고, 감정과 행동의 조화로운 연결을 나타내면서 이 구절은 다른 신앙을 향한 내적인 접근을 분명하게 언급한다. 힌두와 무슬림 경전들(*베다 푸라나 카테바veda purana kateba*)과 모든 반성의 양식들(*사랍 비카루sarab vicaru*)은 하나의 통합된 실재(One Indivisible Reality)의 계시로 찬양된다. 일자는 하나의 경전에 부과되거나 하나의 사고의 양식으로 특징지어지지 않는다. 그 대신, 그 존재는 많은 것으로 구성되어 있다. 경전과 이데올로기의 다양성은 완전히 긍정되고 심오하게 존중된다. 그리고 먹고 마시고 입는 것과 같은 실존적인 행위들이 존재론적 원칙과 함께하게 된다.

신성의 밝힘

궁극적으로 무한한 일자는 각각의 개인 속에 거주한다: '누구에게나 빛이 있고, 그 빛은 일자다'(*사브 마이 조티 호티 하이 소이 sabh mai joti hoti hai soi*, GG: 13). 완전히 초월적인 것은 내부에 있다. 무형의 일자가 모두에게 각각 형태를 불어넣은 이후 모든 사람은 평등하다. 모든 사람은 같은 존재론적 위상을 갖고 있다. 그러나 유한과 무한, 특수와 보편, 물리적인 것과 형이상학적인 것 사이의 변증법은 끊임없이 지속된다. 이러한 시크교의 시각은 순수 이데아가 분화하여 우리가 보고 감촉하는 일상의 현상에서 멀어진다는 플라톤의 이론과는 다르다. 플라톤에게 있어 실재하는 것은 오직 장미의 있음(is-ness), 본질, 형태 없음뿐이다. 특수한 장미들 - 보이고, 향기 나고, 감촉되는 - 은 변하는 것, 일시적인 것이고, 실재가 아니다. 반대로 시크 구루에게 보편은 특수를 환하게 밝히는 것이다. 형태는 형태 없는 것이고, 역으로 형태 없는 것이 형태이다. 중요한 것은 이 변증법이 언제나 생생하다는 것이다. 그렇지 않았다면 일자에 대한 구루 나나크의 비전은 잘못 해석되었을 것이다. 신성은 실제로 내부에 거주하거나 내부에서 형태를 보호하는 것으로 이해되지 않는데, 그런 경우 이는 실체화되고 구상화될 뿐이기 때문이다. 그 어느 것에도 속하지 않은 채 일자는 어디에나 존재한다. 이것이 다신론의 관점이 아니라는 것은 명백한 사실이다. 일자는 그 어떤 특수한 형태로 축소되지 않는다. 그것은 초월적인 것이고, 그 초월적인 것은 모든 모양과 형태를 밝힌다. 시크교 경전은 보편과 특수의 유동적인 관계를 끊임없이 유지하는데, 이에 전체 세계는 신성한 잠재력으로 고동치고 모든 원자는 궁극적인 가능성으로 진동하게 된다.

내적인 형이상학

구루 나나크에 의해 명확히 표현된 일자성은 단일한 원칙도 개념적인 교리도 아니다. 그것은 내적인 형이상학이다. 그가 산스크리트어와 페르시아어, 아랍어의 다양한 풍요로움을 자유롭게 이용하여 오안을, 그 일자를 명확히 표현하는 데 사용해야 했다는 것은 흥미롭다. 오안은 인도어의 첫 번째 모음이다. 오안은 산스크리트어 아움(Aum) 혹은 옴(Om)의 펀자브어 버전이다. 아움은 힌두 경전에서 아주 지적이고 현학적으로 설명된다. 만두키아 우파니샤드(Mandukya Upanishad)는 네 단계의 심리적 여행으로 설명한다.[45] 만두키아에서 네 단계의 첫 번째 단계는 'A'로 시작된다. 그것은 외부에 존재하는 세계를 자각하는 의식의 영역인데, 기본적으로 주체와 객체, 자아와 타자가 대립하는 단계이다. 두 번째 'U'는 반-의식의 심리적 단계인데, 여기서는 절대의 범주가 붕괴하기 시작한다. 논리의 세계의 분해가 시작되고 자아가 확대되는 것이다. 예를 들어 같은 시간 다른 장소에 있는 것이 가능해지는 것이다. 세 번째 단계는 'M'인데, 이는 깊은 수면 단계로 완전한 무의식의 상태이다. 여기서는 아무것도 경험할 수 없다. 이것은 완전한 망각의 단계이기 때문이다. 마지막 단계인 네 번째 단계에서 A와 U와 M은 함께 합해지는데, 이때 총체성을 경험하게 된다. 이것은 깊이 자각하게 되는 통일성이자 완전한 기쁨의 통일이다. 자아가 일자성 그 자체가 되는 것을 총체적으로 인식하는 것이다. 구루 나나크가 시크의 첫 번째 문장에서 오안을 사용한 것은 시크교의 영적이고 신학적인 연계를 현시한다. 즉 궁극은 내적인 것, 무한을 지상에서 주체적으로 경험하는 것이지, 외적인 것, 신에 대한 객관적인 지식이 아니라는 것이다.

시크교 경전은 종종 절대자와 무한의 일자를 이인칭 *튼(tun*, 프랑스어 'tu'처럼 '너'(you)를 지칭하는)과 병치하여 개인과 신성 사이의 무한한 관계를 제시하는데, 이는 유명한 유대인 철학자 마르틴 부버(Martin Buber)의 '나-너'(I-Thou)와 아주 유사하다. 부버에 따르면 '나-너'는 주체 대 주체 관계의 하나이다. 이 관계는 상호성에 의해 지배되는데, 이때 상호 관계는 타자가 객체나 사물로만 존재하는 '나-그것'(I-It)의 관계에 반대된다. 개체가 신과 '나-너'의 관계에 있을 때 이 보편적인 관계는 모든 다른 관계로 흘러 들어간다.[46] 확실한 것은 오직 하나의 신성이 있을 때 인간은 각자가 분리되거나 고립된 원자가 아니라 존재의 통일성을 갖게 된다는 것이다. 개인적인 '나'가 모두에게 도달하는 것이다. 그리고 *타자*는 너(Thou)로 간주된다 - 외국인이나 외계인이 아닌 것이다. 존중과 책임, 의무의 감정이 이웃하는 존재에게 확대된다. 구루《그란트》에서 형이상학적 *이크*(일자)는 주체성과 실존성을 지속한다. 그 일자와의 개인적인 만남이 있고, 그다음에는 이 만남이 진정한 인간적인 상황을 비준한다. 이렇게 시크교의 신비로운 비전은 사회적 함의를 갖고 있다.

통일성 속의 다양성

구루 나나크는 종교의 다양성을 예리하게 인식했다. 그는 주체는 동일하지만 다른 방식으로 이해되거나 가르쳐질 수 있다고 믿었다. 자유분방한 태도로 그는 사람들이 다양한 외적 차이를 통해 보편적 형태를 보기를 원했다. 그의 시에서는 여러 스승들과 사상 학파에 대한 존경이 청각적으로 메아리친다: '구루는 같지만 형태는 다르다'(*구르 구르 에코 베스 아네크gur gur eko ves anek*, GG: 12). 또한 젠더의 균형이 있는데, 스승은 남성과 여성 모두로 인식된다: '구루는 시바고 구루는 비슈누고 구루는 브라흐마다. 구루는 파르바티이고 락슈미이고 사라스와티이다'(*구르 이사르 구르 고라크 바르마흐 구르 파르바티 마이gur isar gur gorakh barmah gur parbati mai*, Jap: 5). [47] 시크교 경전에는 서로 다른 배경을 가진 사람들의 신념과 믿음에 대한 존경과 경의가 경전 전체에 걸쳐 나타난다.

일자의 번역

진정 독창적인 구루 나나크의 독특한 모형 이크 오안 카르를 그 어떤 현존하는 틀에 집어넣을 수 없다는 사실은 중요하다. '하나의 신이 있다'(There is One God)라는 표준적인 번역은 그 원문에서 우러나는 광대함과 풍부함, 혹은 친밀함을 충분히 표현하지 못한다. 시크교의 창시자 구루에 의해 가시화된 무한한 가능성을 여는 대신, 학자들과 번역가들은 선별하고 구조화하였다. 그리고 *이크 오안 카르*를 남성 신의 모양으로 만들었다. 여성주의 철학자 마리 달리(Mary Daly)가 경고하듯이, '신'(god)이란 용어는 유대교와 기독교의 가부장제의 전제 하에서 정적으로 적재된 구상 '명사'이다. '아버지-제왕'(Father-Lord)이 함축된 '신'은 사회에 부정적인 영향을 끼친다. 신성에 대한 우리의 경험에 건강하지 못한 시각을 생산하고 우리 사이에 건강하지 못한 관계를 생산하기 때문이다. 구루 나나크의 첫 번째 숫자인 일과 급상승하는 기학학적 아치는 언어와 문화, 종교를 초월한 보편적인 양상이다. 우리는 그 어떤 해석이나 번역에서도 숫자 일(One)의 일자성(Oneness)을 보유해야 하는데, 나는 'Be-ing'(서구적 맥락에서 마리 달리가 추천하는)이 영어 버전으로 가장 적절한 것 같다. 이 역동적인 동사 속에서 일자는 전 세계 모든 곳에서 누구나 접근할 수 있게 되고, 구루의 의도가 보존될 수 있기 때문이다. 구루 나나크의 강한 영감이 그 어떤 배타적인 개념이나 위협적인 남성 상징으로 축소되어서는 안 될 것이다.

시크 윤리학

시크교인의 도덕적 삶의 목표는 신성과 합일하는 것이다. 합일을 통해 개체는 삶과 죽음의 순환에서 해방될 수 있기 때문이다. 개체는 무시간적 무공간적 일자와 합류하여 스스로 무한자가 된다. 속박은 깨지고, 다시 유한한 형태로 돌아가지 않게 되는 것이다. 한편, 이러한 자유(*목사/moksha* 혹은 *목티/mukti*)는 일상생활에 적극적으로 참여할 때 얻어지는데, 시크교는 다음과 같은 윤리적 원칙을 강조한다.

바른 실천

구루 나나크의 정언 - *이크 오안 카르 사트 남(Ikk Oan Kar Sat Nam*, 일자의 존재가 있다 진리의 이름) - 다음에는 곧바로 '어떻게 진리가 되는가? 어떻게 거짓의 벽을 무너뜨리는가?'(GG: 1)라는 물음이 뒤따른다. 초점은 형이상학적 신성에서 개체로 신속하게 이동한다. 영원한 창조자에서 진정한 바로 여기의 삶으로 이동하고, 이상적인 형이상학에서 실질적인 일상생활로 이동하는 것이다. 바른 실천(orthopraxy)이 바른 교의(orthodoxy)에 선행하는데, 진정한 존재 양식에 있어 진리의 개념보다 더 고귀한 것으로 간주되는 것이다: '진리는 모든 것보다 고귀하지만, 그보다 더 고귀한 것은 진정한 삶이다'(GG: 62). 우리는 이 복잡한 세계에서 어떻게 '진실하게' 살 수 있는가? 시크교는 가족과 친구, 공동체 속에서 진실하게 사는 방식을 적극 따르도록 명령한다. 사람들로 하여금 자신의 본질적인 속성을 이해하고 이에 따른 삶을 살게 하는 것이다.

우리는 아주 자주 진정한 자아를 무시하고 인위적이고 외양적인 것에 사로잡힌다. 이는 오직 긴장과 걱정, 불행과 좌절만을 가져올 뿐이다. 시크 구루들은 사람들이 표면적인 얼룩과 주름을 넘어 내면적인 실재를 보게 했다. 내면에 진리가 있을 때 이는 얼굴에 반사된다. 구루 아르잔은 진리를 인식하며 사는 사람의 행동을 생동감 있게 표현했다: '진리는 이들의 가슴 속에 있다, 진리는 이들의 입술 위에 있다, 진리는 이들의 시야에 있다, 진리는 이들의 형식이다, 진리는 이들의 길이다, 진리는 이들의 계시이다. 신성을 진리로 인식하는 사람들, 나나크는 말했다, 이들은 스스로 진리와 합치된다'(GG: 283). 시크 구루들은 진리가 행동하는(done) 그 무엇이라고 주장하는 해방 신학생과 유사하다. 진리의 목표는 길 그 자체가 된다. 그리고 윤리와 종교 역시 단일한 모험에 합류한다. 그것은 신성의 경험과 지식과 완전히 함께하는 삶이다.

사회적 평등

모든 사람이 동등한 영적인 요소를 갖고 있으므로 지상의 모든 사람은 동등하다. 범인도적으로 중요한 용어 *다람(dharam*, 종교, 미덕, 의무, 예절, 도덕, 우주적 질서, 그리고 법률에 사용되는)은 시크교에서 완전히 새로운 의미를 획득한다. 비록 다람의 어원이 산스크리트어이지만(어근 *드르(dhr)*는 유지하다 지탱하다, 지지하다의 뜻. *다르티(dharti)* 혹은 땅의 어근과 같다), 그것은 그 어떤 양식적인 제한을 지니고 있지 않다. 시크교에서 다람은 인도 사회에서 관습적으로 분화된 네 계층, 즉 브라흐민, 크샤트리아, 바이샤, 수드라를 규정하거나 인생의 네 단계, 즉 *브라흐마카린(brahmacarin), 그라하스타(grahastha), 바나프라스타(vanaprastha), 산야신(sanyasin)(바르나-아슈라마(ashrama)-다르마)*을 나누거나 하지 않는다. 네 층의 사회 계급과 이에 상응하는 특권과 의무, 책임과는 반대로, 시크교 경전은 모든 계급과 인종, 신앙, 연령의 사람들에게 똑같은 다람을 요구한다. 구루 나나크는 오직 하나의 다람이 있을 뿐이라고 선언했다: '*에코 다람'(eko dharam*, GG: 1188). 단순히 생물학적 출생에 근거하여 사람들에게 강요되었던 상호 배타성의 시나리오는 사라졌다. 모든 사람들은 자신의 전 생애를 통해 동등하게 윤리적 의무를 수행하게 되었다. 구루《그란트》는 네 계급이 모두 똑같은 명령을 지니고 있다고 단호하게 주장한다: '크샤트리아이건 브라흐민이든, 수드

라이든 바이샤이든, 모든 피부색의 사람들은 명령을 공유한다'(*카트리 브라흐만 수즈 바이스, 읍데스 카호 바르나 코 사즈하khatri brahman sud vais, updes cahu varna ko sajha*, GG: 747). 이 메시지는 오늘날 아주 타당성을 갖는데, 네 계급이 피부색(바르나)에 기반하기 때문이다(바르나는 문자 그대로 색깔 혹은 피부색을 의미한다). 비록 '카스트'가 과거의 것처럼 보일지라도, 색깔과 인종은 현대 사회가 직면해야 하는 생생한 중요성을 지닌 문제이다. 네 카스트의 사람들 뿐 아니라 모든 피부색의 사람들은 신성한 명령을 지니고 있다. 차별과 제한을 거부하고 구루《그란트》는 선언했다. 그것은 다람이 번창할 때는 '온 땅이 동등 - 문자 그대로, 하나의 색깔 - 하게 될 때이다'(*스리스티 사브 이크 바란 호이sristi sabh ikk varan hoi*(GG: 663).

영적 여행

구루《그란트》의 오프닝 휨은 독자와 낭송자들이 다람, 기안(Gyan), 사람(Saram), 카람(Karam), 사크(Sach) - 의무, 지식, 미학, 행동, 진리 - 의 영역을 통과하여 더 깊고 깊은 곳으로 가도록 안내한다.[48] 이 영적인 여행의 지도와 도표는 지구 행성(*다라트 dharat*)의 위도와 경도를 따라 총체적으로 그려지는데, 그 출발점은 다람 칸드(Dharam Khand) - 땅 위에서 도덕의 대리인으로 사는 것 - 이다. 다람 칸드의 보편적이고 평등한 구조는 그 구성 자체

구루《그란트》의 오프닝 페이지

에서 표현되어 있다.

라티 루티 티티 바르

파반 파니 아그니 파탈

티수 비시 다라티 타피 라키 다람살

rati ruti thiti var

pavan pani agni patal

*tisu vici dharati thapi rakhi dharamsa*l(GG:7)

밤, 계절, 태양과 달의 날들 속에

공기, 물, 불, 지옥 속에

땅은 위치하고, 그 위치는 올바른 행위를 위한 것이다.

인간에게는 지상의 모든 존재들과 조화롭고 윤리적으로 공존해야 하는 우선적인 의무가 있다. 이 땅에는 '다채로운 존재들과 생활양식들이 있는데, 무한은 그들의 이름이고 무한은 그들의 형태이다'(GG: 7). 복수성과 다수성은 완전히 수용되고, 이때 모든 사람은 상호 연결되어 있다. 젠더나 인종, 계급에 따른 그 어떤 분리나 분화의 함의가 없는 것이다. *다람살(Dharamsal,* '다르마의 거주지'의 뜻)인 지구는 윤리적이고 목적적으로 행동할 기회를 모든 사람에게 똑같이 제공한다. 누군가에게 특별하거나 유일한 것으로 여겨지는 행동은 없다. 그러나 모든 행위는 결과를 갖는다. 보편적 연접이 나타나는데, 씨를 뿌린 만큼 거두게 되는 것이다. 시크교에 있어 도덕성은 세상 속에서 전개되는 것이다. 지상에는 나쁘거나 불결한 것이 하나도 없다: '땅은 거짓이 아니다. 물은 거짓이 아니다'(*주트 나 다르티 주 나 파니jhuth na dharti jhu na pani*, G: 1240).

모든 땅을 다람살이라고 하는 것처럼 세상의 모든 곳은 똑같이 중요하다. 도덕은 멀리 떨어진 동굴이나 먼 숲 속에서 생겨나는 것이 아니다. 그것은 가족과 직업이 있는 바로 이곳에서 실행되는 것이다. 경전의 또 다른 시는 땅이 올바른 행위를 위한 단계라는 것을 재확인 한다: '행위의 평야에 헌신의 씨앗을 뿌린다'(*카르마 부미 마히 보아후 나무karma bhumi mahi boahu namu*, GG: 176). *다르티(dharti)* 혹은 *부미(bhumi)*라고 일컬어지는 땅은 그 존재를 먼저 제공하고, 그다음에 도덕적 윤리적 행위에 종사할 수 있는 기회를 제공한다. 구루 나나크는 'd'의 두운을 반복하면서 말한다: '땅은 다람의 집을 건축하기 위해 창조되었다'(*다라트 우파이 다리 다람살dharat upai dhari dharamsal*, GG: 1033). 또 다른 말씀이 있다: '땅은 선한 사람들을 위해 장식된다'(*구르무크 다르티 사카이 사지gurmukh dharti sachai saji*, GG: 941). 이러한 경전의 말씀들은 도덕적 책임을 계시하는데, 땅은 아름답고 인간은 선한 일을 하기 위해 창조되었고, 지상의 모든 사람은 똑같이 책임이 있다는 것이 그것이다. 우리는 우리 모두를 위해, 다음 세대를 위해, 그리고 더 나은 세계를 만들기 위해 함께 일해야 한다. 크샤트리아는 정의를 위해 무기를 들어야 할 의무를 지지 않게 되고, 백인은 자신의 짐(his burden)을 져야 할 의무를 지지 않는다. 시크교에는 이러한 사회적 헤게모니와 인종적 우위가 필요 없다.

이렇게 '세상에 대한 직면에서 신에 대한 직면으로 전회' 하거나 '세상없음'을 공약하는 대신, 시크교의 윤리는 전적으로 세상을 향한 전회라는 특징을 갖게 된다. 금욕주의와 세상 버리기(renunciation)를 거부하면서 구루 《그란트》는 선포한다: '영적인 해방은 웃기, 놀기, 입기, 먹기 속에서 획득된다'(*하산디아 켈란디아 파이난디아 카반디아 비체 호바이 무키hasandia khelandia painandia khavandia viche hovai muki,* GG: 522). 이러한 인간적인 활동들이 수많은 종교적 전통에서 폄하되고 있다면, 시크교는 이들에게 심대한 가치를 부여한다. 그러면서 삶과 생활에 대해 적극적인 태도를 견지하는 것이다. 세계는 좋은 곳이고 인간의 삶은 '다이아몬드처럼'(*히레 자이사hire jaisa*) 귀중하다. 유한한 세계는 무한한 일자의 일부이고 그 특성들을 함께 갖고 있다. 다섯 단계를 여행하는 것은 우리의 삶이나 우리의 세계를 넘어 보다 높은 영역으로 올라가는 것이 아니다. 오히려 그것은 신을 인간적인 상황에 끌어들이는 것이다. 우리는 일상적인 존재 속에서 도덕적이고 지적이며 미적이고 영적인 역량을 발전시키고 궁극적인 일자를 경험하게 된다. 이를 통해 우리는 가장 진정한 의미 속에 살 수 있는데, 그것은 진리의 영역 *사크 칸드(sakh Khand)*에 있는 것처럼 자유롭고 확장적으로 사는 것이다.

악의 거부

시크교에서는 인간에게 해를 가하는 다섯 가지 심리적 성향을 제시하는데, 그것은 *캄(kam), 크로다(khroda), 로브(lobh), 모흐(moh),* 그리고 *아한카르(ahankar)* - 갈애, 분노, 탐욕, 집착, 그리고 자만이다. 그것들은 인간의 내면에 거주하면서 모든 인간이 동등하게 부여받은 귀중한 도덕성을 훔치는 도둑이나 강도들로 간주된다(GG: 660). 갈애, 분노, 탐욕, 집착 그리고 자만이 인간의 자리를 차지하는 것이다. 그러한 감정들은 심리적 육체적으로 인간에게 해를 가한다. 그것들은 또한 사회적 단결과 통합을 위협하는데, 개인으로부터 인류애의 근본적인 통일성을 빼앗고 사회적 관계를 야만적으로 파괴하기 때문이다. 《그란트》주의자의 관점에서 개인과 사회는 서로 연결되어 있는데, 한 개인의 심리적 균형이 널리 사회적 선을 구성하는 것이다.

시크교에서는 또한 종교가 경제와 정치, 영토 문제와 뒤섞여서는 안 된다고 가르친다. 종종 우리는 깊은 심리적 갈등을 외적인 차이로 전가하는 경우가 많다. 종교적 차이는 정신적 질의 표적이 되기 쉬운데, 이에 내적 성향이 종교적 갈등으로 잘못 위치하거나 대신 자리 잡게 되는 것이다. 구루들의 사회에서 직면했던 힌두-무슬림의 갈등은 지금도 계속되는데, 현대에는 유대인과 팔레스타인인, 시크와 힌두, 가톨릭과 프로테스탄트, 후투와 투치(1994년 르완다 제노사이드에 대한 함의), 수니와 시아의 갈등으로 나타난다. 이런 가운데 진정 우리가 하는 것은, 바로 우리의 개별적인 악에 대한 직면을 회피하는 것이다. 개별적인 갈애, 분노, 탐욕, 집착 그리고 자만은 배타주의와 분파주의를 발생하는 위험한 수사학으로 짜여 있다.

*바부르 바니(Babur Vani)*라는 제목의 휨에서 구루 나나크는 무

한한 통찰력을 제공했다. 바부르가 힌두스탄을 침략했던 힘겨운 시절에 구루는 남 아시아인들에게 가해진 폭력으로 인해 깊은 고통을 느꼈다. 그럼에도 불구하고, 그는 이를 통해 모든 것을 보았고 말했다: '형제들을 가르는 것은 재물이다(*자루 반디 데바이 바이/jaru vandi devai bhai*, GG: 417). 구루 나나크는 무슬림 로디(Lodi, 1451에서 1526까지 델리 술타나트를 지배했던 아프가니스탄의 왕조)에 대한 바부르의 공격이 그의 정신적 문제 - 권력, 영토, 재물에 대한 갈애 - 에서 유래한다는 것을 알았다. 본질적으로, 우리는 같은 뿌리를 가진 하나의 가족이다. 갈등의 원인은 탐욕 - 형제와 형제를 분리하고 무슬림 바부르와 무슬림 로디를 분리하는 - 이지 종교의 다름이 아니다. 구루들은 힌두교과 이슬람의 외부적이고 외형적인 형식을 초월하여 인류애의 공통적인 연대를 보았다. 구루《그란트》는 우리에게 다른 각도에서 자신을 들여다보게 하면서 우리의 질병, 우리의 형제간의 경쟁, 우리의 질투를 살피게 한다.

하우마이의 제거

다섯 가지 악의 원인의 뿌리는 *하우마이(haumai)*, 문자 그대로, '나-자신'(I-Myself)이다. 하우마이는 오만하고 거만한 인간의 이기적인 외형이다. '나는'(I), '나를'(me), '나의 것'(mine)에 끊임없이 집착하면서 특별한 인간이란 테두리에 둘러싸인 자아는 그/

그녀의 우주적인 뿌리로부터 이탈하게 된다. 자프에서 이는 벽에 비유되는데, 벽이 장벽이 되는 것처럼 하우마이도 장벽이 되는 것이다. 이기적인 에고를 구축하면서, 개체는 일자의 실재(One Reality)에서 분리된다. 이중성(*두비다dubida*)이 작동하게 된다. 이기적인 에고는 타자에 대해 반대되는 것을 주장한다. 내부의 신성한 불꽃은 가려지고 단일한 조화는 경험할 수 없게 된다. 그러한 존재는 경쟁과 악의, 타인에 대한 나쁜 의도와 권력에의 갈망을 나타낸다. 타인에게 눈감은 채, 개체는 그 혹은 그녀 혼자 살게 된다. 이기적인 인간은 *만무크(manmukh)*, 즉 '나를(me) 향한 전회'로 불리는데, 이는 신성한 일자를 실현하는 *구르무크(gurmukh)*, 즉 '구루를 향한 전회'와 대비되는 것이다.

미덕

다섯 도둑을 어떻게 잡을 것인가? 이기심의 벽을 어떻게 무너뜨릴 것인가? 순례와 단식, 금욕과 같은 이전의 종교적 수행은 소용이 없는 것 같다. '악은 미덕(virtue)으로 제거하는데, 미덕은 우리의 유일한 진정한 친구이고 형제이기 때문이다'라고 《그란트》에 명시되어 있다(GG: 595). 우리를 가족과 친구에게 통합시키는 메타포는 미덕으로 사는 삶의 중요성을 표현하고 있다. 악은 자연스러운 일상적 리듬과 균형 있고 안정된 생활을 통해 제거할 수 있는데, 이런 목표를 위해 구루 《그란트》는 *수니아(sunia), 마니아*

(mania), 그리고 *마누 키타 바우*(manu kita bhau)를 장려한다.

이 세 가지 공식은 모든 문화와 종교에 적용할 수 있다. *수니아*는 문자 그대로 듣기라는 뜻으로서 신성한 일자에 대한 경청을 의미한다. 이는 우주의 초월적 중심(Core)에 대한 깨달음의 첫 번째 단계이다. 듣기는 의식의 영역과 무의식의 영역을 가장 직접적으로 연결하는 감각이다. 구루 《그란트》에 따르면, 신성의 이름의 선율을 들으면서 우리는 미덕의 대양을 탐색한다. 자프의 8~11 연은 듣기의 생생한 역할을 설명한다. 듣기를 통해 인간은 모든 신의 능력을 얻고, 모든 대륙의 지식을 얻고, 모든 고대 텍스트의 의미를 얻고, 모든 명상의 테크닉을 배우고, 그리고 이슬람과 힌두교(또한 모든 종교의)의 모든 단계의 경험을 통달할 수 있다. 듣기를 통해 모든 고통과 갈애는 사라진다. 이 연들의 후렴에서는 진정한 일자의 이름을 듣는 사람은 누구나 영원한 축복을 향유할 수 있다고 말한다.

*마니아*는 일자를 기억하고 우리 마음속에 끊임없이 일자를 간직하는 것이다. 이 과정은 신뢰와 믿음을 함축하고 있으므로 순수하게 지적인 것은 아니다. 이것은 무언가를 듣고 마음속에 들여보낸 다음에야 일어나는 두 번째 단계이다. 일자를 마음속에 간직하면서 우리는 악에 굴복하지 않게 된다. 그리고 탄생과 죽음의 지속적인 굴레에서 해방된다. 중요한 것은, 우리가 또한 타자에게도 손을 뻗어 가족과 친구들이 해방되는 것을 돕는다는 것이다.

*마누 키타 바우*는 일자에 대한 완전한 사랑을 뜻한다. 이 헌신의 상태는 세 번째 단계로, 일자에 대한 듣기와 마음속에 일자를 간직하는 것을 넘어선 단계이다. 이 단계에 도달한 사람은 '그 존재의 모든 실이 사랑에 흠뻑 젖어 있기' 때문이다. 시크교 경전에는 사랑에 대한 단어가 아주 많이 있다 - *피아르(pyar)*, *무하바트(muhabbat)*, *이시크 랑(ishq rang)*, *라사(rasa)*. 사실, 사랑은 열정이고 사랑은 변형이다. 그것은 사랑하는 사람을 풍요와 충만의 깊은 곳으로 인도하는데, 그곳은 자아의 모든 제한으로부터 자유로운 곳이다. 한편, 사랑은 '무한한 일자에 대한 지식과 함께 오는'(GG: 61) 선물이다. 그러므로 시크교에서 사랑과 지식, 감정과 인식은 내적으로 연결되어 있다. 사실 *만(man)*이라는 용어는 '가슴'(heart)과 '마음'(mind) 두 가지 의미로 사용되었다. 사랑은 최고의 미덕으로 끊임없는 갈채를 받는다:

가슴 속에서 사랑을 듣고 감지하고 양분을 제공하는 사람들,
이들은 자신 내부의 신성한 샘에서 깨끗하게 씻는 것이다(GG: 4)

그 이름을 사랑으로 낭송하는 자들, 나나크는 말했다, 이들은 신성하고 신성하고 완전히 신성하다.(GG: 279)

사랑이 없다면 세정과 자비, 배움 그리고 의식은 완전히 무의미

한데, 그것들은 단지 사람들로 하여금 주변의 다양성과 아름다움과의 관계 맺기를 방해할 뿐인 것이다.

모든 종교의 경전은 사랑의 감정에 주목한다. 《복음서》(Gospel)에서 예수는 말했다: '모든 것 중에서 가장 위대한 계율은 이것이다 - 너의 영혼과 마음과 힘을 다하여 너의 신을 사랑하라. 그리고 너의 이웃을 너의 몸과 같이 사랑하라.' 신성한 《코란》에서 알라는 인간에 대한 사랑을 목의 정맥에 비유하여 표현했다: '우리는 그의 목의 정맥보다 그에게 더 가까이 있다'(50:16). 《바가바드 기타》(Bhagavad Gita)에서 로드 크리슈나(Lord Krishna)는 신성에 도달하는 새로운 길을 계시했는데, 이때 그는 전통적인 *즈나나(jnana*, 지식)와 *카르마(karma*, 행위)의 길을 *박티(bhakti*, 사랑)와 결합했다. 그러나, 그럼에도 불구하고, 지구상의 모든 인간은 증오와 갈등의 덫에 걸려 있다. 평범한 삶을 산다고 주장하는 사람들은 사랑의 감정이 완전히 제거된 자신을 발견한다. 시크교 경전은 우리가 잃어버린 것이 무엇인지 알아야 한다고 강력하게 주장한다: '내부에 사랑이 없다면 우리는 먼지와 재에 불과하다'(*안다르 칼리 프렘 비누 다이 데리 타누 차르andar khali prem binu dhai dheri tanu char*, GG:62). 이러한 사랑은 이기적인 망상이 아니다. 그것은 개채 내부에서 긍정의 에너지를 산출하는 무한한 일자에 대한 깨달음이다. 그런 다음 개체는 이 몸에서 다른 몸으로, 그리고 주위의 모든 것에 접촉하고자 한다. 이렇게 신성에 대한 열정(passion)은 세상의 모든 존재에 대한 공감(compassion)으로 인도된다. 구루 《그란트》에 따르면 깨달은 사람은 '왕과 거지에게 똑같이 닿는 공기처럼 모두를 평등하게 본다'(GG: 272). 사랑은 힌두와 무슬림, 흑인과 백인, 브라흐민과 수드라, 남성과 여성이라는 의미론적 범주 너머로 안내한다. 그리고 우리 집단 공동체의 참살이를 위한 어려운 작업을 고무한다.

시크교의 윤리 규범

1950년 출간된 《*시크 라히트 마리아다*》(*Sikh Rahit Maryada*)는 시크교인의 행동 규범에 대한 명령서이다. 《*시크 라히트 마리아다*》는 시크교인을 그 어떤 남신이나 여신에게 충성하지 않고 *아칼 푸라크(Akal Purakh)*, 영원한 존재를 믿는 사람으로 정의한다. 시크교인은 열 명의 구루와 그 가르침만을 해방의 수단으로 간주해야 한다. 그리고 카스트나 불가촉, 마법 의식 혹은 미신을 신봉해서는 안 된다. 시크교인의 규범에서 다음과 같은 네 가지가 특히 금지된다.

1. 머리를 자르거나 늘어뜨리는 것, 남자 여자 모두.
2. 느린 정화 의식(*할랄halal*)을 통해 잘린 고기를 먹는 것(시크교인은 고기를 먹을 수 있지만 단 한 번에 도살(*자트카jhatka*)된 동물의 고기만 먹을 수 있다).

3. 간통.

4. 마약 복용.

시크교인은 대마, 아편, 화주, 담배처럼 정신을 손상시키는 알코올 섭취나 마약 복용을 하지 말아야 한다.

이러한 명령을 어길 경우, 그 사람은 시크교의 회합에 출석하여 처벌을 요청하고 이를 기쁘게 이행한 후 칼사에 재가입해야 한다.

시크 미학

시크 구루들은 미학을 지식과 영성에 도달하는 것으로 장려했다. 미학(에스테틱esthetics)은 시각, 청각, 촉각, 후각, 미각을 강화하는 것으로서, 아네스테틱(anesthetics, 감각의 죽음)의 반대이다. 즉, 미학은 신성을 강하게 직접 느끼고 경험하는 것이다.

이러한 방법은 창시자 구루에 의해 시작되었다: '향기를 맡는 자만이 꽃을 인식할 수 있다'(*라시아 호바이 무스크 카 타브 풀 파하나이/rasia hovai musk ka tab phul pahanai*, GG: 725). 복잡한 깨달음(*파차나이/pachanai*)의 과정은 인식적인 이해는 물론 육체적 행동을 요구한다. 그러므로 고양된 감각적 경험이 형이상학적 지식에 필요하게 된다. 다음 구절에서 그는 명확히 말했다: '눈은 신성한 자연을 보고 귀는 신성의 말씀을 듣고 입술은 진리의 이름을 말해야 한다'(*아키 쿠드라트 카니 바니 무크 아칸 사츠 남akhi qudrat kani bani mukh akhan sach nam*, GG: 1168). 첫 번째 시크 구루는 미학적 담화를 통해 제자들을 깨우치고 이들의 감각과 정신, 상상력과 영혼에 생기를 부여하려고 시도했다. 그의 가르침은 모두 시라는 매개를 통한다. 제 1장에서 보았듯이, 구루 나나크는 자신을 시인과 동일시했다: '나의 숨이 당신에게, 나의 살이 당신에게 속해 있다. 시인 나나쿠는 말했다, 진정한 일자인 당신은 나의 사랑이다(*사수 마수 사부 지오 투마라 투 마이 카라 피아라 나나쿠 사이루 에바 카하투 하이 사케 파르바드가라sasu masu sabhu jio tumara tu mai khara piara nanaku sairu eva kahatu hai sace parvadgara*, GG:660).

형이상학적 지식을 위해서는 고양된 감각적 경험이 요구된다. 이에 인간의 몸이 중요해진다. 육체적인 것이 찬양되는 것이다. 그렇지만, 아주 자주, 종교와 미학은 서로 대립한다. 종교가 '영적인' 기상을 위한 것이라면 미학은 단지 '감각적인' 그 무엇으로 폄하되는 것이다. 학자들은 철학을 논리학, 윤리학, 미학으로 나누는데, 이는 각각 진, 선, 미를 목적으로 한다.[49] 그렇지만 나나크의 경우에서 보았듯이, 윤리적 발전을 위해서는 개체의 미학적 경험이 전적으로 중요하다. 감각을 연마하면서 무한한 일자에 대한 지식이 획득되는데, 그 지식은 허약한 이원적 구조로부터 인간을 자유롭게 한다. 이러한 일자의 감각을 통해 이기적인 '나는'(I) 혹은 '나를'(me)은 용해되고, 그 결과 도덕적 행위와 사고, 언사가 나오는 것이다.

그 시작부터 구루 나나크는 미학이 의식의 발전에 필수적이라는 것을 선언했다. '우리가 의식, 지혜, 마음, 판별력을 날카롭게 하는 것'(*티타이 가리아이 수라티 마티 마니 붓디tithai ghariai surati mati mani buddhi,* Jap:36)은 의식의 영역(*사람 칸드Saram Khand*)에서이다. 이 역동적인 공간에서 의식(*수라티/surati*), 마음(*만/man*), 분별(*붓디buddhi*)력과 함께 지혜(*마티/mati*)가 연마된다. *가리아이(Ghariai)*는 *가라나(gharana)*를 원형으로 하는데, 이는 문자 그대로 날카롭게 하거나 끌로 다듬는 것을 의미한다. 심적, 정신적, 지적, 추론적인 능력이 아무리 무디다 해도, 이는 예술과 미의 영역에서 예리하게 다듬어지고 발전된다. 이러한 연마는 *사람 칸드*에서 행해지는데 이는 우리를 신비롭고 신성한 경험으로 인도한다: '여기서 의식은 날카로워지는데, 신들과 신비주의자들의 의식이 될 때까지이다(*티타이 가리아이 수라 싯다 키 수드tithai ghariai sura siddha ki suddh,* Jap: 36) - 구루 나나크는 계속했다. 이러한 시크 구루의 시각은 20세기 서구 예술가 바실리 칸딘스키(Wassily Kandinsky)와 놀랄 정도로 유사하다.

예술은 덧없고 고립된, 모호한 생산물이 아니다. 그것은 사실 인간 영혼의 발전과 연마를 향해 영적인 삼각형을 분기시키는 힘이다.

예술의 영성에 대하여[50]

다섯 번째 구루는 미학적 양식을 구체적으로 정립했다. 그는 종교와 시대, 언어와 지역을 막론하고 숭고한 시들을 함께 모았다. 자신의 예술적 재능으로 그는 라가 형식을 차용하여 미학적인 자극을 확장했다. 그는 사랑과 헌신의 텍스트에 경건한 감탄으로 접근할 수 있다는 것을 확실하게 했다. 그것은 지성만으로는 파고들 수 없는 것이다. 라가를 통해 부여되는 계시의 말씀(Word, *바니/bani*)은 무한한 일자를 직관하기 위해 감각과 마음을 자극하는 선율적인 악기가 된다. 귀로 신성의 말씀을 듣고 혀로 그 풍미를 맛본다. 육체의 모든 구멍은 열정적인 색깔 속에 잠긴다. 구루는 *바니*의 미학적 힘에 대해 끊임없이 인식했다. 그 아름다움이 강해질수록 그것을 들으면서 몸과 마음은 활기를 얻게 된다(*순 순 만 탄 하리아 sun sun man tan haria*, GG: 781). 열정에 한 번 빠지면 그 색채는 사라지거나 흐릿해지지 않는다(GG: 427). 이 변치 않는 경험을 신의 성찬에 비유하면서, 구루 아르잔은 그 맛을 이야기했다(*암리트 바니 아미오 라사 amrit bani amio rasa*, GG: 963). 구루에게 있어 미학적 풍미는 중요하다: '나의 혀는 말씀의 성찬을 맛본다'(*암리트 바니 라스나 차클라이 amrit bani rasna chaklai*, GG: 395)'라고 그는 밝혔다.

편집자는 문학 작품에서 얻을 수 있는 최고의 기쁨을 자신의 공동체가 얻기를 희망했는데, 우리는 《그란트》의 에필로그(*문다바니 mundavani*)에서 이러한 목적을 뚜렷하게 들을 수 있다:

탈 비쿠 티누 바스투 파이오
사트 산토크 비카루…….
제 코 카바이 제 코 분카이
티스 카 호에 우다로

thal vicu tinu vastu paio
sat santokh vicaru…….
je ko khavai je ko bhuncai
tis ka hoe udharo

쟁반 위에 세 가지가 놓여 있다.
진리, 만족, 묵상…….
먹고 맛보는 자는
해방되리라.

구루 아르잔은 여기서 쟁반의 비유를 사용했다. 신성한 책은 진리와 만족, 묵상이 올라온 *탈(thal*, 커다란 금속 쟁반)이다. 《그란트》의 에필로그에 담긴 지식과 음식의 정체성은 그 오프닝 휨에도 예시된다: '지식은 연회이고 공감은 여주인이다'(*부가티 기아누 다이아 반다라니bhugati gianu daia bhandarani*, Jap: 29). 지식은 즐거운 연회이다. 구루 나나크의 지시에 따라 화려하게 배열된 음식들은 구루 아르잔에 의해 진리와 만족, 묵상으로 특징지어진다. 이러한 음식들의 인식론적 가치는 지력으로 감지되거나 논리적으로 주장될 수 없는 것이다. 그것은 몸에 의해 삼켜지고 소화된다. 그러나 '먹기(eating, *카바이khavai*)' 만으로는 충분하지 않다. 심미가에게 미학적으로 고양된 '맛보기(savoring, *분카이bhuncai*)'는 아주 중요하다.

음식은 생물학적으로 필요한 것으로서, 몸이 시들거나 마르는 것을 막아준다. 지식도 마찬가지다. 지식을 음식에 비유하면서, 시크 구루는 이를 플라톤의 철학자-왕이나 인도 《베다》의 브라흐민에게뿐 아니라 모두에게 필수적인 것으로 만들었다. 인식과 소화의 행위는 남성이나 여성의 영역에 국한되지 않는데, 다른 행위들과 분리되지도 않는다. 지식은 먹을 수 있고, 그리고 음식처럼 인간의 성장과 실현을 위해 필수적인 것이다. 먹는다는 것은 가장 창조적인 행위이다. 우리는 외부 세계로부터 무언가를 취하고 그것을 자신의 내부로 들어가게 한다. 작은 한 입이 몸속에서 순환한다. 혈류를 통해 세포가 되고 근육이 되고 뉴런이 되고 사고가 되고 감정이 되고 포옹이 된다. 구루 《그란트》의 시인들은 모든 '음식 한 조각'(사스 그라스*sas gras*, GG: 961) 속에 신성이 기억되기를 바라는 희망을 반복하면서, 영양(알리멘터리alimentary)의 도관을 영적인 진보를 위한 근본 원소(엘리멘터리elementary)로 만들었다.

10대 구루는 바로 이 진리(Truth), 만족(Contentment), 그리고 묵상(Contemplation)이 담긴 접시를 영원한 구루로 만들었다. 그 말씀은 완전히 흡수되었는데, 문자 그대로 혈류의 일부가 되었다. 다른 모든 예술처럼 문학은 세계에 대한 시각과 태도, 행동의 형성에 있어 심대한 영향을 미친다. 불화하는 세계를 도덕적으로 변형시키기 위해 구루들은 집단의식에 도달하기를 원했다. 그들의 시는 다양하고 화려한 이미지와 상징, 메타포를 제공하는데, 이는 독자로 하여금 공통적인 인류애의 수없이 많은 원천을 깨달을 수 있게 하는 잠재력을 갖고 있다. 문학적 기교는 미학적, 가치론적, 감정적 자아를 지적인 능력과 통합시킨다. 그것들을 흡수하여 도덕성을 배양하는 것이다. 구루들에게 있어 변화를 실현하는 유일한 길은 성찬의 시를 미학적으로 경험하는 것이다. 그것은 내적으로 순환하고 외적인 행위에 영향을 줄 것이다. 제 5장에서 보겠지만, 시크교에서 수행의 핵심은 구루들의 우주적인 휨을 듣고 따라하는 것이다. 오늘날에도 우리는 일자성을 공유하고 있다는 느낌을 진정으로 가질 때에만 사회적, 정치적, 경제적, 그리고 환경적 정책을 수행할 수 있다. 그 일자와 함께 나란히 서 있을 때, 우리는 평등, 건강, 교육 그리고 환경 복지를 향한 건설적인 단계에 있는 것이다. 미학적 경험은 일자성에 대한 형이상학적 교리나 도덕적 행위에 대립하지 않는다. 오히려 그것은 윤리적이고 영적인 성장을 위한 메커니즘이 된다.

제5장
예배, 의식, 통과 의례

첫 장에서 언급했듯이, 구루 나나크는 외부의 권위와 외적인 반응에 중점을 둔 관습적인 믿음과 수행을 거부했다. 구루《그란트》의 수많은 페이지들이 외적인 수행을 강조하는 것에 대해 비판하는데, 힌두교와 이슬람, 불교, 자이나교 혹은 요가의 전통이 모두 이에 해당한다. 말의 희생을 바치거나 자신의 몸무게만큼 금을 기부하는 것, 가야〔Gaya, 힌두교와 불교, 자이나교의 성지. 비하르주 남부에 위치한다〕에 달콤한 쌀을 바치는 것, 강물에 몸을 씻는 것, 바라나시의 강가 강변에서 사는 것, 네 권의《베다》를 외우고 낭송하는 것, 종교 의식을 수행하는 것, 혹은 시바나 샥티에 대해 설명하는 것보다 우선하는 것은 신성에 대한 내적인 성찰이다(GG: 873). 따라서 이슬람의 진정한 수행은 모스크를 은혜롭게 하는 것, 헌신적인 기도, 신성한《코란》에 따른 신실한 삶, 카바의 선한 행동, 그리고 절도 있는 할례 의식이다(GG: 140). 우상 숭배, 불의 숭배, 성지 순례, 점성술에 의지하는 것, 단식, 삶에서 물러서기, 정(淨)과 부정(不淨)의 개념은 완전히 버려진다. 이때 음식의 터부는 설 자리가 없게 된다: '바보들은 지식이나 성찰 없이 고기라는 물신과 싸운다'(*마스 마스 카르 무라크 자하레 기안 디안 나힌 자나이 mas mas kar murakh jaghare gian dhian nahin janai*, GG: 1289). 시크교는 그 시작부터 신성과 세속의 분리를 비판하면서, 유일 신성에 대한 내적인 성찰을 유일한 종교 수행으로 간주했던 것이다.

그 결과 내면성을 고무하는 매체가 시크교인의 삶의 중심이 되었다. 초월성의 말씀인 구루 《그란트》가 이 모든 의식과 통과 의례를 관장하는 대리자가 되었다. 시크 구루, 무슬림 수피, 그리고 힌두 바가트의 우주적인 신성한 열정을 구현한 이 책은 구르드와라에서, 그리고 신자의 집에서 최고의 존경과 경의로 다루어졌다. 책은 항상 비단과 아름다운 직물 무늬(루말라(rumala)라 불리는)에 싸여 있는데, 누빔 매트 위에서 쿠션에 기대고 있다. 위에는 캐노피가 드리워져 보호하고, 그 위로 수행자가 깃털 비를 흔들고 있다. 왕실의 캐노피와 깃털 비 같은 문화적 상징들은 시크교에서 경전 구루의 최상의 지위에 대한 표현으로 사용된다. 구루가 현존하는 장소에 들어오기 전에 남성과 여성은 신발을 벗고 머리를 가려야 한다.

구르드와라

시크교의 대중 예배 장소는 구르드와라 - 구루를 향한 문 혹은 문지방(*드와라/dwara*) - 라고 불린다. 이는 그 건축 자체가 시크교의 역사에서 중요한 사건이 되었던 역사적 구르드와라일 수도 있고, 아니면 종교적 사회적 필요에 의해 건축되었던 공동체적 구르드와라일 수도 있다. 전형적인 구르드와라는 하루 종일 문이 열려 있어서 신자들은 언제든지 원하는 때에 들어왔다 나갈 수 있다. 단순히 구루 《그란트》를 보거나 아니면 이를 읽고 해설하고 노래하는 것을 듣는 것이 종교적 행위가 되는데, 이는 개인적으로 할 수도 있고 다른 사람들과 함께 모여서 할 수도 있다. 이렇게 구르드와라에는 자유로운 분위기가 충만해 있다. 구르드와라의 일부는 공동체의 기본적인 식사를 위해 사용되는데, 여기에는 또한 순례자가 머물 수 있는 방도 있다. 이렇게 구르드와라는 예배 장소 이상의 것이 되었는데, 원조, 음식, 피난처, 친교의 근거지가 되었던 것이다. 건축적으로 구르드와라는 하르만디르의 개방적이고 포용적인 양식에 따라 디자인되었다(상세한 내용은 2장을 보라). 구루 《그란트》는 모든 사람이 동등하게 접근할 수 있는 구심점이 되기 때문에 그 이미지나 아이콘이 없고, 또한 남성이나 여성이 배제되는 중앙의 방도 없다.

하르만디르 외에도 유명한 순례 장소가 다섯 군데 있는데, 이는

파이브 타크트(five takhts, 다섯 자리)라 한다. 암리차르의 황금 사원(Golden Temple) 맞은편에 있는 아칼 타크트(Akal Takht)는 종교적 세속적 권위에 있어 최고의 자리로 간주된다. 다른 네 곳은 10대 구루와 관계되어 있다. 그가 태어났던 비하르(Bihar)의 파트나 사히브(Patna Sahib), 칼사를 창설했던 아난드푸르(Anandpur)의 케시가르흐(Keshgarh), 세상을 떠났던 난데르(Nander)의 하주르 사히브(Hazur Sahib), 그리고는 그가 영면해 있는 곳으로 후에 시크 학문의 중심지로 발전한 바틴다 부근의 담다마가 그곳이다. 시크교인은 생전에 이 다섯 타크트 중에서 최소한 한 군데라도 방문하려고 노력한다. 직접 순례 여행을 하지 못하더라도 경전 읽기와 공동 식사, 평상적인 신전의 유지, 그리고 루말라 같은 선물을 위해 헌금을 할 수 있다.

시크교 신자들이 방문하는 구루들의 다른 탄생 장소나 지역들 역시 커다란 역사적 가치를 갖고 있다. 예를 들어, 예전에 왕정 국가였던 파티알라〔Patiala, 펀자브 남동쪽의 도시〕에 있는 두크니와란 사히브 구르드와라(Dukhniwaran Sahib Gurudwara)와 그 외곽에 있는 바하두르가르흐(Bahadurgarh)는 9대 구루의 방문을 상기시킨다. 이곳은 전 세계의 시크교인들에게 중요한 장소들이다. 구르드와라 두크니와란 사히브는 그 연못에 몸을 담그면 모든 고통이 치유된다고 믿어지는데, 두크니르와란은 '고통'(*두크 dukh*)의 끝을 의미한다. 마찬가지로 바틴다의 구 요새에도 구르드와라가 있다. 우연하게도 이 요새는 인도의 첫 번째 여성 통치자였던 여제 라지아 술타나(Empress Razia Sultana)가 처형되기 전에 투옥되었던 곳이다. 구르드와라는 요새의 꼭대기에 위치하는데, 이는 구루 고빈드 싱이 적과 싸웠던 곳을 표식하고 있다. 델리에 있는 시스 간즈 구르드와라(Sis Ganj Gurdwara)는 9대 구루가 처형된 곳으로서, 이 역시 중요한 장소이다. 이들 구르드와라는 시크교 신자들에게 지난 과거를 되살린다. 디아스포라의 시크교인들 또한 인도에 돌아오면 아이들과 함께 이 역사적인 신전을 방문하려고 한다.

대부분의 시크교 신자는 작은 구르드와라 - 구루《그란트》가 안치된 방 - 를 집안에 마련하기를 희망한다.

예배

첫 번째 예배들 행위의 하나는 구루《그란트》에 대해 절하기(*마타 테크나 matha tekna*), 혹은 눈 맞추기(*다르샨 카라나 darshan karana*)이다. 마타 테크나는 겸손과 복종의 표시로 신자들이 경전 앞에 무릎을 꿇고 이마(*마타 matha*)가 바닥에 닿을 때까지 고개를 숙여 수행하는 것이다. 많은 사람들이 돈과 꽃을 바친다. 다르샨은 신자들이 가서 신성의 원천을 보고 또 자신을 보이는 범-인도적인 종교 행위이다. 그런데 시크교의 경우, 경전의 시각적인 수용에 청각적인 것이 결합된다. 텍스트를 바라보는 것, 그것을 듣는 것, 혹은 읽는 것, 노래하는 것, 혹은 단순히 그 현존 속에 함께 앉아 있는 것만으로도 '다르샨을 획득'하는 것이다.

구루《그란트》는 집에서나 구르드와라에서나 모두 매일 아침 새벽에 열리고 옷으로 치장된다. 신성한 책을 여는 의식은 *프라카시(prakash)*, 즉 '빛의 현시'라고 불리는데, 이는 구루가 옥좌에 앉아 대중을 받아들이고 그 빛을 발사할 준비가 되었다는 것을 공언하는 의식이다. 임의로 책을 펼치고 왼쪽 페이지의 맨 위쪽부터 읽는 것을 *후캄(hukam*, 명령) 혹은 *바크(vak*, 읽기)라고 하는데, 이는 그날의 메시지로 이해된다. 구르드와라에서 *후캄*은 전체 회중을 고려하여 그날 하루 종일 화면으로 보이게 된다. 방문객들이 이

구루《그란트》의 아침 의식

를 읽고 스스로 해석할 수 있게 하기 위해서이다. 중요한 결정을 하거나 이를 실행할 때, 시크교인은 개인적으로 그리고 집단적으로 *후캄*을 요청하고 이를 지침으로 삼는다. 이것은 신자가 구루와 직접적으로 소통하는 통로이다. 현대의 글로벌 환경에서 시크교인은 가장 축복받은 신전인 황금 사원에서 전달되는 구루의 지시에 전자로 접근할 수 있다. 아침과 저녁 예식이 실시간 방송됨에 따라 시크교 신자는 새로운 방식으로 전통에 참여할 수 있게 되었다. 방송은 또한 대중 예배에 영향을 주었는데, 더 많은 구르드와라가 하르만디르의 일과를 표준으로 따르게 되었던 것이다.

저녁때 구루 《그란트》는 격식에 따라 닫히게 된다. 이 닫힘의 의식을 *수카산(sukhasan)*이라고 한다. 이는 휴식의 자세(*asan*) 혹은 밤을 위한 안식(*sukh*)을 의미한다. *수카산* 의식은 아침의 *프라카시*와 병행되는 의식이다. 이 두 의식은 대중이 신성한 책을 섬기는 평상적인 일과가 되는 것이다. 이러한 예식들은 구르드와라에서 정성 들여 행해진다. 예를 들어 황금 사원에서 구루《그란트》는 밤에 휴식을 취하기 위해 금과 은으로 장식된 가마(*팔키 palki*)를 타고 특별히 마련된 방으로 운반된다. 신자들(그리고 방문객들)은 구루 나나크의 휨 '아라티'를 챈팅하면서 커다란 행렬을 이루어 가마를 하르만디르에서부터 아칼 타크트까지 운반한다. 짧은 이동이지만 긴 시간이 걸릴 수도 있는데, 경배자들이 가마를 어깨에 짊어지는 것으로 경의를 표하려 하기 때문이다. 이때 동반되는 휨은 전통적인 예배 양식 *아라티*를 생각나게 하는데, 이 아름다운 양식에서 신자들은 자신이 좋아하는 신들 주위에 놓여 있는 램프와 향냄새, 꽃과 과일로 장식된 커다란 쟁반을 둘러싸고 있다. 그러나 구루 나나크는 이를 행성들의 우주적인 안무로 변형시켰다. 광활한 에테르의 하늘이 쟁반(*thāl*)과 같다면, 그 위에서 해와 달과 반짝이는 별빛들이 무한한 일자 주위에서 *아라티*를 수행하는 것이다. 이렇게 저녁 예식 동안 벌어지는 시각과 청각의 종합은 우주적인 조화와 기쁨을 불러일으킨다.

구루 나나크가 우주적인 쟁반으로 제시하는 무한한 하늘은 그의 다섯 번째 후계자 구루에 의해 다시 모형을 갖추게 된다. 제 4장에서 이야기했듯이, 구루 아르잔은 이를 진리와 만족, 묵상을 담지한 《그란트》로 바꾸었다. 이에 따라 텍스트가 10대 구루에 의해 영원한 구루로 임명되었고, 다음 세대의 시크교인들은 그 양분을 섭취할 수 있었다. 구루들의 신성한 시의 마법은 시크교의 수행과 의식으로 제도화되었다. 구루 《그란트》는 모든 통과 의례와 어떤 가정 행사 - 새 집, 새 직업, 생일, 약혼, 그리고 질병과 죽음과 같이 불확실하고 힘겨운 모든 시간들 - 에서 낭독되었다. 이러한 사건들에는 일반적으로 *아칸드(akhand)*가 낭독되었다. 1,430페이지를 48시간 동안 쉼 없이 읽는데, 그 과정에서 몇몇 낭독자들이 교대를 하게 된다.[51] 남성이나 여성에 관계없이 구르무키 문자를 읽을 수 있는 시크교인은 모두 구루 《그란트》를 읽을 수 있다. 시크교인은 *파트(path*, 낭독), *키르탄(kirtan*, 노래), *아르다스(ardas*, 탄원)을 통해 텍스트와 연동될 수 있다.

다섯 번의 일상의 기도

영적인 일과(*니트넴 nitnem*)는 여러 구루의 휨을 낭독(*파트*) 하는 것으로 구성된다. 매일 아침과 저녁에 시크교인의 신성한 공간과 집(심지어 차와 트럭에서도!)에서는 일상적인 휨의 소리가 선율적으로 울려 퍼진다. 아이들은 부모가 요리와 머리 빗기, 식물에 물주기 같은 일상적인 일과를 수행하면서 부르는 노랫소리를 듣는다. 일부 어른들은 CD나 위성 방송을 통해 휨을 듣는다. 자프와 자아프, 스와이야(Swayyai), 라히라(Rahira) 그리고 키르탄 소힐라(Kirtan Sohila)는 일상적인 레퍼토리이다. 낭독되는 시간이 엄격하게 정해진 것은 아니지만, 다섯 곡은 대체로 두 부분으로 나누어진다. 자프와 자아프, 스와이야 세 곡이 아침 기도라면, 라히라와 키르탄 소힐라는 저녁 기도를 위한 것이다.

*자프(Jap)*는 구루 나나크의 작품이다. 구루《그란트》의 첫 번째 기도는 시크교인의 기본적인 철학적 윤리적 믿음을 나타낸다. 이것은 하루가 시작될 때, 즉 마음이 청정하고 주변이 고요한 때에 낭독된다. 동트기 전의 시간은 자프에서 성찬의 시간으로 묘사되는데, 신성의 단어를 파악하는데 가장 전도성 있는 시간으로 간주되는 것이다. 자프를 읽고 낭송하고 듣는 것은 시크교인으로 하여

금 형태 없는 실재를 인식할 수 있게 하고 무한한 일자와 더 깊은 유대를 가질 수 있다는 믿음을 주입시킨다.

자아프(Jaap, a가 하나 더 있는)와 스와이야는 10대 구루의 작품이다. 이 두 곡의 출처는 구루 고빈드 싱의 《다삼 그란트》인데, 이는 제 3장에서 언급되었듯이 논쟁의 여지가 있다. 구루 《그란트》가 시크교 예배의 중심이 되었을 때 10대 구루의 시 또한 시크교인의 존경을 받았는데, 이에 자아프가 - 스와이야와 함께 - 이들의 일상 기도의 일부에 들어오게 되었던 것이다. 자아프는 초월적 일자에 대한 구루 고빈드 싱의 시적 경의이다. 그 199개의 쿠플레 속에는 구루 고빈드 싱의 예술적 의식에 불을 밝히는 신성한 속성이 놀랍도록 풍부하게 들어 있다. 흥미로운 것은, 구루 고빈드 싱은 199 쿠플레 이후 멈추었는데 이는 클라이맥스가 없다는 것을 의미한다. 무한한 실재(Infinite Realities)에게 경배하는 끝없는 네버 엔딩(never ending)의 단어들은 역동적이고, 그리고 그 리듬은 신속하다. 이 아침 기도는 시크교인으로 하여금 구루 나나크의 자프에 의해 탄생된 일자를 묵상하게 하는 중요한 미학적 매개체가 되었다.

*스와이야*는 콰트레인(quatrain, 4행시)이다. 평일 기도에 포함되는 열 개의 스와이야에는 시크교의 종교적 본질로서 헌신이 강조된다. 여기에는 모든 외적인 형식의 예배를 거부하고, 내적인 사랑에 대한 구루 나나크의 메시지를 리듬의 파도 속에 던진다. 스와

이야는 또한 칼사의 암리트 입회식이 진행되는 동안 낭송된다.

*라히라*는 저녁 예배의 일부로 낭송된다. 여기에는 구루 나나크와 구루 람 다스, 구루 아르잔의 휨이 포함되어 있다. 구루 고빈드 싱의 차우파이 베나티(Chaupai Benati, 4행시의 기원) 역시 저녁 기도의 일부가 된다. 라히라는 구루 아마르 다스의 아난드(축복)의 첫 번째 다섯 스탠자와 마지막 스탠자에 의해 종결된다. 마치 해질녘 반성의 시기에 낮과 밤이 함께 오는 것처럼 시크교인은 여름과 겨울에 라히라를 낭송한다. 시크교인은 라히라를 통해 초월적 실재에 대한 경의를 표하는데, 신성의 장대함을 찬양하고 전능한 창조자의 보호와 구조를 추구하고 자신 내부의 자아 속에서 선율적인 말씀을 듣는 즐거움을 표현하는 것이다.

*키르탄 소힐라*는 '찬양의 휨'이란 뜻으로서 저녁 기도의 피날레이다. 잠자리에 들기 바로 직전 신성한 책이 닫히고 휴식을 취하기 위해 성대하게 옮겨질 때 낭송되는 것이다. 또한 화장 의식에도 낭송되는데, 하루의 끝과 인생의 끝이 의미론적으로 연결된다.

키르탄 소힐라는 다섯 개의 휨으로 구성되어 있다. 처음 세 개의 휨은 구루 나나크가, 그다음은 각각 구루 람 다스와 구루 아르잔이 지었다. 이 다섯 휨은 커다란 철학적 예술적 가치를 갖고 있다. 첫 번째 휨은 개인적 자아와 신성의 결합을 시각화한다. 두 번째는 경전과 스승, 철학의 끝없는 다양성에도 불구하고 신성은 유일하다는 것을 강조한다. 세 번째는 나나크의 아르티인데, 이는 일자에게 조화로운 예배를 드리는 우주 전체를 상상하는 것이다. 저녁 기도의 네 번째 휨은 구루 람 다스에 의해 쓰인 것으로서, 여기에는 신성한 이름의 중요성이 설명되는데 이를 통해 고통과 윤회가 소멸되는 것이다. 구루 아르잔의 다섯 번째 휨은 지상의 삶을 찬양하는데, 모든 사람은 타인에게 봉사하고 신성의 공덕을 획득할 수 있도록 자신에게 주어진 이 좋은 기회를 활용해야 한다는 것이다. 초월적 신비는 몸의 내부에 계시되는 것으로서, 이에 깨달은 사람들은 축복과 불멸의 자유를 향유하는 것이다.

비록 하루 일부분은 아니지만, 구루 아르잔의 휨 *수크마니* 또한 정기적으로 낭송된다. 수크는 평화를 뜻하고 마니는 진주 혹은 마음(*man*이란 단어에서)을 뜻하므로, 이 제목은 평화의 진주 혹은 평화의 마음으로 번역할 수 있다. 상대적으로 긴 이 휨은 이름의 중요성을 찬양한다. 시크교에서는 전통적으로 구루 아르잔이 이를 대추나무 아래서 작곡했다고 주장하는데, 이 나무는 오늘날에도 암리차르의 신성한 람사르 연못가에서 볼 수 있다.

수크마니는 특히 여성들 사이에서 인기가 있다. 매주 혹은 매달 한 개인의 집이나 구르드와라에 단체로 모여서 함께 읽는다. 이런 경우 수크마니의 일부 복사본이 모임에 사용된다. 한 사람이 한 대목을 읽고, 그 읽기가 끝나면 원하는 다른 사람이 다음 구절을 읽을 수 있다. 각 구절의 마지막 쿠플레는 단체로 읽는다. 수크마니의 *파트(path*, 낭독)는 작은 모임들 속에 편입되고 있다. 카드나 다른 게임을 하는 대신 여성들은 함께 수크마니를 읽는데, 이는 읽는 사람이나 듣는 사람 모두에게 평화를 가져다준다.

의식

키르탄은 시크교의 기본적인 의식으로서 경전의 시를 노래하는 것이다. 일반적으로 수반되는 악기는 하모니움(hamonium)과 *타블라(table*, 드럼)이다. 음악과 결합한 무한한 사랑의 시가 깊은 무의식 속으로 침잠하면서 우주적 깨달음을 일깨우는 것이다. 5대 구루는 경전의 대부분을 고전적이고 지역적인 선율 속에 넣어서 구루의 말씀의 본질적인 *라사(rasa*, 맛 혹은 취향)를 특별히 불러일으키게 하였다. 구루들에 따르면 어디든지 신성한 찬양이 낭송되는 곳, 그곳이 바로 천국이 되는 것이다.

아르다스(ardas, 페르시아어 *아르즈-다시트(arz-dasht)*, '쓰인 청원'에서 유래)는 모임의 지도적인 인물이 솔로로 낭송하는 것이다. 모인 사람들은 모두 손을 잡고 일어서서 《그란트》 앞에 고개를 숙이고 경의를 표한다. 사람들은 일정한 시점에서 다함께 '와헤 구루!'(Wahe Guru, 경외하는 구루)를 외친다. 아르다스는 어떤 경우에도 변치 않는 강한 결속력을 갖고 있다. 여기에는 신성한 일자와 열 명의 구루, 구루들과 구루 《그란트》의 연합, 그리고 시크교

의 영웅과 헌신, 순교의 사건에 대한 기억들이 포함된다. 아르다스가 끝날 무렵에는 그곳에 모인 사람들이 특별한 목표를 위해 특별한 소망을 할 수 있다. 예외 없이 아르다스는 전 인류의 번영과 행복을 기원하면서 끝난다.

*보그(bhog)*는 문자 그대로 기쁨을 의미한다. 이는 시크교의 모든 행사에 있어 즐거운 클라이맥스이다. 보그는 기독교의 성체식(Eucharist)과 유사한데, 이 또한 기쁨을 뜻하는 것이다. 보그에서는 구루《그란트》의 마지막 페이지들을 읽는데, 이는 *카라프라샤드*를 나누는 것에서 절정을 맞이한다.

*카라프라샤드*는 단맛의 성체용 빵이다. 여기에는 버터와 밀가루, 설탕, 물이 같은 양으로 들어간다. 이 재료들을 물기와 점성으로 될 때까지 스토브에서 휘젓는다. *카라프라샤드*를 만드는 동안 남성과 여성은 머리를 두건으로 가리고 맨발인 채 구루의 시를 낭송해야 한다. *카라프라샤드*가 준비되면 크고 편평한 접시에 담아 구루《그란트》의 오른쪽에 놓는다. 그리고 예배 마지막에 이 따뜻하고 향기로운 단 것을 전체 회중에게 나누어준다. 회중은 두 손을 모으고 손바닥을 컵 모양으로 하여 이를 받는다.

시크교의 제도

*세바(Seva)*는 공동체에 봉사하는 자발적인 노동이다. 세바는 인류에 대한 이타적인 봉사와 사랑의 행위를 뜻한다. 세바는 시크교에서 가장 높은 윤리적 이상으로 나타난다. 세바를 통해 겸손을 배양할 수 있는데, 이를 통해 이기적인 자아의 망상을 극복하고 개체를 넘어 확장할 수 있기 때문이다. 세바는 영적인 수양을 위한 핵심적인 조건이다. 구루 나나크에 따르면 '소박하고 헌신적인 봉사 행위를 통해 다음 세계에 자리를 얻을 수 있다'(GG: 26). 밝은 태도로 타인에게 봉사하는 것은 중요한 것으로 간주되고, 세바는 시크교인의 생활의 본질적인 부분이 된다. 그것은 신성한 책(Holy Book)을 섬기는 것일 수도 있고, 신전의 먼지를 털거나 쓸어내는 것일 수도 있고, 음식을 준비하거나 나누는 것일 수도 있고, 예배객의 신발을 맡아주거나 심지어 닦아주는 것일 수도 있다. 시크 사원을 방문하는 사람은 젊은 사람이나 나이든 사람, 부자나 가난한 사람에 상관없이 모두 똑같이 서로 다른 일들을 수행하는 것을 보고 놀라지 않을 수 없게 된다. 세바는 또한 학교와 병원, 자선 기관의 건립과 같이 공동체에 대한 커다란 봉사를 수반한다. 타인에 대한 봉사는 같은 시크교인을 넘어 확장된다. 시크교인의 집단 기억 속에 깊이 각인되어 있는 에피소드 중 하나에는 친구와 적에 대해 똑같이 세바를 하는 것을 칭송하는 일화가 있다. 전쟁터에서 구루

고빈다 싱의 시크 병사들은 가나야(Ghanaya)가 적에게 물을 주는 것을 보았다. 병사들은 구루에게 가서 불평을 했고, 가나야는 소환되어 심문을 받았다. 가나야는 자신이 적을 도운 것이 아니라고 말했는데, 자신이 전쟁터에서 본 것은 친구나 적이 아니라 오직 구루의 얼굴이었다고 한 것이다.

*랑가르(Langar)*는 공동체의 주방이다. 이는 사회적 평등과 가족적인 인류애를 주장하는 것이다. 구루 나나크에 의해 시작된 이 시크교의 핵심적인 제도는 같이 음식을 먹는 것은 물론이고 다함께 음식을 준비하는 과정을 포함하고 있다. *랑가르*라는 용어는 음식뿐 아니라 이를 준비하고 대접하는 장소를 모두 지칭한다. *랑가*

황금 사원의 랑가르에서 식사하는 사람들

_르_에서 제공되는 음식은 모두 채식이다. 인종과 카스트, 종교를 불문하고 모든 여성과 남성은 이런저런 과제를 갖는다. 야채를 썰고, 빵을 반죽하고, 그것을 펴지고 부풀게 하고, 도구들을 세척하는 것이 그것이다. 그리고 이들은 카스트나 지위에 상관없이 일렬로 앉아서 식사에 참여한다. 사실, 우리는 모두 함께 식사한 사람과 어떤 친밀감을 경험한다. 추수감사절이나 크리스마스의 저녁 식사, 유월절이나 이슬람의 이드(Id) 축제는 가장 친한 사람과 함께 한다. 구루 나나크의 _랑가르_의 설립은 인종과 젠더, 카스트 혹은 계급의 차이에 상관없이 인류를 함께 결합하기 위한 기본적인 단계이다. 이렇게 _랑가르_는 사회적 개혁의 도구가 되었고, 구루들이 생존했던 시기에 가졌던 중요성은 지금도 계속 유지되고 있다. 구루 앙가다 시절에 그의 아내 마타 키비(Mata Khivi)는 랑가르에서 풍요로운 음식을 제공하였는데, 이에 그녀는 모든 사람에게 그늘을 제공하는 '잎이 울창한 나무'(thickly-leafed tree)에 비유된다(GG: 967). 구루 아마르 다스는 자신을 만나고자 하는 방문객은 그 전에 먼저 다른 사람들과 함께 랑가르에서 식사를 해야 한다고 주장했다: '_팡가트(pangat_, 모두 같이 앉아 _랑가르_ 식사에 참여하는 줄)가 우선이고, 구루와의 만남은 그다음이다'(GG: 967). 시크교인의 삶에서 _랑가르_의 식사와 봉사는 항상 가치 있는 것으로 여겨졌다. 현대에 펀자브를 방문하는 사람들은 시크교의 이 제도를 보고 놀랄 수 있다. 일정한 축하 기간, 예를 들어 구루들의 탄생일

같은 날에는 심지어 고속도로에서도 *랑가르*가 제공된다! 젊은 사람과 나이 든 사람이 모두 빠르게 달리는 버스와 자동차, 트럭, 아니면 느린 속도로 가는 소달구지와 릭샤, 보행자를 멈춘 다음 그들에게 뜨거운 차와 음식을 열심히 제공하는 것이다. 이들은 몇 미터 간격으로 줄을 서서 교통을 막거나 아니면 나무줄기를 길에 가로질러 놓고 지나가는 사람들에게 식사를 제공한다.

*상가트(Sangat)*는 시크교인의 모임이나 지역 공동체를 일컫는다. 이것은 시크교의 세 가지 중요한 요소를 강조하는데, 그 첫째는 공동체의 중요성이다. 개별과 고립이 아닌 동료의식과 타인과의 유대가 높이 평가되는데, 유명한 시크 격언에 따르면 '한 명의 제자가 한 명의 시크라면 두 명은 신성한 관계를 형성한다. 그런데 다섯 명이 모이면 궁극적인 실재 그 자체가 된다.' 구루 나나크는 적극적이고 풍요롭게 공동체에 참여하는 길을 닦아놓았는데, 이는 이 세계 자체를 완전히 수용하고 찬양하는 것을 의미한다. 둘째, *상가트*는(*랑가르*처럼) 누구나에게 열려 있고, 이에 그 회원들은 사회적, 종교적 그리고 젠더의 제한에서 해방된다. 시크 회합에서 회원들은 똑같이 바닥에 앉아 흄을 부르고, 신성한 텍스트의 설교를 듣고, 시를 낭송하고, 그리고 기원을 한다. 셋째, *상가트*는 영적, 도덕적 영감을 제공한다. 구루 나나크에 따르면 '상가트를 통해 신성한 이름의 보물을 얻을 수 있다. 철학자의 돌에 문지른 철이 금이 되는 것처럼, 좋은 친구와 함께 할 때 무지의 어둠은 밝은 빛으로

변한다'(GG: 1244). 다른 사람과 함께하는 것이 도덕적이고 영적인 발전의 기폭제가 되는 것이다.

기념일

시크교인에게는 매 순간이 신성하고 따라서 일상의 과정은 종교적인 것으로 간주된다. 앞서 보았듯이, 시크교 경전은 어떤 시간이 다른 시간에 비해 더 상서롭다고 간주하지 않는다. 따라서 결혼이나 중요한 사업을 시작할 때 점성술에 의존하지 않는다. 창시자 구루는 천문학적 도식을 거부했다: '우리는 상서로운 날을 결정하고 헤아리느라 바쁘지만, 그러나 유일 실재가 그러한 실재 위에 그리고 그 너머에 있다는 것을 모르고 있다'(GG: 904).

그럼에도 불구하고, 시크교인에게 한 달, 그리고 한 해의 어떤 날들에는 축제의 요소가 부가된다. 이들의 달력은 축일로 가득 차 있다. 그렇지만 *구르푸랍(Gurparab)*, 즉 시크교의 역사에서 주요 사건들을 기념하는 종교적 축일과 지역의 문화 축제 사이에는 뚜렷한 차이가 있다. 명백히 농업사회였던 펀자브에서 시크교의 기념일과 축일은 영농 주기와 계절의 분위기에 따라 정해진다. 시크교 달력에는 양력과 음력의 특성이 혼합되어 있는데, 이때 *상그란드(sangrand)*, 산스크리트어 *상크란티(sankranti)*, 12궁도의 첫째

날)와 *마시아(masia*, 한 달의 제일 어두운 밤)는 이들에게 특별한 날이다. 역사적 순간과 영원히 순환하는 계절이 열광적으로 축하되는 것이다.

구르푸랍(문자 그대로, 구루의 *푸랍(purab)*, 혹은 날)은 열 명의 구루의 탄신일과 기일, 중요한 역사적 사건과 영웅들의 순교를 추모하는 날이다. 전 세계의 시크교인은 구루 나나크의 탄생과 구루 《그란트》가 하르만디르에 안치된 날, 그리고 칼사가 창설된 날을 기쁘게 축하한다.

구르푸랍 기념일에는 시크교인의 삶의 양상이 그려진 화려한 수레에 구루 《그란트》를 태우고 그 뒤를 신자들이 따라가는 커다란 행렬이 이어진다. 경전의 휨이 낭송되고 많은 양의 랑가르가 제공된다. 행렬이 지나는 곳마다 사람들이 집 밖으로 나온다. 이들은 머리에 두건을 쓰고 신발을 벗는다. 그리고 구루 《그란트》에게 경의를 표한다. 저명한 시크 학자를 구르드와라에 초빙하여 강의를 듣는다. 황금 사원과 다른 역사적인 사원에서는 보물들을 전시하는 커다란 전시회가 열린다. 도처에서 보그에 뒤이어 쉼 없이 구루 《그란트》가 낭송된다. 기도가 행해지고 *카라프라사드*가 나누어진다. 사람들은 집에서도 구루 《그란트》를 읽고 키르탄을 낭송한다. 해외에서도 시크교인은 커다란 기쁨과 흥겨움으로 이날을 축하한다. 바쁜 일과를 벗어나 자신이 믿는 종교의 과거에 빠져드는 것이다. *구르푸랍* 기간에 토론토, 샌프란시스코, 뉴욕, 워싱턴에 있

는 구루드와라에서는 인도에서 강연자와 악사들을 초빙하고 아주 풍요로운 랑가르와 기념일을 갖는다. 이때 종종 종교적 축제는 지적이고 문화적인 사건과 결합된다. 구루드와라에서 시크교를 주제로 하는 세미나를 조직할 때 여기에는 시크교인이나 시크교인이 아닌 사람 모두가 참여할 수 있다. 시크교인은 자신이 물려받은 문화적 유산인 연극, 시 낭독, 그리고 포크 댄스를 하면서 밤을 보낸다. 특정 *구르푸럽*과 관련된 특별한 관습도 있다. 구루 아르잔의 순교일에 인도의 시장에서 그리고 이웃들에게는 차가운 우유를 섞은 물이 제공되는데, 이는 아주 더운 5/6월에 매우 환영받는 일이다. 이 관습은 구루 아르잔이 끓는 물과 뜨거운 모래를 붓는 고문을 받았다고 기억되기 때문이다. 구루 고빈다 싱의 어린 아들들의 순교는 파테흐가르흐 사히브에서 기억되는데, 이는 펀자브의 시르힌드 부근에 있다. 조라와르 싱(Zorawar Singh)과 파테흐 싱(Fateh Singh)〔구루 고빈드 싱의 두 아들. 무굴 제국의 와지르 칸(Wazir Khan)에 의해 죽임을 당했다.〕은 시크 신앙의 포기보다는 산 채로 벽돌 우물 속에 묻히는 영웅적인 선택을 했다. 매년 12월에는 수천 명이 시르힌드에 모여 젊은 순교자의 용기에 고취된다. 농부들은 밀가루와 곡물, 우유, 채소를 가져오고 모두 요리와 접대, 설거지를 기꺼이 나눈다. 도로에서도 신도들은 빠르게 지나가는 자동차와 버스를 세우고 여행객들에게 차와 그 밖의 먹을거리를 제공한다.

바이사키(Baisakhi)는 시크 달력의 첫 번째 날인데, 이는 또한

1699년 구루 고빈드 싱의 칼사 창립을 기념하는 날이기도 하다. 이것은 사회적, 정치적, 종교적으로 역동적인 행사가 되었다. 이때 암리차르는 이 행사의 특별한 중심이 된다. 이날 가까운 곳에 거주하는 시크교인들뿐만 아니라 멀리에 사는 시크교인들도 황금 사원을 방문한다. 특별히 훈련된 가수와 악사들의 목소리가 대기를 가득 메운다. 사원은 온통 물속에서 씻거나, 학자나 악사들의 소리를 듣거나, 랑가르를 준비하거나 먹거나, 특별한 공물을 드리거나, 혹은 경건하게 산책길을 걷는 신자들로 가득 찬다. 황금 사원의 바깥에서도 역시 생생한 장면이 연출된다. 이것은 추수가 시작되기 전에 휴식을 취하는 마지막 기회이기 때문에 사회에서 커다란 농경적인 활동은 대부분 이때 행해진다. 동물들이 전시되고, 염소, 버펄로, 낙타, 그리고 다른 동물들이 사고 팔린다.

가장 슬픈 바이사키 축제는 1919년에 있었다. 당시 영국 정부는 인도인들이 라즈(Raj. 브리티시 라즈(British Raj). 인도에 대한 영국의 통치를 의미)에 대항하여 일어날 것이 두려워 사람들이 모이는 것을 허락하지 않았다. 그렇지만 많은 사람들이 집 밖으로 나와서 황금 사원 아주 가까이에 있는 잘리안 왈라 바그(Jallian Wallah Bagh) 공원 안에 모여 있었다. 이때 다이어(Dyer) 장군의 지휘하에 영국 군대가 모인 사람들을 향해 발포했다. 수백 명의 무고한 시민들이 살해되었다. 1919년 바이사키를 추모하며 잘리안 왈라 바그에서는 정치 집회가 열린다.

바이사키에는 또한 중요한 학술 행사가 열린다. 새 책들이 출간되고 학자들은 상을 받는다. 칼사 공동체에는 새로운 회원들이 들어오고 구르드와라에는 옛것을 대체하는 새로운 시크 깃발이 내걸린다. 모든 곳에서 새해 첫날은 모든 종류의 새로운 시작과 새로운 사업을 위한 상서로운 날로 간주된다.

*구르푸랍*은 시크교인으로 하여금 일상적인 것과 다른 무언가에 참여할 수 있게 했다. 심리적으로, 이 행사들은 고된 노동으로부터 휴식을 제공한다. 그리고 사회적으로, 활기를 주고 공동체의 토대를 강하게 한다. 공동체를 통해 시크교인은 자신의 유산을 공유하고 또한 이로부터 힘을 받는다. 구르드와라와 마찬가지로, *구르푸랍*은 무한의 차원을 향한 출입문을 열어 놓는데, 여기에서 시크교인은 자신의 종교의 미학적이고 영적인 핵심을 경험할 수 있다. 신성한 공간과 신성한 시간은 결국 서로 분리된 두 개의 다른 실체가 아니다. 그것은 오히려 신성의 유일한 경험으로 수렴하는데, 그 경험은 시간과 공간을 모두 초월하는 것이다.

문화 축제

시크교인은 또한 문화 축제를 축하한다. 고대 펀자브의 축제에 열광적으로 참여하면서 이들은 이 축제에 새로운 - 특별히 시크적인 - 의미를 부여하는 것이다.

*디발리(divali)*는 *데에파발리(deepavali)*의 축약어인데, 문자 그대로 불 켜진 램프의 심지를 뜻한다. 겨울이 되고 낮이 짧아지면 온기와 불이 필요하게 되고, 일정한 형태의 불의 축제가 보편적으로 행해진다. 이에 서양의 크리스마스와 하누카흐〔Hanukkah. 유대교의 축제〕 즈음에 인도에서는 디발리가 거행되는 것이다. 디발리는 부와 번영의 여신 락시미(Lakshmi)의 방문을 환영하는 힌두교의 주요 축제이다. 이는 또한 라마 왕과 그의 아름다운 왕비 시타(Sita)가 14년간의 추방을 마치고 아요디아(Ayodhya) 왕국으로 귀환하는 것을 기념하는 것이기도 하다. 이는 시크교에서 반디 크호르 디바스〔Bandi Chhor Divas. '해방의 날'의 뜻〕인데, 이날은 자한기르 황제 때 6대 구루가 무굴 장군에 의해 체포되어 그왈리오르(Gwalior) 요새에 감금되었다가 풀려난 날이다.

디발리는 황금 사원에서 사흘 동안 매우 즐겁게 거행된다. 연못 한가운데 있는 중앙 신전과 보행로, 그리고 옆 건물까지 모두 밝게 조명된다. 전깃불과 기름이 가득 들어있는 토기 램프가 건물을 장식하는데, 촛대와 램프는 또한 연못 위에도 떠있게 된다. 그리고 사원의 불빛이 반사되면서 물 위에 떠있는 램프도 함께 빛난다. 불꽃놀이가 밤하늘을 밝힌다. 행사를 위해 특별히 초대된 가수와 악사들이 키르탄을 연주한다. 강연이 행해지고 영웅적인 서사시가 낭송된다. 멀리서 온 신자들은 경의를 표하고, 현금, 꽃, 카라프라샤드, 쌀, 버터, 우유 그리고 밀가루를 선물한다. 황금 사원의 귀중한 소장품이나 보석들이 전시된다. 황금 문, 보석이 박힌 깃털과 황금 덮개, 진주 술, 황금 부채와 수백만의 백단향 섬유실로 만들어진 깃털 비를 보기 위해 사람들이 모인다.

사람들 또한 토기 램프와 촛대로 집안을 장식한다. 가족과 친구들은 서로 선물을 주고받는다. 사탕이 나누어진다. 집들은 흰색으로 칠해진다. 디발리의 축하 행사는 대륙과 문화를 초월하여 불이 평화와 기쁨을 상징한다는 것을 알려준다.

*로리(Lori)*는 짧고 추운 겨울 저녁에 거행된다. 모닥불을 피우는데, 이는 켈트 축제 삼하인(Samhain, 기원전 5세기에 아일랜드에서 행해지던 축제. 할로윈(Halloween) 축제의 기원이 되었다)을 연상시킨다. 남자와 여자, 아이들이 참깨 씨를 불 속에 던져 로리 불꽃을 만든다. 아이들은 이웃을 돌아다니면서 돈과 사탕을 모은다. 딸을 시집보낸 집에서는 사위와 그 가족에게 선물과 돈을 보낸다.

*바산트(Basant)*는 아주 즐겁게 축하되는 봄 축제이다. 펀자브에서 사랑스러운 겨자씨가 꽃을 피우고 나비가 대기 중에 날아다닐 때 사람들의 마음도 똑같이 된다. 들판에 핀 밝고 노란 겨자씨와 겨루기라도 하듯이 사람들은 노란색 옷을 입고 노란색 쌀을 먹으면서 즐거워한다. 도시와 마을의 지붕들은 아이들이 날리는 연으로 가득 차 있다. 이것은 누가 더 높이 연을 날리는가 하는 경쟁이

지만, 상대방의 연을 방해하는 것도 즐거움의 일부이다. 소년들은 다른 사람의 연줄을 자를 수 있도록 잔디를 날카롭게 하여 연줄에 묶는다.

*홀리(Holi)*는 힌두교의 전통적인 봄 축제이다. 이는 그들의 검은 신 크리슈나의 유쾌한 현존을 축하하는 것이다. 축제는 겨울에서 따뜻한 봄으로 넘어가면서 감정이 생기와 활력으로 가득 차 있을 때 행해진다. 홀리는 사람들의 즐거운 감정을 표현할 수 있게 하는 축제이다. 사람들은 밝게 채색된 물감을 던지면서 서로를 물들인다. 마시고 장난하면서 유쾌하게 되는 것이다. 시장, 공원, 거리의 풍경들은 활기찬 색채의 하나이다. 사람들 - 아는 사람이나 모르는 사람이나 모두 - 은 노랑과 초록, 빨강과 파랑을 뿌리고 튀기고 바른다. 이 장대한 색채의 홀리한 파노라마 속에서 사회적 구분은 사라진다.

구루 고빈드 싱은 이 전통적인 봄 축제에 시크교의 색채를 부여했다. 그는 아난드푸르에서 홀라 모할라(Holla Mohalla)를 시작했다. 사흘 동안 행해지는 이 축제에서 시크교인은 군사 훈련을 받는다. 비록 홀리와 같은 기간에 거행되지만, 이 새로운 축제에서 강조되는 것은 즐거움이 아니라 육체적 훈련이다. 승마와 레슬링, 활쏘기 시합이 열리고 모의 전투와 군사 작전이 실행된다. 그러나 평화적인 예술 또한 장려되고, 음악과 시의 경연이 행해진다. 이 축제는 지금도 아난드푸르에서 아주 활발하게 거행된다. 매년 커다란 전시회가 열리고 많은 행사가 벌어지는데, 여기에는 노래와 토론, 신체적 기술을 이용한 경기 등이 포함된다.

*티안(Tian)*은 어린 소녀를 위한 축제다. 펀자브의 평원에서 더운 낮이 지난 다음에 오는 밤은 가장 신선할 수 있다. 티안은 8월에 행해지는데, 펀자브 여성들은 이 쾌적한 저녁을 축하한다. 이들은 새 옷과 새 보석을 받고 팔에는 온갖 색채의 유리 팔찌를 끼고 있다. 소녀와 여성들은 선물을 나누면서 서로 함께하는 것을 즐긴다. 이들은 친구와 자매, 법적인 자매들과 함께 그 지역의 전시회에 간다. 그네를 높이 타는 것은 행사의 커다란 부분을 차지한다. 티안은 여성들에게 짜인 일과로부터 벗어나 휴식을 제공했다. 집에서 나오기 어려운 사람들에게 종종 티안은 무척 기다려지는 축제이다.

라크리(Rakhri) 또한 8월 중순에 행해진다. 라크리는 여자 형제가 자신의 보호자로 남자 형제의 오른쪽 팔목에 매어주는 밝은색 끈이다. 사탕을 나누고, 남자 형제는 여자 형제에게 돈과 옷, 혹은 보석을 준다. 많은 시크 가정에서는 아르다스를 낭송하고 라크리를 맨 다음 카라프라샤드를 나누어 먹는다.

기다와 방그라

*기다와 방그라*는 시크교의 기념일에 행해지는 사회적 문화적 대중 행사이다. *기다(Gidda)*는 부드럽고 우아한 동작으로 여성

들이 추는 춤이다. 이는 봄, 여름, 몬순, 가을과 겨울의 자연, 그리고 그 자연의 풍요로운 선물을 함께 축하하는 것이다. 기다는 활기찬 농촌 생활 속에서 이루어지는 단순한 행위들을 가져왔는데, 그것은 소의 젖을 짜고 참깨 씨를 요리하고 바느질을 하고, 여름에는 부채질을 하고 유리 팔찌를 사고 아침에 버터를 만들고 머리에 항아리를 얹고 물을 나르고 경작과 수확을 돕는 것 등이다. *방그라(Bhangra)*는 전통적으로 남성들이 집단적으로 추는 춤이다. 이는 14세기로 거슬러 올라가서 서 펀자브(지금의 파키스탄)에서 유래한 것이다. 그러나 현대의 방그라는 시크의 남성과 여성 모두에게 아주 인기가 있다. 일단의 그룹이 밝은색 옷을 입고 서서 커다

방그라 댄스

란 드럼 소리에 맞춰 박자에 따라 기본적인 리듬의 춤을 춘다. 그리고 펀자브의 시골 생활을 축하하는 노래를 함께 부른다. 시크 공동체가 서구로 이주함에 따라 이 펀자브의 포크 댄스는 최근 영국과 유럽, 북아메리카의 젊은 음악 애호가들에게 각광을 받게 되었다. 방그라의 모던한 형식은 북인도의 포크 음악을 서구 팝의 레게(reggae)와 같은 현대적인 양식과 결합하게 했다. 식민지 이후와 디아스포라의 현실에서 방그라는 그 복잡한 문화적 그물망과 함께 시크교인의 기억과 정체성을 상징하는 중요한 표식이 되었다.

통과 의례

'통과 의례'(rites fo passage)는 1967년 아널드 반 게넵(Arnold van Gennep)에 의해 만들어진 용어로서, 한 개인의 삶의 주기에서 여러 단계를 통과하는 여행을 표시하는 의식을 지칭하는 것이다. 수 세기 동안 수많은 문화를 통해 사람들은 서로 다른 방식으로 이 의례에 참여했다. 인류학자 바르바라 메예르호프(Barbara Meyerhoff)에 따르면 의례는 고유하고 보편적인 양식을 공유하는데, 여기에는 자연과 문화, 지속과 변화, 개인의 심리와 사회적 가치가 결합되어 있다.[52] 시크교에는 네 가지 통과 의례가 있는데, 명명식, *암리트* 입회식, 결혼식, 장례식이 그것이다.

명명식은 아주 간단할 수도 있고 공들여 할 수도 있지만, 신성한 책을 참고하여 어린아이에게 이름을 부여하는 것을 기본적으로 포함하고 있다. 구루《그란트》가 쿠션에 등을 대고 쉬고 있는 동안 낭독자(집에서 진행되는 경우 가족의 일원, 구루드와라일 경우에는 공적인 낭독자)는 두 손을 구루《그란트》에 대고 임의로 부드럽게 페이지를 펼친다. 아이의 이름은 펼쳐진 구루《그란트》의 왼쪽 페이지의 첫 번째 문자로 시작된다. 시크교는 소년과 소녀의 이름이 구분되어 있지 않다. 아이의 성별은 이름에 싱(Singh, 남아의 경우) 혹은 카우르(Kaur, 여아의 경우)가 덧붙여져 표현된다. 아이는 또한 첫 번째 카라(kara), 강철 팔찌를 받는다. 키르탄(찬양의 휨)의 낭송, 구루《그란트》페이지의 낭독, 아르다스(일상의 기도)의 낭송, 그리고 랑가르의 참여가 주요 일정인데, 이는 시크교인의 모든 통과 의례에서 마찬가지이다.

암리트 입회식은 1699년 바이시키의 기념비적인 사건(3장에서 상세히 논의되었다.)을 재현한다. 그날 제 10대 구루와 그의 아내는 암리트 음료(물, 설탕, 철, 그리고 신성한 시가 혼합된)를 준비했고, 서로 다른 카스트 출신의 다섯 사람이 바이사키에 모인 수많은 사람들 앞에서 똑같은 잔에 이 음료를 마셨다. 이들이 함께 마시는 것은 계급과 카스트, 세습 직업의 차이를 쓸어내는 획기적인 행동이었다. 이들은 또한 새로운 정체성의 표시로 새로운 이름을 받았다.

오늘날의 행사도 이러한 양식을 따르고 있다. 암리트 입회식은 어디서든 행해질 수 있지만 여기에는 구루 《그란트》와 그 낭독자가 반드시 있어야 한다. 이미 칼사의 일원이 된 다섯 명의 시크교인들이 행사를 준비하고 주관할 수 있다. 입회하는 사람들은 손을 컵 모양으로 만들어 암리트를 마시고 그 일부를 눈과 머리에 뿌린다. 이들은 또한 똑같은 그릇에 암리트를 마시고, 함께 구루 나나크의 물 만트라(Mul Mantra)를 낭송하면서 일자의 유일 실재를 기억한다. 입회식은 이들이 칼사 가족으로 다시 태어났다는 표시이다. 이들은 이제 구루 고빈드 싱과 그의 아내 마타 사히브 카우르의 아이들이다. 입회한 사람들은 구루 《그란트》에 안치된 철학적 원칙을 공유하는 한편, *케샤*(긴 머리), *캉가*(머리를 단정하게 하기 위한 빗), *키르판*(칼), *카라*(팔찌), 그리고 *카차*(속옷)를 착용하여 자신들의 육체적 정체성을 유지할 것이다.

입회 의례에 특별한 나이 제한은 없다. 빠르면 경전을 읽고 시크 신앙의 조항들을 이해할 수 있는 소년과 소녀의 시기일 수 있다. 아니면 인생의 후반기가 될 수도 있는데, 어떤 사람은 자녀가 다 성장할 때까지 기다리기도 한다. 입회식은 모든 사람에게 열려 있다. 시크교의 윤리 규범(*라히트 마리아다Rahit Maryada*)에 따르면, '국가와 인종, 사회적 위치를 불문하고 시크 공동체를 지배하는 규칙을 받아들일 준비가 되어 있는 모든 남성과 여성은 암리트 입회식을 받을 자격이 있다.'

아난드 카라즈(Anand Karaj, anand = 축복; karaj = 사건)는 시크교의 결혼 예식이다. 신랑과 신부는 그 어떤 말과 동작도 직접 교환하지 않고, 그들 가족 사이에는 그 어떤 법적인 형식이 진행되지 않는다. 수많은 문화와 융합되긴 했지만, 아난드 카라즈는 시크교의 고유한 결혼 예식이다. 예식은 신부의 집이나 구르드와라에서 행해진다. 이때 사람들은 바닥에 앉아 신성한 책을 보고 있다. 신부의 아버지는 스카프(약 2m 길이)의 한쪽 끝을 신랑에게 건네고 다른 한쪽은 딸에게 건넨다. 서양에서처럼 결혼 예물을 교환하는 대신, 시크 커플은 상서로운 색채(핑크, 사프란, 혹은 빨강)의 스카프를 통해 서로 연결된다. 신랑과 신부는 각각 스카프의 양

시크 결혼식

쪽 끝을 잡고 신성한 책 주위를 네 번 돌게 된다. 신랑과 신부가 네 번을 돌고 있을 때, 구루 구란트의 공적인 낭독자는 네 개의 *라반 (lavan*, 원) 대목을 읽는다.[53] 각각의 경전의 시가 낭송되고 노래되는 가운데 신랑과 신부는 경건하게 구루《그란트》주위를 시계 방향으로 걷는다. 이때 신부는 신랑의 뒤를 따라 걷는다. 친척들이 주위에서 이들을 에스코트 하면서 신랑신부의 지지자임을 보인다. 한 번 돌 때마다 신랑과 신부는 바닥에 앉아 이마를 땅에 대는 것으로 회중과 만난다. 네 번째 돌기에서 회중은 축하의 의미로 신랑과 신부에게 꽃잎을 뿌린다. 경전 구루에게 함께하는 인사는 이들이 서로를 받아들인다는 표시이다. 이들은 어떤 법적 사회적 권위가 아닌 경전의 말씀에만 유일하게 - 그리고 동등하게 - 속박되어 있다. 경전의 라반은 영적인 통로를 향해 커플이 함께 출발하게 한다. 닥터 오엔 코울(Dr. Owen Cole)이 한 말은 아주 옳다: '금욕을 강화하는 것보다는 사랑을 깊게 하는 것이 목샤(moksha)를 향한 길이라는 것을 수긍하면서 라반은 *바르나슈람다르마 (varnashramdharma*.《베다》에 규정된 인생의 네 단계〕의 전도된 과정으로 나타난다.'[54] 결혼 예식은 아마르 다스의 열정적인 휨 아난드(축복 - 결혼 예식의 명칭이기도 하다)로 마무리된다.

   삶과 죽음은 자연스러운 과정이다. 매일 해가 지는 것처럼 모든 사람은 떠나게 되어 있다. 사람이 죽으면 그 혹은 그녀의 몸을 씻기고 깨끗한 옷이 입혀진다. 남편을 먼저 보낸 여자를 제외하고 다른 사람들은 결혼식 때 입었던 옷을 입는다. 죽은 이의 몸이 들것에 실리고, 가까운 남자 친척과 가족의 친구들에 의해 장례식장(이는 보통 도시나 마을의 외곽에 있다)으로 옮겨진다. 그곳에서 장작단 위에 놓여진다. 여기에 맏아들(혹은 가장 친한 남자 친척)이 불을 붙인다. 이때 저녁 예배의 휨 *키르탄 소힐라(Kirtan Sohila)*가 낭송된다. 키르탄 소힐라 다음에는 *아르다스*가 낭송되면서 고인의 축복을 기원한다. 화장터에서 돌아온 조문객들은 몸을 씻는다. 이때 *카라프라사드*가 나누어진다. 이 기쁨의 행위가 부조리한 것으로 보일 수도 있지만, 이는 슬픔이 끝나고 정상적인 생활이 다시 시작되는 것을 상징적으로 말한다.

네 번째 날에 몇몇 가족 구성원들, 그리고/혹은 가까운 친구들이 다시 화장터로 가서 재와 뼈(풀*(phul*, 꽃)이라 불리는)를 수거한다. 그것은 흐르는 강물이나 냇물 속에 뿌려진다. 이렇게 몸은 다시 그것이 만들어졌던 요소들로 회귀한다. 육체의 불은 화장의 불꽃과 하나가 되고, 숨은 공기와 하나가 된다. 그 몸은 땅의 몸과 하나가 되고, 흐르는 물속에 가라앉은 뼈와 재는 물 자체로 회귀하는 것을 상징한다. 펀자브의 수틀레즈 강가에 위치한 도시 키라트푸르(Kiratpur)는 마지막 침례 장소로 숭배되는 곳이다.

고인의 집에서는 신성한 경전이 중요한 역할을 한다. 계속해서 경전을 읽으면서 가족과 친구들은 단합하게 되는 것이다. 이들은 하얀색과 검은색, 갈색의 옷을 입는데, 그보다 밝은색은 결혼식이나 다른 즐거운 행사에 입는다. 서로 아무 말도 하지 않는다. 다만 조용히 앉아서 함께 슬픔과 상실감을 나눈다. 남겨진 가족과 공동체는 구루의 현존 속에 앉아서 그 말씀을 듣고 위안을 받는다. 열 번째 날에는 보그 의식이 진행되는데, 이때 고인을 위한 *안탐 아르다스(antam ardas*, 마지막 아르다스)가 낭송된다. 매년 기일이 되면 가족들은 공동체에 랑가르를 제공한다.

시크교인들은 의식과 추모를 통해 공동체 구성원의 기쁨과 슬픔을 함께 나눈다. 그리고 전 세대의 경험을 연결한다. 의식을 거행하는 것은 인간만이 가진 특별한 능력이다: '돌고래와 침팬지도 놀 수 있다. 오직 인간만이 의식을 거행한다.'[55] 오늘날 다국적 세계에서 진정한 요소들은 사라지고 있다. 예를 들어, 크리스마스 때 보이는 명백한 상품화의 힘은 점점 더 커지고 있다. 모든 종교에서 그렇듯이, 의식과 의례 행사는 시크교의 현 상태를 보여준다. 간단한 의례는 아주 복잡해졌는데, 때로는 결혼과 다우리(dowry, 지참금)의 경우에서처럼 노골적인 착취행위가 되었다. 금전적 부담은 신부의 가족이 결혼에 지불하는 다우리로 끝나지 않는다. 딸이 아이를 가질 때마다 사위와 그 가족에게 보석, 선물, 옷, 과일, 말린 과일과 현금을 주어야 하는 것이다. 사실 딸에 대한 금전적 부담은 그녀가 죽을 때까지 모든 의식에 계속되는데, 심지어 이후까지도 확장된다. 딸이 죽은 다음 공동체의 식사는 딸의 가족이 책임지게 되는 것이다.

사실, 의식은 어디에서나 우리 모두에게 중요한 것이다. 의식은 잠깐 동안 행해지지만, 그 뒤에 있는 이데올로기는 우리의 삶을 견인하는 역할을 한다. 의식적이든 무의식적이든 의식은 한 사회의 지배적인 가치를 영속시킨다. 모든 종교적 전통에서 대부분의 의식이 남성에 의해 집행된다는 사실은 여성이 열등하다는 내적인 메시지를 보내면서 이등 지위에 가둬두게 된다. 각자의 종교가 무엇이든 간에 우리는 자기비판을 할 필요가 있다. 앞으로 6장에서 자세히 살피겠지만, 시크교에는 사제 계급이 없지만 여기에서도 공적인 기능은 남성들만 수행하고 있다. 사적인 예배에서 동등한 역할을 하는 것처럼 시크교의 공공 의례와 의식의 수행에서도 여성이 동등한 역할을 해야 할 것이다.

시크교 남성은 1909년 아난드 결혼법(Anand Marriage Act)을 통과시키기 위해 열심히 노력했다. 이 법은 고대 결혼 의례를 현재적 형식으로 바꾸는 것이다. 그러나 우리는 21세기에 더 진보적인 변화를 할 수 있다. 현재는 네 번 회전할 때 신랑이 앞장서는데, 만일 신랑과 신부가 번갈아서 앞장서거나 아니면 나란히 같이 걷는다면 의식은 더 균형 있게 될 수 있다. 이러한 변화는 라반의 본래적 의미의 순환 - 시작도 끝도 없고 그 어떤 선적인 위계도 없는 - 을 충족시키는 것이 될 것이다.

범 인도적인 문화에서 일부 예식들은 명백한 젠더적인 편견을 나타낸다. 겨울의 로흐리 의식은 주로 남자아이가 태어난 가정에서 거행된다. 남자아이의 부모와 조부모가 탁탁 소리를 내는 모닥불 주위에 돈과 선물을 놓는다면, 여자아이의 부모와 조부모는 로흐리의 춥고 어두운 밤 동안 슬픔에 잠긴 상태로 있게 된다. 마찬가지로 범 인도적인 라크리 의식은 형제들이 있는 집에서만 행해지는데, 아들이 없는 어머니나 남자 형제가 없는 여자 형제는 슬픔과 눈물, 비난과 욕설의 운명을 맞이한다.

시크교의 몇몇 의식들조차 남아에 대한 편애를 보여준다. 부유한 시크교인 가족은 *다스타르 반단(dastar bandhan*, 터번 쓰기)을 축하하기 시작했는데, 그것은 아들을 위한 성대하고 화려한 통과의례이다. 이는 딸만 있는 가족을 당황하게 한다. 이론적으로 시크교 의례는 남아와 여아에게 똑같이 적용되지만, 여기에는 이중적인 기준이 있다.[56] 아들을 위해 공들인 명명식을 한다면, 딸을 위해서는 결코 그렇게 공들이지 않는 것이다.

무한한 신성을 일상의 리듬에 가져오려는 충동은 시크 공동체에 뚜렷하게 살아있다. 그것은 변화와 성장을 위한 동력이 되었다. 교인들의 간단한 인사는 신성을 맞이하는 것인데, 헬로 혹은 굿바이를 말해야 할 때 시크교인은 손을 잡고 *사트 스리 아칼(Sat Sri Akal*, 진리는 영원하다)이라고 말하는 것이다. 이들이 자주 외치는 감탄사 *와헤-구루(Waheguru*, 식사 전이나 재채기 한 후에)에는 경이로움이 물결치는데, 이는 구루 나나크가 초월적 일자를 경험할 때 외쳤던 *아웨(awe, wah!)*의 반향이다. 시크교의 구루들은 성직자와 권력자에 의해 억압되었던 기쁨의 원천을 급진적으로 개방하였고, 이를 통해 진정한 사회적 변형을 가져오고자 했다. 오늘날 수행자는 억압적인 경제적 사회적 압력에서 의례와 의식을 해방하고, 여기에 구루들로부터 직접 가져온 영적인 에너지를 투사해야 한다.

제6장
가부장적 맥락에서 여성주의 텍스트

비록 남성 구루들의 목소리로 말하지만, 시크교의 경전은 뚜렷한 '여성주의'(feminist) 텍스트이다. '이중으로' 가부장적인 중세 인도 사회에 살면서 시크 구루들은 여성의 종속적인 역할을 목격했다. 오랜 옛날부터 북인도의 가부장적 사회는 남아에 대한 선호가 강했다. '수백 명 아들의 어머니가 되라!'[57]는 축복이 지역에 울려 퍼졌다. 인도에서 생산된 초기 텍스트의 하나인 위대한 《리그베다》(Rig Veda)는 아그니(Agni, 불)에 대한 기도로 시작되는데, 이 기도는 숭배자들에게 수많은 '영웅적인 아들'을 주기를 기원하는 것이다. 훗날 브라흐민 엘리트들은 마누(Manu)의 대중적인 규범에서 여성의 법적인 독립을 제한하면서 이들을 아버지와 남편, 아들에게 종속적인 존재로 만들었다.[58] 남편에 대한 전적인 헌신(*파티브라타/pativrata*)이 공인된 규범이 되었다. 무굴 제국의 사회적-정치적 통치와 함께 도입된 *푸르다*(purdah, 베일쓰기) 와 일부

다처제 같은 서아시아적 가치를 지닌 또 다른 가부장적 층위는 인도 여성의 지위를 더욱 격하시켰다. 구루들은 이러한 상황을 강조하면서 여성에게 자유와 평등, 결사를 획득할 수 있는 기회의 창을 제공하려 하였다.

그러나 신자들은 구루들의 넓은 마음을 헤아릴 수 없었다. 구루들의 해방의 메시지 대신 고대의 억압적인 봉건적 가치가 시크 사회를 지배했다. 아이러니하게도 1699년 구루 고빈드 싱이 암리트 입회식을 통해 민주적이고 포용적인 칼사 패밀리를 창조한 이후 몇십 년이 지나지 않아 여성들은 이에 합류하는 것이 금지되던 것이다! 우리는 10대 구루의 선생이자 고문이었던 차우파 싱(Chaupa Singh)이 구루 고빈드 싱의 바이사키의 급진적인 함의를 뒤집고 전통적으로 *다르마샤스트라(Dharmashastra)*라고 불리던 *스트리다르마(stridharma*, '여성의 의무')의 규범으로 복귀했다는 것을 들었다. 그의 윤리 강령(*차우파 싱 라히트-나마(The Chaupa Singh Rahit-Nama)*)은 시크 여성들에게 종교성의 첫 번째 형식은 남편을 섬기는 것이라고 명령한다. 여성은 '남편을 신으로 알아야'(*아프네 바르테 누 카르타 자나이apne bharte nu karta janai*, 556) 하고 '남편을 위해 단식해야'(*파티브라투 라케 patibratu rakhe*, 567) 한다.[59)] 카르타푸르에서 남성과 여성이 함께 신성한 시를 낭송하고 함께 요리를 하고 식사를 하면서 구루 나나크에 의해 수립되었던 첫 번째 시크 공동체의 이상과 실천은 차우파 싱에 의해 전도되었다. 그 대신 그는 차별과 분리를 규정했다. 여성은 구루《그란트》를 들을 수는 있지만 대중 앞에서 읽는 것은 금지되었다(CS: 538). 그밖에 수많은 해야 하는 것들(dos)과 해서는 안 되는 것들(don'ts) 가운데 차우파 싱은 남성이 여성에게 암리트를 주는 것을 절대적으로 금지했다: '피로 마련된 시크의 암리트를 주는 자는 범죄자이다!'(*시카니 누 칸데 디 파훌 데베 소 탄카이아/sikhani nu khande di pahul deve so tankhaia*, 506)[60] 구루들이 만들어낸 경이와 기쁨, 평등의 물결은 차별과 남성 중심의 규범이라는 정체된 연못으로 후퇴했다. 이는 구루 나나크와 후계자 구루들에 의해 만들어진 시크교의 수행과는 완전히 다른 것이었다. 차우파 싱과 같은 초기 원로들의 목소리와 시각은 공동체 전체에 매우 해로운 것이었다.

마하라자 란지트 싱(Maharaja Ranjit Singh, 1799-1839)의 매력적인 정책은 많은 면에서 시크교에 커다란 광휘를 가져왔지만, 불행하게도 이는 여성의 상황을 더욱 악화시켰다. 그의 궁정에서 행해지던 화려한 행사와 축제와 함께, 구루들에 의해 폐기되었던 형식적 의식과 행사가 시크교인의 생활 속으로 들어왔던 것이었다. 시크교의 상위 계층은 엘리트 무슬림과 힌두 가정에서 각각 여성들에게 가해졌던 *푸르다*와 *사티*의 관습을 따라 하게 되었다. 마하라자 란지트 싱이 죽었을 때 몇몇 왕비도 *사티*를 당했다.[61]

영국의 식민주의는 문제를 더욱 악화시켰다. 펀자브가 1849년 영국에 의해 합병되었을 때 제국의 지배자는 시크 남성의 강한 체구와 용맹성에 감탄하면서 '초남성적'(hyper-masculine) 문화를 생산했다. 그러한 추세는 계속 이어졌다. 진취적인 민족의 기상과 녹색 혁명으로 인해 독립 이후 펀자브는 인도의 곡창지대가 되었다. 오늘날 펀자브는 세계화의 소용돌이 속에 있게 되었다. 현대의 경제적 기술적 우선권은 아들에 대한 가부장적 규범을 더욱 강화시켰는데, 부모들은 남아를 자신의 사회 안전망이나 금융 보험, 마지막에 자신의 장례를 치러줄 종교적 관리인으로 간주했던 것이다. 남아는 가족의 이름과 재산, 땅을 물려받을 중요한 인물로 간주되었다. 아들이 결혼하면 아내를 집으로 데려오고, 그 아내는 시어머니의 노후를 보살피게 된다. 그의 아내와 함께 그녀의 다우리도 함께 오는데, 이는 그 가족의 경제적 재원이 된다. 간단한 결혼식이 극도로 풍요롭게 되었고, 다우리가 과다해졌고, 그리고 매번 의식과 의례, 축제가 있을 때마다 딸과 시집에서 건네는 선물은 터무니없이 많아졌다. 인도에서나 시크교인 디아스포라에서나 모두 결혼은 복잡한 일이 되었고, 딸에게 주어지거나 딸을 위해 주어지는 것의 양과 질이 그 아버지의 힘과 특권을 강화하는 것이 되었다. 딸들은 자신의 친정집에 대해서는 아무 권리도 없었다. 이들은 아버지의 지위와 명예의 투자 혹은 아름다운 장식으로 간주되었다. 그다지 부유하지 않은 사람들은 문화적 규범에 맞추기 위해 어렵게 번 돈을 쏟아 붓는 것에 심한 압박을 느꼈다. 아들이 아버지의 자산을 증가시킬 것으로 기대된다면, 딸은 소모를 표현하기 때문에 거부된다. 현대 시크교인의 문화에서 경제적 사회적 요구는 심히 도전받고 있다.

고대 가부장적 가치가 새로운 세계화와 결합하는 과정에서 젠더의 불균형은 걱정스러운 정도로 후퇴하고 있다. 여아의 출생률은 급격히 감소하고 있다. 인도 인구가 10억 2천 7백만이라 할 때 최근 조사에 따르면 남아 1천 명에 대하여 여아는 927명에 불과한 것으로 나타났다. 이는 10년 전의 945명보다 더 낮아진 것이다. 초음파를 이용하여 태아의 성별을 확인하는 기술은 선별적 낙태를 더욱 용이하게 했다. 태중의 여아는 유산과 사업, 재산, 그리고 아버지와 아들의 지위를 유지하기 위해 낙태되었다. 아이러니하게도, 기술적 경제적 발달과 함께 시크교의 본산지인 펀자브는 끔찍한 상황에 직면하게 되었다. 풍요로운 펀자브의 농경지대에서 태중의 여아 살해라는 비극에 초점을 맞춘 신문기사가 있었다. 성별 선택의 기술과 여아의 낙태 사이에는 '악마적 연관'이 존재한다. 여아의 선별적 낙태는 소녀들의 가치를 더욱 낮게 하는 동시에 젠더의 편견을 더욱 강화했다. 해외에 이주한 시크교인들이 펀자브에 있는 가족과 친구들과 국경을 초월한 유대를 지속하는 가운데, 고향의 관습과 가치가 전 지구상의 디아스포라 공동체에 빠르게 수출되었다.[62]

인도 정부가 20년 전에 성 감별 기술의 사용을 금지하였지만, 사람들은 법을 피할 수 있는 방법을 찾았다. 시크 이사회인 시로마니 구르드와라 파르반다크 위원회, 즉 SGPC(Shiromani Grudwara Parbandhak Committee의 약자)는 금지시키려는 노력을 계속하고 있다. 펀자브에 있는 도시 파테흐가르흐 사히브에서는 - 이곳의 여성 비율은 남성 1천 명당 750명이다. - 약 250명의 시크교 지도자들이 태중의 여아 살해를 막기 위한 방법을 논의했다. 그러나 일반인들은 이러한 상황에 아랑곳하지 않았고 법은 작용하지 않았다. 이런 맥락에서 시크교 경전의 여성주의 메시지는 더욱 타당성을 획득한다. 텍스트는 그 어떤 권고도 직접적으로 하지 않는다. 강제하거나 박탈하지도 않는다. 구루들은 단지 장중한 시를 통해 암시할 뿐이다. 그것은, 규율보다도 더욱, 마음속 깊은 곳에 도달하여, 사회적 변화를 가져올 수 있는 역량을 갖고 있다. 이 장에서는 시크교 경전의 여성주의 도입을 신학적, 심리적, 그리고 사회적 관점에서 탐색하고, 젠더의 정의를 실현하는 그 넓은 잠재력에 어떻게 도달할 수 있는지 생각해 보기로 한다.

신학적 측면

그 시초에 신을 숫자인 '일자'로 지시하면서 시크교 경전은 수세기 오래된 남성 우위의 이미지를 깨고 여성적 양상에서 일자를 경험할 수 있는 길을 열어놓았다. *이크 오안 카르*의 독특한 형상은 여성주의 철학자 마리 달리(Mary Daly)가 제기했던 급진적인 '메타-가부장적 여행'의 잠재력을 갖고 있는데, 다양한 현시와 구현 속에 내면화된 아버지-신을 몰아낼 수 있는 것이다.[63] 강력한 나나크의 숫자는 남성 우위의 이미지를 흐트러뜨리고 또 다른 새롭고 중요한 방식으로 신성을 경험할 수 있는 공간을 창조한다. 이는 논리적으로 신성이 인간의 용어로 어떻게 이해되는가를 문제 삼지 않는다. 일자는 완전히 초월적이고 모든 범주들 위에 있다. 한편, 구루들의 시에서 여성의 차원과 남성의 차원은 평행하게 달린다. 신성은 남성과 여성 둘 다로 나타난다: '그 자체로 남성이고 그 자체로 여성이다'(*아페 푸라크 아페 히 나르*ape purakh ape hi nar, GG: 1020). 이에 우리는 균형 있는 시각을 얻게 되는데, 이는 심적, 정신적 건강에 중요한 것이다.

경전의 시들은 무한자와 다수의 관계를 열어놓는다. 구루 아르잔은 무아경에서 말한다: '당신은 나의 아버지요 당신은 나의 어머니요 당신은 나의 형제요 당신은 나의 친구다…….'(GG: 103). 이에 일자는 수많은 관계들을 열정적으로 포용한다. 이렇게 풍요로운 감각은 가부장적 계층화를 벗겨내고, 남성을 신성의 이미지화를 위한 기준으로 삼는 것을 막는다. 이것은 상상력을 확장시킨다. 우리는 새로운 감정을 느끼고 새로운 전망을 본다. 그리고 우리는 많은 다른 방식으로 기쁨을 경험한다.

머나먼 '천상의' 미래로 향하는 대신, 구루 《그란트》는 우리의 근본인 가정 - 모든 인간의 존재론적 기반이 되는 엄마의 몸 - 에 시시각각 주의를 기울이게 한다. 그것은 다양한 가치를 지닌 자궁의 형상이다. 서로 다른 시인들에 의해 서로 다른 맥락에서 서로 다른 강조를 이해하면서, 우리는 여기서 광범위한 반응을 일으키는 지극히 비옥한 토양을 발견한다. 자궁은 모든 생명과 살아있는 것들의 모체로 알려졌지만, 그러나 이는 또한 자아가 이 세계로 회귀하는 종말론적 표현으로 사용된다. 시크교 경전에 따르면 탄생은 다이아몬드처럼 드물고 귀한 것이지만, 그러나 그것은 또한 영(nought)으로 산산조각 날 수 있는 것이다. 비도덕적인 삶이 부정적인 재탄생으로 이어질 때 어머니의 자궁은 신성이 결여된 뜨겁고 고통스러운 존재 방식으로 그려진다. 그러나 긍정적인 상태에서 자궁은 신성이 퍼져있는 활기찬 공간이 되고, 태아는 시크교의 도덕성과 영성, 미학을 배양하는 상징적인 역할을 하게 된다.

자궁(*가르브garbh*, 혹은 *우다르udar*)은 삶의 원천으로 긍정된다: '생의 첫 번째 단계에서, 오, 친구여, 너는 신성의 의지에 의해 자궁에 머물게 되었다……. 나나크는 말한다, 생의 첫 번째 단계에서 피조물은 신성의 의지에 의해 자궁에 머물게 되었다'(GG: 74). 독자는 죽음, 그리고 다른 세계로부터 방향을 돌리고, 생의 원천을 향하게 된다. 가부장적 신학의 '시체애호(necrophilic) 이미지'와 대조적으로, 시크 경전을 관통하는 자궁의 이미지는 살아있는 것들과 삶의 다양한 형태를 긍정한다. 자궁은 우리가 신체적 정신적으로 모두 자신(self)이 되는 공간(*타누thanu*)이다. 널리 사용되는 *라힘(rahim*, '공감적인' - 신성에 대한 표현)은 그녀의 모성의 공간으로 주의를 끌어당긴다. 무슬림 철학자 이븐 아라비(Ibn Arabi)의 고찰에 따르면, *'라히마트'(rahimat)*의 어원은 자궁인데, 이로부터 공감 혹은 자비라는 뜻이 유래했다는 것이다.[64] 마찬가지로 여성주의 학자들은 헤브루어 *라츰(rachum*, '공감')과 자궁을 뜻하는 단어 *라참(racham)*을 연결한다.[65] 시크교 경전은 우리가 어머니의 창조적 기관인 자궁에 머무르는 동안 가졌던 수많은 긍정적 기억과 지속적으로 공명한다: '우리는 어머니의 자궁에서 보살핌을 받았다'(GG: 1086); '자궁 안에서 당신은 우리를 보호했다'(GG: 177); 그리고 '어머니의 자궁에서 당신은 우리에게 양분을 제공했다'(GG: 132).

우리는 구루《그란트》에서 모성의 공간을 사회적 유토피아로 예경하는 것을 듣는데, 그 속에서 태아는 계급과 카스트, 그리고 이름이라는 가부장적 명칭에서 자유롭다: '자궁에 있는 동안에는 이름도 없고 카스트도 없다'(GG: 324). 경전의 시들은 엄마의 양수 - 원초적이고 영양분 있는 - 가 위계와 차별에서 자유롭다는 것을 투명하게 밝힌다. 시크 구루들은 가족의 이름과 카스트, 직업이 세습되는 부계 중심의 억압적인 북인도 사회를 날카롭게 인지했다. 이에 어머니의 임신한 몸은 모든 종류의 '이즘'(ism)과 사회적 헤게모니에서 자유로운 것으로 그려진다. *페투스(fetus*, 태아)는 생명을 부여하는 그녀의 *우테루스(uterus*, 자궁)에 의해 영양을 공급받는다. 태아는 아버지의 이름과 계급, 혹은 직업적 기반에 의해 질식되지 않는다.

10대 구루는 이러한 이상을 받아들였고 가부장적 구도에 변화를 가져왔다. 그가 창조한 칼사 가족 내에서 서로 다른 계급과 카스트, 지역의 사람들은 같은 그릇에 암리트를 마시고 새로운 정체성을 부여받았다. 앞서 언급했듯이, 남성이 '싱'이란 성을 갖는 것처럼 시크 여성은 '카우르'(Kaur, 공주의 뜻)란 성을 갖는다. 이렇게 해서 여성이 아버지와 남편의 계보에서 자유로워지는 것이다. '카우르'가 된 여성은 자신의 인생에서 고유한 정체성을 갖게 된다. 여성들은 태어날 때 지녔던 아버지의 이름이나 결혼하면서 생긴 남편의 이름을 갖지 않아도 된다. 아들과 딸, 남편과 아내는 평생 동안 동등한 인격을 갖는다. 구루들로 거슬러 올라가는 부계 구조 속에서의 이러한 변형은 여성의 정체성과 자율성에 급진적인 함의를 갖고 있다.

구루《그란트》는 여성들의 계보를 진지한 것으로 간주했고, 모유가 생물학적이고 영적인 영양분으로 가득 차 있다는 것을 인지했다. 신성의 이름을 낭송하는 것은 입으로 모유를 먹는 경험에 비유된다. 구루들의 언어는 현대 프랑스 여성주의 학자 엘레네 식수(Hélène Cixous)의 발화 속에 반향된다: '목소리: 모유는 영원히 지속될 수 있다. 다시 찾아라. 잃어버린 모성/ 쓰라린 상실이다. 영원: 그 목소리는 모유와 섞인다.'[66] 그녀의 모유는 우리를 죽음에서 지켜주는 생물학적 필연이다. 신성의 단어, *바니(bani)*도 마찬가지다. 시크 구루들은 이 둘을 함께 모아서 모든 사람에게 본질적인 지식을 만들었다. 구루《그란트》의 텍스트성(textuality)은 그 물리적 감각에 있다 - 마치 생명을 주는 모유처럼 그 단어들을 마시는 것이다.

구루들은 거룩한 헌신의 강렬함을 모유에 대한 아기의 사랑에 비교했다(GG: 613). 마찬가지로, 신성을 '시각 장애인의 지팡이', '아이에게 모유와 같은 것'(GG: 679)과 병치한 것은 잊지 못할 비유이다. 보다 부드럽게 표현한 페이지에서 '어린 나나크는 말했다, 당신은 나의 아버지고 나의 어머니이다. 당신의 이름은 나의 입안에 있는 모유와 같다'(GG: 713). 구루《그란트》전체를 통해서 시크 구루들은 당연히도 신성에 대한 집착을 어머니의 가슴에 대한 아기의 집착으로 표현했다: '나의 마음은 신성을 사랑한다, 오 나의 생이여, 마치 아이가 모유를 사랑하는 것처럼'(GG: 538).

그러나 구루《그란트》에서 모성의 이미지는 종교적 신격화의 문제가 아니었다. '그녀'가 어떤 먼 여신 - 숭배의 대상 - 으로 우상화되지 않기 때문이다. 신성이 진정한 모성으로 상상될 때 모성의 긍정적 특성이 우리의 마음에 스며들기 시작한다. 그리고 우리의 어머니와 자매, 딸, 그리고 아내들을 존중하게 된다. 우리는 그들을 신성한 일자의 힘과 자질을 담지한 생명과 보혈(life-and-blood)의 개체들로 간주한다. 우리는 탄생과 양육에 대해 그들에게 감사한다. 우리는 현실의 여성을 기억하고, 《그란트》의 환희 '어머니에게 축복을!(단 자네디 마우*dhan janedi mau*)'을 발음하는 우리의 입술을 기억한다. 우리는 모든 종의 모든 어머니를 향해 존중을 보내는데, 이에 경전의 상상력이 우리 몸을 자부심으로 가득 채우고 일상생활의 리듬에서 남성과 여성 모두가 신성을 맛보게 하는 것이다.

유대교와 기독교 사상가들이 관찰하듯이, *허즈(Hers,* 그녀의 것)는 무에서 유를 창조하는 전능한 창조자와는 다른 창조의 모델인데, 심지어 분명히 '창조'는 하지만 그의/그녀의 창조를 구체화하지 않는 예술가와도 다르다.[67] 신학의 모성 모델에서 미래의 신의 '왕국'은 기다리지 않고, 미래에 비난받을 정의와 관련되어 있지도 않다.[68] 이러한 이론들은 사랑 속에서 분명하게 표현된다. 그리고 그 사랑은 《그란트》에 퍼져있는 모성의 상징에서부터 우리의 가족, 1차 공동체, 그리고 다른 종들에게 확장된다. 전체 공동체 - 인류는 물론 자연까지 - 는 *그녀의* 가족이 되는데, 이때 그녀는 자연에 대해 인간을 우선하지 않고 지배 계급이나 종족, 성별에 대한 즉각적인 이익을 우선하지도 않는다. 우리가 진심으로 신성을 모성으로 상상할 때 환경에 대한 뿌리 깊은 민감함, 정의와 평등에 대한 새로운 윤리적 패러다임이 나타날 것이다. 5백 년 전에 살았던 시크 구루들은 자신이 모성의 상징에 부여된 잠재력을 몰랐을 수도 있다. 그러나 잠재력은 있다. 21세기의 우리는 이를 실현하고 젠더 정의를 가져올 수 있다.

그들의 시에는 또 다른 강한 여성주의 흐름이 있다. 시크교의 텍스트에는 모성에 대한 호격 - *'메리 마이'*(meri mai) - 이 생기 있게 등장하는데, 예를 들어 일상의 *힘 아난드*는 '*아난드 바이아 메리 마이(anand bhaia meri mai)* - 오 나의 어머니, 나에게 축복을!'로 시작된다. 3대 구루는 합일을 경험하면서 무아경 속에서 서정적으로 그리고 여러 형태로 어머니를 불렀다: '메리 마이 - 나의 어머니!' 남성 시인의 입에서 나온 이 말은 무의식에 접하는 시점에 분출된 언어적 포옹이다. *그녀는* 그들의 정체성의 근저에 있고, 이에 그들은 그녀에게 열정적인 질문을 한다: '내가 이름(Name) 없이 어떻게 살 것인가, 오 나의 어머니?'(GG: 226); '내가 그(That)를 어떻게 잊을 것인가, 오 나의 어머니?'(GG: 349); '내가 진리와 어떻게 연결될 것인가, 오 나의 어머니?'(GG: 661); 그리고, '어떤 미덕이 나를 나의 삶과 연결할 것인가, 오 나의 어머니?'(GG: 204). 그녀에게 지식을 구하면서 그들은 또한 그녀와 열정적인 순간을 공유한다: '나는 사랑에 빠졌다, 오 나의 어머니!' 매 순간 모성은 그들의 언어를 앞으로 전진시키고 그들의 경험을 생생하게 한다. 이것은 남성 구루 대 *그녀*라는 이중적 대립이 아니라 건강한 '대화적' 관계이다. 개방성에 근거한 이 관계는 보다 깊은 자아 인식, 보다 깊은 영적 교섭으로 인도한다.

시크 구루들이 정체성으로 상정한 모성은 대립이 아니라 지향인 것은 명백한 사실이다. 그녀의 몸과 지혜에 담긴 광대한 경험, 힘, 물리적 근접성은 부서진 혹은 가부장적 개체성을 흩어지게 한다. 남성 구루들의 시는 모성-아기의 관계를 개체의 심리적 사회적 발전의 중앙에 위치시키는 대상관계(object-relation)의 심리 분석가와 여성주의 신학자에 공명한다. 프로이드의 오이디푸스 투쟁, 거세 콤플렉스, 개체성 대신에 여성주의 신학자들(예를 들어 나오미 골든버그(Naomi Goldenberg) 같은)과 대상관계 심리분석가들(예를 들어 멜라니 클라인(Melanie Klein)과 위니캇(D.W.Winnicott) 같은)은 모성-아기 관계로 초점을 옮겼다. 신학과 대상관계 이론은 모두 '과거 여성의 이미지로부터 인간의 삶을 지탱하는 모성으로 그 시각을 이동한다.'[69] 시크교 경전의 언어는 부성을 그 지배자라는 상징적 위치에서 추방하고, 모성의 사랑과 모성의 보살핌, 모성의 염려, 언어를 넘어선 모성과의 유대를 간직한다. 남성 구루들은 그녀의 탄생 이전과 탄생 이후의 창조성을 기억했고, 이에 그들의 시를 읽는 것은 우리가 삶의 개체적 사회적 구조를 향상하도록 도와준다: '어머니가 아이를 돌보듯이 신성이 우리를 양육한다'(GG: 680). 궁극(Ultimate)을 상상하는 풍요로운 기쁨은 '엄마와 아기가 서로 쳐다보는 것과 같다'(GG: 452). 우리가 신성의 팔에 안겨 있다고 느낄 때 - '엄마가 아이를 꼭 껴안는 것처럼'(GG: 629), - 우리는 내면의 자아를 재충전하고 우리 가족과 친구, 공동체와의 관계를 새롭게 할 수 있게 된다.

심리적 측면

심리적으로 구루들은 여성과 매우 깊은 수준으로 연결되어 있었다. 구루《그란트》전체를 통해 구루들은 신성을 찾는 과정에서 자신을 그녀로 상정했다. 여성은 신체적으로, 영적으로 세련된 것으로 간주되었고, 구루들은 여성의 음색과 여성의 분위기, 여성의 이미지 그리고 여성의 옷 입는 양식을 통해 자신의 바람을 표현하였다. 구루들은 일자를 잘 생긴 신랑으로 상상하면서 스스로 신부의 입장을 취하였고, 이에 영적인 결합을 희망하면서 여성의 느낌과 사고와 완전히 하나가 되었다. 이에 인간의 총체적인 속성을 파괴하고 다른 반쪽의 인격을 박탈하는 남성-여성의 이중성은 극복되었고, 인간 존재의 의미가 다시 새겨졌다. 남성과 여성은 연합하였고, 인간적인 고뇌와 인간적인 희망을 공유하게 되었다.

널리 알려진 신부의 상징은 무한한 일자와 감각적이고 촉각적인 결합을 확립했다. 신랑(*사후sahu*)은 *아감(agam*, 무한한), *아고카루(agocaru,* 깊이를 헤아릴 수 없는), *아조니(ajoni*, 태어나지 않은)로 알려졌는데, 그는 완전히 형이상학적이고 감각을 통해

지각되는 모든 것 위에 있었다. 저명한 독일 신학자 루돌프 오토 (Rudolph Otto)가 말하듯이 이는 '완전한 타자'(Wholly Other)였다.[70] 신부는 신랑의 무한성을 감지하고 소리쳤다: '오 내 사랑, 나는 당신의 한계를 헤아릴 수 없습니다.' 그녀는 '그가 색깔도 없고 복장도 없고 형태도 없는데'(GG: 945), 어떻게 자신이 진정한 신랑(True Groom)을 '알아 볼'(see) 수 있을 것인지 놀라고 의아해했다. 그녀는 어떻게 알 수 없는 것(unknowable)을 알 수 있을까? 그녀는 그가 '보석이 가득한 깊고 불가해한 대양'이라고 상상했고, 그러면서 '그녀는 자신을 전부 그에게 바쳤다'(*아바르 나히 안 푸자/avar nahi an puja*, GG: 1233). 신부는 신랑의 유일성을 이해했고, 자신은 누구도 따르지 않겠다고 열렬히 선언했다: '일자 외에 나는 그 누구도 모른다.'

궁극적으로, 신부는 멀리 있는 신랑에게 창조적으로 접근하는데 성공했다. 그녀는 인간의 경험으로 초월자에 접근할 수 있는 길을 보여주었다. 그녀는 '완전한 타자'(Wholly Other)를 가장 인격적인 용어로 말했다: '오 나의 잘 생긴, 불가해한 사랑이여'(*메레 순다르 가히르 감비르 랄/mere sundar gahir gambhir lal*); '나의 사랑은 가장 맛있는 술이다.' 완전한 타자는 아주 가깝게 감지되고, 신부는 말한다: '나의 사랑하는 신랑은 결코 멀리 있지 않다'(GG: 1197). 그녀는 그를 아낌없이 칭송한다.

나의 사랑은 완전히 영광스럽고 밝게 빛나는 크림슨이다.

공감을 잘하고 자비심 많고 사랑스럽고 마음을 유혹하는 자이다.

라사(rasa)가 넘쳐흐른다, *랄라(lala)* 꽃처럼(GG: 1331).

시나리오의 배경은 결혼식이다. 붉은색 랄라 꽃, 마음을 유혹하는 것, 잠재된 기쁨 - 모든 것이 완전을 지시한다. 이 현상 세계에서 신부는 자신의 초월적인 신랑을 직접적이고 물리적으로 본다. 그녀의 눈에 비친 그는 *랄라* 꽃과 같다. 그는 영광의 아름다움으로 깊이 물들어 있었다. 그는 마음을 현혹시킨다. 그는 라사로 넘쳐흐른다. 시각(크림슨, 밝게 빛나는)과 후각(꽃향기 같은), 미각(라사 - 주스, 액체)의 감각들이 모두 합해져서 신부와 그녀의 신성한 연인의 넓고 완전한 감각적 합일을 독자에게 전달한다. 여성은 영적 합일을 위해 모방되어야 하는 모델이다.

합일에 대한 구루의 표현은 다른 종교에 지배적인 '제왕'(Lord)이나 '아버지'(Father)의 상징 대신에 보다 개방적이고 열린 구조의 사회적 방향을 가리킨다.[71] 유대교와 기독교의 여성주의 학자들이 분석하듯이 제왕-아버지의 상징은 기본적으로 여성적 경험이 배제된 위계적이고 가부장적인 프레임을 옹호한다. 이와 반대로, 시크교 경전에서 신부의 상징은 여성의 사랑을 찬양한다. 여기서 평등은 관계의 기본이 된다. 신부는 공포나 두려움 혹은 완전한 의존이 아닌 단순한 사랑에 의해 자신의 무한한 신랑과 가까움을 느낀다. 그리고 그 느낌을 자매나 친구들과 공유할 수 있다. 강한 사랑을 통해 그녀는 자유롭고 탈권위주의적인 신성과의 관계를 정립할 수 있다. 그녀의 경험은 억압적인 아버지-제왕의 상징으로부터 해방되기 위해 투쟁하는 여성들에게 많은 것을 제공할 수 있다.[72] 더 나아가 그녀는 사제나 신학자와 같은 중재자를 갖지 않는다. 시크교에서 신부의 상징은 가부장적 매개로부터의 자유를 제시한다. 중간에 아무도 없는 상황에서 신부는 직접적이고 열정적으로 온전한 타자와의 포옹을 추구하는 것이다.

그러나 신부의 상징은 온전히 이해되어야 하는데, 여성이 남성에게 종속되어야 한다는 식으로 단순히 읽혀지지 않아야 하는 것이다. 전혀 아니다. 《그란트》의 신부는 오직 신성한 일자에만 의존하는데, 남성과 여성, 그리고 전체 우주는 이 의존을 공유한다. 시크교 경전의 메시지는 남성에 대한 여성의 종속을 의미하지 않는데, 신랑이 젠더를 초월해 있기 때문이다. 차라리 그것은 절대(Absolute)를 향한 개별적인 영성의 발현이다. 풍요롭고 다양한 《그란트》의 이미지는 여성적 경험의 위엄과 복잡함을 밝히고, 꽉 조인 남성적 상징의 현대적 이미지를 느슨하게 한다. 그녀는 영적으로 세련되었다. 그녀의 감정은 강하다. 그녀의 몸은 긍정적인 것으로 간주된다. 그녀는 모방되어야 하는 모델이다. 이러한 대목들의 잔존 효과는 성차별적 태도와 행동에 대항하도록 도와주는 감정의 힘을 생산한다.

사회적 측면

신자들과 학자들은 구루《그란트》에서 카스트와 계급에 대한 광범위한 부정은 인용하지만, 성차별에 대한 과감한 거부는 거의 언급하지 않는다. 시크교의 텍스트는 사회 조직에서 여성의 창조적이고 자연적인 과정을 극적으로 긍정한다. 여기에는 그녀의 임신과 출산, 수유 과정과 같은 축복의 이미지들뿐 아니라, 월경과 산후 오염을 둘러싼 터부들도 포함된다. 구루들은 또한 *푸르다(purdah*, 여성의 감금)와 *사티(sati*, 여성이 죽은 남편이 화장되는 장작에 자신을 바치는 것) 제도를 비판했다. 구루들의 열정적인 시는 공감을 전달하면서, 사회가 억압적인 남성 중심적 규범을 폐기해야 한다는 그들의 의도를 드러낸다.

오늘날에도 사회에서는 여성의 피를 보고 놀라는 경향이 일반적이다 - 월경이든 출산 때 흘리는 피든 말이다. 월경은 개인적이고 부끄러운 과정으로 간주되었고, 병이나 약한 것과 동일시되었다. 월경 기간에 여성들은 종교적 의례에서 금지되었다. 여성주의 학자들이 상기시키듯이, 이 자연적인 여성적 현상에 대한 무시는 여성의 낮은 위치로 이어졌다. 시크 구루들은 당대 사회에 만연된 성차별을 인지했고, 이에 여성에 대한 터부를 비난했다. 월경 중인 여자를 보거나 접촉하고 대화하는 것에 대한 공포는 수 세기에 걸쳐 인도 사회에 내화되어 있었다. 깊이 뿌리박힌 여성에 대한 부정적인 태도는 인도의 모든 종교적 전통에 스며들어 있다. 그렇지만 구루《그란트》는 여성의 오염과 월경, 성차별에 대한 관습적인 터부를 극적으로 일소했다. 월경의 피는 이와 함께 생명이 시작되는 근본적이고 자연적인 과정으로 간주되었다. 첫 번째 구루는 월경의 피가 묻은 옷을 오염된 것이라고 비난하는 사람을 질책했다(GG: 140). 경전의 수많은 시는 여성의 몸을 찬양하면서, 월경의 피를 창조적 과정의 구심점으로 긍정했다: '어머니의 피와 아버지의 정액'으로부터 인간의 형태가 창조되었다(GG: 1022). 여기서 우선하는 것은 *마 키 락투(ma ki raktu*, 어머니의 피)이다. 다른 경전의 대목은 이를 확언한다: '피와 정액으로부터 인간이 창조되었다'(GG: 706).

출산의 피 또한 월경의 피처럼 불결하고 위험한 것으로 사회에 고정화되었고, 이는 의식에서 금지되었다. 어머니가 아이를 출산하는 것은 생물학적으로 자연스럽고 유기적인 창조의 양식이다. 그런데 모든 어머니들이 가장 꿈꾸는 출산이라는 기적은 이와 관련되어 온갖 종류의 오염과 공포가 수반되는 더러운 것으로 간주되었다. 중세 인도에서 아이가 태어난 가정은 40일 동안 독이 있는데, 정성 들여 수행하는 의식만이 그것을 정상적인 상태로 되돌릴 수 있다고 간주되었다. 시크 구루들이 그러한 오염의 개념을 공개적으로 비난했던 것은 아주 명백한 사실이다.

만일 탄생에 오염이 수반된다면, 오염은 어디에나 존재하는 것이다
(탄생은 보편적인 것이기 때문에).

소똥(연료로 사용되는)과 장작은 구더기를 키운다.

옥수수 한 알도 생명이 없는 것이 없다.

물조차도 모든 채소에 생명을 주는 살아있는 물질이다.

그렇다면 우리가 어떻게 오염을 말하겠는가, 오염이 모든 물질에 내재해 있는데.

나나크는 말한다, 오염은 의식으로 정화되어 씻기는 것이 아니다.

오염은 진정한 지식으로만 제거된다.(GG: 472)

시크교 경전의 관점에서 오염은 내적인 실재나 마음의 상태이지 그 어떤 자연적인 탄생의 산물이 아니다. 이에 여성의 열등함은 사라지게 된다: '왕을 낳은 그녀를 어떻게 우리가 열등하다고 할 수 있는가?' 구루 나나크는 날카롭게 물었다(GG: 473). 시크 구루는 여성이 그들의 재생산 능력 때문에 폄훼되는 것에 대해 그 목적과 적법성에 강한 의문을 표했다. 구루 나나크의 평등사상에 근거하여 시크교 경전은 여성의 몸과 관련된 부정적인 언급을 계속 지워나가고 있다.

*푸르다*와 *사티* 같은 착취적인 관습 또한 주의를 끈다. 구루 나나크가 바부르의 침입을 묘사한 구절에는 인도 여성에 대한 깊은 공감이 담겨 있다. 서로 다른 사회적 배경을 지닌 무슬림과 힌두

여성이 모두 가부장적 제도의 희생자라는 것이 시각적으로 그려지는 것이다.

> 힌두, 투르크, 바트, 그리고 타쿠르 여성들 -
> 어떤 사람은 머리부터 발끝까지 베일로 가리고,
> 다른 사람들은 자신의 집을 화장장으로 만든다.(GG: 418)

시크 구루의 공감 능력은 힌두 여성과 무슬림 여성 모두에게 확장된다 - *푸르다*(무슬림)나 *사티*(힌두)를 당하는 사람에게 똑같이 말이다. 그의 시에서 일직선의 수평적 배열 - '투르크, 힌두, 바투, 혹은 타쿠르' - 은 여성을 갈라놓을 수 있는 모든 틈새에 다리를 놓게 된다. 종교나 사회적 계급에 관계없이 이들 모두가 희생자인 것이다. 급진적인 여성주의 감각으로 구루 나나크는 우리에게 무슬림 여성의 베일이 침입자에 의해 머리에서 발끝으로 어떻게 잘려졌는지를 말해준다.

푸르다는 우리가 알고 있는 것처럼 무슬림 여성들이 그들의 머리와 얼굴, 그리고 그들의 몸을 가리는 단순한 천 조각이 아니다. 그것은 여성의 성에 대한 가부장적 통제를 포함하는 복잡한 규범들의 총체이다. 원래 이 관습은 무슬림 엘리트들에 의해 준수되었는데, 이는 곧 인도 대중에게 스며들었다. 구루 《그란트》는 이러한 인공적인 사회적 규제의 타파를 주장했다. 구루는 전혀 다른 측면에서 말한다.

> 무아경에서 춤출 때
> 어떻게 그녀가 베일을 할 수 있을까?
> 그러니까 틀을 부수고 완전히 자유로워져라!(GG: 1112)

여기서 자율적인 주체는 기쁨의 동작을 하고 있다 - *군가트* (*ghungat*, 베일을 뜻하는 북인도 용어)를 하지 않은 채. 신성에 대한 무아경의 상태에서 그녀는 동작과 시각을 방해하는 족쇄를 벗어버린다. 무겁게 통제되는 가부장 사회의 맥락을 고려할 때, 베일을 벗은 경전 속 인물의 자유로운 춤은 영적 해방을 위한 혁명적 모델이 된다.

*푸르다*와 함께 *사티*의 풍습도 비판되었다. 문자 그대로 순수한 혹은 좋은 아내를 뜻하는 사티는 사회사적으로 남편의 장례식에서 화장의 장작에 아내가 자신의 생명을 희생하는 것으로 이해된다. 그녀의 캐릭터를 특징짓는 것은 순결과 남편에 대한 헌신 - 살아 있느냐 죽느냐 - 이다. *사티*는 구루 나나크의 사회 환경에서 공통적으로 실행되었다. 수많은 힌두 남성이 바부르의 침입에 대항하여 싸우다가 목숨을 잃었다. 그리고 그들의 아내들도 자신의 의무(*스트리다르마stridharma; 파티브라타pativrata*)를 수행했다. 앞서 언급한 구루 나나크의 말씀 '(다른 사람들은 자신의 집을 화

장작으로 만든다(*이크나 바수 마사니ikkna vasu masani*)는 가혹한 불길 옆에서 무릎 꿇고 앉아 있는 건강한 여성들을 생생하게 떠오르게 한다. 또한 질문한다: 이것이 정말 그녀의 의무일까? 누가 이런 규범을 만들었을까? 어떻게 사회가 이런 끔찍한 관습을 고수할 수 있을까? 구루《그란트》는 고대의 규범을 대체하는 새로운 형식의 '*사티*'를 수행할 것을 제안하는데, 그것은 죽은 남편을 위해서가 아니라 무한하고 영원한, 보편적인 남편(Husband)을 위한 것이다.

> 화장터의 장작에서 자신을 불태운 사람을 사티라고 말하지 않는다.
> 나나크는 말한다, 분리의 충격 속에 죽은 사람들이 사티라는 것을 알라.
> 조화와 만족 속에 사는 사람들이 *사티*이다,
> 매일 기억하는 것으로서 남편(Husband)에게 봉사하면서.(GG: 787)

이에 전통적인 *사티* 의식은 더이상 여성이 자신의 몸을 죽은 남편의 불꽃에 던지는 것이 아니게 되었다. 외적인 의식이었던 사티는 우리의 우주적 남편인 신성에 대한 사랑이라는 내적 경험으로 변형되었다. 잔혹한 죽음이었던 *사티*는 평화롭고 조화로운 생활양식으로 변형되었다. 영원한 잠이 아닌 유일한 일자에 대한 지속적인 봉사와 기억으로 변형되었다. 구루《그란트》에서 여성의 성적이고 감정적인 순결에 대한 마지막 시험은 남성 그리고 여성 모두에 의해 그들의 삶의 모든 단계에서 지속되는 헌신으로 바뀌었다.

이러한 경전의 시들은 과거뿐 아니라 오늘날의 가설에 대해서도 질문한다. 여성을 향한 가치와 태도는 어떤 것인가? 19세기 초부터 *사티*를 행하는 것은 불법이 되었다. 그런데 불행하게도, 그 치명적인 불길은 인도 여성의 마음을 까맣게 태우고 있다. 그렇다, 남편이 없는 아내가 살아있다. 그렇다고 해서 우리가 그녀를 불필요한 존재나 살아있는 시체라고 부를 수 있는가? 인도 문화에서는 여전히 남편이 죽은 여자는 자신의 나쁜 카르마로 인해 남편을 죽게 하고 그의 가족에게 나쁜 운을 가져오는 불길한 형상으로 간주된다. 젊든지 나이가 들었든지 간에, 남편이 죽은 여자는 밝은색 옷을 입거나 보석을 착용하거나 화장을 해서는 안 된다.[73] 그들은 사회에서 추방되어 오락과 성적 경험을 피하는 것을 배워야 하는 무의미한 존재가 된다. 그들은 온갖 종류의 감정적 물리적 학대를 감수해야 한다. 모든 딸들과 자매들, 여자조카들, 그리고 아내들이 삶의 모든 단계에서 남자들이 그러는 것처럼 완전하게 혹은 자유롭게 살 수 있을까?

푸르다 역시 계속해서 널리 행해지고 있다. 방글라데시 여성학자 타슬리마 나스린(Taslima Nasrin)은 '부르카를 불태우자'(Let's Burn the Burqa)라는 글로벌 슬로건을 만들었다. 문자 그대로의 베일은 아닐지라도, 시크 여성의 경우에도 삶은 제한되어 있다. 결혼과 육아, 남편과 시집은 개인보다 우선한다. 세계화는 남성중심

주의를 확대했을 뿐이다. 시크 공동체는 여전히 가부장제라는 중세적 가치를 유지하고 있다. 현대에도 딸들은 '명예법'을 접하고, 결혼할 때 거대한 다우리(결혼 지참금)가 배당된다. 또한 상당수의 여성 태아들이 낙태되고 있다. 시인 구루들의 계몽적인 시들은 우리의 의식을 일깨우고 스스로를 비판하게 한다. '구루들의 시적 암시는 과연 아들과 *푸르다*, 여성의 순결이 종교적 그리고 윤리적 책임을 만족시킬 수 있을까, 아니면 그것들은 개인적 망상과 탐욕을 가리는 단순한 베일에 불과한 것일까?'에 대해 우리로 하여금 숙고하게 한다.

텍스트의 활성화

종교적-정치적 상황이 극히 열악했던 5백 년 전에 말해진 구루들의 시는 최근 몇십 년 사이에 서구 사회에서 제시하는 평등주의에 새로운 의미, 방향, 그리고 새로운 확실성을 부여할 수 있는 문장들과 이미지들로 가득 차 있다. 그렇다면 이들을 수용하는 방법은 무엇일까?

텍스트에 직접 관여하다

모든 사람은 자신의 관점에서 텍스트를 읽고 이해할 필요가 있다. 여태까지 여성주의의 가능성이 드러나지 않은 이유는 중재자가 오직 엘리트 남성들이었기 때문이다. 그들의 일방적이고 남성중심주의적 접근이 해석과 주석에 지배적이었던 것이다. 구르드와라에서 회중은 구루《그란트》에 대한 해석을 *갸아니지(gyaniji*, 시크 지성인)로부터 듣는데, 이때 남성의 시각에서 남성의 목소리로 말했던 것이다. 텔레비전과 라디오를 통해 전 세계에 방송되는 것도 그들의 목소리를 통해서이다. 마찬가지로 시크 학문 역시 남성들에 의해 지배되었고, 그 결과 여성의 이미지는 무시되었다. 때로는 잘못 해석되기도 하였는데, 변함없이 여성주의의 중요성은 상실되었다. (1708년 10대 구루에 의해) 책을 구루로 받아들인 것은 특히 개인적인 관계를 장려하기 위한 것이었다. 그것은 남성 신학자와 해석학자, 학자들에게 의존하지 않고 남성과 여성이 모두 스스로 경전에 접근할 수 있게 하는 명령이었다.

위대한 새로운 번역

마찬가지로, 신성한 시의 새로운 번역이 있어야 한다. 현존하는 영어 번역은 오역과 왜곡으로 손상되었다. 신성은 초월적이고 형이상학적 일자(One)임에도 불구하고, 그 번역은 변함없이 남성 정체성이 부여된 신(God)으로 번역되고 있다. 그 심오한 간결함과 아름다움으로 원본의 시들은 가까이 있는 신성을 찬양하는데, 이는 모두의 내면에서 모두와 함께하는 것이다. 그런데 그 일자를 높이고 찬양하면서 번역자는 신비와 권위를 부여하는 고풍적인 구절을 더 넣게 되었는데, 그 과정에서 '그'(Him)는 멀고 먼 타자가 되었다. 영어에서 사용되는 '이름을 거룩하게 하옵시고'(Hallowed be thy name)가 시크교 경전의 번역에도 적용되었던 것이다. 아마 '신'(God)은 왜 사람들이 5백 년 동안 듣지 못하던 이 고풍스러운 단어를 자신에게 말할까! 하고 의아해 할 것이다. 종교적인 중세시대(Jacobean) 영어는 일상적인 영어와는 거리가 먼데, 이것이 시크교의 맥락에서 사용되자 이중으로 낯설고 왜곡된 외국어가 되는 것이다.

또 다른 일단의 번역자는 경전에 등장하는 여성의 강건하고 진정한 현존을 단순한 화자의 형상으로 축소했다.[74] 강한 여성들에게 '영혼'(soul)의 빗장을 채우고, 이를 통해 이들의 생생한 몸을 죽게 만들었던 것이다. 예를 들어, 단순한 *수하간*(*suhagan*, 결혼한 여성)이라는 단어가 번역어로 '신부-영혼'(bride-soul)이 되었는데, 이때 번역자(그리고 해석학자)에 의해 뚜렷하게 감지되는 '영혼'이란 용어가 시크교의 맥락에서는 전혀 감지되지 않는 것이다. 유대-기독교 주석에서 영혼은 몸-마음의 이중성을 지니고 있다. 이는 시선을 현재의 상태에서 사후세계와 저 하늘나라로 이동하게 한다. 여성주의 학자들은 '신체-영혼'의 분리 구도가 몸과 지상의 삶, 그리고 여성 젠더와 성을 폄하하는 끔찍한 결과에 대해 경고해 왔다.[75] 시의 원본에서 영혼에 대한 그 어떤 언급을 하지 않음에도 불구하고, 영어 번역에는 너무 많이 나온다. 이의 사용은 구루들의 충만한 경험과 비전을 둘로 해부하고 독자에게 여성혐오적이고 지구포비아적(geophobic)인 메시지를 전달한다. 여성적 감각이 포함된 새로운 젠더적 번역이 절실히 요구되는 이유이다.

대중 예배에서 여성은 동등한 역할을 해야 한다

시크의 예배 장소에서 남성 *그란티(granthi*, 낭독자) 혹은 *바이지(bhaiji*, 구르드와라의 관리인)는 구루《그란트》를 가장 가깝게 접할 수 있는 사람이다. 이들의 손은 경애하는 책에 옷을 입히고, 이들의 손은 신성한 책을 열고, 이들의 목소리는 이 책의 신성한 시를 읽는다. 이들은 기도 의식을 집전한다. 심지어 달콤한 성체(*카라프라사드*)를 나누어주는 것도 남성과 소년들이다. 시크교에는 사제가 없는데, 경전 어디에도 신성한 텍스트의 유일한 관리인이자 예배의 지도자에는 남성만 위임되고 여성은 공적인 예식의 집행에 있어 암묵적으로 제외된다고 나와 있지 않다. 여성은 주변에는 있지만 - 기도, 신성한 경내의 청소, 요리, 설거지 등 - 그러나 이들은 거의 예배를 주관하지 않는다. 수많은 구르드와라가 있지만, 여성 그란티가 있는 곳이 어디 있는가? 개별적인 예배에서 실행되는 시크교의 평등주의는 집 밖으로 확장되어야 한다. 그렇지 않으면 시크 남성과 여성은 대중 앞에서 남성의 주도적인 역할을 내면화할 것이고, 이는 아버지와 형제, 아저씨, 그리고 남편에 대한 여성의 복종과 종속을 정당화할 것이다.

시크의 윤리 규범을 따른다

경전의 메시지를 공식화하려는 노력에서 SGPC는 《시크 라히트 마리아다》(Sikh Rahit Maryada, 시크 윤리 규범, 1950년 출간)에서 여성에 대한 억압과 싸울 수 있는 몇몇 법칙들을 발전시켰다. 이 시크교인의 표준적인 행동에 대한 권위 있는 성명서에는 소년이나 소녀가 돈 때문에 결혼해서는 안 된다고 명확히 선언되어 있다. 다우리를 주는 것은 특히 금지되었다. 이 규범에서 시크 여성은 베일로 얼굴을 가리면 안 된다고 두 번이나 명시하고 있다(12, 18). 여기에는 영아 살해가 금지되어 있는데, 특히 여아 살해가 금지되어 있다. 그리고 심지어 이를 행한 사람과의 관계도 금지하고 있다. 《시크 라히트 마리아다》는 남편을 잃은 여성의 재혼을 허락하는데, 이때 예식은 첫 번째 결혼과 같아야 한다는 것을 강조한다 - 이는 남편을 잃은 여자가 부끄럽게 천에 싸여서 죽은 남편의 형제에게 보내지던 옛 펀자브 관습과는 현저히 다른 것이다. 《시크 라히트 마리아다》는 딸을 남편이나 그 가족에게 건네는 물건이나 재산의 일부로 취급하는 이런 관습을 비난한다. 전통적인 인도 가정에는 또한 결혼한 딸의 집에서 식사를 하면 안 된다는 미신적인 관습이 있다. 나나크가 결혼한 누나 나나키의 집에서 그녀의 남편과 함께 살았다는 사실을 잊고 말이다!

공동체는 이렇게 뚜렷하게 명시된 법칙들을 알리고 따라야 할 필요가 있다. 시크 가정에서는 윤리 규범이 부여하는 힘을 느껴야 하고, 딸을 위해 다우리를 주거나 사는 동안 내내 딸과 딸의 시집을 위해 선물을 주어야 한다는 - 혹은 이 세상에 나오기도 전에 낙태를 해야 하는 - 사회적 압력에 굴하지 않아야 한다.

실존적인 상호 관계

시크교의 경전이 급진적으로 개방적인데 반해, 공동체는 그 혁신적인 사고를 인지하고 이행하는데 느린 속도를 보였다. 구루들의 새롭고 독창적인 기여를 발견하는 대신에 교인들은 자신의 종교를 둘러싼 수 세기의 낡은 가치를 역사적으로, 지리적으로 존속시켜 왔다. 시크교인들은 인도 전체 인구의 2퍼센트 미만에 불과했고, 이에 고대 봉건 체제의 관습과 베일은 시크교의 이상과 현실에 쉽게 스며들 수 있었다. 시크 경전은 여성의 자연적 현상을 인정하지만, 그러나 아직도 월경 중인 여성은 *프라카시(prakash)* 혹은 *수카산(sukhaan)*을 집행하는 것이 암묵적으로 금지되어 있다. 시크 여성들이 자신을 오염된 것으로 간주하고, 이렇게 잘못된 생각을 딸들과 손녀들에게 전수하여 거짓을 존속하는 것은 깊은 뿌리를 갖고 있다. 신성한 책이 여성들을 찬미하는데 어떻게 그 책의 열렬한 신자가 다른 식으로 생각한단 말인가? 그러나 외부적인 사건을 비난하는 대신, 공동체는 자기 비판적일 필요가 있다. 구루들의 혁신적인 메시지는 무엇인가? 왜 그것은 지켜지지 않았는가? 구루들의 비전과 현존하는 실재를 결합하려면 어떤 단계가 필요한가?

   그러나 이러한 지평에는 낙관론이 있는데, 시크 남성과 여성이 젠더 정의를 향한 단계를 밟아가기 시작했기 때문이다. 펀자브의 교육언어 장관인 닥터 우핀데르지트 카우르(Dr. Upinderjit Kaur)는 2차 교육의 기준을 확대하고 증진시키는 새로운 계획을 이행했다. 넓은 시야를 가진 이 정치 지도자(《시크 종교와 경제 발전》(Sikh Religion and Economic Development)의 저자)는 펀자브 전체에서 젠더와 사회-경제, 그리고 장애라는 장벽의 근절을 위임받았다. 시로마니 구르드와라 파르반다크 위원회(Shiromani Grudwara Parbandhak Committee, SGPC)는 펀자브 정부, 그리고 랜박시 회사(Ranbaxy Corporation, 인도의 제약 회사)와 연대하여 특별히 여성 태아 살해를 반대하는 캠페인을 시작하였다. 정치 지도자들과 시민단체는 여성과 소녀들의 후원과 복지, 교육, 그리고 고용을 위한 중요한 토대를 마련했다. 인도의 외무성 장관 프레니트 카우르(Preneet Kaur)는 딸도 가족을 부양할 수 있다 - 아들이 그러는 것처럼 - 고 주장하여 도시와 시골에서 모두 대중의 자각을 불러 일으켰다. 난히 차안 재단(Nanhi Chaan Foundation)은 여자아이와 그 환경의 보호라는 두 가지 목적을 위해 적극적으로 활동했다. 인도의 바틴다 로크 사바 선거구(Bathinda Lok Sabha

Constituency) 의원 하르심라트 카우르(Harsimrat Kaur)는 펀자브 주 정부를 압박하여 여자아이가 태어난 재정적으로 취약한 가정의 부모에게 일정 금액의 인센티브를 제공하게 했다. 닥터 우핀데르지트 카우르와 프레네에트 카우르, 그리고 하르심라트 카우르와 같은 시크 여성들의 노력으로 정치 영역에서 젠더 평등은 더욱 현실화 되고 있다.[76] 구루 고빈드 싱과 함께 탄압하는 세력에 대항하여 용감하게 싸웠던 씩씩한 마이 바고(Mai Bhago)는 오늘날 젠더 불평등에 대항하여 서로 연합하여 싸우는 시크 남성과 여성의 역사적인 역할 모델이 되었다. 이들은 함께 변화를 가져올 수 있고, 구루들이 의도했던 평등하고 해방된 삶을 살 수 있게 해줄 것이다.

시인과 소설가, 예술가, 그리고 영화제작자들 또한 사회적 각성을 위해 노력하고 있다. 다음 장에서 우리는 시인 암리타 프리탐(Amrita Pritam), 작가 쇼나 싱 볼드윈(Shauna Singh Baldwin), 영화 제작자 거린더 차다(Gurinder Chadha), 예술가 아르파나 카우르(Arpana Caur), 그리고 암리트와 라빈드라 카우르(Amrit & Rabindra Kaur)의 작품들을 살펴볼 것이다. 2009년 11월 시크 수상 마모한 싱(Mammohan Singh)과 미국 대통령 버락 오바마(Barack Obama)의 만남은 여성들에게 국제적으로 새로운 희망을 가져다주는 사건이었다. 세계에서 가장 큰 두 민주국가의 지도자는 모든 삶의 분야에서 여성의 참여와 평등이 미국-인도의 전략적

대화에 있어 본질적인 목적이라고 공동으로 선포했다. 오늘날 세계 각지에 거주하는 여성들의 고통과 희생에 응답하는 것은 이 지구촌에 사는 모든 시민의 도덕적 책임이 되었다.

제7장
식민주의와의 만남

 시크교의 고향인 펀자브는 인도 아대륙을 향한 북서부의 관문이자 전략 지역이다. 이 풍요로운 지역은 고대 인더스 계곡 문명

펀자브 (다섯 개의 강)의 지도

(2500~1700 BCE)의 요람이었다. 이후 펀자브는 《리그베다》(Rig Veda, 1500~1200 BCE)의 산스크리트어 휨들과 그 기병대 전사들의 탄생지가 되었다. 시크교인들은 이들의 후예라고 전해진다. BCE 326년에 알렉산더 대왕이 펀자브를 점령했는데, 그와 그의 후손들이 이 지역에 그리스 문화와 그 언어적 영향을 일부 남겨 놓았다. 고대 동전의 발견은 펀자브에서 헬레니즘 문화의 영향에 대한 증거가 된다. 또한 이 다섯 개 강의 땅〔펀자브는 다섯 개 강이라는 뜻이다 - punj(다섯) + ab(물)〕의 매력은 수 세기에 걸쳐 여러 외국인의 파도를 몰고 왔는데, 스키타이인, 사산인, 훈인. 아프간인, 페르시아인, 투르크인, 무굴인 그리고 우리 시대에 가장 가까운 영국인이 그들이다.

유사한 다른 유럽인들 - 포르투갈인, 네덜란드인, 프랑스인 - 처럼 영국인도 인도와의 교역을 위해 바다로 들어왔다. 1600년 일부 영국 상인들에 의해 허가를 받은 이후 동인도 회사의 첫 번째 배들이 1608년에 수라트(Surat)의 항구에 도착했다. 제임스 1세〔1603-25 재위〕의 대사였던 토마스 로(Thomas Roe)경은 무굴 황제 자한기르와 협상을 하였고, 수라트에 공장을 건립할 권리를 획득했다. 곧바로 동인도 회사는 통상 업무를 확장하기 시작했다. 동부와 서부의 모든 해안을 따라 무역 거점들이 세워졌고, 봄베이, 마드라스, 캘커타 주위에 브리티시 공동체가 전개되었다. 상업적 성공과 함께 회사는 영토 점령을 시작하였는데, 서서히 펀자브에 접근하여 1849년에는 합병을 하게 되었다. 1857년 동인도 회사에 대항하여 인도인의 반란(Indian Mutiny)이 일어난 이후 회사는 해체되었다. 그리고 인도는 영국 왕이 직접 통치하게 되었다. 1947년 8월 15일 인도가 독립했을 때, 펀자브는 인도와 새로 생겨난 파키스탄 사이에서 분할되는 비극을 겪었다. 이렇게 수 세기에 걸친 시크와 브리티시 영국과의 만남은 매우 복잡한 것이었다.

이 장에서 우리는 식민지 이전과 식민지 시대에 이르는 몇몇 시크-브리티시 만남의 역사를 탐색할 것이다. 기본적으로 그것은 다음과 같은 시기에 일어났다: i) 1799년 마하라자 란지트 싱에 의한 시크 제국의 창건 이전, ii) 제국의 전성기(1799-1839), iii) 시크 제국의 몰락 이후 - 1849년 펀자브의 합병에서부터 1947년 래드클리프 선(Radcliffe Line)에 의한 분할에 이르기까지. 이 장에서 살펴보겠지만, 식민 통치 시기에 제국의 지배자와 피지배자인 시크 사이에는 합일점이 있었고 또 분기점도 있었다. 식민지 시대 이후의 만남은 마지막 장의 디아스포라에서 다루어질 것인데, 두 장에는 몇몇 겹치는 부분이 불가피하게 존재한다. 제국의 '총아'(favored son)였던 시크들은 브리티시 제국의 광범위한 지역을 다니면서 제국을 위해 싸우고 수호하고 관리하였다. 그리고 철도를 건축했다. 상하이에서부터 밴쿠버에 이르기까지 시크 병사들의 터번은 눈에 띄는 제국의 상징이었다. 독립 직후 시크는 전후 일손이 부족한 공업 지역을 찾아 집단적으로 영국을 향했다. 과거에 그랬던 것처럼, 이주한 시크들은 펀자브에 있는 자신의 뿌리와 멀어지지 않고 계속 가깝게 남아있었다. 실제로 식민지 이전과 식민지 시대, 그리고 식민지 이후 영국과의 관계는 시크교의 역동적인 믿음에 심대한 의미가 있었다.

시크 제국 이전

'시크 대학교'에서 찰스 윌킨스

첫 번째 앵글로-시크의 만남은 찰스 윌킨스(Charles Wilkins, 1749~1836)에 의해 기록되었다. 윌킨스는 힌두교 경전인 《바가바드 기타》(Bhagvad Gita)를 맨처음 영어로 번역하였고, 데브나가리〔힌디어 문자〕의 활자도 처음으로 만들었다. 그리고 런던에 있는 인디아 오피스 도서관(India Office Library)의 첫 번째 관장이었다. 또한 그는 벵골 아시아 사회(Asiatic Society of Bengal)의 창립자인 윌리암 존스(William Jones)경의 친한 동료였다. 윌킨스는 동인도 회사의 작가이자 출판인으로 인도에 도착했다. 1781년 베나레스〔Benares, 바라나시〕로 가는 길에 그는 몇 시간 동안 파트나에 있는 구르드와라 사히브에 들르게 되었다. 윌킨스는 구루 고빈드 싱의 탄생을 축하하면서 이 시크교의 장소에 대해 '시크 대학교'(College of the Seeks)이라고 언급했다. 그는 아시아 사

회(Asiatic Society)에 대한 이야기를 썼고, 이는 1788년 출간되었다.[77]

윌킨스가 시크교인들에게 '강당으로 올라가도 되느냐'고 묻자 사람들은 그에게 예배 장소는 '모두에게 열려있다' 라고 말했다. 이 방문객은 '반드시 신발을 벗는다'라는 공지를 읽을 수 있을 만큼 지각이 있었다. 불쾌하게 여기지 않고, 윌킨스는 '이 의식을 신에게 바쳐진 모든 성전에 들어갈 때 모자를 벗는 것과 같은 관점'에서 받아들였다. 이들의 만남은 상호 이해와 존중으로 기록된다.

윌킨스는 시크교 신전을 신성한 음악과 경전 소리로 가득 찬 넓고 즐거운 장소, 음식과 달콤한 과자를 즐길 수 있는 장소로 묘사했다. 그는 자신이 듣고 읽었던 휨이 실려 있는 '폴리오 사이즈의 커다란 책'(great book of folio size)의 철학적 원칙을 설명하려 하였다: '전능하고 전재한, 모든 공간에 가득하고 모든 물질에 스며들어있는 유일신이…… 관용을 명령했다……. 그리고 모든 미덕을 가르쳤는데, 특히 보편적인 박애의 실천을 가르쳤다.' 산스크리트어와 페르시아어를 알았던 그는 원본의 대부분을 따라갈 수 있었다. 영국인은 - 노인에 의해서 읽혀지고 있는 텍스트에서 대부분의 내용을 취했다 - 말했다: '나는 그렇게 진심어린 기쁨의 표정은 처음 보았다. 하나에서 다음으로 넘어갈 때 그들은 마치 그의 온 영혼으로 챈팅하는 진리에 동의하는 것 같았다.' 윌킨스의 설명은 '개종자의 승인 의식'으로 끝났다. 이것은 아마 구루 고빈드 싱의 칼사 입회식을 묘사하는 듯한데, 그는 이를 '고속도로이든 성전이든, 어느 곳에서든' 행해질 수 있다고 말했다. 설탕을 희석한 깨끗한 물을 든 채, 그들은 '그것의 일부를 개종자의 눈에 뿌렸고, 그리고 몸에도 뿌렸다······. 그들은 내가 그들의 사회에 들어가는 것을 허용했다.'[78]라고 말했다.

이것은 종교를 초월한 매우 의미 있는 만남이었다. 200년도 더 이전에 한 저명한 영국 학자가 파트나의 중심에 있는 10대 구루의 탄생지를 개인적으로 방문했고, 시크교인의 경전을 열심히 들었고, 그들의 신성한 음식을 먹었고, 그들의 윤리적 가치를 반영했고, 그리고 그들의 보편적 가치를 인식했다. 그리고 이번에는 공동체가 그의 참여를 따뜻하게 환영했는데, 심지어 그를 시크교 입회식에 함께하도록 초대했던 것이다! 윌킨스는 구르드와라에서 언젠가 시크교의 신성한 시들을 번역하겠다는 희망을 표현했는데, 그러나 불행히도 이는 이루어지지 않았다.

이러한 만남은 종교의 역사에서 흔한 일이 아니다. 바로 몇 년 전만 해도 한 스위스계 프랑스인은 시크교의 입회식을 '불결하고 동물적인 의식[79]'이라고 불렀던 것이다. 일반적으로 영국인들 역시 시크들을 정치적 식민지적 시각에서 보았다. 종종 이차적인 자료를 통해 보았는데, 이는 잘못된 이해를 가져왔다. 윌킨스는 다른 종교의 신성한 장소를 실제로 방문하는 것이 얼마나 중요한 일인가를 증명하는 예가 된다.

제임스 브라우니의 《시크교의 기원과 발전의 역사》

18세기 말 동인도 회사의 정치력이 증대하였고, 이에 따라 시크들은 그들의 호기심 - 심지어 관심 - 의 대상이 되었다. 제임스 브라우니(James Browne) 소령은 델리의 샤 알람의 무굴 궁전(Mughal Court of Shah Alam)에 파견된 동인도 회사의 사절이었다. 그는 1788년(윌킨스의 담화와 같은 해) 시크교에 대한 역사적으로 가장 최초의 유럽인 저작물을 생산했다.[80] 《시크교의 기원과 발전의 역사》(The History of the Origin and Progress of the Sikhs)라는 제목의 이 책에는 브라우니가 델리 궁전에서 보았던 페르시아어 텍스트에 대한 그의 영어 번역이 실려 있었다. 그는 '상당한 지식을 가진 두 명의 힌두'가 데브나가리[힌디어 알파벳, '신의 문자'라는 뜻]로 된 원본 텍스트를 소유하고 있었는데, 이들이 자신을 위해 페르시아 버전으로 축약하여 주었다는 것을 밝혔다. 그렇지만 그는 또한 자신만의 자료를 수집했고, 델리에 있던 25년 동안 개인적인 관찰기록을 하였다. 그리고 '이 모든 것과 함께 지도를 가져왔는데, 이 지도에는 이들의 영토의 크기와 그들의 수장들의 이름, 이들이 거주하는 각각의 장소들, 그리고 이들의 병력의 숫자가 명기되어 있었다.' 일차적으로 동인도 회사의 정치적 이익을 위해 쓰인 것이지만, 브라우니의 이 문서들은 '시크(Sick)라 불리는 종족'에 대한 서양인의 흥미로운 '발견'이 되었다.[81]

이 잘 알려지지 않은 신앙의 의미를 이해하려고 하면서, 브라우니는 프로테스탄트의 용어를 사용하여 동인도 회사 사람들에게 익숙한 해석의 프레임을 적용했다: '(그것은) 힌두인의 종교와 관련되어 있는데, 그들의 관계는 프로테스탄트와 로마 종교와의 관계와 같다.' 그는 '종교와 정치가 확장되어 결합한다'는 길을 취하면서 다음과 같은 예들을 인용했다: '이들의 연합체는 칼사 지(Khalsa Gee)이다'; '시크 화폐에는 '구루의 이름'이 나타나 있다'; 이들의 종군 사령관이 선택되고, 계절 원정이 계획되는 것'은 암리차르의 신성한 사령부에 의해서이다. 위킨스처럼 그도 시크교의 입회식과 시크교인이 착용하는 상징들을 묘사했다. 그리고 이들의 인류 평등주의 정신을 의미 있게 포착했다: '시크교인이 된다는 것 외에는 모든 차이가 없어진다는 뜻으로 설계되었다.' 브라우니는 칼사의 형제애를 언급하면서 깎지 않은 머리와 수염도 함께 언급했다.

또한 시크들의 상업적 농업적 성공을 고찰하면서, 그는 이들의 '고도로 세련된 모습'과 '라호르에서 만들어진 아주 좋은 옷, 그리고 또한 힌두스탄에서 가장 좋은 무기들'에 대해 언급했다. 몇 명의 시크들을 만난 그는 이들의 육체적 특성을 다음과 같이 묘사했다.

> 나는 이들의 태도와 말투에서 힌두스탄의 다른 주민들과는 다른 남성적인 용맹성을 감지했다.

힌두스탄에서 시크교는 영국에서 프로테스탄트와 같다고 하면서, 브라우니는 이 매우 다른 '힌두스탄 주민들'이 자신의 영국 동료들과 친해지게 하려고 하였다. 그리고 조사와 개인적인 관찰을 통해 시크 세력의 등장에 대해 경고하려고 하였다. 그 결과, 이렇게 개척자적인 '서양인'의 스케치는 시간이 지날수록 강화된 심적인 패턴을 창조했다. 그가 병치시킨 프로테스탄트/카톨릭의 개념이 시크교를 '힌두교의 개혁 운동'으로 정형화시켰다면, '시크의 남성적인 용맹성'에 대한 브라우니의 인식은 과도한 남성적인 정체성을 부여하게 했는데, 이는 오늘날까지도 우세하다.

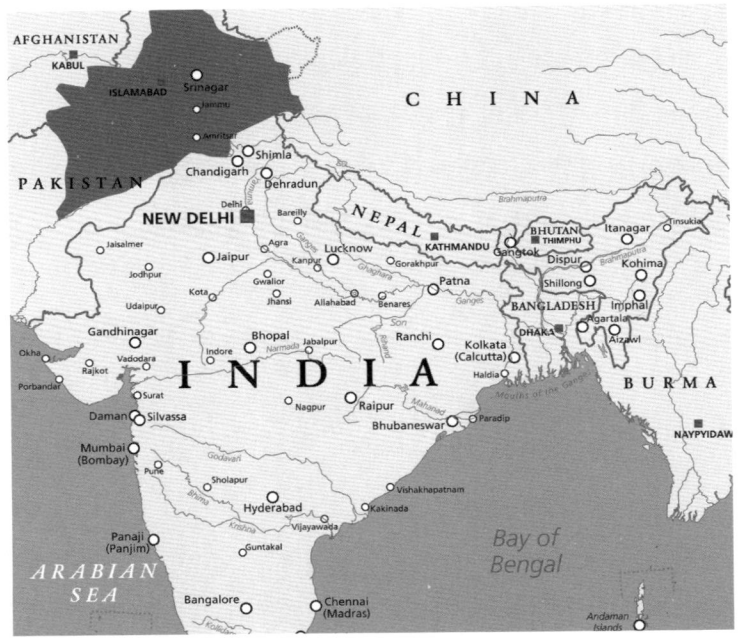

1839년 시크 제국의 지도(짙은 회색 부분이 시크 제국이다)

시크 제국

마하라자 란지트 싱과 시크 제국의 성립

1708년 10대 구루의 죽음에서부터 1799년 첫 번째 왕조의 승리에 이르기까지 시크교인들은 아주 힘든 시기를 겪어야 했다. 10대 구루는 난데르에서 사망하기 직전에 힌두 고행자였던 반다(Banda)를 칼사 교단에 입문시켰다. 구루 고빈드 싱의 축복으로 무장한 반다 싱 바하두르(Banda Singh Bahadur, 1670~1716)는 칼사 군대의 열성적인 사령관으로 펀자브에 도착했다. 그는 1710년 도시 시르힌드를 점령하고 칼사 주권 국가를 위한 기반을 창출했다. 그러나 그의 승리로 인한 즉각적인 결과는 시크교인에 대한 무굴 권력의 혹독한 박해였다. 무굴 통치자 파루크-시야르(Farrukh-Siyar)는 시크교인의 절멸을 위한 법안을 통과시켰다. 결국 반다는 1715년 12월에 체포되어 다른 많은 교인들과 함께 델리에서 처형되었다. 이처럼 끔찍한 학살은 동인도 회사의 대사에 의해 그 일부가 기록되어 있다.

18세기 펀자브는 내전으로 가득 차 있었는데, 이때 또한 페르시아의 난디르 샤(Nandir Shah)와 아프간의 아흐마드 샤 두라니(Ahmad Shah Durrani)의 침입이 있었다. 아우랑제브 황제의 공격적인 정책은 사람들을 비도덕적으로 만들었다. 1707년 아우랑제브의 죽음 이후 무굴 제국은 축소되었고, 상업적인 동인도 회사는 그 군사적 지배력을 확대하게 되었다. 펀자브는 페르시아인, 아프간인, 영국인 그리고 시크교인들의 전쟁터가 되었고, 이들은 각각 자신의 제국을 수립하기 위해 싸웠다. 이 역동적인 시기에 19살의 마하라자 란지트 싱(Ranjit Singh)이 장모인 사다 카우르(Sada Kaur)의 도움으로 1799년 7월 7일 수도 라호르를 평화적으로 점령했다. 그는 12개의 시크 무장 세력을 하나의 주권 국가로 통합했다. 그리고 1801년 바이사키의 날에 시크 제국의 황제로 등극하였다. 그는 칼사의 이름으로 통치하였고, 구르무키 활자로 된 동전을 도입하였다. 라호르가 그의 행정 수도였다면, 암리차르는 그의 종교적 중심이었다. 마하라자는 40년 동안 화려하고 영광스럽게 왕국을 통치했는데, 강력한 브리티시 제국조차 도전을 두려워할 정도였다. 시크교인들의 상상 속에서 란지트 싱은 가까운 동시대인

마하라자 란지트 싱의 동상(암리차르)

이었던 나폴레옹과 많이 비교되고 있다.

시크-브리티시의 '영원한 우정'

시크와 브리티시 영국과의 '정치적' 만남은 1808년 9월 12일에 일어났다. 이날 22살의 찰스 멧칼프(Charles Metcalfe)가 브리티시 영국 정부가 전하는 우정의 제언과 함께 마하라자 란지트 싱의 궁정에 도착했다. 멧칼프는 카수르(Kasur) 근처에 있는 캠프에서 마하라자를 만났는데, 이때 그는 인도 주재 영국 총독이 보내는 많은 선물을 가져왔다. 몇 달 뒤 이들은 1809년 암리차르 조약에 서명을 했다. 이 역사적인 조약에서 영국과 시크 정부는 '영원한 우정'을 약속하면서 대사를 교환했다. 조약의 첫 번째 조항은 다음과 같다: '브리티시 정부는 수틀레즈 북쪽 지역에 대한 라자의 주권과 영토에 대해 아무 간섭도 하지 않을 것이다.' 란지트 싱은 이 조약으로 인해 수틀레즈 강 이남으로 왕국을 확장할 수 없었는데, 한편, 이론적으로 이 조약은 그 밖의 다른 모든 방향으로의 확장은 허용하고 있었다.

영국에 의해 안전을 제공받은 란지트 싱은 펀자브에서 자신의 권력을 강화할 수 있었다. 그는 강력한 군대를 만들고 자신의 영토적 야망을 추구했다. '펀자브의 라이언'이라 불리던 란지트 싱은 1818년 물탄(Multan), 1819년 카시미르(Kashmir), 1820년 데라 가지 칸(Dera Ghazi Khan), 그리고 1834년 페샤와르(Peshawar)

어린 란지트 싱의 초상

를 점령했다. 임종할 즈음 그의 광대한 제국은 남으로는 수틀레즈에서 북으로 키베르 패스(Khyber Pass)까지, 동으로 카시미르와 라다크(Ladakh)에서 서로는 신드(Sindh)에 이르기까지 퍼져나갔다. 빅토리아 여왕은 이를 '거대하고 빛나는 왕국'이라고 불렀다.

'하나의 눈'으로 모든 종교를 보다

시크 제국의 황제는 보통 아주 소박한 옷차림을 하고 있다. 그

성인 란지트 싱의 초상

러나 그는 '빛의 산'이라 불리는 의식용 다이아몬드 코흐-이-누르(Koh-i-noor)를 팔에 착용하고 있었다. 그는 어렸을 때 천연두를 앓았는데, 그 후유증으로 한 쪽 눈을 잃게 되었다. 이에 대해 황제는 재치 있게 말했다: '신은 내가 모든 종교를 하나의 눈으로 보기를 원한다. 이것이 내가 한쪽 눈을

잃은 이유이다'.

　란지트 싱의 제국에서 종교적 인구 분포를 보면 이슬람이 인구의 대다수를 차지했고 시크는 소수였다. 란지트 싱은 모든 종교의 공동체에서 존경을 받았다. 그는 무슬림과 힌두, 그리고 시크 국민들을 똑같이 지원했다. 그가 구루 나나크의 후예인 경애하는 바바 사히브 싱 베디(Baba Sahib Singh Bedi, 1756-1834)에 의해 왕으로 임명되던 날, 이슬람의 모스크와 힌두 사원에는 모두 그의 장수를 비는 기도문이 낭독되었다. 시크와 무슬림, 힌두는 마하라자 란지트 싱의 왕국 내의 모든 지역에서 똑같이 중요한 위치를 차지하고 있었다. 그의 궁정의 언어는 페르시아어였는데, 이는 아크바르 시대 이후 무굴 황제들의 공식 언어였다. 시크 황제에 의해 주조된 첫 번째 동전은 페르시아어 활자로 되어 있었다. 그는 무슬림 축제 행사를 장려하였고, 힌두의 정서를 존중하여 소의 살육을 금지했다. 헌신적인 시크교인이었던 그는 하르만디르에서 감사의 기도를 하는 것으로 자신의 승리를 축하했다. 그의 통치시기에 하르만디르는 금은보석으로 화려하게 장식되었고, 이에 황금 사원(Golden Temple)으로 알려지게 되었다. 새로운 구르드와라가 건축되었고, 수많은 오래된 구르드와라가 수리되고 땅을 하사받았다. 모스크와 힌두 사원 또한 건축되었는데, 이는 무슬림과 힌두, 시크 예술가들에게 두루 위임되었다.

　마하라자는 다른 국적과 종교를 가진 새로운 사람들과 만나는

알라르드 장군과 그의 가족

것을 좋아했다. 많은 외국인이 그의 궁정에서 일자리를 찾았다. 헝가리인 마르틴 호니베르게르(Martin Honiberger)는 마하라자의 개인 의사였고 그의 신임을 받았다. 그는 또한 란지트 싱의 애마를 돌보았는데, 그 말은 영국 왕이 마하라자에게 선물한 다섯 마리 중의 하나였다. 나폴레옹의 워털루(Waterloo) 이후 일자리를 잃은 병사들 - 프랑스인 장-프랑수아 알라르드(Jean-François Allard)와 이탈리아 태생의 장-밥티스트 벤투라(Jean Baptiste Ventura)를 포함하여 - 이 일자리를 찾아 란지트 싱에게 왔다. 이때 그들은 마하라자와 유럽 열강이 충돌할 때 주군에게 충성하고 그를 위해 싸우겠다는 협의에 서명해야 했다. 그들은 또한 턱수염을 길게 길러야 했고, 공개적으로 고기를 먹거나 담배를 피우는 것을 삼가야 했다. 그리고 시크 종교 규범에 어긋나지 않도록 주의해야 했다. 칼사 군대의 군의관은 프랑스인이었고, 대대장 중 한 명은 독일인이었으며, 기술자 중 한 명은 스페인이었다. 마하라자는 이탈리아인과 미국인을 일부 주(州)의 행정관으로 임명했다. 몇몇 영국인들이 다양한 민간업무와 군사업무에 고용되었다. 이렇게 다채로운 종족과 국가, 종교의 사람들이 란지트 싱의 코스모폴리탄적인 궁정에서 봉사하며 머물렀다. 다양한 색채의 작가와 화가들이 받아들여졌다. 1855년 비엔나 박람회에 전시된 기념비적인 캔버스에 헝가리 화가 아우구스트 쇠프트(August Shoefft)는 시크 궁정에 있는 거의 백 명의 사람들을 그렸는데, 여기에서 마하라자의 가족과 함께 다양한 종교와 국적의 수많은 고용인들을 확인할 수 있었다.[82]

다른 유럽인과 미국인들도 자신만의 논평을 남겼다. 독일의 과학자 찰스 후겔(Charles Hugel) 남작은 란지트 싱 치하에서 펀자브는 영국이 통치하는 다른 지역보다 안전하다고 썼다. 영국인 선교사 조셉 울프(Joseph Wolff) 박사는 궁전에 도착했을 때 누군가 전형적인 미국인 억양으로 '양키 두들'(Yankee Doodle)을 노래하는 것을 듣고 몹시 놀랐다고 말했다. 그것은 마하라자의 행정관 중 한 명으로 필라델피아에서 온 조시아 할란(Joshia Harlan) 박사였다. 인도에 온 첫 번째 미국인 선교사는 1834년 란지트 싱의 펀자브에 도착했던 경애하는 존 C. 라우리(John C. Lowrie)였다. 암리차르를 방문한 그는 다음과 같이 말했다: '암리차르는 시크교의 아테네이고 예루살렘이다.' 라우리에게 있어 암리차르는 아테네로 대표되는 아름다움과 빛, 이성이 결합된 곳이자, 예루살렘으로 대표되는 힘과 믿음, 도덕이 결합된 곳이었다 - 이 결합은 몇 년 후 작가 매튜 아널드(Matthew Arnold)에게 있어 현대 문명을 대표하는 것이라 표현되었다.

라호르와 암리차르에서 알렉산더 번스

마하라자는 훌륭한 외교관이었다. 그는 종종 인도의 다른 왕자들과 영국이 운영하는 동인도 회사 사이에서 이들을 성공적으로 중재하는 역할을 하기도 했다. 1809년 암리차르 조약(Amritsar Treaty) 이후 영국과 우호적인 관계가 지속되었고 대사와 선물이 정기적으로 교환되었다. 1830년 알렉산더 번스(Alexander Burnes)는 마하라자에게 다섯 마리의 말(앞서 언급되었던)을 선물하기 위해 인더스강을 따라 긴 여행을 했다. '영국 특산의 거대한 품종'의 이 말들은 킹 윌리엄 4세의 선물이었다. 그리고 여기에는 '시크 국가의 수장이자 카시미르의 제왕인 마하라자 란지트 싱 폐하'께 드리는 편지가 동반되었다.[83] 그렇지만 시크 역사가들은 그의 동기를 아주 다르게 읽는다. 즉, 영국이 번스로 하여금 인더스강을 답사하게 하여 신드 지역으로 그 영향력을 확장하고 시크가 남쪽으로 진출하는 것을 막으려 했다는 것이다.

번스는 회고록 《보카라로의 여행》(Travels into Bokhara)에서 라호르에서 지낸 한 달 동안 흥미롭게 보았던 것을 이야기하는데, 이 시기에 그는 시크 제국의 환대와 위엄을 경험하였던 것이다. 그는 도시의 배치, 건축물, 그리고 그 코스모폴리탄적인 분위기를 묘사했다. 알라드(Allard)씨 집에서의 아침 식사와 마하라자의 코흐-이-누르 다이아몬드 전시는 그의 라호르 여행을 유지하는 두 개의 버팀목이 된다. 번스는 예리한 감각으로 자신이 목격했던 장면과 소리, 향미를 생생하게 재생했다. 그는 라호르에 도착해서 알라르드의 집을 방문했는데, 여기서 무굴 예술과 장식, 프랑스 샴페인과 영국 트럼펫을 보고 놀라게 된다. '방의 벽과 천장은 작은 거울 조각으로 완전히 상감되어 있었고, 차와 커피의 자리에는 샴페인이 놓여 있었다. 마하라자의 기병대 장교였던 알라르드는 사단에서 아침 식사 시간에 부는 트럼펫을 갖고 있었다.'[84] 번스가 떠나기 전에 그의 요청에 따라 마하라자는 코흐-이-누르를 보여주었다. 그가 목격한 바에 따르면,

이 돌보다 더 멋진 것을 상상할 수 없었다. 최상등급의 이것은 달걀 반개의 크기였다 ······. 코히누르(Kohinoor)는 팔찌로 착용되었고, 양쪽에는 각각 참새 알만한 다이아몬드가 박혀 있었다. 다이아몬드와 함께 커다란 루비가 있었다 ······. 그 위에는 아우르간제베(Aurganzebe)와 아흐메드 샤(Ahmed Shah)를 포함하여 몇몇 왕들의

이름이 새겨져 있었다 …….[85]

그 정치적 목적이 어떠했든 간에 번스는 많은 공감과 존경으로 란지트 싱의 초상을 묘사했다. 그는 싱의 육체적 장애에 대해 좋지 않은 느낌을 가졌는데, 오래 살지 못할 것이라고 생각했던 것이다. 그는 란지트 싱의 따뜻하고 관대한 인격을 존경했다. 란지트 싱의 인격을 잘 이해하게 하는 일화가 있다. 번스가 란지트 싱을 만나러 처음으로 궁전에 갔을 때이다: '입구에서 신발을 벗기 위해 몸을 구부렸을 때 나는 체구가 작은 노인의 팔에 안겨 단단한 포옹을 당하고 있었다 - 위대한 마라하자 싱이었다.' 또 다른 날에는 마하라자가 갑자기 이 영국인과 그의 아내를 초대해서 함께 소박한 아침 식사를 했는데, '란지트는 〔망고의〕 잘 익은 부분을 골라서 직접 우리에게 건네주었다.'[86] 마하라자의 날카로운 기지는 번스에게 일단의 무희들을 소개할 때 나타났다: '이들은 나의 연대(풀툰 pultun) 중의 하나인데, 그러나 이들은 내가 훈련시킬 수 없다고 말한다.'[87] 무용 공연이 끝났을 때 마하라자는 이들이 집까지 코끼리를 타고 에스코트를 받을 수 있도록 꽤 많은 비용을 지불했다. 번스에게 있어 '란지트의 성격에서 가장 신뢰가 가는 것은 그의 인류애였다.'[88] 또다시:

란지트 싱은 모든 면에서 비범한 인물이었다. 그의 프랑스인 장교들이 콘스탄티노플에서 인도에 이르기까지 그에게 필적할 자가 없다고 생각한다는 것을 들은 적이 있다. 그리고 그들 모두는 조정자의 능력을 보았다.[89]

번스는 라호르 궁정의 인상을 총독에게 보고하기 위해 심라로 돌아가는 길에 '시크교의 신성한 의식을 보기 위해서' 암리차르에서 멈추었다. 그는 황금 사원을 방문하고 저녁 예배에 참석한 것에 대해 자세히 적었다. 그는 황금 사원을 '민족 사원'(national temple)이라고 하면서 묘사했다: '그것은 연못 한가운데 서 있는 빛나는 금으로 덮인 훌륭한 건물이었다. 그 주위를 돌아본 후에 우리는 들어가서 '그란트 사히브', 혹은 신성한 책에게 공물을 바쳤다. 그것은 사제 앞에 열린 채 놓여 있었다 ……' 실제로, 번스는 시크교의 예배 형식을 따랐고, 250 루피라는 후한 공물을 바쳤다. 떠나기 전에, '나는 우리의 우정이 지속되는 것에 대한 희망을 표명해 달라고 낭송자에게 부탁했다.'[90] 이렇게 해서 브리티시 영국 대사는 신성한 공간의 경내에서 시크 제국과의 영원한 우정에 대한 신성한 지지를 부탁했다. 그의 방문은 영국 총독 벤팅크(William Bentinck)와 시크 마하라자와의 만남의 전주곡이었다. '영국-인도 관계의 역사에서 가장 장관'으로 기억되는 이 만남은 몇 달 뒤 수틀레즈 강변에서 일어난다.

수틀레즈 강변에서 두 열강의 만남

1809년 암리차르 조약에 서명한 이후 양쪽 모두에게 많은 일이 일어났다. 이제 시크 제국은 절정에 도달했고, 마하라자의 위엄은 전설이 되었다. 총독은 그를 만나기를 희망하면서 사신을 보내 정상회담을 청했다. 마하라자는 이를 환영했다. 만남의 장소로는 수틀레즈 강 유역의 로파르(Ropar)가 선정되었다. 이곳은 마하라자의 시크 왕국과 영국이 서로 경계를 이루고 있는 곳이었다. 양쪽 강변에는 각각 자신의 통치자를 위한 캠프가 세심하게 준비되었다. 아대륙의 두 '열강'(superpowers)이 만나는 날짜는 1831년 10월 26일로 정해졌다.

마하라자 란지트 싱을 총독의 캠프까지 호위하기 위해 일단의 영국인들이 다가왔다. 마하라자는 이미 빛나는 노란 비단옷을 입은 3천 명의 기병대를 파견했었다. 이들은 강을 건너 대열을 정비하고 그를 맞이할 준비를 하고 있었다. 진주와 보석으로 치장한 마하라자가 화려하게 장식된 백 마리의 코끼리 행렬과 함께 도착했다. 수많은 귀족과 신하들이 반짝이는 무늬와 다이아몬드로 장식된 옷을 입고 당당한 태도로 도착했다. 벤팅크가 마하라자 싱에게 보내는 선물에는 영국 법전과 보석, 황금 안장을 얹고 붉은 벨벳으로 치장한 두 마리의 말이 포함되어 있었다.[91] 선물을 나르기 위해서 2백 개의 쟁반이 필요했다!

다음날 란지트 싱은 총독을 손님으로 맞이했다. 바닥에는 정교한 비단 카펫이 깔려 있었다. 한가운데 두 개의 왕좌가 놓여 있었다. 왕좌의 캐노피에는 보석이 박혀 있었다. 이 장면을 더욱 빛나게 했던 것은 란지트 싱의 팔 안쪽에서 빛나고 있는 코흐-이-누르였다. 벤팅크에 대한 선물에는 보석으로 장식된 두 개의 아프간 칼과 황금으로 조각된 페르시아 총, 수많은 파시미나 숄, 그리고 은 가마를 얹은 코끼리 한 마리가 포함되어 있었다. 마하라자는 진주 목걸이를 직접 총독의 목에 걸어주었다.

이렇게 풍요로운 앵글로-시크의 만남은 닷새 동안 진행되었다. 열병식과 예포가 있었고, 사치스러운 음식과 엄선된 포도주가 있었다. 그리고 밴드와 승마 시범이 있었다. 그와 같은 중요한 지리적 요충지에서 두 국가의 수반은 선물을 교환했고, 함께 앉아 함께 먹고 함께 이야기했다. 그러나 실제로 일어난 일에 대해서는 시크도 영국인도 기록하지 않았다. 수틀레즈의 외양은 내적인 흐름을 배반하는 것이 아니었다. 이 화려한 장관은 '1809년 암리차르 조약'에 반영되었다. 19세기 말에 영국인은 다음을 깨달았다.

윌리엄 벤팅크 경의 펀자브 사자와의 외교의 결과 우리에 대한 란지트의 우정은 아주 증가하였다. 이러한 이해는 몇 년 후 아프가니스탄에 대한 동맹을 구축하는 것으로 나타났다. 그리고 동맹은 이후 10년 동안의 카불의 모든 혼란에도 잘 유지되었다 ……. 그 통치 초기에 냉담했고 심지어 적대적이었던 란지트 싱의 충분한 이해를 가져온 윌리

엄 벤팅크 경의 뛰어난 성공을 기록하는 것만으로도 충분하다.[92]

에밀리 에덴의 '형제와 친구'에 대한 스케치

작가이자 예술가인 에밀리 에덴(Emily Eden)은 오빠 조지 오클랜드(George Auckland) 경이 총독으로 재임(1836-42)하는 동안 그를 만나러 인도를 여행했다. 그녀는 스케치와 수채화, 그리고 영국에 있는 언니에게 보내는 편지 《업 더 컨트리》(Up the Country)에 아대륙 여행을 기록했다. 1838년 그녀는 라호르 왕국을 방문하기 위해 펀자브에 왔는데, 이때 시크 궁정의 화려함을 방대한 작품 속에 포착했다. 여성주의적 관점과 빅토리아 시대의 감성, 그리고 에덴의 세련된 예술적 시각은 시각적, 문학적으로 중대한 통찰을 제공한다.

영국 여성과 시크 여성 사이의 만남에 대한 언급은 거의 남아 있지 않은데, 바로 그렇기 때문에 그녀와 셰르 싱(Sher Singh) 왕자비와의 만남은 많은 역사적 의미를 갖는다. 왕자가 에덴을 그녀의 숙소까지 에스코트해 주었을 때, 그녀는 '접시와 음악상자, 도자기로 가득 찬, 영국의 소묘실처럼 비치된' 시크의 천막을 관찰했다. 세르 싱 왕자비와 만난 에덴은 그녀의 우아한 아름다움에 매료되었다 - '세상에서 가장 긴 아몬드 눈동자, 그리고 어린아이 같은 손'. 에덴은 또한 그녀의 정서적 힘에 매료되었다 - '그녀는 셰르 싱을 전혀 무서워하는 것 같지 않았다. 그것은 참 특이한 일이었다

…….' 그렇지만 영국인 방문객은 다른 상류층 여성들을 만날 기회는 없었던 것에 대해 유감을 표현했는데, '그들의 이야기, 그들의 생활 방식, 그들의 생각을 듣기 위해서였다.'[93] 가부장제의 장벽과 규약이 여성들의 문화적 교류와 소통을 증진시키지 못하게 했던 것이다.

에덴의 작품에는 시크 궁정의 광채, 시크 왕자와 귀족들의 활력, 이들의 화려한 옷차림, 그리고 장식된 말들이 그려져 있었다. 그녀는 유럽의 화려함을 잠식하는 시크들에 대해 다음과 같이 묘사했다.

> 50 마리의 말들이 우리 곁을 지나가고 있었다. 첫 번째 말에는 에머랄드 장식이 되어 있었고, 목에, 그리고 그 귀들 사이에 목걸이를 하고 있었다. 안장 앞쪽에는 두 개의 커다란 에머럴드가 있었는데, 이는 거의 2인치 크기에 완전히 세공된 것이었다. 그리고 작은 거울처럼 황금 테두리가 있었다 ……. 두 번째 말은 다이아몬드와 터키석을 소박하게 착용하고 있었다. 다른 말은 진주를 착용하고 있었다. 그리고 매우 아름다운 산호와 진주로 장식된 말도 있었다. 말들의 안장의 천은 보석들로 짜여 있었다. 그것은 유럽의 장대함을 아주 낮은 것으로 축소시켰다.[94]

펜과 붓을 이용하여 에덴은 란지트 싱이 한 손으로 발을 잡은 채 특유의 편안한 자세로 앉아서 활달하게 이야기하는 모습을 웅변적으로 묘사했는데, 그는 '화주'(火酒, fiery spirit) - 그녀의 빅토리아 원칙을 전복시킬 것 같은 음료 - 를 마시고 있었다. 그녀는 그가 말에 대해 어린아이 같이 흥분하는 모습을 포착했다: '그는 (말들을) 관찰하고 익숙해지기 위해 태양 속을 달렸다.' 개인적으로 그녀는 마하라자의 기독교에 대한 관심에 놀랐다: '룬지트〔란지트〕는 우리 종교에 대해 호기심을 갖고 있었다 ……. 그는 번역본을 갖기를 원했다 ……. 우리 기도문에 대해 많은 질문을 했다 …….'[95] 또다시: '룬지트는 일요일과 크리스마스에 대해 아주 알고 싶어 했다.'[96] 에덴은 또한 빅토리아 여왕(Queen Victoria)의 그림에 대한 그의 열광적인 반응을 전달했는데, 이는 그에게 선물로 돌아갔다. 그 그림이 운송될 때,

> 영국인들은 모두 일어섰고 21발의 축포가 터졌다. 룬지트는 아주 무거운 그것을 손에 들고 최소한 5분간 날카로운 한 쪽 눈으로 바라보았다. 그리고 십자가에 달린 보주(orb)와 왕홀에 대한 설명을 요구했다. 그러면서 드레스가 정확하게 그려졌는지, 실제와 비슷한지를 물었다. 그리고 그것이 여태까지 자신이 받은 것 중에서 가장 기쁜 선물이라며, 캠프에 돌아가면 그 그림을 텐트 한가운데 걸고 왕실 축포를 쏘겠다고 말했다.[97]

이것이 전부가 아니었다. 빅토리아 여왕은 시크 마하라자에게 지울 수 없는 인상을 남겼고, 다음날 그는 에덴의 영국인 마부에게 여왕에 대해 더 많은 질문을 했다. 인도에서 일하는 동안 모국어를 잃어버렸던 이 불쌍한 친구는 에덴에게 와서 마하라자가 선물한 사치스러운 물건들을 보여주었는데, 이때 불평도 잊지 않았다: '그는 나에게 한 시간 반 동안이나 이야기했지만, 나는 그에게 한 번도 여왕을 본 적이 없다고 말했다.'[98]

알렉산더 번스처럼 에밀리 에덴도 마하라자의 날카로운 지성을 경험했고 그의 무한한 관용을 칭송했다: '우리가 그의 나라에 있는 동안 란지트는 천막에 있는 사람과 동물에게 모두 양식을 제공했는데, 사람의 숫자는 1만 5천 명이나 되었다 …….' 그의 왕국에 사형이 없다는 것은 양쪽 모두 알고 있었다. 에덴의 말에 따르면, '그는 자신을 위대한 왕으로 만들었다. 그는 수많은 강력한 적들을 물리쳤다. 그는 자신의 정부에서 아주 뛰어났다. 그는 커다란 군대를 훈련시켰다. 그는 거의 생명을 해치지 않았다 ……. 그리고 그는 백성들에게 많은 사랑을 받았다.'[99]

함께 여행하는 동안 마하라자는 총독이 황금사원에 가는 것을 호위했다. 그들이 방문했던 시크교의 성지에 대한 에덴의 스케치는 브리티시-시크 관계에 있어 중요한 순간을 포착하고 있었다. '두 신사가 함께 그리고 각각 더이상 친밀한 모습은 볼 수 없을 것이다,' 라고 그녀는 결론 내렸다. 에덴은 가운데 있는 황금 캐노피

아래 있는 신성한 책의 묘사로 시작했다: '진주와 작은 에메랄드로 장식된 아주 딱딱한 책이다.' 영국 총독과 그의 여동생은 신성한 책 앞에 앉았다: '룬지트는 우리를 자신과 똑같이 벨벳 카펫 위에 앉게 했다.' 그다음 그녀는 세 가지 이야기를 전했는데, 이는 모두 브리티시-시크의 우정과 관련된 것이었다. 첫 번째는 황금 사원의 관리가 한 말이었다: '그 결과 두 위대한 군주는 이제 형제와 친구가 되었고, 이는 결코 변하지 않을 것이다.' 두 번째는 총독이 한 말이었다: '두 군대는 연합하였고, 이제 그들은 전 세계를 정복할 수 있다.' 마지막으로, 시크 마하라자는 '축하하면서, 여기서 그는 조약을 맺으라는 신탁을 받았다고 말했다. 그리고 이제 그들은 그와 영국인이 모두 하나의 가족이 된 것을 보았다.'[100]

시크 라즈의 쇠락

몇 달 후에 마하라자는 세상을 떠났다(1839년 6월 27일). 그리고 그와 함께 힘과 우정에 대한 요구도 사라졌다. 빛의 제국에 카오스가 생겨났다. 적대적인 진영들이 피바람을 일으켰다. 일련의 야만적 살해 끝에 시크 라즈의 자리는 란지트 싱의 막내아들 달립 싱(Dalip Singh)에게 돌아갔다. 1843년 5살의 달립이 왕좌에 올랐고, 어머니 진단(Jindan, 1817~63)이 섭정으로 임명되었다. 란지트 싱의 강건한 왕비였던 마하라니 진단은 날카로운 지성으로 유명했다. 영국인들은 그녀를 이 지역의 유일하게 용기 있는 '남자'(man)라고 부르며 두려워했다. 마하라니 진단은 푼다(Pundah) 출신이었다. 그녀는 궁정을 장악하고 커다란 힘과 지혜로 공공연히 국가를 지휘했다. 그녀는 군대를 재정비하고 군대와 민간 행정의 업무 균형을 회복시켰다. 어린 마하라자 달립 싱은 처음 몇 년을 라호르의 화려한 궁전에서 보냈다. 시종들에 둘러싸인 채, 그는 코끼리와 말을 타고 사냥과 사격의 축연을 벌였다. 그는 페르시아어와 구르무키를 배웠고, 엄마와 외삼촌의 사랑을 받았다. 그러나 곧이어 모든 것이 흔들렸다. 란지트 싱의 빛의 제국을 탐낸 영국인들이 약해진 상황을 노렸던 것이다. 그들은 영원한 우정의 맹세를 깨뜨렸다. 그리고, 앵글로-시크 전쟁을 일으키고 펀자브를 점령했다. 1849년 3월 24일 페로제푸르(Ferozepur)에서 시크 병사들이 항복했다. '그토록 강력했던 적의 완전한 정복과 굴복'을 목격한 총독 달하우지(Dalhousie)는 빅토리아 여왕에게 자랑스럽게 보고했다: '시크 군대의 잔여군, 1만 6천 명의 힘센 병사들이 천막을 향해 걷고 있습니다. 한 번에 1천 명씩, 그들은 영국 군대의 대열 사이를 지나면서 무기를 내려놓았습니다 ……. (시크) 대부분이 …… 자신의 무기를 무기 더미에 던지며 말했습니다: "오늘 란지트 싱은 죽었다!"'[101]

달립 싱

식민지 시대의 시크교

시크 마하라자와 빅토리아 여왕

달립 싱은 곧 폐위되었다. 동인도회사는 그의 재산과 그 유명한 코흐-이-누르를 빼앗았다. 어린 소년은 펀자브에 있는 엄마와 떨어져서 우타르프라데시(Uttar Pradesh)에 있는 파테그라흐(Fatehgarh)로 유배되었다. 그는 독실한 기독교인 로긴(Login) 박사 부부와 함께 살았다. 그들은 그의 후견인이 되었다. 마하라니 진단은 심히 적대적인 대우를 받았다. 헨리 로렌스(Henry Lawrence)와 헨리 하딘지(Henry Hardinge)와 같은 식민지 행정관들이 라호르 궁정에서 선동을 조장한 혐의로 그녀를 기소했던 것이다. 진단은 펀자브에서 추방되어 베나라스에 억류되었다. 그리고 엄격한 감시 하에 있었다. 우타르프라데시에 있는 추나르(Chunar) 요새에 볼모로 잡혀 있을 때, 그녀는 시녀로 분장해서 네팔을 향해 극적인 탈출을 감행했다. 그리고 카트만두(Kathmandu)에서 중 바하두르(Jung Bahadur) 수상의 정치적인 보호를 받았다. 영국 정부는 그녀의 귀중한 보석들을 압수하고 그녀의 연금을 취소했다. 진단이 펀자브에 다시 시크 왕국을 건설한 힘을 갖고 있다는 사실을 두려워하면서, 카트만두에 있는 영국 총리 대리 관저는 그녀에게 경계의 눈길을 떼지 않았다. 그러는 동안 달립은 새로운 환경에서 기독교로 개종했다. 그는 1854년 배를 타고 런던으로 갔다. 그리고 영국 정부가 제공하는 연금을 받으며 그 곳에 정착했다.

빅토리아 여왕이 런던에서 그를 맞이했다. 여왕은 곧 그를 매우 좋아하게 되었다. 여왕은 15세의 폐위된 인도 마하라자의 위엄 있는 태도에 매료되었고, '시크 의상'과 그의 '너무 잘생긴' 외모에도 역시 매료되었다. 이러한 여왕의 열광적인 태도는 마치 달립의 아버지가 젊은 여왕의 초상화를 보고 환호했던 것에 대해 응답하는 것 같았다! 여왕은 화가와 조각가를 불러 젊은 왕자를 그리게 했다. 그가 독일 화가 프란츠 빈터할터(Franz Winterhalter)의 모델이 되었던 일주일(1854년 7월 10~17일) 동안 여왕은 알버트(Alber) 왕자와 함께 그의 맞은편에 앉아서 이 이국적인 인물을 스케치했다. 그녀의 잉크 스케치는 두 가지 대상에 집중되었는데, 그것은 터번 - 아이러니하게도 젊은 친구는 *케사*도 없었고(긴 머리를 잘랐기 때문에) 그 아래 *강가*도 없었다 - 과 그의 목에 걸려 있는 진주로 장식된 여왕의 작은 초상화였다. 달하우지 총독 또한 달립의 터번에 흥미를 갖고 말했다: '나이트 캡 같은 모양의 그 터번은 그의 가장 강력한 민족적 상징이다.'[102] 이 빈터할터와의 일주일 기간에 젊은 달립은 여왕의 손에 정복의 순수한 상징인 코흐-이-누르가 있는 것을 알아차렸다. 다이아몬드는 그 모양과 광채를 정련하기 위해 네덜란드인 다이아몬드 세공사에 의해 원래 크기에서 눈에 띄게 축소되었다. 훗날 여왕은 그것을 브로치로 착용하였다. 여왕이 세상을 떠난 후 코흐-이-누르는 왕비들 - 알렉산드라 왕비, 매리 왕비, 그리고 엘리자베스 왕비(훗날 여왕의 모친) - 의 대관식 왕관에 사용되었다. 그리고 지금은 왕관의 다른 보석들과 함께 런던 탑(Tower of London)에서 전시되고 있다.

1859년 달립 싱은 네팔에서 정치적 망명을 하고 있는 연로한 어머니를 모셔 오기 위해 인도로 갔다. 허약한 상태의 마하라니가 영국에 올 때 시녀 수르투(Soortoo)를 포함하여 시종들이 함께 동반했다. 달립은 그의 어머니를 위해 켄싱톤(Kensington)에 아빙돈 하우스(Abingdon House)를 마련하여 살게 했다. 1863년 마하라니가 사망하자 달립 싱은 그녀의 바람대로 유해를 갖고 인도에 가서 화장을 했다. 그러나 마지막 의식이 펀자브에서 행해지는 것은 허용되지 않았다. 마하라자 란지트 싱의 폐위된 상속자는 제국에 너무 강력한 위협으로 간주되었던 것이다. 결국 달립은 어머니를 위한 마지막 의식을 마하라슈트라(Maharashtra)의 나식(Nasik) 근방에 있는 고다바리(Godavari) 강변에서 치렀다.

빅토리아 여왕과 로긴 부부는 달립과 가우라마(Gouramma) 공주와의 결혼을 추진하였다. 그녀는 쿠르그(Coorg)의 전(前) 통치자(rajah, 라자)의 딸이었다. 그녀 역시 기독교로 개종했다. 사실 여왕은 그녀의 대모였고, 달립이 그녀와 결혼하는 것을 보기를 간절히 원했다. 그러나 그는 독일인 아버지와 에티오피아인 어머니를 둔 밤바 뮬러(Bamba Muller)와 결혼했다. 밤바는 아랍어로 말했고, 카이로에 있는 미국 장로 신학교에서 교육을 받았다. 달립과 밤바는 새로 장만한 엘베덴(Elveden)의 집에서 신혼생활을 시작했다. 시크 마하라자는 시골집에 이탈리아와 무굴 장식이 절충된 양식을 복원했다. 빛나는 유리 모자이크는 그의 잃어버린 궁전의 위엄을 재창조했고, 벽에 걸린 그림들은 그의 아버지의 영광된 통치를 재현했다. 그는 또한 새장을 만들고 이국적인 새들을 키웠다. 펀자브에서 추방된 마하라자는 영국 귀족의 사치스러운 삶을 살았는데, 커다란 스포츠 행사를 하기도 했다. 스코틀랜드에 있을 때 그는 심지어 '퍼스셔(Perthshire)의 검은 왕자' 라는 별명을 얻기도 했다.

그럼에도 불구하고, 그의 존재의 본질적인 부분인 시크의 유산은 새로운 활력으로 그의 삶에 돌아왔다. 그의 어머니가 계속해서 그에게 신앙을 강하게 상기시켰던 것이다. 친척들과 전체 시크 공동체가 시크 민족의 통치자로 그를 펀자브에 귀환시키기 위한 운동을 시작했다. 달립 싱은 러시아와 협력하여 식민 정부를 전복하고 펀자브에 귀환하기 위해 펀자브 혁명가들과 협상을 시작했다. 1886년 그는 시크들이 자신의 영광스러운 귀환을 준비하고 있는 인도를 향해 출발했다. 그러나 아덴(Aden)에서 영국 경찰에 의해 체포되었다. 그에게는 봄베이를 향해 배를 타는 것이 허용되지 않았다. 이 시점에서 달립 싱은 암리트 입회식을 하고 다시 시크교로 개종했다. 그다음 그는 파리로 가서 러시아로 넘어갔다. 그리고 시크, 아일랜드 공화주의자, 러시아인, 아프간인, 그리고 이집트인 관리가 포함된 반-영국 당(anti-British party)과 관계를 갖게 되었다. 불행하게도, 그는 이후 심한 발작을 일으켜서 1893년 파리에서 사망했다, 어떤 금전적 혹은 정치적 지지도 없이. 자신의 시신을 인도에 보내 달라는 그의 바람은 이루어지지 않았다. 그는 엘베덴의 교회에 묻혔다. 그의 옆에는 아내 밤바와 아들 에드워드 알버트 둘립 싱(Edward Albert Duleep Singh) 왕자의 무덤이 있다. 빅토리아 여왕과 웨일즈의 왕자〔Prince of Wales, 현재 영국 국왕 찰스 3세의 작위〕가 모두 화환을 보냈다. 그의 빚을 갚기 위해 엘베덴의 집은 기네스(Guinness) 가에 팔렸다. 마하라자에게는 몇몇 자녀가 있었는데, 이들에게는 후사가 없었다. 그의 아버지에 의해 구축되었던 시크 왕조는 완전히 무너졌다.

빈터할터가 그린 달립 싱의 커다란 그림은 그가 15살이었던 1854년에 빅토리아 여왕과 알버트 왕자에 의해 초대받았던 와이트섬(Isle of Wight)의 오스본 하우스(Osborne House)에 계속 걸려 있게 되었다. 도자기 위에 그려진 세 개의 작은 그림, 즉 마하라자와 그의 아내 마하라니 밤바, 아들 빅터 알버트의 그림들 또한 전시되었다. 오스본 하우스의 두바르 룸(Durbar Room)에 있는 정교한 조각은 시크 예술가 바이 람 싱(Bhai Ram Singh)을 암리차르에서 특별히 영국으로 초대하여 만든 것이다. 바이 람 싱의 건축 디자인은 인도의 마하라자와 귀족들이 빅토리아 여왕에게 건네는 세련된 선물 컬렉션을 전시하기 위한 완벽한 설계였다.

수틀레즈 너머에 있는 시크 왕국이 영국에 병합되었을 때, 수틀레즈 이남(Cis-Sutlej)에 있는 시크의 주들은 영국과 조약을 체결했다. 이 주들은 영국의 보호 하에 자신의 궁정과 군대를 소유하는 것이 허락되었는데, 이는 1947년 인도가 독립할 때까지 계속되었다. 영토의 통합과 '자치'를 위해 파티알라, 나바(Nabha), 진드(Jind), 파리드코트(Faridkot) 그리고 말레르코틀라(Malerkotla)의 왕족 통치자들은 영국과 우호적인 관계를 유지했다. 이들 중 일부는 영국의 엘리트 공립학교를 모델로 학교를 세우고 영어로 수업하였다. 통치자와 그 가족들은 영국을 여행했고, 그다음에는 영국인 방문객을 위한 특별한 궁전을 지었다. 그리고 그곳에서 손님을 접대했다. 파티알라의 마하라자는 바라다리 궁전(Baradari Palace)에서 그들을 맞이했는데, 그곳에는 스케이트 링크와 스위밍 풀, 크리켓 클럽이 있었다. 손님들의 숙소에는 정교한 빅토리아 가구와 마호가니 카드 테이블, 러시아 티세트가 있었고, 독일제 자기로 꾸며진 드로잉 룸이 있었다. 욕실은 완전히 현대식이었다 - 심지어 유리로 둘러싸인 욕조에서는 사방에서 물이 뿜어져 나왔다. 건물에서는 활짝 핀 백합이 가득한 연못과 장난꾸러기 큐피드 상이 장식된 아름다운 정원을 내려다볼 수 있었다. 빅토리아 여왕의 거대한 조각이 이 경관을 지배하고 있었다. 독립 이후 인도에서 이 숙소는 펀자브 대학교의 본부가 되었는데, 빅토리아 여왕의 손에는 여전히 홀이 쥐어져 있었다. 수십 년이 지나 여왕의 동상은 사라졌지만 왕실 간의 우정은 지속되었다. 파티알라의 마하라자와 그의 아내 프레네에트 카우르(Preneet Kaur)는 찰스 왕자(Prince Charles)와 레이디 다이아나(Lady Diana)의 결혼식에 참석했다. 2006년 찰스 왕자가 두 번째 아내 카밀라 파크 바울즈(Camilla Parker Bowles)와 함께 파티알라에 있는 마하라자의 고대 요새를 방문했을 때, 그것은 어수선한 시장 한복판에 자리 잡고 있었다.[103]

제국의 총아

앵글로-시크 전쟁 동안 영국의 주된 적이었지만 시크들은 그들의 충성스러운 지지자가 되었다. 1857년 인도인의 반란(메에루트(Meerut)에서 *세포이(Sepoy*, 인도 병사)들의 폭동으로 시작되었다가 동인도 회사에 저항하는 반란으로 증폭되어 갠지스강 상류 평원과 중앙 인도 전체에 걸쳐 퍼져나갔던) 기간 동안에 시크들과 펀자브의 다른 피정복인들은 영국 정부를 따랐다. 이 시기 펀자브는 상대적으로 안정적이었다. 시크 병사에게는 터번을 쓰고 수염을 기르는 것과 자신의 종교 의식을 준수하는 것이 허용되었고, 이에 이들은 다른 인도인 세포이들의 불만을 공유하지 않았다. 더욱이 수확은 풍작이었고, 정부는 일정한 조세만을 요구했기 때문에 펀자브인 대부분이 만족하고 있었다.[104] 이에 영국의 후원을 받고 있는 풀키안(Phulkian, 펀자브 지역의 시크 귀족들) 통치자들은 이 긴박한 순간에 회사를 지지하는 것으로 보답했는데, 영국에 병사와 물품을 제공했던 것이다. 시크 군대는 영국인 가족과 집을 방어했고, 다치고 상처 입은 병사들을 호송했다. 그러면서 반란의 종식에 중추적인 역할을 하였다.

반란의 한 주 동안 영국인들은 주장하기 시작했다: '만일 여기에서 살아남는다면 앞으로는 결코 힌두스탄 병사들을 모집하지 않을 것이다. 우리 군대는 전부 유럽인, 아프간인, 구르카인, 그리고 시크들로 이루어질 것이다.'[105] 1년 후 신문 〈라호르 크로니클〉(The Lahor Chronicle)은 시크의 충성과 군사적 용맹성을 정식으로 알렸다: '영국인의 기술과 영국인의 용기가 상대를 압도했지만 시크의 충정이 없었다면 유럽 문명의 모든 흔적은 아마 뿌리째 흔들리게 되었을 것이다.'[106] 영국인 장군 헨리 해블록(Henry Havelock)은 반란이 일어난 처음 며칠 동안 페로제푸르 연대(Ferozepur Regiment)의 무공을 목격하고 선언했다: '병사들이여! 국가는 제군의 노동과 제군의 고난, 제군의 고통, 그리고 제군의 용기에 감사한다. 그리고 이를 잊지 않을 것이다.' 이 말은 런던의 트라팔가 광장(Trafalgar Square)에 있는 그의 동상에 새겨져 있다. 페로제푸르 연대는 '브라시어의 시크들'(Brasyer's Sikhs)로도 알려졌는데, 이는 군대에 처음으로 시크를 모집했던 영국인 브라시어(C. B. Brasyer) 중령의 이름을 딴 것이다. 이들은 붉은 터번을 제복의 일부로 착용할 수 있는 권리를 갖고 있었다.

반란 이후 동인도 회사의 통치는 끝이 났다. 이제 영국 정부가 직접 인도를 다스리기 시작했다. 1877년 빅토리아 여왕은 인도의 여제(Empress of India)임을 선포했다. 군대와 금융 체제, 행정은 중대한 변화를 겪게 되었다. 이상적인 피지배 공동체였던 시크는 이 새로운 라즈의 토대를 구축하는데 내적으로 고유한 역할을 하게 되었다. 제임스 브라우니가 처음 인식했던 시크의 '남성적인 용맹성'이 영국 제국 전체에 걸쳐 제도와 군사, 노동의 네트워크 속으로 들어갔던 것이다. 이들은 직업적이고 물질적으로 커다란 이익을 받았다. 수입, 연금, 상금, 토지 특혜 정책, 그리고 식민주의의 후원은 앵글로-시크의 특별한 관계를 창조했다. 1861년 인도 의회 법령에 따라 파티알라의 마하라자는 평의회 총독으로 지명되었다.

지나치게 많은 수의 시크가 영국 군대에 복무를 신청했다. 유리한 고용 조건은 시크 농부들을 매료시켰고, 토지에 대한 인구 증가의 압력은 일시적으로 완화되었다. 시크교에서 버려야한다고 가르쳤던 카스트의 명칭들이 재도입되었다. 많은 시크들이 옛 제도의 가족 이름으로 군대에 등록했기 때문이었다. 또한, 그들이 거부했던 직업상의 경계 또한 활성화되었다. 식민주의자들이 '전통적인 농업종사자'와 '군사 혈통', 그리고 '상업 카스트'를 만들어냈던 것이다.[107] 시크 연대는 파탄(Pathan), 고르카(Gorkha), 라즈푸트(Rajput)와 같은 다른 '군사 혈통'과 구분되었고, 또한 영국인들에 의해 '여자 같다'고 비난받던 보다 평화로운 벵골인들과도 구분되었다. 시크 군인은 암리트 입회식을 통과할 것이 요구되었고, 칼사 정체성의 다섯 가지 상징을 착용했다. 군사 규율과 종교 규율이 시크 연대에 스며들었고, 이는 지도부에 의해 모니터링 되었다. 시크의 충정과 남성성의 수사를 활용하면서, 애국심과 온정주의가 결합된 새롭고 강력한 가부장적 담화가 '칼사의 형제애'에 부착되었다.

영향력 있는 시크들은 영국 군대를 위해 열렬한 웅변을 하였다. 그들은 파티알라의 마하라자가 그랬던 것처럼 '왕-황제에 대한 충성을 강조하면서, 시크는 훌륭한 전사로서 언제든지 싸우다 죽을 준비가 되어 있다고 했다.'[108] 제 1차 세계 대전 기간 중 시크들은 제국 군대의 거의 5분의 1을 차지하고 있었는데, 전쟁이 끝날 무렵 그 수는 10만 명에 다다랐다. 이들은 유럽과 아프리카, 서아시아, 버마, 말레이, 그리고 중국에서 제국을 위해 용감하게 싸웠다. 시크들은 22번의 군사적 역경에서 14번 승리했고, 이에 인도 사람들은 눈에 띄게 용감하다는 인상을 주었다. 상하이에서 메소포타미아에 이르기까지, 시크들은 제국의 외곽을 영웅적으로 방어했다. 그리고 그 대가로 커다란 영예와 펀자브의 새로운 운하 식민지(영국인들이 그토록 찬양했던 근육질의 청년들이 건축을 도왔던)의 상당한 땅을 선물로 받았다. 그리고 아시아에서 가장 부유한 농업 종사자들이 되었다.[109]

식민주의에 대한 싱 사바의 반향

영국의 펀자브 점령과 함께 새로 획득된 영토에서의 선교 활동도 확장되었다. 1835년 루디아나(Ludhiana)에 설립된 미국 장로교회 선교회는 이곳에 인쇄소를 건립하고 성서와 영국문학을 펀자브어로 번역하여 출판하였다. 구르무키 활자로 인쇄된 첫 번째 책은 바로 성서였다. 복음서주의자들은 카스트와 우상 숭배를 거부하는 시크교의 교리에서 성서적 진리에 대한 개방성을 읽었다. 그들은 시크교인 중에서 개종자를 찾을 수 있는 잠재적 가능성에 대해 낙관하였고, 이는 1852년 펀자브에 임명된 영국 교회의 첫 번째 선교사 피츠패트릭(T. H. Fitzpatrick)과 로버트 클락(Robert Clark)이 떠날 때 했던 말에서 명백히 나타난다.

> 비록 브라흐만 종교와 그 밖의 다른 마호메트교가 여전히 많은 펀자브 사람의 마음을 흔들고 있지만, 지난 세기 이들의 지배적인 종교와 권력은 유일신의 종교인 시크교였다. 이것은 힌두교에 반대하는 분파에 의해 처음 형성되었다. 몇몇 희망적인 사건들은 우리로 하여금 힌두교나 마호메트교보다 시크교가 경전의 진리에 보다 접근할 수 있다는 사실을 믿을 수 있게 한다. [110]

가톨릭, 감리교(Methodist), 성공회(Episcopalian), 무라비아

교(Moravian), 그 밖의 다른 교단이 이 '유일신의 종족'(species of pure theism)을 개종시키기 위해 서로 경쟁했다. 선교 활동은 정부의 후원을 받았다. 라즈(Raj)를 상실한 시크교인들의 심리는 저조한 상태였다. 마하라자 달립 싱의 개종도 충격이었다. 이런 상황에서 시크교인들은 새로운 통치자의 종교에 매료되었고, 자신의 고유한 유산을 포기하기 시작했다. 마하라자 란지트 싱 치하에서 정점을 찍었던 시크교인의 숫자는 영국 통치 20년 후인 1868년 백만이 조금 넘을 정도로 축소되었다.

기독교 사업은 교육과 의료 같은 사회 복지 분야로 확산되었다. 그 유명한 1854년 찰스 우드(Charles Wood) 경의 파견 이후 정부의 정책은 학교와 대학교를 여는 것으로 향하였고, 영어와 자국어 교육을 모두 증진시키는 것을 '신성한 의무'로 삼았다. 이러한 활동은 인도인 사이에서 문학과 사회, 문화적 부흥의 새로운 과정을 고취시켰다. 개혁과 재활을 위한 힘찬 운동이 인도의 세 주요 전통에 일어났다 - 힌두교의 브라흐모 사마즈(Brahmo Samaj), 이슬람교의 알리가르흐(Aligarh), 시크교의 싱 사바(Singh Sabha)가 그것이다. 1828년 라자 라모훈 로이(Raja Rammohun Roy)에 의해 벵갈에 창립된 브라흐모 사마즈는 서구에서 교육받은 지식인들로 구성되었는데, 이들은 계몽된 힌두교와 유럽 자유주의의 종합을 창조하고자 했다. 사이드 아흐마드 칸(Sayyid Ahmad Khan) 경에 의해 창립된 알리가르흐는 처음에는 1875년 유럽의 모델에 따라 제도화된 중등학교로 시작되었는데, 곧 이슬람의 영향력 있는 현대화 운동으로 스스로 정립되었다. 싱 사바는 타쿠르 싱 산단왈리아(Thakur Singh Sandhanwalia), 바바 시르 켐 싱 베디(Baba Sir Khem Singh Bedi), 그리고 카푸르탈라(Kapurthala)의 칸와르 비크라마 싱(Kanwar Bikrama Singh)과 같은 당대의 지도자적인 시크교인들의 숙고에 따라 생겨났다. 이들은 1873년 암리차르에서 만났다.

  싱 사바는 구루들의 최초의 메시지를 다시 상기하고, 시크교의 정체성 회복과 이의 재구축을 목적으로 하였다. 윤리 기준의 타락에는 깊은 이유가 있었다. 기독교로 개종하는 것도 문제였지만, 구루에 의해 폐기되었던 예식들이 많은 시크교인에 의해 받아들여지는 것도 문제였다. 시크 제국의 화려한 행렬과 의식이 행해지는 동안, 사티와 푸르다 같은 사회적 풍습들, 그리고 브라흐만의 정교한 의식들이 다시 시크교인의 생활에 들어왔던 것이다. 싱 사바 운동가들은 이러한 외부적 영향에서 시크교를 정화하고자 했다. 여기에는 또한 아리아 사마즈(Arya Samaj, 1875년 펀자브에 설립된 힌두 개혁 운동)로부터의 도전이 있었는데, 이는 반 시크 성향의 많은 지도자들이 시크교가 힌두교의 분파라고 주장하면서 시작된 것이었다. 더 나아가 영국이 펀자브를 점령함에 따라 영어와 함께 우르두어(Urdu, 델리 근방에서 말해지던 페르시아어 형태의 언어)가 지방 행정의 공식 언어가 된 것도 문제였다. 이에 싱 사바는 개별적인 정체성의 이슈를 도입하고, 신학의 개념을 공식화하고, 사회적 관습을 개혁하고, 그리고 구루들의 언어인 펀자브어와 구르무키 활자에 탁월성을 부여하는 것을 목적으로 하였다. 암리차르의 싱 사바에 이어 라호르에도 또 다른 단체가 설립되었는데, 여기에는 펀자브의 행정관 로버트 에저튼 경(Sir Robert Egerton)의 후원이 있었다.[111]

10년이 채 지나지 않아 121 개의 싱 사바가 생겨났다. 대중 교육과 인쇄 문화를 담당하면서, 이들은 문맹의 마을 사람들에게 접근하여 시크 단체와의 유대를 창출하려 하였다. 또한 펀자브어로 된 수많은 잡지와 신문의 출간을 포함하여 열정적인 문예 활동의 시작이 되었다.

암리차르의 리알 칼사 대학교

이데올로기적 목적을 위해 싱 사바는 시크교의 종교 교육에 현대적 교육 양식을 결합하려 하였다. 그 결과 1892년 암리차르에 시크교의 첫 번째 교육 기관인 칼사 대학교(Khalsa College)가 설립되었다. 영국 정부는 칼사 대학교의 설립을 열광적으로 지지했다. 이에 경의와 사의를 표하여 그 이름이 리알 칼사 대학교로 변경되었는데, 이는 펀자브의 총독이었던 찰스 제임스 리알(Charles James Lyall, 1845~1920) 경의 이름을 딴 것이었다. 곧 이어 펀자브의 각 지역에 칼사 대학교와 칼사 학교들이 설립되었다. 초등과 중등, 그리고 고등학교에 이르기까지 이 기관들은 과학과 문학, 영어와 구르무키, 그리고 시크교 경전에 대한 학습을 증진시켰다. 영어-모국어 커리큘럼 같은 것과 함께, 펀자브는 새로운 의식의 궤도에 들어서게 되었다.

시크 여성 교육의 선구자들

바이 타크트 싱(Bhai Takht Singh, 1870~1937)은 라호르에 있는 오리엔탈 대학교(Oriental College)의 졸업생이었다. 싱 사바의 뛰어난 지도자였던 교사들의 영향으로 바이 타크트 싱은 여성 교육의 강력한 주창자가 되었다. 그는 1892년 페로제푸르에 소박한 야외 구르무키 학교를 시작했다. 아내 하르남 카우르(Harnam Kaur)의 도움, 그리고 두 사람의 끊임없는 노력으로 1904년 기숙사가 세워졌다. 이에 시크 카냐 마하비디알라(Sikh Kanya Mahavidyala)가 시작되었는데, 이는 시크 여성 교육의 장려에 중요한 역할을 한 기관이었다. 타크트 싱은 정부의 지원을 받지 않았다. 그 대신 그는 랑군과 말라야, 싱가포르에 있는 시크 이주민 공동체를 여행하면서 기금을 모았다. 1907년 시크 카냐 마하비디알라야는 문학과 사회 잡지 *펀자비 바인*(Punjabi Bhain, '펀자비 자매들')을 시작했는데, 이는 싱 사바의 이데올로기를 전파하는 것이었다. 학교는 문학과 문화 활동의 중심지가 되었고, 이를 모범으로 라호르와 암리차르, 라왈핀디, 로파르에 특히 소녀들의 교육을 위한 학교가 세워졌다. 영국의 영향력 있는 동맹자였던 귀족 바바 켐 싱 베디(Baba Khem Singh Bedi, 1832~1905)는 시크 여성과 소녀들의 교육에 중대한 공헌을 하였다. 그는 여성을 위한 학교와 대학교 건립을 위해 거액을 기부하였다.

M. A. 맥컬리프: 시크교의 헌신적인 학자

독일 인문학자 에네스트 트럼프(Enest Trumpp, 1828~85)는 처음으로 시크교 경전을 영어로 번역하는 것을 시도한 인물이다. 트럼프는 몇몇 인도 언어를 공부했고, 그 어휘와 문법을 기독교 선교에 사용하기 위해 준비했다. 인도 성(省, India Office)은 그에게 시크교 경전의 번역을 의뢰했다. 그러나 1877년 출간된 트럼프의 작품은 노골적인 오리엔탈리즘으로 인해 아주 부정적인 평가를 받았다. 시크의 정서에 입힌 상처는 맥스 아서 맥컬리프(Max Arthur MacAuliffe, 1841~1913)에 의해 회복되었다. 영국 정부의 고위 공직자였던 그는 자신의 일을 포기한 채, 위대한 헌신과 감성, 예리함으로 시크교 경전의 번역본, 그리고 구루들과 성인들에 대한 연구서를 출간했다(1909년 옥스퍼드 대학교 출판부에서 출간되었다). 시크교인들은 기뻐했다. 맥컬리프는 자신의 작품에 대한 강연을 하도록 사원의 운영진에 의해 초대되었고, 그의 학문적 성공을 위해 구루《그란트》세 번 완독(*아칸드 파트, akhand path*)이 행해졌다. 비록 맥컬리프가 자신의 작품이 영국 정부의 후원을 받지 못한 것을 유감스러워 했지만,《시크교: 구루들, 신성한 저작들, 그리고 작가들》(The Sikh Religion: Its Gurus, Sacred Writings and authors)은 '시크 문학 세계의 횃불'로 간주되었다. 시크교인들은 맥컬리프가 임종하기 10분 전에 자프(시크의 아침 기도)를 낭송했다는 그의 비서 모하멧의 증언을 자주 인용한다.

바이 칸 싱 나바: 함 힌두 나힌

시크교가 힌두교의 분파라는 아리아 사마즈의 널리 알려진 수사학에 응답하면서 싱 사바 작가들은 자신의 독창적인 정체성을 분명하게 했다. 1898년 나바(Nabha)의 고위 성직자이자 탁월한 학자였던 바이 칸 싱(Bhai Kahn Singh, 1861~1938)은 《함 힌두 나힌》(Ham Hindu Nahin, '우리는 힌두가 아니다')을 출간했는데, 이 책에서 작가는 힌두와 시크의 대화를 통해 이들의 경전과 의식, 신앙 체계의 차이를 설명했다. 그는 주요 문헌들을 인용하면서 시크교가 독립적이고 자율적인 사회-종교 체계라는 것을 입증했다. 바이 칸 싱의 텍스트는 처음에는 힌디어로 작성되었다가 이후 펀자브어로 번역되었다. 그는 또한 《구르 샤바드 라트나카르 마한 코슈》(Gur Shabad Ratnakar Mahan Kosh, '시크 문학 백과사전')을 출간했는데, 이는 시크교 문제에 있어 가장 믿을 만한 문헌 자료로 간주된다. 그의 책 《구르마트 프라바카르》(Gurmat Prabhakar)와 《구르마트 수다카르》(Gurmat Sukhakar)는 시크교의 종교와 믿음을 이해하는데 기준이 되는 텍스트이다. 1885년 맥컬리프는 이 존경스러운 학자와 함께 시크의 역사와 문학을 연구하기 위해 나바로 갔다.

1909년 시크 아난드 법령

자신의 정체성을 더욱 의식하게 되면서 시크교인들은 통과 의례와 의식에 있어 자신만의 고유한 방식으로 수행하고 싶어 했다. 1909년 아난드 결혼법이 통과되어 시크교의 결혼 의식이 입법화되었고, 이후 시크교인들은 결혼식에 있어 더이상 힌두교의 의식을 따르지 않았다.

바이 비르 싱: 시인의 목소리

싱 사바가 생겨날 때 한 살이 안 되었던 바이 비르 싱(Bhai Vir Singh, 1872~1957)은 결국 시크교의 가장 열렬한 해설자이자 대변인이 되었다. 그는 교회에서 운영하는 미션 스쿨에 다니면서 영국 작가와 철학자의 책을 읽고 서구 사상에 동화되었는데, 이에 따라 답답한 고전적 구조와 수사를 깨뜨렸다. 동시에 그는 페르시아어와 우르두어, 산스크리트어를 공부했고, 그런 다음 시크의 유산으로 되돌아왔다. 그리고 모국어인 펀자브어로 되돌아왔다. 그는 문화와 언어 사이에 본질적인 연관성을 깨닫고 자신을 둘러싼 새로운 에너지를 포착하였고, 그리하여 펀자브어를 새로운 문학적, 예술적, 사회적 사상을 표현하는 강력한 언어로 변형시켰다. 그는 공동체의 과거를 일깨우기 위해 수많은 다른 장르를 적용했는데, 이때 신선하고 혁신적인 통찰력이 이용되었다.

바이 비르 싱은 방대한 저작의 작가였다. 그는 여덟 권의 시집과 네 편의 소설, 한 편의 희곡, 다섯 권의 전기, 그리고 아홉 권의 주요 텍스트를 출간하였고, 이 텍스트들에 세심하게 주석과 설명을 덧붙였다 - 여전히 저널리즘적 색채를 지녔지만 말이다. 그는 자신의 경력 말기에 구루《그란트》에 대한 공식적인 주석 작업을 시작하였고 이후 몇 년 동안 이 계획에 헌신했다. 불행하게도, 이는 살아있을 때 완성되지 못하였고, 그의 사후에 7권의 커다란 책으로 출간되었다. 자프에 대한 178 페이지의 주석(*자푸지 사히브 산티아Japuji Sahib Santhya*)은 그의 학문적 소양을 분명하게 보여준다. 시들은 아주 길고 깊이 있게 분석되었고, 비유와 상징, 용어에 대한 설명이 제공되었다. 개별 단어들의 어원이 추적되었다. 그리고 선행 주석에 대한 광대한 참고 문헌이 작성되었다.

다른 싱 사바 사상가들과 마찬가지로 바이 비르 싱도 여성의 역할이 중요하다는 것을 깨달았다. 그는 사회를 개혁하고 구루들의 윤리적 가치를 회복하기 위해 소설과 시를 썼다. 이때 순다리(Sundari), 라니 라즈 카우르(Rani Raj Kaur), 사트반트 카우르(Satvant Kaur), 수바그지(Subhagji) 그리고 수쉴 카우르(Sushil Kaur)와 같은 여성들이 강력한 역할 모델이 되었다. 이 여성들은 도덕적 힘과 정신적 감수성, 그리고 육체적 용기의 본보기였다. 이들은 동화 속 인물이 아니라 피와 살을 가진 인간이었다. 이들을 통해 바이 비르 싱은 구루 나나크를 통한 일자의 계시와 그 사회적 함의를 사람들에게 상기하고자 했다.

《순다리》(Sundari)는 펀자브어로 된 첫 번째 소설이다. 바이 비르 싱이 고등학생이었을 때 이야기를 구상했는데, 일부는 그때 쓰였다. 18세기로 거슬러 올라가는 시크 영웅들과 그 희생에 대한 이야기에 영감을 받은 그는 그 역사적 시기를 내러티브의 배경으로 선택했다. 그의 주인공 순다리는 힌두 가정에서 태어나서 시크교로 개종하였는데, 이에 전통적인 경전과 그 밖의 것을 포기했다. 순다리는 무한한 일자에 대한 총체적인 믿음을 구현하였고, 다섯 가지 시크 상징들을 착용하였고, 미신적인 의식을 거부하였고, 기꺼이 랑가르를 준비하였고, 용감하게 싸웠고, 그리고 그녀는 적과의 싸움에서 부상당한 병사에게 물을 주고 붕대를 감아주었다. 작가는 글을 쓴 목적을 자신의 목소리로 말한다.

> 이 책을 쓰는 우리의 목적은 지난날의 이야기를 읽으면서 시크교인이 신앙을 회복하게 하는 것이다. 시크교인은 영적인 이상 뿐 아니라 자신의 세계적인 의무를 추구하기 위해 능동적으로 준비해야 한다 ……. 높은 원칙들을 소유하는 것을 배워야 하고 ……. 그리고 다음과 같은 구루의 가르침을 고수하도록 배워야 한다: '모든 인간이 하나라

는 것을 깨달아라.'[112]

바이 비르 싱의 소설은 의식의 변화와 사회적 변혁을 요구하는 한편, 행동을 촉구하고 있다.

마찬가지로, 에드문트 스펜서(Edmund Spencer)의 《페어리 퀸》(Farie Queen)을 모델로 한 서사시 《라마 수라트 싱》(Rama Surat Singh)은 여자 주인공 라니 라즈 카우르(Rani Raj Kaur)를 통해 시크 신비주의의 정수를 제시한다. 라니 라즈 카우르와 그녀의 신성한 동반자의 다섯 세계 여행을 통해 구루 나나크의 자프의 마지막 연이 예술적으로, 그리고 알기 쉽게 되살아난다. 구루가 시적인 양식으로 썼던 것처럼, 바이 비르 싱은 시를 자신의 해석적 기술의 총체적인 부분으로 만들었다. 《라마 수라트 싱》(1만 2천 행의 시)은 1905년에 출간되었다. 뒤이어 보다 짧은 몇몇 시선집들이 나왔다. 이러한 시들의 형식은 펀자브 문학에서 혁신적인 것이었고, 시들은 즉시 유행하게 되었다. 윌리엄 워즈워스(William Wordsworth)나 존 키츠(John Keats) 같은 낭만주의 시인들이 영향력을 갖는 가운데, 새로운 형식은 펀자브어 시에 혁명적인 변화를 가져왔다. 바이 비르 싱의 유일한 목적은 시크교 경전의 메시지를 환기하고, 그 뜻을 명확하게 하여 이를 확장하는 것이다. 그는 시적으로 구루 《그란트》를 이해했고, 이를 시적으로 독자들에게 명확하고 생생하게 전달했다.

시인은 종종 인간의 복잡한 심리를 탐구했다. 그가 제공하는 어린 시절의 원시적이고 순수한 즐거움을 엿보는 것은 기쁜 일이다. 예를 들어 시 〈야생의 열매〉(Wild Berries)에서 전능한 연인은 버릇없는 어린아이와 비교되는데, 아이는 엄마의 손에서 무화과 캔디를 뺏을 뿐 아니라, 그것을 깨물 때마다 커다란 기쁨을 느낀다. 엄마의 무릎에서 초월적 무한자를 모음으로써, 바이 비르 싱은 일반적으로 사회에서 소홀히 되는 신성의 이미지들을 펼치는 것이다.

자신의 작품 전반에서 독특한 시크 정체성을 옹호했지만, 그러나 그는 이 모든 것을 시크 구루들의 다원적 모델 속에서 행했다. 그의 작품들은 인류가 공유하는 유일 실재를 환기시켰다. 시크교는 이슬람처럼 우상을 반대하는 전통을 갖고 있지만, 바이 비르 싱은 성상을 두려워하고 그래서 포비아의 희생양이 되는 광신도들을 비난했다. 《아반티푸르 드 칸다르》(Avantipur de Khandar)란 책에서 그는 카시미르의 아반티푸르에서 벌어졌던 힌두 신상의 파괴를 슬퍼했다. 펀자브어 시들은 최근 북아프가니스탄에서 탈레반에 의해 행해지는 바미얀 동굴(Bamiyan caves)에 있는 거대한 불교 석상들에 대한 공격을 날카롭게 상기하는 역할을 한다. 어떻게 그렇게 평화와 고요를 구현한 예술을 파괴하기 위해 무기와 폭탄을 사용할 수 있단 말인가? 단순한 야만적인 행위에 의해 파괴되어야 했던 이 오래된 성상들은 자신의 눈으로 무엇을 보았을

까? 시인에 따르면, 신상의 조각은 다시 맞출 수 있지만, 그러나 중요한 것은 왜곡된 비전의 문제였다: 우리는 어떻게 실재를 보기 시작할 것인가? 구루들의 메시지를 유지하면서, 그의 작품들은 외적인 차이를 통해 인류가 가진 예술의 내적인 아름다움을 보는 '눈'에 대한 절박함을 제시한다. 시인 싱 사바는 자신의 광범위한 텍스트를 통해 시크 공동체를 고무했다. 그리고 그의 작품들은 또한 전 세계 독자들을 위한 적합성을 갖게 되었다.

반-식민지 운동

1차 세계 대전 이후 우호적이었던 앵글로-시크의 관계에는 중대한 변화가 일어났다. 그것은 아래 상세히 설명되는 사건들에서 명백해지는데, 이 사건들은 식민지 인도에서 발생하였지만 해외에서 불붙은 세력들에 의해 혼합되어 나타났다. 20세기 초 캐나다에서 시크 이주민에게 가해졌던 인종 차별 정책과 인색한 처우는 제국의 충성스러운 아들의 환상을 깨뜨렸다. 이와 함께 신세계의 서부 해안에서 발생했던 가다르(Ghardar) 운동에 의해 영국 식민주의에 대한 혁명적 각성이 생겨났다(이는 9장 시크 디아스포라에서 살펴볼 것이다). 대륙 간 네트워크를 통해 소통되었던 혁명 사상이 식민지 펀자브에 있는 시크교인들의 정서에 연료를 제공했던 것이다.

람 싱 남다리

이미 1차 세계 대전 이전에 람 싱 남다리(Ram Singh Namdhari, 1816~1885)는 펀자브에서 비폭력 불복종 시민운동을 시작하였다. 그는 남다리스(Namdharis, 글자 그대로의 의미는 람(ram)을 받아들인 사람들이다. 시크의 주류가 경전만을 살아있는 구루로 간주한다면, 이 시크 분파는 자신의 지도자를 살아있는 구루로 숭배하였다. 남다리스는 집에서 만든 소박한 하얀 옷과 평평한 터번으로 쉽게 구별된다. 이 집단에서 일부 전문적인 고전 악사들이 나왔다)의 종교 지도자였다. 람 싱은 영국 제국주의에 대항하여 펀자브에서 자체적으로 통치 운동을 전개하였다. 그는 아마 영국 상품과 교육 서비스, 그리고 법에 대한 보이콧과 비협조를 정치적 무기로 사용했던 첫 번째 인도 사람이었을 것이다.

라캅 간즈 구르드와라의 벽

1912년 브리티시 라즈(British Raz)는 캘커타에서 델리로 수도를 옮겼다. 새로운 부왕 관저(지금의 대통령궁)를 만들기 위해 길을 내는 동안 라캅 간즈〔Rakab Ganj, 뉴델리의 구르드와라〕의 외부 벽이 부서졌다. 이 구르드와라는 구루 테그 바하두르가 화장된 장소로 예경되는곳이었다. 1675년 처형당시 제자 라키 샤(Lakhi

Shah)가 구루의 시신을 들고 빠져나왔는데, 공개적인 화장이 허락되지 않았기 때문에 라키 샤는 자신의 집에 불을 지르고 집과 함께 순교한 구루의 시신을 불태웠던 것이다. 라즈에 의해 파괴된 벽은 공동체에 깊은 상처를 주었고, 분노를 일으켰다. 인도의 부왕, 펀자브의 총독, 그리고 델리의 감독관에게 전보와 청원이 보내졌다. 마침내 1921년 벽은 다시 건축되었다.

잘리안 왈라 바그 학살 사건

라즈에 대한 시크들의 태도가 변한 결정적인 사건은 1919년 4월 13일에 일어났다. 이날 시크교인들은 바이사키 축제를 위해 여느 때처럼 신성한 황금 사원으로 갔다. 신전 근처에는 잘리안 왈라 바그(Jallian Wallah Bagh)라 불리는 높은 벽돌담에 둘러싸인 정원이 있었다. 이곳에서 많은 군중들이 평화로운 집회를 위해 모여 있었다. 당시에 영국 당국에 의해 그러한 집회는 금지되었다. 이를 알게 된 영국군 여단장 레기날드 다이어(Reginald Dyer)는 자신의 군대를 데려왔다. 경내의 좁은 입구를 막고 서서, 그는 부하들에게 그곳에 모인 수많은 무장하지 않은 무고한 남자와 여자, 어린 아이들을 향해 발포를 명령했다. 공식 통계에 따르면, 거의 4백 명의 시민들이 살해당했고, 1천 2백 명이 상처를 입은 채 치료를 받지 못하였다. 다이어는 자신의 행동이 '도덕적이고 광범한 효과'를 생산하기 위해 필연적이었다고 주장하였다. 그가 아무런 가책을 느끼지 않는 것이 분명했다. 1919년 바이사키는 인도의 독립에 대한 주장을 강화했고, 시크들은 제국의 충신에서 열렬한 민족주의자들로 탈바꿈했다. 이들은 영국이 인도에서 떠나기를 원했다. 21년 후에 학살에서 살아남은 우담 싱(Udham Singh)이라는 이름의 젊은 생존자가 런던으로 건너가서 캑스턴 홀(Caxton Hall)에 있는 마이클 오다이워(Michael O'Dywer)를 암살했다. 오다이워는 잘리안 왈라 바그 비극이 벌어질 당시 펀자브의 총독이었다.

자신들의 신성한 공간을 주장하다

영국의 통치하에서 구르드와라의 전반적인 운영은 마한트(Mahant, 성직자겸 경영자)의 손으로 넘어갔다. 마한트는 통과 의례의 수행을 담당하고 있었고, 또한 구르드와라에 부속된 땅을 소유하고 있었다. 영국의 지지자였던 그들은 신자들의 정서에는 크게 신경 쓰지 않았다. 기금의 착복과 시크 규범의 일탈이 일상적으로 행해졌다. 시크교인들은 완고한 마한트의 손에서 자신의 구르드와라를 해방하고, 이를 집단적으로 운영하여 그 수입을 공동체의 교육과 복지를 위해 사용하기를 원했다. 1920년 10월 12일 칼사 대학교의 학생과 교수단체는 구르드와라를 마한트의 통제에서 해방하기 위한 즉각적인 행동을 취하기 위해 집회를 소집했다.

시로마니 구르드와라 프라반다크 위원회와 시로마니 아칼리 달

시로마니 구르드와라 프라반다크 위원회(Shromani Gurdwara Prabhandak Committee, SGPC)는 시크 성전의 운영과 개혁을 위해 1920년 11월 15일 175명의 회원으로 구성되었다. 회원들의 중요한 이슈는 힌두교의 성상과 초상, 그 관습과 이데올로기를 제거하는 것이었다. 이들은 마한트와 영국 행정관에 대항하여 시크 성전을 장악하고, 자신들의 신성한 공간에 시크교의 정수들을 재건축하기 위해 비극적인 전투를 수행했다.

많은 구르드와라가 활동에 동조하면서 시크 지도자들은 정당을 조직할 필요가 있다는 것을 깨달았고, 1921년 1월 시로마니 아칼리 달(Shromani Akali Dal)이 모습을 드러냈다. 아칼리 달의 회원들은 SGPC의 정치적 손발이 되어 SGPC의 사상을 시크 대중 속에서 촉진하였고, 이에 구르드와라 개혁운동 자체가 아칼리〔akali, '영원한 자'(the timeless one, the eternal one)의 뜻〕운동으로 알려지게 되었다. 많은 경우에 있어 아칼리들은 운동을 쉽게 만들었는데, 그 이행은 순조로웠다. 그런데 구르드와라를 SGPC의 운영하에 두려는 아칼리의 시도에 심각하게 도전하는 다른 경우들이 많이 있었다. 일련의 비극적인 사건들 - 난카나 홀로코스트(Nankana Holocaust. 1921), 구루 카 바그(Guru ka Bagh. 1922), 그리고 자이토(Jaito, 1924) - 로 인해 수백 명의 아칼리가 생명을 잃었다. 그렇지만 이 모든 사건은 그들을 더 강하고 더 열성적으로 만들었다. 쿠시완트 싱(Khushwant Singh)에 따르면,

> 아칼리 운동은 대규모로 조직된 수동적 저항운동이 완전히 성공한 첫 번째 예이다. 마하트마 간디에 의해 시작되어 인도 국민의회에 의해 조직된 가장 커다란 시민 불복종 운동은 아칼리의 성취에 대한 단순한 모방에 불과했다. [113]

펀자브 정부가 그 크기를 제한함으로써 시크교인에게서 칼의 상징을 제거하려 했을 때, 교인들은 용감하게 탄압을 고발했다. 시크 청년 협회 서기장은 선언했다: '시크교인에게 칼은 브라흐민에게 신성한 실과 같다'(이는 9대 구루가 힌두의 종교적 자유를 수호하기 위해 자신의 생명을 희생한 것을 상기시킨다.)

황금 사원의 보석고 열쇠

1921년 11월 7일 영국인들이 황금 사원의 보석고로 들어가는 열쇠를 강제로 가져갔을 때, 시크교인들은 매우 의기소침했다. SGPC는 이에 강력하게 항의하면서 시크들에게 정부의 행위를 규탄하는 집회를 열 것을 요청했다. 웨일스의 왕자의 방문이 예정된 상태에서 시크들은 이와 관련된 그 어떤 행사에도 참여하지 않았다. 그 대신, 왕자가 도착하는 날 파업을 했다. 시크 지도자들이 감

독관 대리에 의해 체포되었고, 그 외에도 많은 사람들이 체포되었다. 검은 옷을 입고 휨을 부르면서 시크교인들은 기꺼이 영국의 감옥을 채웠다. 동요가 커짐에 따라 압박을 느낀 정부는 항복했다. 1922년 1월 19일 황금 사원에 모인 많은 사람들 앞에서 SGPC의 총재 산다르 카락 싱(Sandar Kharak Singh)은 붉은 천 - 상서로운 변화를 상징하는 - 에 싸인 열쇠꾸러미를 넘겨받았다. 마하트마 간디가 그에게 전보로 축하 메시지를 보냈다: '인도의 자유를 위한 첫 번째 결정적인 전투에서 승리했습니다. 축하합니다.'[114]

래드클리프 선

이렇게 많은 것을 얻었던 시크들은 조국이 분할되었을 때 그 모든 것을 잃었다. 힌두, 무슬림, 그리고 시크들은 모두 함께 영국의 통치에서 조국의 독립을 위해 싸웠다. 이 서로 다른 종교인들 간의 연대를 깨뜨리기 위해 영국인들은 지방 자치제를 장려했다. 그들은 1906년 연방 주들의 토지 소유주인 엘리트 무슬림들에게 자신의 이해를 대표하는 무슬림 연맹을 구축할 것을 독려했다. 그리고 1909년 인도인을 위한 분리 선거제도를 만들었다. 독립운동이 탄력을 받게 되면서, 정치 지도자들은 새로운 권력을 어떻게 나눌 것인가에 합의를 할 수 없었다. 영국이 점령하기 이전까지 인도를 통치했던 무슬림들은 자신만의 국가 파키스탄을 요구했다. 시크들은 인도 연방을 지지했다. 그렇지만 만일 파키스탄 건국이 용인된다면, 시크교 지도자들은 인도나 파키스탄과 연합할 권리를 가진 시크만의 분리 국가에 대한 요구를 표현할 것이었다. 구루 고빈드 싱의 시대부터 시크교인들의 마음속에는 시크 주권 국가의 개념이 각인되어 있었다. 매일 기도 예식 때 '*라즈 카레가 칼사(raj karega khalsa)* - 칼사가 통치할 것이다'를 기억했던 것이다. 마하라자 란지트 싱은 이들의 소망을 현실화했다. 영국이 떠나려 하는 지금 이들은 펀자브가 다시 시크의 것이 되어야 한다고 느꼈다. 만일 '힌두스탄'과 '파키스탄'이 있다면 '시키스탄(Sikhistan)'(때로 '아자드 펀자브'(Azad-Punjab) 혹은 '칼리스탄'(Khalistan)이라 불리는)도 있어야 한다. 영국이 떠나기 전날 무슬림-힌두-시크의 분파들은 거대한 세력을 모았다. 그리고 '분리 통치'라는 식민 정책은 끔찍한 결말에 도달했다.

암리타 프리탐(Amrita Pritam), 모한 싱(Mohan Singh), 프라브조트 카우르(Prabhjot Kaur), 아마르지트 찬단,(Amarjit Chandan), 수르지트 파타르(Surjit Patar), 고팔 싱 다르디(Gopal Singh Dardi), 다니 람 차트리크(Dhani Ram Chatrik), 피로즈딘 샤라프(Firozdin Sharaf), 그리고 닥터 파키르 무하마드 파키르(Dr. Fakir Muhammad Fakir) 같은 시인들은 희망의 메시지를 전했다. 이들의 작품은 펀자브인들에게 자신의 공통된 문학적 유산을 상기시켰다. 시인들은 자주 이들이 함께 마셨던 물, 함께 수확했던 들판, 함께 춤추었던 땅으로 돌아갔다. 시인들 중에서 가장 유명한 사람은 모한 싱(1905~78)과 암리타 프리탐(1919~2005)이었다. 두 사람은 자유와 일체감의 이상을 옹호했고, 자주 야심에 찬 새 형식을 펀자브의 전통적인 민속 리듬과 혼합하였다. 진보 운동에 맞추어 두 사람은 다작의 시인이 되었고, 유명한 상을 많이 받았다.

모한 싱은 인도인들에게 존재의 성냥갑에서 나오라고 호소했다. 그의 시 〈함께 춤을 춥시다〉(Come Let's Dance)에서는 애국적 정서가 분출된다. 역동적인 춤은 새로운 가능성과 친밀한 관계의 영역을 향한 발걸음이다. 동시대인의 꿈과 이상은 '커튼과 베일'(curtains and veils) - 계급과 카스트의 헤게모니, 종교와 젠더의 분리, 우리(we)와 그들(they)의 분리 - 을 벗을 때만 구현될 수 있다. 그들의 모국에 대한 사랑은 집단적인 공포를 흩뿌리는 힘을 갖고 있었고, 그들은 서로 친하게 포옹할 수 있었다. 그의 시 〈함께 춤을 춥시다〉의 시작 부분을 인용해 보자.

인도 사람들이여 와서
    함께 모입시다
강하게 만듭시다
    사랑의 리듬을

커튼을 열고
> 베일을 올리고

춤을 춥시다
> 가까이서 다함께

마십시다
> 애국의 와인을

취합시다 그리고
> 열중합시다

곡선의 스텝 속에
> 우리의 팔을 넓게 벌립니다.

함께 합시다 그리고
> 서로를 꽉 껴안읍시다 …….

모한 싱의 생생한 그림 속에서 부자와 가난한 사람, 무슬림과 힌두, 남성과 여성은 함께 춤을 추어야 했다. 그의 낭랑한 멜로디는 사람들이 두 팔을 벌리도록 고무했다. 시인은 일체감과 자유, 무아경의 축제에 초대했다.

대신에, 치명적인 살육이 있었다. 1947년 8월 15일 인도는 독립했다. 그렇지만 아대륙은 종교에 따라 나뉘었다. 한 번도 인도에 와본 적이 없는 시릴 래드클리프(Cyril Radcliffe)가 그 경계선을 그리는 책임을 맡게 되었다. 시대에 뒤떨어진 옛날 지도와 인구 통계를 놓고, 그는 인도와 파키스탄 국가 사이에 있는 펀자브를 가르는 선을 그었다. 그가 아무렇게나 그어 놓은 '래드클리프 선'(Radcliffe Line) 선은 아주 작은 마을(와가(Wagah)와 같은)까지도 갈라놓았는데, 이곳에서 시크, 무슬림, 힌두는 수 세기 동안 함께 살아왔던 것이다. 이슬람을 믿는 무슬림들은 펀자브의 서쪽으로 이주를 시작했고, 이곳은 현재 새로운 국가 파키스탄이 되어 뚜렷한 이슬람의 정체성을 지니게 되었다. 역으로, 시크와 힌두는 서쪽에서 동펀자브로 건너왔는데, 이곳은 현재 자유롭고 세속적인 인도에 속해 있다. 암리타 프라탐은 자신의 유명한 〈와리스 샤에 대한 송가〉(Ode to Waris Shah)에서 이 격렬한 폭동의 와중에 목격했던 즐거움과 공동체성에 대한 야만적인 파괴를 묘사했다. *푼즈(punj*, 다섯) *아(ah*, 강들)의 땅은 시체로 뒤덮였고, 그 물은 피로 가득 찼다.

> 오늘 나는 와리스 샤〔Waris Shah(1722~1798). 펀자브의 수피 시인〕가 무덤에서 말하기를 요구한다!
> 그리고 그의 사랑의 책을 다음 페이지로 넘기기를.
> 당신은 한 펀자브의 딸이 우는 것을 보았다, 당신은 한 장 한 장 썼다,
> 오늘날에는 수 없이 많은 딸들이 울고 있다, 그들은 와리스 샤 당신에게 외친다:

일어나시오! 오 고통 받는 사람들을 가엾게 여기시오! 일어나시오! 당신의 펀자브를 보시오!

땅은 시체로 뒤덮였다, 체나브(Chenab) 강은 피로 가득 찼다.

누군가 다섯 개의 강에 독을 쏟아 부었다 -

이제 그 물이 우리의 농장과 들판을 적시고 있다.

이 푸른 땅에서 모든 구멍이 독물을 내뿜고 있다.

빨강이 조금씩 넘실거리고 분노가 높이날아간다.

독바람이 숲을 가로질러 날아가면서 -

모든 대나무 피리는 뱀이 된다.

뱀들은 주문을 던진다, 그리고 하나씩 깨문다.

펀자브의 팔다리는 갑자기 푸른색이 된다.

노래는 깨어져 침묵이 된다, 조율된 현은 끊어졌다.

친구들은 둘로 나뉘었다, 그들의 회전 바퀴는 침묵에 잠겼다.

신혼의 침대가 높이 떠다닌다.

가지들이 흔들리고 부러진다.

언젠가 사랑의 숨결로 연주했던 피리는 잃어버렸다.

란자(Ranjha, 펀자브의 비극 로망스의 주인공)의 모든 형제들은 그 예술을 잊어버렸다.

대지에 뿌려진 피가 무덤을 적시고 있다.

사랑스러운 공주들이 성스러운 곳에서 울고 있다.

오늘날 사람들은 모두 악인, 미와 사랑의 도둑이 되었다.

어디에서 우리는 오늘 또 다른 와리스 샤를 데려올 수 있을까?
오늘 나는 와리스 샤에게 무덤에서 말하기를 요구한다!
그리고 그의 사랑의 책을 다음 페이지로 넘기기를.

암리타는 수피 시인 - 무슬림과 시크, 힌두에게 모두 사랑 받는 - 에게 무덤에서 나와 수백만의 펀자브인이 겪어야 했던 상상할 수 없는 잔혹한 행위와 싸우도록 호소하고 있다.

1천 2백만이 넘는 대규모 인원이 이주하는 동안[115] 시크교인들은 역사적인 구르드와라를 잃었는데, 여기에는 창시자 구루가 탄생했던 난카나 사히브도 포함되어 있었다. 이들은 자신의 힘으로 경작했던 서펀자브의 관개 지대에 있는 풍요로운 땅을 잃었다. 이들은 마하라자 란지트 싱의 치하에서 제국의 위대한 수도였던 라호르를 잃었다. 이들은 집을 잃었다. 이들은, 무슬림이 그랬던 것처럼, 독자적인 시크 국가를 갖지 못했다. 이들은 집단 광기에 사로잡혔던 펀자브인들 - 힌두와 무슬림, 그리고 시크 - 의 끔찍한 기억을 간직한 채 남아있게 되었다. 그 눈먼 분노 속에서 수많은 무고한 남자와 여자, 그리고 어린아이들이 죽음을 맞이했다. 이들의 몸, 이들의 마음, 이들의 가족, 이들의 집, 그리고 이들의 신전은 모두 야만적으로 파괴되었다. 이들의 총체성을 회복하는 것은 어려운 일이었다.

제8장
시크 예술

시크교의 예술은 상징적이다. 가장 눈에 띄는 시크교의 시각적 상징이 여기에 있는데, 이는 초월적 실재인 일자에 대한 구루 나나크의 신학적 개념을 표현한다. 이크 오안 카르는 예술과 수공업, 그리고 건축에 있어 장식의 형태로 광범위하게 사용된다. 이것은 집과 신전, 상점의 출입구, 벽, 창문에서 볼 수 있다. 도안은 비단, 대리석, 철, 금에 정교하게 새겨진다. 그리고 소의 안장이나 귀중한 캐노피에 수놓아지고, 책과 귀걸이, 펜던트에 돋을새김으로 새겨진다. 어떤

이크오안카르

식으로도 신성을 제한하지 않으면서, 숫자 1과 철자 oan, 그리고 무한한 기하학적 아치에 의해 생겨나는 리듬적인 통일성은 보는 사람으로 하여금 모든 것을 품는 무한자를 향하게 한다. 그 고유한 개방성이 시크 예술에 스며들어 혁신적인 패턴을 만들어내는 것이다.

'시크 예술'의 범주는 공동체로부터 위탁받은 의식적이고 종교적인 목적을 넘어선다. 그것은 시크에 의해 생산된 신성의 그리고 세속의 사물들, 시크가 후원하거나 지배하는 영역에서 만들어진 것들, 그리고 시크의 주제를 묘사하는 것들 모두를 포함한다. 지리적으로, 그 반경은 서쪽으로 중앙아시아와 아프가니스탄에서부터 동쪽으로 파트나에 이른다. 그렇지만 이렇게 풍요로운 시각적 자료들의 많은 부분은 아직 연구되지 않은 채로 남아있다. 인도 아대륙에서 생산된 불교, 자이나교, 힌두교, 이슬람교, 그리고 기독교의 예술이 중요한 학문적 주제가 되었다면, 시크교의 예술은 최근에야 관심을 받기 시작했다. 1999년 칼사 창립 3백 주년 기념일에 수많은 전시회와 학술 행사가 열렸는데, 여기에는 수잔 스트롱지(Susan Stronge, 1923~1998)가 런던에 있는 빅토리아와 알버트 박물관을 위해 기획한 '시크 왕국의 예술'(Arts of the Sikh Kingdoms)이 있었다. 이후 샌프란시스코의 아시아 예술 박물관(Asian Arts Museum)과 토론토에 있는 왕립 온타리오 박물관(Royal Ontario Museum)에서도 전시회가 행해졌다.[116] 인도에서는 뉴델리에 있는 인도 국립박물관을 위해 고스와미(B. N. Goswamy)가 넓은 범위의 전시회를 한데 모아 '경건과 광휘'(Piety and Splendour)라는 제목을 붙였다.[117] 2003년 샌프란시스코의 아시아 예술 박물관에는 서구에서 처음으로 시크 예술을 전시하는 상설 갤러리 사틴데르 카우르 카파니(Satinder Kaur Kapany)가 문을 열었다. 2004년 7월에는 폴 타일러(Paul Taylor)의 노력에 힘입어 스미스소니안 국립 자연사 박물관(Smithsonian's National Museum of Natural History)에서 '시크: 펀자브의 유산'(Sikhs: Legacy of the Punjab) 전시회가 열렸다. 2006년 고스와미와 카론 스미스(Caron Smith)는 뉴욕에 있는 루빈 예술 박물관(Rubin Museum of Art)의 전시를 위해 시크 예술과 신앙에 관한 자료를 한데 모았다. 이때 전시회의 제목이었던 '이방인은 없다'(I See No Stranger)는 인류의 공동 연대에 대한 구루 나나크의 메시지를 적절하게 전달하고 있었다. 이러한 전시회들은 크고 화려하게 작품들을 제공하는 한편, 주요 학문적인 성과들을 발생하게 했다.[118] 시크 예술에 대한 향후의 연구가 현대 문화들 사이에 친밀감을 양산하고 인도 문화사에 대한 창을 제공한다는 것은 의심할 여지가 없는 사실이다.

자남사키 삽화

시크 예술의 가장 초기 형태의 하나는 자남사키의 회화적 재현들이었다. 창시자 구루의 삶에 대한 내러티브(1장에서 이야기했던)는 대중의 상상력을 자극했고, 이를 시각적으로 표현하게 했다. 어디든지 크고 영향력 있는 공동체가 발전하는 곳에서는 이들의 정체성에 쉽게 접근할 수 있는 친근한 이야기들이 취합된다. 이는 펀자브의 암리차르, 아난드푸르, 담다마와 같은 종교적 중심에서 뿐 아니라, 10대 구루가 탄생했던 비하르의 파트나와 그가 사망했던 마하라슈트라의 난데르에서도 생겨났다. 이러한 중심지들에서 후원자들은 지역의 예술가들에게 의뢰했고, 그 결과 다른 시대 다른 지역에서 수많은 자남사키 작품들이 전해졌다.

물론, 이런 광범위하게 분산된 것은 많은 작품들의 경우에 있어 그 생성 날짜와 정확한 장소를 알기 어렵게 했다. 그럼에도 불구하고, 이는 매력적인 변주를 허용했다. 첫 번째 구루는 북인도의 굴레르 캉그라 양식〔Guler and Kangra style, 무굴 화풍의 영향을 받은 18세기 회화 양식〕으로 그려졌는데, 이는 동부의 무르시다바디(Murshidabadi) 양식이나 남부 데칸 양식에서 그려진 모습과 같다. 이를 그린 화가들 역시 힌두와 무슬림, 불교인, 혹은 자이나교인이었는데, 이들은 각자 자신의 종교적 믿음의 렌즈를 통해 시크 구루를 표현했다. 이들이 그리도록 선택한 이야기들은 각자의 개인적 관심사에 달려 있었고, 대부분 각자의 개별적 재능을 조건으로 하였다. 삽화의 양은 현존하는 원고에 따라 다양하게 나타난다: 발라 자남사키(1658년 날짜의)에는 29개, 바가리안(Bagarian) 원고(1724년 날짜의)에는 42개의 삽화가 있었고, B-40 자남사키(1733년 날짜의)에는 57개의 삽화가 있었다.[119] 일부 후기 버전에는 1백 개가 넘는 삽화가 있었다. 특성 또한 다양했다. 먼저 내용을 정해놓고 이에 맞춰 급하게 내러티브를 전개시킨 화가들이 있다면, 다른 화가들은 섬세한 디테일에 치중하여 심미적 정서를 자

카바 신전으로 발을 향한 나나크 (자남사키 B-40)

아내게 했다. 일가족이 화가였던 나인수크(Nainsukh, 1710~1778, '나인수크'는 '눈의 즐거움'(Joy of the Eyes)이란 뜻) 가족의 작품들은 세련된 그림으로 특별히 칭송된다.

또한 삽화들 간에 놀랄 만한 유사성이 있었다. 유포되는 작품들이 언젠가 복제된 것일 수도 있겠다고 학자들이 의심할 정도였다. 최근에 발견된 구겨진 종이에는 구루 나나크의 생애에서 벌어진 74개의 사건들이 섬네일 크기로 묘사되었는데, 이는 이러한 추측의 정당성을 입증한다. 비록 그 그림들은 대략적인 스케치였지만, 각각의 에피소드는 번호가 매겨져서 식별할 수 있었고, 페르시아어와 구르무키 활자가 간략하게 새겨져 있었다.[120] 이러한 복제는 구루 나나크의 삶의 이야기를 서로 다른 화가와 작가 집단이 다른 형식으로 전달하기 위해 사용되었다.

이렇게 밝은 색채와 극적인 장면들 속에서 화가들은 시크교의 창시자 구루와 관련된 우화와 알레고리, 기적적인 사건들을 그렸다. 우리는 어린 소년이 학교 가는 것을 본다. 손에는 쓰기 위한 나무판을 들었다. 이 판에는 작은 손잡이가 달려 있는데, 이는 이것을 잡는 사람은 새로운 도덕을 쓰게 될 것임을 통렬하게 상징한다. 우리는 십 대 소년이 들판에서 잠들어 있는 것을 발견한다. 이때 코브라 - 범 인도의 친숙한 예술적 모티프 - 가 뜨거운 태양으로부터 그를 보호한다. 예술가들은 나나크의 신성을 나타내기 위해 쉽게 알아볼 수 있는 형식으로 이야기를 전달했다. 그가 계시를 받는 순간은 B-40 자남사키(#28)에서 의미 있게 포착된다. 문서 텍스트에 따르면 '바바 나나크'(baba nanak)는 이 '무형의 일자의 신성한 장소에서 구루십을 받았다(*바바 나나크 느리나카르 데 마할 비츠baba nanak nrinakar de mahal vic*)'. 시각적으로, 구루 나나크는 프레임 한가운데 서 있다. 공손하게 손을 모아 위로 올린 채, 비스듬한 얼굴은 위와 아래로 모두 향하면서 흥미로운 다면적 전망이 만들어진다. 멀리 지평선 위의 나무와 관목들, 초록 잔디 위로 사방에서 튀어 오르는 색색의 작은 꽃의 다발들, 그리고 라밥을 연주하는 바이 마르다나의 전경이 무형의 일자의 신성의 궁전을 구성하고 있다. 경도와 위도의 현실 속에 위치하면서, 구루 나나크는 총체적인 무아경(ecstasy)에 있는 것으로 나타난다. 눈을 반쯤 감고 입술로 미소 지은 채 그는 자신의 밖에(ec) 있는데(stasis), 육체의 영역과 정신의 영역이 완전히 교차하고 있는 것이다(다음의 그림을 보라).

그의 결혼식을 묘사하는 삽화들도 있다. 신랑 나나크가 말 위에 앉아 있고 신부 술라크니는 일단의 여인들과 함께 가마를 타고 있다. 삽화들은 두 아들 시리 찬드(Siri Chand)와 라크미 찬드(Lakhmi Chand)를 보여준다. 그렇지만 가장 부드럽게 그려진 것은 그와 누나와의 관계이다. 남매의 만남(카파니 소장품에서)에 있어, 이들이 서로를 맞으면서 팔을 뻗을 때 애정이 뿜어져 나온다.[121] 이 삼각형의 구도에서 관객은 60도 각도의 리듬적인 벽 속

구루 나나크와 바이 마르다나 &바이 발라

에 있는 넓은 꽃무늬 디자인에서 누나와 남동생 사이의 좁은 거리로 기분 좋게 움직인다. 두 사람은 서로를 마주 보고 서 있다. 구루 나나크는 그의 동반자인 발라와 마르다나와 함께 있다. 나나키는 여자 친척과 함께 있다. 주인공들의 물리적인 공간 설정과 건축 배경은 남매간의 정서적 유대를 시각적으로 강화한다. 신성한 내면성을 지닌 채, 시크 구루는 이 세상에 아주 많이 속해 있는 사람으로 나타난다.

다양한 자남사키 삽화들은 구루의 초상을 그리면서 다른 종교와 사회적 배경을 가진 사람들에게 그의 진보적인 메시지를 전달한다. 그는 다양한 이야기를 통해 진실의 중요성과 공허한 의식의 무용함, 정직한 노동의 가치, 그리고 다른 대리인들이 아닌 유일 신성에 대한 복종이라는 자신의 메시지를 전달한다. 예술가들은 그의 교훈의 영향을 전달하면서 환호한다. 구루 나나크의 왼손에는 부자로부터 받은 빵에서 붉은 피가 떨어지고 있고, 오른손에는 가난한 목수로부터 받은 빵에서 영양 많은 우유가 떨어지고 있는데, 이는 한 번 보는 것만으로도 정직한 노동의 가치에 대한 잊지 못할 기억이 새겨지게 한다.

굴레르의 나인수크 가족 작업실의 그림에서 우리는 구루 나나크와 그 일행은 재 묻은 초라한 옷을 입고 땅 위에 잠들어 있는 출가자를 바라보는 것을 본다.[122] 호랑이 가죽 위에 황토색 옷을 펼치고 잠든 채 누워 있는 모습을 이중 시선으로 바라봄으로써 세상을 버리는 것(renunciation)이 완전히 헛되다는 것이 확실해진다. 예술가는 아이러니한 대조를 보여준다. 아무것도 모른 채 잠든 사람과 눈을 크게 뜬 관객이 대조될 뿐 아니라, 그의 둔탁한 몸과 죽은 호랑이의 뒤에서부터 말린 것처럼 보이는 활기찬 꼬리가 대조되는 것이다. 이 장면은 다음과 같은 문제를 되새기게 한다: 왜 살아있는 사람이 이 귀중한 생명을 포기하는가? '다이아몬드처럼 귀한 이 삶이 헛되어 진다(*히레 자이사 자남 하이 칸디 바들레 자에 Hire jaisa janam hai kandi badle jae*) - ' 라고 구루 나나크는 말했다(GG: 156)

다른 작품 〈구루 나나크와 쿠루크셰트라의 사제들〉(Guru Nanak and the Priests of Kurukshetra)에서는 구루 나나크가 정통파가 신봉하는 엄격한 채식주의에 도전하는 모습이 보인다.[123] 구루는 마하바라타(Mahabharata)가 쿠루(Kuru)와 판다바(Pandava)로 나뉘어 싸웠던 역사적 들판(*크셰트라kshetra*)에 있다. 그림의 중앙에 보이는 어두운 푸른 지평선에 내려앉는 태양은 일식을 가리킨다. 관습적인 시각에서 이 광경은 공간적으로 시간적으로 극히 신성한 것이다. 그림의 전방에는 순례자들이 물에 씻는 모습이 보인다. 그런데, 그 중간에 구루 나나크가 나무 아래 있고, 그의 뒤로 불 위에 그릇이 놓여 있다. 그리고 그 속에서는 사슴 고기가 요리되고 있다. 불만에 찬 금욕 수행자들의 무리가 구루에게 다가와서 이렇게 신성한 시간과 장소에서 고기를 요리하는 것은 신성모독 행위라며 그에게 손가락질한다. 그러나 구루는 다리를 접고 고요하게 앉아 있었다. 그의 손은 무릎 위에 놓여 있었다. 그의 옷은 구겨지지 않았다. 분홍색 숄이 그의 오른쪽 어깨를 부드럽게 덮고 있었고, 황금빛 후광이 그의 고요한 얼굴을 에워싸고 있었다. 이 그림은 그의 메시지를 설명한다: '고기는 푸라나에서도 서양의 경전에서도 금지되지 않았다'; '그것은 의식의 축제와 결혼식 축연에 사용되었다'(GG: 1290).

구루 나나크가 무슬림들과 관계되었을 때 이슬람 미학이 전면에 등장했다.[124] 구루 나나크의 발의 움직임에 따라 함께 카바도 따라 움직였다는 유명한 이야기 역시 화가들의 환상을 자극했다. 그러나 인도의 예술가들은 아라비아에 있는 카바가 어떻게 생겼는지 정확히 알지 못했다. 그들은 상상력에 의존해서 모스크와 비슷한 돔이 있는 건축물을 그렸다. 이때 첨탑은 시선을 그림 너머 위로 향하게 했다. 그리고 그들은 끝없는 아라베스크로 가득 찬 땅을 설계했다. 이 본질적으로 이슬람적인 배경에서 우리는 구루 나나크와 마르다나가 평화롭게 잠들어 있는 가운데 성난 물라〔Mullah, 이슬람 율법학자〕가 손가락으로 그들을 가리키면서 지팡이에 위태롭게 기대어 서 있는 것을 발견한다. 이것은 구루가 물라에게 신성이 존재하지 않는 곳은 없다는 것을 가르치는 흥미로운 장면이다. 마찬가지로, 구루 나나크가 피르 사야드(Pir Sayyad)와 아흐메드 하산(Ahmed Hassan), 그리고 피르 잘랄-우드-딘(Pir Jalal-ud-din) 같은 신성한 무슬림 남자들과 대화하는 곳은 전형적인 무굴 정원에서이다: 검은 벽에는 격자무늬 창문이 있고 바닥에는 다이아몬드 모양의 노란 타일이 깔려 있는데, 타일은 모두 추상적인 오렌지색 꽃으로 장식되었다.[125] 구루 나나크와 바부르 황제가 만났을 때, 두 사람은 각각 복잡한 기하학적 도안이 그려진 정사각형 카펫 위에 서로 마주 보며 앉아 있었다.[126] 바닥에는 또한 오렌지색과 노란색, 흰색이 흐르는 정교한 기하학적 무늬의 타일이 깔려 있는데, 이 색들은 시크 구루와 무굴 군주의 옷과 숄의 색깔에 상응한다.

구루의 전기에서 아기가 어린 소년으로 자라고, 검은 수염의 청년에서 회색 수염의 중년이 되고, 마지막으로 아주 흰 수염을 가진 위엄 있는 노인(*바바*/*Baba*)으로 성숙하는 과정을 묘사하는 동안, 그의 얼굴 모양과 의복이 변하였다. 예술가들은 개인적인 평화와 영적인 지혜를 갖고 있는 현자의 모습에 가장 많이 집중했다. 훗날 화가들은 그에게 후광을 씌워 그리기 시작했다. 범종교적인 형상에서, 그는 누더기 옷을 입고 어깨에는 수행자의 끈(*셀리*/*seli*)을 두르고 있는데, 머리에는 둥근 터번을 쓰고 있다. 그는 책을 들고 있다 - 손에 들고 있거나 아니면 그의 앞에 놓여 있다. 세월이 흐름에 따라 일부 도상적 클리셰(cliche, 상투적 기법)들이 생겨났는데, 이는 그의 옆에 놓인 물주전자(*카만달루*/*kamandalu*), 왼팔 아래 있는 팔걸이(*바이랑간*/*bairangan*), 목에 걸린 구슬 목걸이, 오른손에 든 묵주, 그리고 나무 샌들과 지팡이로 나타난다. 그의 초상은 다리를 교차하고 앉아 있는 것이 주요 형상으로 묘사된다. 옆에는 그와 떨어질 수 없는 무슬림 동반자인 악사 마르다나와 그의 힌두 신자 바이 발라가 있다. 바이 발라가 힌두 탁발승의 옷을 입고 앉아 기도에 열중할 때(때로 구루 나나크의 뒤에 서서 구루의 신분을 상징하는 부채를 공손하게 흔들고 있을 때도 있지만), 바이 마르다나는 늘 갖고 다니는 현악기 라밥을 손가락으로 튕기고 있는 것으로 나타난다.

구루 나나크는 어디를 가든지 누구를 만나든지 항상 승리했다.

부드러운 얼굴 표정과 깊은 눈길, 그리고 형상이 위치한 중앙에서 발산되는 고요한 권위는 그의 정신력을 시각적으로 전달했다. 그의 개방성은 혼합적인 의복 양식과 다양한 배경의 등장으로 명백해진다. 구루 나나크의 언어가 마르다나의 라밥과 만나서 원숭이들, 새들, 나무들 그리고 냇물들로 가득한 풍경을 따라 흐를 때, 시각적 도상은 진동한다. 자남사키 회화의 영향은 이렇게 매혹적이다.

구루 앙가드

두 번째 구루는 구루 나나크의 전기에서 중요한 인물이었고, 화가들은 커다란 관심과 존경을 갖고 그를 묘사했다. B-40 자남사키에서 그는 최소한 다섯 번 그려진다. 우리는 맨 처음 시크교의 테두리에 들어오기 전의 라히나를 보고, 그가 앙가드라는 이름을 갖게 되는 것을 본다. 그는 다른 세 사람과 함께 여신 두르가(Durga)의 신전에 가고 있다. 그들의 탄력적인 걸음걸이, 굽힌 무릎과 들린 뒤꿈치, 그리고 그 배경에 있는 힘찬 새들과 나무들은 이 장면에 활력을 불어 넣는다. 네 사람은 모두 손에 깃발을 들고 있다. 라히나는 또한 오른손에 작고 하얀 꽃을 들고 있는데, 그는 걸으면서 그 향기를 맡고 있다. 이 그림은 라히나가 구루 나나크의 정당한 후계자라는 것을 시사하는데, 구루에게 있어 신성한 지식의 척도는 감각적인 경험이기 때문이다: '향기를 맡는 자만이 꽃을 인식할 수 있다'(GG: 725).

B-40 자남사키(# 22)에서 그다음 그림은 미묘한 반전의 분위기를 나타낸다: 이제 사람들은 왼쪽으로부터 프레임 안으로 들어가고 있다. 이들은 나무 밑에 앉아 있는 구루 나나크에게 경의를 표한다. 멀리 오른쪽에는 마르다나가 라밥의 현을 연주하고 있다. 라히나는 텍스트에서 '순수의 하얀색' 옷을 입은 것으로 묘사되는데, 그가 절을 하자 구루는 오른팔을 뻗어 축복을 내리는 것으로 이에 화답한다. 내러티브가 있다: '너는 나의 몸과 떨어지지 않을 것이다'(*툰 메레 앙그 티 주다 나 호히가tun mere ang thi juda na hohiga*); '너는 나의 몸에서 태어났다'(*메리아흐 앙가후 툰 파이다 호이아 하이meriah angahu tun paida hoia hai*); '빛은 빛과 합해진다'(*조티 마히 조티 사마이joti mahi joti samai*). 이 그림은 구루 나나크가 제자인 라히나를 앙가드로 변형시키는, 문자 그대로 그를 *앙가(limb*팔다리)로 만드는 기본적인 사건을 묘사하고 있다.

삽화 #54에서 이들은 서로 대칭으로 마주 보고 있다. 구루 나나크는 왼쪽에 있고, 구루 앙가드는 오른쪽에 있다. 구루 나나크의 손은 하얗고, 구루 앙가드의 손은 검다. 구루 나나크는 한 손에 염주를 든 채 멀리 바라보고 있고, 구루 앙가드는 구루 나나크에 대한 경의의 표시로 두 손을 모으고 눈을 내리고 있다. 이 장면은 중년의 앙가드가 경애하는 나나크의 후계자가 되는 중요한 순간을 포착하고 있다. 구루 나나크가 무시간적이고 무공간적인 미래를 보는 동안, 젊은 후계자는 두 손을 모으고 자신을 구루의 자리에 위치시키는 책임을 받아들이고 있는 것이다. 마르다나의 라밥의 소리는 나나크의 입술에서 흘러나오는 영혼의 물결과 합류하여 우주적 협화음을 창조한다. 그리고 피어나는 꽃과 지저귀는 새의 음악과 조화되어 울린다. 위에서는 붉은 새가 이 장면을 목격하고 있다. 자남사키 텍스트에 따르면 구루 나나크는 말한다: '나는 나의 손을 너에게 놓았다. 네가 받은 것을 낭송하라(*마이 투드 우파르 하트 라키아 하이/ 지오 티오 아아크mai tudh upar hath rakhia hai / Jio tio aakh*).' 시크교의 창시자 구루는 자신의 신성한 유산을 무형의 단어의 형식으로 2대 구루에게 명확하게 전수했다. 다음 그림은 구루 앙가드가 자신의 영적 유산을 재요약하는 것을 보여준다: 그는 턱을 높이 들고 눈을 크게 뜨고, 그리고 그 인간적 실루엣이 무한의 공간과 합류하는 듯이 보이는 형상에게 말한다: '당신은 구루요, 당신은 고빈드다. 나는 다른 사람을 보지 않는다(*구루 투 하이 고빈드 비 투 하이 두자 코이 나자리 나힌 아르다 guru tu hai gobind bhi tu hai duja koi najari nahin arda*)' (B-40 자남사키, #55). 이렇게 텍스트의 시각적 번역은 그 문학적 영향을 강화한다.

구루들의 초상화

시크 구루들의 초기 초상화는 우아한 무굴 양식으로 그려졌다. 무굴 양식은 아크바르 황제에 의해 전개되어 그의 아들 자한기르와 손자 샤자한(Shah Jahan)에 의해 다듬어졌는데, 그 기초는 하먀윤(Hamayun, 제 2대 무굴 황제)에 의해 정립되었다. 그는 유배지였던 이란에서 두 명의 예술가 사이드 알리(Sayyid Ali)와 압두스 사마드(Abdus Samad)를 데려왔다. 이 두 명의 뛰어난 페르시아 화가는 힌두교, 자이나교, 불교의 지역 양식들을 통합하였고, 이후 수십 년 이상 독특한 '무굴' 양식의 예술을 구현했다. 무굴 통치자들 하에서 문화가 팽창함에 따라, 펀자브 평원과 파하리〔Pahari, 히말라야 산 기슭의 지역〕출신 예술가들은 무굴 양식의 회화와 초상화를 그리는 것을 배웠다. 이에 그들이 그린 시크 구루들의 모습은 그 육체적 형상은 물론 장신구와 터번, 자세까지도 무굴 왕자와 귀족들의 모습과 매우 닮아 있었다. 일부 작품은 무굴 세밀화의 특징인 복잡한 문양과 기술적 섬세함을 갖고 있었다. 구루들의 세련된 초상화는 변화한 예술의 중심지에서 생산되었는데, 굴레르와 캉그라, 빌라스푸르(Bilaspur), 누르푸르(Nurpur), 만디(Mandi)가 여기에 해당한다.

시크 공동체가 커짐에 따라 역사적 구루들의 '이미지'(image)가 매우 중요해졌던 것이 분명하다. 이에 이들은 마치 살아생전에 그려진 것 같기도 했는데, 구루 하르고빈드와 구루 테그 바하두르, 구루 고빈드 싱의 초상화에는 이에 대한 언급도 있었다 - 그러나 현재까지 확실하게 밝혀진 작품은 없다.[127] 시크교에서 우상숭배가 허용되지 않는 것은 그 시각적 표상이 적은 주된 이유였다. 데흐라 둔〔Dehra Dun, 인도 북부의 도시〕에 있는 람 라이(Ram Rai) 컬렉션은 시크 예술에서 초상화 장르의 가장 초기 예로 알려져 있다.[128] 이 그림들은 구루 하르 라이(나나크 7)의 첫째 아들인 람 라이(1646 출생)가 한 세트로 위촉하여 만들어진 것이다. 시크교의 전통에 따르면, 람 라이는 황제 아우랑제브의 환심을 사기 위해 경전을 잘못 인용했기 때문에 아버지로부터 의절을 당했고, 그 동생 하르 키셴이 8대 구루로 지명되었다. 이에 람 라이는 자신의 지지 세력을 구축하고 스스로 구루라고 선포하였다.[129] 구루들의 귀중한 '가장 초기' 그림 세트는 그의 후손들에 의해 데흐라 둔에 있는 구르드와라 람 라이에 보관되어 왔다. 무굴 학파의 한 화가가 일찍이 1685년부터 연작을 생산했는데, 그것은 나중에 구르드와라의 남쪽 문의 벽에 있는 벽화의 모델이 되었다.[130]

람 라이에게는 구루 나나크의 영적인 혈통이 매우 중요했던 것 같은데, 100년의 세월이 있음에도 불구하고, 그가 창시자 구루와 함께 앉아 있었던 것이다. 첫 번째 구루가 하얀 옷을 입고 손에 책을 들고 있는 초상에서 그 뒤에는 람 라이가 빛나는 붉은색 옷을 입고 손을 힘차게 뻗은 채 그와 같은 카펫 위에 앉아 있다. 그들의 머리 위에는 나무가 있다. 두 사람은 모두 마르다나와 발라가 각각 *라밥*과 *사랑기(sarangi*, 인도의 현악기, 7현으로 되어 있다)를 연주하는 것을 듣고 있다. 구루 앙가드와 구루 아마르 다스, 구루 람 다스, 그리고 구루 아르잔(나나크 2-5)은 화가에 의해 고안된 관습적인 도식을 따르고 있다. 이 네 명의 구루는 각각 단처럼 생긴 낮은 옥좌에 앉아 있는데, 뒤에는 시종이 손에 깃털비 *차우리(chauri)*를 들고 서 있다. 이미지들은 엄숙한 분위기를 풍기고 있는데, 이는 구루들의 위엄을 강조하기 때문이다.

람 라이의 증조 할아버지였던 구루 하르고빈드(6대 시크 구루)는 예외였다. 그는 지극히 열정적인 모습으로 나타난다. 이 소장품에 있는 그의 다섯 점의 초상화는 모두 독특한 매력을 지니고 있다. 그들 중 하나에서 그는 아들과 함께 의자에 앉아 있다. 이는 가족에 대한 구루의 부드러운 사랑을 반영하는 것이다. 다른 그림에서 그는 버드나무 아래 서 있다. 그는 이파리를 향해 오른손을 들고 있다. 세 번째 그림에서 구루의 손에는 새가 있는데, 그는 아주 조심스럽게 다루는 것 같다. 네 번째 그림에서 그는 오른손에 소용돌이무늬의 긴 칼을 들고 있다. 그리고 다섯 번째 그림에서 그는 말을 타고 있다. 이러한 이미지들 속에서 우리가 만나는 구루는 우아한 태도를 지니고 있지만, 그의 체격은 크고 우람하다. 실제로 그가 타고 있는 말이나 그 옆에 서 있는 사람들은 상대적으로 작게 보인다. 7대 구루(람 라이의 아버지)의 초상은 무굴 황제들이 취하는 전형적인 포즈와 아주 유사한 모습으로 나타난다. 그는 값비싼 보석으로 장식한 채 서 있는데, 제왕의 옷과 몸에 붙는 바지를 입고 한 손에 꽃을 들고 오른쪽 옆의 길을 바라보고 있다. 초상화에서 람 라이는 넓은 어깨를 가진 것으로 그려진다. 그의 손에는 권력을 상징하는 매가 있다. 구루 하르 키셴과 테그 바하두르, 그리고 구루 고빈드 싱은 이 소장품에서 모습을 드러내지 않는다.

열 명의 구루의 초상화들의 주된 흐름은 18세기 전반에 나타났다. 구루들은 가장자리에 있는 이름표로 구분되는데, 이는 페르시아어, 혹은 구르무키어, 혹은 데바나가리 문자로 쓰여 있다. 람 라이가 위촉했던 초상화들처럼 이들도 지역적인 무굴 양식으로 구성되었다. 구루와 관련된 각각의 상징들이 확고하게 고정되었다. 물론 구루 나나크가 가장 독보적인 형상이었고, 앙가드에서 아르잔에 이르는 네 명의 후계자 구루들은 그의 이미지를 모델로 하였다. 이들의 소박한 옷은 종교인의 복장이었고, 이들이 손에 들고 있는 염주는 그 사색적인 본성을 상징하였다. 이러한 것들은 6대 구루부터 변형되기 시작했는데, 그는 왕위의 표상을 들고, 터번 위에 깃털 장식을 꽂고, 무기를 지니고, 말을 타고, 그리고 거의 항상 장갑 낀 손에 매를 들고 있었다. 넓은 어깨와 무거운 허리띠는 그의 우람한 체격을 알게 한다. 3장에서 언급했듯이, 구루 하르고빈드는 1606년 아버지(구루 아르잔)의 순교 이후 구루의 자리에 올랐다. 이러한 비극적인 역사적 상황에서 그는 사람들에게 자유의 정신을 불어넣었고, 이를 통해 정치 관료들의 억압에 저항할 수 있게 했다. 시크교인에게 있어 그는 그들의 *사차(sacha*, 진정한) *파드샤(padhsah*, 황제)였다. 한 손에는 염주, 다른 한 손에는 매를 들고 있는 그는 시크교인의 정신적이고 정치적인 지도자였다. 이에 6대 구루부터 정치적 저항과 힘의 도상이 작용하기 시작했다.

그다음 세 명의 구루(하르 라이, 하르 키셴 그리고 테그 바하두르)는 앞선 다섯 구루들의 양식을 복제하였다. 그렇지만 파라솔과 시종들 - 왕의 위엄을 나타내는 기호(*락샤나 Iakshana*) - 이 함께 그려질 때도 그들의 초상화에는 고요한 영성이 드러나 있다. 예를 들어, 19세기 초 구루 하르 라이의 파하리 그림(굴레르의 나인수크 가족 공방의)에서 구루가 걷고 있을 때, 그 옆에는 시종이 커다란 우산을 45도 각도로 들고 있다.[131] 파라솔은 빛나는 공작 깃털로 장식되어 있는데, 이는 뜨거운 햇빛으로부터 구루를 보호하기 위한 것이었다. 그렇지만 어찌 되었든 거대한 파라솔과 심지어 뜨거운 햇빛까지도 선명한 아우라에 의해 압도되는데, 이는 구루의 내면의 빛을 상징하는 것이다. 데흐라 둔 컬렉션(그의 아들에 의해 위촉된)의 초상화와 달리, 여기서 구루 하르 라이는 보석을 거의 착용하지 않았다. 그는 무릎까지 내려오는 하얀 모슬린 외투를 입었는데, 그것은 아주 얇아서 화려한 재질의 통 넓은 바지가 비치는 한편, 위에 있는 하얀 청명한 하늘은 물론 건너편 나무에 있는 하얗고 고운 꽃송이와도 어울린다. 그의 앞에서 사냥개 대신 작고 귀여운 개가 걷고 있는데, 화가는 마치 개가 구루를 보는 것처럼 뒤돌아보는 모습을 포착한다. 이 장면은 일상 속에서 7대 구루의 영성을 생생하게 포착했다.

8대 구루인 하르 키셴은 소년 같은 모습으로 쉽게 알 수 있다. 그는 구루들 중에서 유일하게 수염이 없다. 1661년 아버지의 뒤를 이었을 때 그는 다섯 살이었다. 그리고 3년 뒤에 천연두로 세상을 떠났다. 화가들은 그가 부드러운 미소를 짓고 있는 것을 묘사했다. 9대 구루 테그 바하두르는 다시 사색적인 분위기로 묘사된다. 펀자브 평야의 18세기 회화는 그가 길고 노란 외투를 입고 레이스 같은 난간이 있는 우아한 대리석 테라스에 서 있는 모습을 보여준다.[132] 그의 뒤에는 시종이 깃털 비를 들고 서 있다. 그러나 텅 빈 것처럼 보이는 흐린 녹색의 배경과 바닥에 깔려있는 단순한 수공예 천은 그 화려함을 제거한다. 구루는 손에 지팡이를 든 것 외에는 다른 무기를 지니지 않았다. 구루의 위엄만이 유일한 초점의 대상인 것이다. 멀리 바라보는 그의 눈동자는 관객을 먼 지평선으로 인도한다.

구루 고빈드 싱과 함께 화려한 장관이 다시 연출되었다. 여기에는 거대한 경이로움과 활기가 동반되어 있었다. '*샤 이 샤한(Shah-i-Shahan*, 왕 중 왕, 페르시아 전통에서 이란 황제들에게 사용된 명칭)'이라 불린 10대 구루는 권력을 상징하는 온갖 도상들로 묘사된다. 그는 힘센 종마를 타고 있는데, 그 마구는 화려한 장식과 보석으로 꾸며졌다. 구루 자신은 변함없이 왕실의 의상과 값비싼 보석, 우아한 신발, 그리고 높은 깃털 장식의 터번과 함께 그려진다. 최고의 전사는 많은 무기들을 지니고 있다. 어깨에 비스듬히 활을 메고 있는데, 또한 한쪽 어깨에는 화살통, 다른 한쪽 어깨에는 칼을 메고 있다. 그리고 허리에는 단도를 차고 있다. 그는 한 손에 길고 아주 날카로운 창을 들고 다른 한 손에는 화살을 들고, 바람보다 빠르게 말을 탈 수 있는 느낌을 준다. 사냥개가 종마와 나란히 달리고 있다. 시종이 든 거대한 파라솔은 황제의 영광을 증대시킨다. 우리는 민속 음악에서 찬양되는 영웅의 묘사를 본다 - 하얀 매(*치테 바자 왈라chitteh baaja wala*)를 들고, 푸른 말(*넬레 고레 왈라neele ghore wala*)을 타고, 그리고 왕실의 옷(*칼기kalghi*)을 입은 것이다. 구루 고빈드 싱은 위대한 시인이고 예술의 위대한 후원자였지만, 화가들이 가장 많이 그린 것은 왕의 인격과 무사의 기술이었다. 이 초상화들은 이후 미술 시장에서 인기를 얻게 된다.

기억에 남는 것은 19세기 말에 그려진 구루 나나크의 수채화이다(현재 찬디가르의 국립 박물관 & 예술 갤러리에 있다).[133] 구루는 긴 수염을 기르고, 후광을 달고, 높고 둥근 터번을 쓰고, 그리고 매혹적인 긴소매 옷을 입고 있다. 자남사키의 하나에 따르면, 바그다드를 방문했을 때 구루 나나크는 신성한 《코란》의 구절이 수놓아진 명예의 외투를 받았다.[134] 옅은 황금빛 색조의 이 수채화에서 구루는 아랍어의 *낙시(naksh*, 작고 둥근 모양의) 서체가 온통 새겨진 옷을 입고 있었다. 손에 염주를 들고 깊은 생각에 잠긴 채, 구루는 테라스에 앉아 있다. 나뭇가지들이 그의 얼굴의 오른쪽 옆을 스친다. 멀리 무성한 잎들이 인상주의 화풍으로 묘사되어 있다. 가까이 가면 우리는 무굴 양식의 발코니 난간을 볼 수 있다. 더 가까이 가면 황제들이 사용하는 둥글고 커다란 쿠션이 있는데, 구루는 - 오른쪽 다리를 왼쪽 무릎 위에 얹은 채 - 이러한 왕실 배경에 완전히 정렬하여 앉아 있다. 쿠션의 풍성한 가로 주름은 그의 통 넓은 바지의 세로줄 무늬와 역동적으로 교차한다. 그가 쓰고 있는 터번의 원형 디자인은 쿠션 위의 원들, 그의 목에 걸려있는 목걸이, 그리고 오른손에 든 염주에서 리듬적으로 반복된다. 이 삼각형은 그의 주름 잡힌 숄에 있는 더 작은 삼각형 꽃들에 의해 장식되는데, 이는 그가 앉아 있는 카펫 가장자리에서 사각형과 만나게 된다.

이 영속적인 동작의 장면에서 구루는 신성한 《코란》과 숭고한 자프에 있는 구절들로 짜인 옷을 입고 있다. 자프의 구절들이 앞면 전체와 어깨를 덮고 있는 것이다. 이슬람교의 기도 *비스밀라 알 라흐만 알 라힘(bismillah al rahman al rahim)*과 시크교의 *아디 사쿠 주가디 사쿠 하이 비 사쿠 나나크 호시 비 사쿠(adi sacu jugadi sacu hai bhi sacu nanak hasi bhi sacu)*가 나란히 나타나는 것이다.[135] 구루 나나크의 옷의 다양한 실들은 모든 외부적인 디자인과 형태를 초월해 있는 일자를 강력하게 짜깁기한다. 경전에 대한 이러한 시각적 해석에서 작품은 '텍스트'(text, 짜다를 의미라는 *텍세르(texere)*에서 추출된)라는 용어의 의미뿐 아니라 모든 물질이 추출되는 단일한 초월적 기반을 설명한다. *라히마트(rahimat)* 혹은 *라힘(rahim)*에 대한 호소는 진리(Truth, *사쿠(sacu)*의 영속적인 자궁인데, 그것은 항상 있었고(*주가디 사쿠jugadi sacu*), 지금 있으며(*하이 비 사쿠hai bhi sacu*), 영원히 있을 것이다(*호시 비 사쿠hosi bhi sacu*). 이렇게 어디에도 마음의 주저함 없이, 이 그림은 영원한 일자, *이크 옴 카르*를 상상하고 직관할 수 있는 시각적 청각적 동력을 제공한다.

경전의 필사본

시크 예술에서 그림 혹은 장식이 있는 구루 《그란트》의 필사본은 아주 중요하다. 현 단계의 연구에서 필사본의 화가, 필사가, 후원자에 대해서는 많이 알려져 있지 않다. 이 분야의 선구자인 제반 싱 데올(Jeevan Singh Deol)은 세 가지 유형을 구분한다: *니산(nisan*, 페르시아어로 '기호'(sign) 혹은 '표장')이 있는 초기 필사본들, 채색 혹은 꽃 장식(*미나카리minakari* 혹은 **벨 부타***bel buta*)이 있는 필사본들, 그리고 삽화가 있는 필사본들이다.[136] 첫 번째 유형은 상대적으로 단순하다. 이는 구루들 중 한 명의 전기에서 유래된 것을 예술적 장엄함과 함께 시작 페이지에 그린 것이다. *니산*들은 보통 구루 《그란트》에 대한 서곡(물 만타르Mul Mantar)[137]을 이루는데, 이는 구루의 손으로 직접 소박한 종이에 쓰인 것이다. 신자들은 신성한 책에 있는 이것을 구루의 축복의 징표로 간주한다.

필사본의 두 번째 장르는 정교한 장식과 페르시아 작품을 연상시키는 채색으로 이루어져 있다. 단순한 이탤릭체(*나카시naqqashi*) 대신에 고도의 장식체(*타제브tazheeb*))가 나타나기 시작한 것이다.[138] 17세기부터 19세기 중반에 이르기까지 페르시아의 햇살(*샴사 shamsa*), 성스러운 빛(신성한 《코란》의 *누르nur*), 고도로 장식적인 이슬람의 푸른색과 황금색의 글자쓰기(*운반unvan*)가 시크교의 신성한 책들에 침투되었다. 이러한 예술적 양식들은 시크교의 책들이 아라비아와 페르시아 필사본의 필치를 훈련받은 전문적인 사본 채식사(彩飾師, *무자히브muzahhib*)의 작품이라는 것을 알려준다. 마하라자 란지트 싱의 치세에는 텍스트의 쓰기와 채색에 금이 광범위하게 사용되었는데, 문자 그대로 '*수네흐리 베에드*'(*sunehri beed*) 혹은 '황금 책'이었던 것이다. 시크교의 신성한 책의 가장 화려한 버전은 필사가들이 마하라자를 위해 금과 다이아몬드, 에머랄드를 넣은 잉크를 사용하여 창조되었다고 믿어진다.[139]

세 번째 범주는 장식적인 묘사를 더하는 것이다. 18세기 중반 즈음해서 구루 《그란트》 필사본의 장식의 양식이 변하였는데, 이는 주로 카시미르 화가들과 필사가들이 펀자브에 많이 유입된 결과였다. 예술가들이 무굴 제국의 멸망과 함께 직장을 잃고 파하리 학파 혹은 무굴 화가의 아틀리에를 전전하였던 것이다. 그들 중 일부는 겨울의 몇 달 동안 자신의 재능을 여러 의뢰인에게 제공하였는데, 다른 사람들은 종종 한 명의 후원자에게 몇 년 동안 고용되기도 했다. 그들의 장식적인 양식과 색채 선택으로 초기 이슬람 양식과는 다른 채식(彩飾)이 카시미르 예술가들에 의해 생산되었다. 구루 《그란트》의 필사본 삽화를 그리면서 카시미르 화가와 필사가들은 메인 텍스트의 시작 페이지에 열 명의 구루의 초상들을 넣기 시작했다. 구루들은 어떤 때는 가족과 함께 그려졌고, 다른 때에는 인도의 여신과 남신들과 함께 나타나기도 했는데, 보통 데비(Devi), 사라스와티(Sarasvati), 혹은 가네샤(Ganesha)와 함께였다. 뉴델리의 국립 박물관에 있는 화려하게 그려진 필사본에서 이크 오안 카르의 모형은 무형의 일자를 향해 뻗어있는 동시에 데비, 브라흐마, 시바, 비슈누, 락슈미의 전통적인 형상을 함께 포함하고 있다. 시크교는 비도상적(uniconic) 전통이므로 신성한 텍스트의 복사본에서 이러한 형상적인 이미지들은 논란의 여지가 있었고, 이에 작품의 권위에 대한 의문이 생겨났다.

경전 필사본의 채색과 삽화는 19세기 말에 갑자기 사라졌다. 인쇄소가 경전 복사본의 생산을 장악하게 되었던 것이다. 현대 책들에 있는 덩굴들, 꽃들, 기하학적 경계들은 잃어버린 아름다움에 대한 희미한 기억들이다.

시크 왕국의 예술

마하라자 란지트 싱(1799-1839)의 치하에서 시크 예술은 전례 없는 왕실의 후원을 받았다. 그리고 구루들과 그들의 메시지는 여러 다른 매개체를 통해 표현되었다. 마하라자의 관용은 무슬림과 힌두, 시크의 조화로운 공존을 장려했다. 그는 모든 종교의 예술가들을 후원하였는데, 이는 수많은 창조적인 장관을 연출해냈다. 강한 군대를 만들고, 소득을 올리고, 그리고 시크 제국을 확장하면서, 마하라자 란지트 싱은 또한 자신의 넓은 영토에서 서로 다른 신앙을 갖고 있는 사람들의 예술적 재능을 북돋았다. 그는 민중의 활력을 세련된 예술로 발전시키기 위한 많은 기회를 제공했다. 그의 풍요로운 치세 동안 거대한 요새와 궁전, 구르드와라, 모스크, 사원들이 건축되었고, 거대한 양의 금과 은으로 만든 제품들이 생산되었고, 값비싼 보석이 디자인되었고, 날카로운 무기들이 만들어졌다. 그리고 화려한 텐트와 캐노피, 마구 장식과 커다란 모직 숄이 만들어졌는데, 그 숄은 작은 반지 속에 끼울 수 있을 정도였다! 라호르와 암리차르, 스리나가르, 물탄, 그리고 시알코트와 같은 중심지역에서는 마하라자와 그의 궁정을 위해 만들어진 수공예 제품들이 생산되었다. 가장 눈에 띄는 것은 황금 사원의 장식과 구루《그란트》의 보석 캐노피, 마하라슈트라의 난데르에 있는 구르드와라에 헌정된 황금 책(*수네흐리 베에드sunehri beed*), 하페즈 모하멧 물타니(Hafez Muhammad Multani)가 만든 황금 옥좌, 그리고 남자와 여자 모두를 위한 정교한 보석인데, 여기에는 또한 전설적인 다이아몬드 코흐-이-누르도 포함되어 있었다. 이 다이아몬드는 1813년 아프간의 통치자인 샤 슈자(Shah Shuja)를 구한 대가로 마하라자가 그 왕실 가족에게 마지못해 하며 받은 것이었다.

동전 화폐

마하라자 란지트 싱은 동전을 주조하는 것으로 자신의 독립을 나타냈는데, 그러나 이를 열 명의 구루의 이름으로 하였다. 그는 이들의 최고의 권위를 깨달았고, 그리고, 역설적으로, 이들에게 복종하는 것이 자신의 주권을 정당화하고 넓은 영토를 통치하는 자신의 신성한 권리를 합법화한다는 것을 알고 있었다. 그는 17세기 초에 처음으로 시크 국가의 정치권력을 창조한 반다 바하두르(Banda Bahadur, 1708~16)를 자신의 모델로 삼았다. 동전에는 시크교인의 삶에 있어 중요한 이상이 구체화되었는데, 그것은 *데그(degh*, 요리 그릇)와 *테그(tegh*, 칼)의 승리였다. 공동 취사 음식을 재현하는 *데그*가 그 누구도 굶지 않는다는 것을 나타낸다면, *테그*는 안전을 시사했다. 칼은 정치적, 종교적, 인종적 억압에 대한 저항의 도구이다. 첫 번째 시크 동전에는 구루 나나크에서 구루 고빈드 싱에 이르는 영성의 전수가 페르시아어로 기념되었다: '구루 나나크는 주저하지 않고 나나크로부터 받았다/ 그릇과 칼을, 정복과 승리를.'[140] 초기의 동전에는 페르시아어가 새겨졌는데, 이후에는 구르무키와 데브나가리가 나타나기 시작했다. 이때 종종 *구루 나나크지(Guru Nanakji)*와 *아칼 사하이(Akal Sahai,* 영원한 일자는 수호자이다)라는 단어가 수반되었다. 마하라자 란지트 싱의 후원하에 만들어진 동전에는 흔한 *보리수(pipal)* 나뭇잎이 칼, 단도, 사자, 삼지창, 물고기, 깃발의 이미지와 함께 나타났다.[141] 암리차르에서 발견된 눈에 띄는 황금 동전은 1806년에 주조되었는데, 이 동전에는 구루 고빈드 싱의 이름이 페르시아어로 새겨져 있고 뒷면에는 여덟 개의 꽃잎이 달린 꽃이 있었다.[142] 마하라자 란지트 싱은 또한 여러 다른 금속을 사용하여 동전 모양의 시크의 토큰(token, 징표)을 만들었다. 대부분의 징표에는 첫 번째 시크 구루와 동반자 마르다나와 발라가 함께 한 쪽에 묘사되어 있었고, 다른 쪽에는 10대 구루가 자신의 왕실의 매와 함께 묘사되어 있었다. 많은 토큰에 *사트 카르타르(Sat Kartar,* 진리의 창조자)라는 단어가 새겨져 있었다. 한 황금 토큰에는 구루 나나크가 나무 밑에 앉아 있고, 뒷면에는 그의 물 만트라가 구르무키 문자로 새겨져 있었다.[143]

같은 맥락에서, 이후의 시크 통치자들은 구루들과 그들의 말씀을 자신의 정치적 권력의 표식으로 장려하기를 계속했다. 파티알라의 마하라자 부핀드라 싱(Maharaja Bhupindra Singh, 1891~1938)이 통치하는 기간에 문관 훈장에는 구루 고빈드 싱의

제왕적인 이미지가 *데그 테그 파테흐(Degh Tegh Fateh)*의 모형과 함께 새겨졌다.[144]

이 훈장들에 있는 꽃장식과 그 주위의 리본들은 매우 유럽적으로 보였지만, 그러나 이는 기본적으로 시크교의 종교적 이상과 이미지를 전달하고 있었다.

무기

구루 고빈드 싱이 사용한 무기들은 시크 제국의 강력한 상징이 되었다. 훌륭한 무기에 대한 마하라자 란지트 싱의 열정은 그의 치세에 만들어진 창, 칼, 단도, 활, 화살, 방패, 갑옷으로 알 수 있다. 그의 것이라 알려진 칼의 인상적인 자루 끝에는 말 머리의 모양이 디자인되어 있었다. 말은 입을 약간 벌리고 콧구멍을 벌렁거리고 있는데, 눈은 루비로 빛나고 있었다. 그리고 황금 칼날에는 상아 위에 마하라자의 초상이 값비싼 보석 테두리 안에 있었다.[145] 흥미로운 것은 그의 무기들 일부에 새겨진 구루들과 시크교의 성스러운 구절들의 형상이다. 예를 들어, 파티알라에 있는 구 요새(Old Fort)의 무기 박물관에 소장되어 있는 칼에는 구루 나나크가 바이 마르다나와 바이 발라와 함께 칼자루에 가까이 앉아 있는 가운데, 칼날을 따라 그를 승계한 구루들이 신자들과 함께 있는 것이 묘사되어 있다.[146] 또한 파티알라의 무기 박물관에는 구르무키 문자가 새겨진 단도가 있는데, 이는 '기도의 말씀들'(words of prayer)이라 해독되었다.[147] 마하라자 란지트 싱의 병사들이 쓴 높은 원뿔 모양의 터번에 있는 고리에는 구루《그란트》에서 발췌한 구절이 황금으로 장식되어 있었다.[148] 10대 구루는 무적의 두르가 여신의 위업에 대해 시를 지었는데, 이때 여신 두르가 역시 전투와 사냥, 승마 장면이 새겨진 세련된 황동 방패를 든 모습으로 나타난다.[149] 마하라지 란지트 싱 치세에 만들어진 이 방패는 무굴과 파하리의 장인성의 종합으로 간주된다. 여기에는 전장의 낙타들, 사자와 용이 싸우는 모습, 두 마리의 사나운 사자를 잡은 전사, 서로 맞붙어 싸우는 두 사람, 그리고 많은 무기를 지닌 여신 두르가가 물소 악마를 공격하는 모습이 그려져 있다. 마하라자의 치세에 만들어진 무기들은 선명한 예술적 감각을 보여준다.

숄

무굴 황제 아크바르처럼, 마하라자 란지트 싱은 숄을 매우 좋아했다. 1819년 그가 카시미르를 병합했을 때 라호르에 있는 그의 궁정으로 보내진 연례 공물의 일부는 숄로 치러졌다. 라호르는 숄 무역의 주요 중심지였고, 유럽인들은 이 화려한 상품들에 매우 감탄했다. 아주 초기였던 1784년에 총독이었던 워렌 헤이스팅스(Warren Hastings)는 자신의 아내를 위해 숄을 의뢰했는데, 아내에게 보내는 편지에서 '상상을 초월하는 아름다움'이라고 묘사했다.[150] 많은 양의 카시미르 숄을 소장한 것으로 알려진 나폴레옹

보나파르트의 황후 조세핀(Josephine)은 몇몇 경우에 이를 우아하게 걸친 모습으로 그려진다.[151] 란지트 싱의 군대로 이주한 나폴레옹 군대의 장군 알라르(Allard)와 벤투라(Ventura)는 프랑스 소비자를 위해 특별히 디자인된 숄을 파리로 수출했다. 파시미나 염소의 섬세한 울로 된 재료는 유럽인에게 커다란 호응을 받았다. 디자인은 17세기 무굴 궁정의 단순한 꽃무늬에서 활짝 핀 유럽식 꽃무늬까지 다양하게 나타났다. 어떤 것에는 심지어 지도까지 직조되어 있었다. 굴랍 싱(Gulab Singh, 란지트 싱의 후계자)이 갖고 있던 숄은 《시칸데르 나마》(Sikander Nama)에 등장하는 세세한 에피소드들을 보여주는데, 이 책은 알렉산더 대왕에 대한 책(the Book of Alexander the Great)이다.[152] 불행하게도, 1877년 식민지 펀자브에 기근과 함께 숄 방적 무역은 붕괴되었다.

　시크 마라하자의 번영의 시기에 실크 방적과 같은 다른 예술들의 오랜 전통 또한 커다란 자극을 받았다. 이 지역의 누에 생산이 변변치 않았기 때문에, 옷감 짜는 데 필요한 실은 보카라(Bokhara)에서 페샤와르를 거쳐서, 그다음에는 중국에서 봄베이를 거쳐서 수입되었다. 암리차르와 라호르, 파티알라, 물탄, 그리고 잘룬다르와 같은 펀자브의 몇몇 중심지에서 비단 실이 방적되고 염색되고 직조되었다.

　펀자브의 모든 자수 유형 중에서 가장 인기 있는 것은 *풀카리 (Phulkari*, phul/꽃 = kari/작품)였다. 무슬림, 힌두, 시크의 시골 여인들이 만든 색색의 풀카리는 결혼식과 축제에 입는 것이었다. 옷감은 보통 카다르(khaddar. 주로 인도 동부 지역에서 만들어지는 자연 섬유 소재의 옷감)였다. 이것이 지방에서 목면으로 만들어져서 녹슨 갈색으로 염색되었고, 그다음에는 명주 비단에 감치기로 기하학적 민속 무늬가 수놓아졌다. 이것의 보다 세련된 형태가 *바그(bagh)*인데, 이것은 아주 화려하게 수놓아진 옷감이 정원*(바그bagh)*이 된 것으로서, 이때 배경의 재료는 모두 사라졌다. 복잡하게 양식화된 풀카리의 디자인은 기쁨과 협동의 정신에 공명한다.

 마하라자는 다원적인 비전을 갖고 백성을 위해 구르드와라, 모스크, 만디르(mandir, 힌두 사원)를 건축했다. 그는 여신 칼리(Kali)의 사원에 값비싼 은으로 된 출입문을 기증하고, 신성한 《코란》의 필사본 복제를 위해 지극히 높은 가격을 지불한 것으로 전해졌다.[153] 시크교에 대한 충실한 믿음이 다른 신민들의 종교적 감성을 증진시키는 것을 방해하지 않았던 것이다. 그의 시대에 회화와 건축의 양식과 주제들은 풍부한 종교적 다양성을 드러냈다. 하르만디르의 도금은 물론 그의 주요 업적이다. 그는 이를 위해 금전적으로 크게 기부했고, 숙련된 무슬림 건축가와 석공, 조각가와 그 밖의 기술자를 암리차르에 초청하였다. 하르만디르 부근에는 예술가들을 위한 거주지와 더불어 모스크가 건축되었다. 야르 모호마드 칸 미스트리(Yar Mohommad Khan Mistri)는 황금 도금을 하였던 주요 기술자였다.

마하라자의 기여는 하르만디르의 입구에 구르무키 문자로 조각되어 기억된다: '위대한 구루는 지혜롭게 마하라자 란지트 싱을 최고의 종복으로 간주하였고, 시크교인들은 자비롭게 그에게 사원에 봉사할 특권을 수여했다.'[154] 현재 황금 사원은 성스러운 연못의 중심에 솟아있는데, 대리석 난간으로 경계된 길을 따라 이곳으로 다가갈 수 있다. 사원 외부의 하단에 있는 대리석 벽들은 쪽빛 금석, 얼룩 마노, 그 밖의 다른 반-귀금속으로 장식되었는데, 여기에는 *피에트르 듀레(pietre dure*, 장식 예술의 상감 기법) 기술이 사용되었다. 상단은 구리로 도금 된 판으로 덮여 있는데, 이는 주위를 둘러싼 물에 반영되어 흔들리는 모습으로 나타난다. 2층의 내부는 거울과 색유리가 변화무쌍하게 반짝이는 벽과 천정으로 장식되어 있는데, 이곳은 또한 1층에 모셔진 구루 《그란트》의 모습이 드러날 수 있도록 가운데가 뚫려 있다. 경전 구루 위에 놓인 진주와 보석으로 장식된 호화로운 캐노피는 마하라자가 제공한 것이다. 하르만디르의 벽에서는 아라베스크 무늬가 활기 있게 물결치면서 사슴들, 사자들, 코브라들, 코끼리들과 수많은 경계들을 창조하는데, 이 무늬에는 꽃병들, 과일과 요정들이 그려져 있다.

회화

이 독실한 시크 신자는 또한 다른 수백 개의 구르드와라를 장식했는데, 그 벽을 칠하기 위해 서로 다른 종교적 배경을 가진 예술가들이 고용되었다. 마찬가지로, 구루《그란트》의 아름다운 삽화들과 구루들의 초상화, 그리고 자남사키의 묘사들이 그의 광대한 제국 곳곳에서 행해졌다. 그의 후원하에 창작된 시크 구루들의 세밀화 초상들은 파하리 양식의 가장 훌륭한 회화로 간주된다.[155] 통치자뿐 아니라 그의 아들들, 산다왈리아(Sandhawalia)와 마지티아(Majithia) 같은 다른 귀족 가문들, 그리고 그의 궁정에 있던 유럽인들도 열성적으로 예술가들을 후원했다. 다른 종교적 신화적 전통에서 택한 주제들 또한 생산되었는데, 그의 궁전과 요새의 벽, 그리고 귀족들의 집과 영지에 그려진 에로틱한 주제 같은 것이 그것이다. 굴레르와 캉그라, 코틀라, 그리고 누르푸르 출신의 예술가들이 후원을 받기 위해 라호르와 암리차르에 있는 시크 궁정으로 이주 했다. 이들은 새로운 의뢰인의 미적 감각에 맞춰 자신의 기술을 변형시켰고, 이에 시크 왕국에서 시크 회화 학파가 번성하게 되었다.

란지트 싱은 천연두와 신체적 장애 때문에 초상화 그리기를 싫어했다고 전해진다. 그럼에도 불구하고, 예술가들은 그와 그의 매혹적인 궁정에 대해 열렬하게 환호했다. 헝가리인 아우구스트 쇠프트(August Schoefft, 1809~88)도 그들 중 한 명이었다. 〈라호르 궁정〉(The Court of Lahor)은 1855년 비엔나에서 전시되어 그에게 커다란 영광을 안겨 주었다(이는 7장에서 또한 언급되었다). 이 그림에서 쇠프트는 황금 사원에서 구루 《그란트》의 면전에 있는 마하라자를 그렸다. 도시 암리차르의 집들과 탑들을 배경으로 황금 사원이 가물거리는 물 위에 솟아있는 가운데, 우리는 마하라자가 야외에서 경건하게 경전 읽는 소리를 듣고 있는 것을 그림의 전면에서 본다. 쇠프트의 유화는 영국인 방문객의 문서를 입증한다: '《그란트》는 끊임없이 그에게 읽혀졌다.'[156] 다른 많은 예술가들은 그가 궁정에서 당당하게 앉아 있거나 힘과 영광을 다하여 말을 타는 모습을 그렸다. 에밀리 에덴은 란지트 싱이 그 전형적인 자세인 무릎을 접고 앉아 있는 모습을 그렸고, 또한 값비싼 에머랄드로 장식된 그의 말들을 스케치했다.

그의 아들이자 후계자였던 마하라자 셰르 싱(Maharaja Sher Singh) 또한 쇠프트를 후원했다. 그의 유명한 반짝이는 초상은 그가 보석을 걸치고 마하라자 란지트 싱의 황금 옥좌에 앉아서 칼을 높이 들고 있는 모습을 보여준다.[157] 서구의 향수와 그 밖의 다른 이국적인 물건들로 무장한 셰르 싱은 수염을 묶은 채 초상화를 그린 첫 번째 시크라고 믿어진다. 다른 작품에서 쇠프트는 셰르 싱이 라호르 요새의 우아한 격자무늬 홀에서 평의회에 둘러싸여 있는 모습을 그렸다. 그는 또한 어린 왕자 달립 싱을 그렸는데, 그는 화려한 붉은색 옷을 입고 펀자브의 황금 수가 놓인 신발을 신고, 손에는 보석이 박힌 칼을 들고 있었는데, 적절치 않게도, 나무 가지 위에 앉아 있었다.[158] 그는 자신의 어린 아이의 세계에 너무 몰입한 나머지, 화려한 복장과 시골풍경의 노골적인 대비는 알아차리지 못했던 것이다. 쇠프트는 또한 마하라니 진단이 쿠션 위에 당당하게 기대앉아서 베개에 머리를 대고 쉬는 모습을 스케치 했다.[159] 이 유럽의 예술가는 시크 화가들에게 영감을 주었는데, 쇠프트의

마하라니 진단

거대한 캔버스 이후 이들의 세밀화 양식이 변하였던 것이다. 3차원의 전망이 도입되었고, 보편적으로 유화가 그려졌다. 무굴의 초기 자연주의와 파하리의 서정화풍이 서구의 사실주의와 결합하였고, 시크 회화는 총체적으로 새로운 차원에 돌입하게 되었다.

라니 진단은 예외지만, 여성들의 묘사는 일반적으로 소홀히 되었는데, 현존하는 몇몇 작품은 마하라자의 궁정의 풍요로움을 넘어선 삶을 엿보게 하는 등, 특별한 매력을 갖고 있었다. 알라드 장군 가정의 한 장면에서 우리는 알라드 부인이 인도-유럽 혼합 양식의 옷을 입고 있는 것을 본다.[160] 그녀는 머리에 두건을 쓰고 손에 염주를 쥐고 수줍게 베개에 기대어 앉아 있다. 그녀 앞에서 아이들이 장난감을 갖고 놀고 있고, 뒤에서는 남편이 당당한 모습으로 의자에 앉아 있다. 프레임의 양쪽에서는 각각 펀자브인 시녀가 시중을 들고 있는데, 왼쪽에서는 우아한 유럽식 찻주전자로 차를 따르고 있고, 오른쪽에서는 알라드의 아이를 팔에 안고 있다. 두 사람 모두 머리에 두건을 썼는데, 얼굴은 가리지 않았다. 전형적인 펀자브식 옷(*살와르salwar*, 셔츠, *두파타dupatta*)을 입고 똑바로 서 있는 이 키 큰 펀자브 여인들은 거대한 힘을 나타낸다. 이 그림에는 전형적인 문화적 편견이 재현되어 있는데, 그것은 무거운 드레스를 입고 억압적인 장신구를 착용하는 '높은 계급'의 여인들이 자유를 향유하지 못한다면, '낮은 계급'의 여인들은 이를 향유한다는 것이다.

마하라자 란지트 싱의 시기에 펀자브 민담의 여주인공 사시(Sassi)와 헤에르(Heer)는 무슬림과 시크, 힌두에게 똑같이 소중하게 여겨졌고, 색채의 언어로 자주 등장했다. 무력한 푸누(Punnu)가 낙타를 타고 무기력하게 끌려가는 것에 화가 난 사시는 불성실한 알콜 중독 애인을 향해 달려가는데, 이때 친구들이 그녀를 붙잡아 돌아오게 한다.161) 시크의 후원하에 그림은 신화적 사실주의에서 새로운 사실주의로 이동하게 되었다. 하렘에 앉아서 춤을 추든지 아니면 서서 시중을 들든지, 어쨌든 인물들이 움직이고 있는 것이다. 인테리어 구조 또한 축소되었다. 펀자브 예술가들의 캔버스에서 우리는 젊은 여자가 한쪽 다리를 위로 올리고 팔꿈치를 기댄 채 침대 위에 편안하게 앉아 있는 것을 본다. 162) 그녀가 침대 끝에 서 있는 시종과 이야기하기 위해 앞쪽으로 기댈 때, 친숙한 역동성이 창조된다. 다른 그림에서는 작별 인사를 하는 두 쌍의 커플이 수직으로 프레임화 된다.163) 아마 남자들은 전쟁터로 나가는 것 같다. 이 이별 장면에서 여자들은 남편들을 힘껏 껴안는다. 이 여인들은 이상적인 낭만주의적 인물들이 아닌, 강하고 따뜻한 3차원의 주체들이라는 것이 명백해진다.

그렇지만, 반대로 마하라자의 장례식(런던의 브리티시 박물관에 있는)164)에서 가슴을 쥐어짜는 장면은 가부장적 규범의 우세를 폭로한다. 네 명의 왕비와 일곱 명의 노예 소녀가 영웅적인 *사티*를 준비하고 있다. 아처(W.G.Archer)가 '이 그림은 위대한 회화의 위엄을 결여하고 있다'고 논평했을 때, 이는 이 여성들의 거대한 희생과 용기를 하찮게 여긴 것이다.[165] 마하라자는 수의를 입고 누워 있는데, 수염으로 뒤덮인 그의 얼굴은 알아볼 수 있다. 그의 뒤에는 더이상 살아있는 존재가 아닌 사람을 위해 시종이 부채를 들고 있다. 가단 라니(Gaddan Rani. 란지트 싱의 힌두 왕비)는 자신의 *라즈푸트(Rajput.* 인도의 전사 계급. '왕의 아들'의 의미)의 전통과 교양을 명예롭게 한 것으로 기억되는데, 다른 왕비들과 시녀들에 앞장서서 죽음을 향해 백단향 장작 위로 올라갔던 것이다. 여성들은 왕실 서열에 따라 시체 주위에 앉아 있다. 왕비는 남편의 머리맡에 있고, 시녀는 그의 발아래 있다. 모두 다 이상할 정도로 고요하게 왕실의 주인에게 경의를 표하고 있다. 아래에서는 기름에 적신 두꺼운 갈대 자락에 불이 붙어 불꽃이 시작되고 있다. 이제 곧 그들의 살아있는 몸이 재로 변할 것이다. 이때 위에 있는 어둡고 위협적인 구름은 그들이 말하는 소위 '명예'라는 것의 무서운 실체를 나타낸다. 캉그라 지역의 예술가가 그린 이 그림은 구루들에 의해 폐기된 '*사티*'가 위대한 시크 마하라자의 장례식에서 실행되는 모습을 날카롭게 보여준다.

마하라자 란지트 싱의 죽음(1839년 6월 27일)과 그를 계승할 강력한 통치자의 부재로 인해 마하라자의 강력한 왕국은 얼마 지나지 않아 영국에 패하게 되었다(1849). 그 뒤에 이어지는 향수는 대규모의 상아 회화(paintings on ivory) 세트의 제작을 일으켰다.

이 그림에는 마하라자와 그의 가족들, 장관들, 전사들, 고문들, 그리고 그밖의 다른 유능한 사람들이 그려져 있다. 작은 타원 속에 있는 일단의 인물은 과거 시크교의 영광의 현전을 환기했다. 공업적인 생산으로 인해 상아 회화의 기술은 쇠퇴하였고, 펀자브에는 다른 예술 형식이 등장하기 시작했는데, 그중에는 석판인쇄, 목판화, 사진이 있었다.

라호르 왕국의 몰락은 다른 시크 왕국들의 영광을 밝혔다. 파티알라, 나바, 진드, 파리드코트, 그리고 카푸르탈라 등 풀키안 국가의 수장들의 통치 권력은 영국에 의해 확인되었다. 라호르 이후 펀자브에서 가장 중요한 시크 왕국으로 등장한 것은 파티알라(Patiala)였다. 만일 마하라자 란지트 싱이 코흐-이-누르로 유명했다면, 파티알라의 마하라자는 '파티알라 목걸이'로 유명했다. 마하라자 부핀데르 싱(Maharaja Bhupinder Singh, 1891~1938)은 '거의 골프공만큼 커다란' 다이이아몬드 데 베에르(De Beers)를 상속받았다. 그는 이를 카르티에(Cartier, 프랑스에 있는 전통적인 고급 보석상점)에 맡겨서 다른 두 개의 버마 루비와 함께 목걸이에 끼워 넣었다. 마하라자는 종종 반 파운드의 다이아몬드가 박힌 이 아르-데코(Art-Deco) 목걸이를 과시하며 사진을 찍었다. 이것이 본래의 모습으로 보인 마지막은 1941년 그의 아들 마하라자 야다빈드라 싱(Maharaja Yadavindra Singh)이 착용한 것이었다.[166]

그의 선조 마하라자 나린데르 싱(Maharaja Narinder Singh,

1824~62)은 파티알라의 '가장 계몽된' 통치자로 알려져 있었다. 그는 예술의 커다란 후원자였고, 그와 함께 파티알라는 북인도의 서로 다른 지역 출신의 서로 다른 종교를 가진 화가와 시인, 악사, 건축가, 장인, 그리고 조경사들의 문화적 중심지가 되었다. 뛰어난 클래식 가수가 궁정에 초대되었고, 힌두스탄 음악의 파티알라 가라나(gharana)가 커다란 명성을 얻었다. 자이푸르와 파하리 지역, 그리고 무굴 궁전 출신의 뛰어난 예술가들이 그의 요새와 궁전, 그리고 신전의 확장된 벽에서 작업하기 위해 파티알라로 이주했다. 여러 다양한 예술가들은 함께 일하면서 혼합 양식의 작품들을 창조했다. 파티알라 시장의 중심부에 위치한 구 요새의 벽 위에서 혹은 몇 마일 떨어진 모티바그 궁전(Motibagh Palace)의 거울 홀에서 우리는 시크 구루들 뿐 아니라 또한 바이슈나바[Vaishnava. 힌두 신 비슈누를 숭배하는 학파]와 샤이바[Shaiva. 힌두 신 시바를 숭배하는 학파], 샥타[Shakta, 힌두 여신 샥티를 숭배하는 학파]를 본다.[167] 구루의 말씀에 대한 마하라자의 최고의 충정은 완벽하게 캔버스에 포착되었다. 거대한 행렬 속에서 마하라자 나린데르 싱은 후광이 달린 위엄 있는 모습으로 코끼리 위에 앉아 있는데, 그의 주위에는 왕자들과 신하들, 제복을 입은 병사들이 빈틈없이 대열을 이루고 있다. 우리의 눈이 색색의 호위병의 동작에 따라 움직일 때, 우리는 행렬을 이끄는 것은 가마 속 둥근 천장 아래 있는 구루《그란트》와 그 수행자라는 것을 알게 된다. 뛰어난 예술 역사

가 고스와미(Goswamy)가 말하듯이, 마하라자는 경전 구루에 봉사하는 작은 추종자, 신자일 뿐이었다.[168]

마하라자 난디르 싱이 예술을 장려하는 방식은 파티알라의 후계자들, 그리고 나바와 카푸르탈라, 파리드코트, 그리고 진드의 통치자들에게 모범이 되었다. 시크 구루들에 대한 그림과 삽화가 들어 있는 필사본들, 풍성한 벽화들, 일련의 왕실 초상화들, 그리고 사회의 소리 없는 '낮은' 부분을 포착한 작품들이 시크 왕국 전체에 걸쳐 생산되었다. 키셴 싱(Kishen Singh)과 비샨 싱(Bishan Singh), 카푸르 싱(Kapur Singh)과 같은 시크 화가들은 커다란 인기를 얻었다. 시크 라자의 잃어버린 영광이 재현되었고, 이들의 사실주의적 상황이 구아슈화〔gouache, 고무를 수채화 물감에 섞어 불투명하게 그린 그림〕, 수채화, 그리고 유화에 기록되었다. 마하라자들은 예술과 함께 시크 학문을 장려했다. 유명한 작가 바이 칸 싱(Bhai Khan Singh)은 나바 국가의 명백한 후계자의 교사로 임명되었다. 파리드코트(Faridkot) 주의 관대한 통치자들의 후원하에 시크교 경전의 첫 번째 완전한 주석이 준비되었다. 1897년 파리드코트의 마하라자는 황금 사원에 전기를 설치하고 공동 주방의 새 건물을 건축하기 위해 많은 금액을 기부했다.

파티알라 도시는 수공예품으로 유명세를 이어갔는데, 그것들은 한때 마하라자의 궁정에 공급했던 것이다: 보석, *자리(zari*, 금을 수놓은 자수), *주티(jutti*, 황금 자수된 신발), 그리고 *파란디*

(parandi, 비단 장식술)와 *날라*(nala, 주머니 끈). 이 도시는 또한 시크 여인들이 입는 느슨한 펀자브식 살라와르를 만든 재봉사, 그리고 그 염색사로도 유명했다. 선조에게 받은 색채에 대한 특별한 지식을 지닌 무슬림 '마스테르지'(Masterji, 거장)는 펀자브의 사랑받는 염색사였다 - 그가 터번(남자가 쓰는)이나 두파타(dupatta, 여자가 쓰는)에 물들인 색깔은 세탁기로도 씻어낼 수 없었다. 파티알라의 좁고 북적이는 시장의 흥겨운 상점은 결혼식이나 특별한 행사에 있어 이곳으로부터 가까이 살거나 멀리 살거나 상관 없이 시크교인들에게 필수적인 방문 장소였다.

20세기 화가들

20세기의 문화적, 정치적 변화는 수많은 남성과 여성에게 흥미로운 작품을 창조하는 새로운 계기를 마련했다. 우리는 그 몇몇 작품들을 살펴보고 이들의 미학적 비전에 대한 이해를 시도할 것이다.

암리타 셰르-길

암리타 셰르 길(Amrita Sher-Gil)은 시크교인 아버지와 헝가리인 어머니의 딸로 태어났다. 그녀는 자신의 짧은 생애(1913~41)

〈자화상〉 암리타 셰르-길

에서 인도 예술의 행로를 변형하였다. 자주 인용되는 그녀의 말에 따르면, '유럽은 피카소와 마티스, 브라크, 그리고 그 밖의 다른 많은 사람의 것이다. 그러나 인도는 오직 내 것이다.' 이 뛰어난 젊은 여성 예술가는 새로운 실존주의적 사실주의 미학을 과감하게 인도 회화에 도입했다. 그녀는 당시 유명한 벵골 학파의 작품에 대해 거리낌 없이 공개적으로 말했다: 완전히 삽화적인 특징을 지니고 있는데, 그 대중성은 회화적 우수성이 아닌 낭만적 호소에 기대고 있다.'[169] 그녀는 오리엔탈적인 낭만주의가 인도 예술을 지배하는 것을 거부하였고, 예술가 개인이 각자의 고유한 관점에서 실재를 묘사할 자유를 갖는 새로운 운동을 선포하였다. 그녀는 자신의 회화와 편지에서 정체성, 자율성, 신빙성의 문제를 제기했다. 셰르-길은 인도의 현대 회화에서 가장 각광 받는 인물이다. 그녀의 작품은 뉴델리에 있는 국립 현대 미술관의 핵심적인 소장품이다.

셰르-길은 런던의 테이트 현대 박물관(Tate Modern)에서 개인 전시회를 했던 첫 번째 인도인이었다. 인도 고전 예술의 전통과 페르시아의 예술 교육이 결합한 그녀의 역량은 몇몇 혁신적인 작품의 창조로 이어졌고, 이는 인도의 수많은 다음 세대 예술가들에게 방향을 제시했다. 실제로 그녀의 독특한 양식은 서구 예술사와 인도 예술사 모두에서 자리를 차지한다.

 셰르-길은 1913년 부다페스트에서 태어났다. 그녀의 귀족적인 시크교인 아버지는 타는 듯한 붉은 머리카락을 가진 활달한 헝가리인 오페라 가수와 사랑에 빠졌다. 그녀는 밤바 진단(Bamba Jindan, 마하라자 딜립 싱의 딸) 공주가 펀자브를 방문할 때 함께 수행한 적이 있었다. 1차 세계 대전 동안 가족은 헝가리에 머물러 있었고, 잘리안 왈라 바그 비극이 발생한지 2년 후인 1921년 인도로 돌아왔다. 이들은 영국 라즈의 여름 수도였던 심라에 정착했다. 이후 그녀의 특별한 재능을 알아차린 가족은 파리로 이주했고, 암리타는 16세의 나이로 국립 미술학교(École Nationale des Beaux Arts)에 입학하였다. 그녀는 이 학교에서 후기 인상주의 화가 루시앙 시몽(Lucien Simon)에게 지도를 받았다. 그녀는 헝가리에서 여름을 보냈다. 정체성이 형성되던 이 시기에 셰르-길은 헝가리인과 펀자브인의 혼합적인 성격을 탐색할 시간을 갖게 되었다. 외가의 가톨릭과 유대교 전통과 함께, 아버지로부터 시크교 전통을 상속받았던 것이다. 그녀가 어머니로부터 물려받은 음악과 예술의 영역은 '몽상적인'(star-gazing) 아버지로부터 물려받은 언어와 사진의 영역에 의해 보완되었다.

파리는 자유로운 영혼을 지닌 10대 소녀에게 완벽한 장소였다. 이국적인 외모와 무엇을 찾는 듯한 커다란 눈, 두터운 입술, 그리고 열정적인 태도로 셰르-길은 파리에 있는 전 세계의 화가들, 악사들, 무용가들, 망명가들 그리고 모험가들과 친구가 되었다. 도시는 그녀에게 집안의 숨 막히는 귀족적 분위기와는 다른 보헤미안적 생활양식을 제공했다. 그녀는 자신의 육체적 감각을 의식하게 되었고, 그 예술적 천재성으로 인해 사적인 에너지를 공적인 영역으로 가져갈 수 있었다. 그녀의 그림은 생생한 색채로 그려진 작품을 보여준다. 그녀는 자신의 주체를 여성에게서 찾았고, 일련의 감각적이고 고도로 긴장된 누드를 그리기 시작했다. 〈잠〉(Sleep, 1932)은 그녀의 여동생 인디라(Indira)를 그린 작품이다. 전통적인 서구적 전망에서 그려진 이 작품은 마네(Manet)의 도발적인 '올림피아'(Olympia)를 연상시킨다. 인디라가 편안한 자세로 누워있다. 그녀는 왼쪽 팔을 용의 비늘이 수놓아진 분홍색 숄에 기대고 있는데, 이 용은 인디라의 머리에 화답할 뿐 아니라 또한 그녀의 육체의 사악한 동요를 따라가고 있다. 이로부터 2년 후 셰르-길은 폴 고갱(Paul Gauguin)에 고무되어 〈타히티 여인 복장의 자화상〉(Self-Portrait as Tahitian, 1934)을 그렸다. 그녀는 이국적이고 비서구적인 형식으로 자신의 몸을 그렸는데, 그렇지만 유럽의 남성 화가들의 기본을 준수했다. 그녀의 얼굴 생김새는 그녀임을 쉽게 알 수 있게 했는데, 이는 고갱이 자신의 인물들에게 했던 것보다 그녀가 자신의 초상에 더 많은 개성을 부여했기 때문이다.

인도에서 멀리 떨어져 있는 것은 그녀로 하여금 자신의 예술적 자산을 깨닫고 성숙하게 하는데 도움이 되었다. 아버지에게 보내는 편지에서 그녀는 그것을 인정했다.

> 현대 예술은 인도의 회화와 조각에 대한 이해와 염려로 저를 이끌었습니다 ……. 역설적인 것 같지만 확실하게 알 수 있었습니다. 만일 우리가 유럽과 멀리 떨어져 있지 않았더라면 아잔타의 프레스코나 기메 박물관(Musée Guimet, 프랑스 파리에 있는 박물관. 아시아의 회화와 예술품이 전시되어 있다)의 작은 조각품이 르네상스 전체를 합한 것보다 더 귀중하다는 것을 결코 깨닫지 못했을 것입니다.[170]

인도로 돌아오는 길에 그녀는 널리 아대륙 전체를 여행하면서 박물관과 사원, 동굴들을 방문했다. 그녀는 날카로운 시각으로 아버지 나라의 서로 다른 여러 예술 장르들을 받아들였다. 그녀는 아잔타의 불교 동굴과 힌두 동굴 속에 있는 프레스코에 깊이 빠져들었다: '약동적이고 자극적인, 섬세하고 말할 수 없이 사랑스러운'이라고 그녀는 편지에서 묘사했다.[171] 봄베이에서 그녀는 칼 칸달라발라(Karl Khandalavala(1904~1995) 인도의 변호사이자 예술

감식가)를 만났다. 그는 그녀에게 라즈푸트와 무굴, 바솔리, 파하리 학파의 매혹적인 세밀화들을 보여주었다. 세밀화의 열정적인 수집가이자 지도적인 예술 비평가였던 칸달라발라는 이후 셰르-길의 가장 열렬한 옹호자가 되었다. 인도 예술의 발견과 함께 셰르-길의 서구 예술 교육은 결정적으로 변화하게 되었다. 폴 고갱과 세잔, 마네와 모딜리아니 같은 서구 예술가들에게서 흡수했던 기교에 인도 회화와 조각에 대한 매료가 덧붙여진 것이다. 그녀는 자신의 다문화적 비전을 증명하는 독자적인 성격의 양식을 발전시켰다. 그녀의 그림들은 점점 더 현대적이고 단순하고 양식화된 형식이 되었다. 강렬한 색채와 구성이 일차적인 중요성을 갖게 된 것이다.

인도에 돌아온 셰르-길은 민족 운동의 발흥을 목격했다. 많은 인도 화가들이 강렬한 신화적 형상들을 황금 색조로 그리기 시작했다. 인도의 고유한 이름 '바라트'(Bharat)는 여신의 신체 - 강들과 산들, 숲들과 사막들을 유기적 총체로 하는 - 로 간주되었는데, 이는 새롭게 작열하게 되었다. 강력한 '바라트 마타'(Bharat Mata, 마더 인디아)는 영국 라즈에 대항하는 독립운동의 상징이 되었다. 거대한 시각화와는 대조적으로, 암리타는 식민지 인도에서 봉건 토지에서 살아가는 평범한 사람들의 공허한 삶을 탐색하기 시작했다. 〈마더 인디아〉(Mother India, 1935)에서 그녀는 슬픔에 찬 농부 여인을 그렸다. 여인은 절망적으로 머리를 숙인 채 병약한 아들과 딸과 함께 앉아 있다. 아이들의 눈은 공포로 가득 차 있다. 셰르-길의 〈마더 인디아〉는 '마더 인디아'의 아들들이 그들의 민족주의 이데올로기 속에서 창조한 우선적이고 지배적인 여성의 이미지에 대한 통렬한 안티테제였다.

인도의 황폐함은 전혀 다른 방식으로 셰르-길을 매료시켰다. 그녀의 말에 따르면,

〈마더 인디아〉 암리타 셰르-길

> 이것은 인도의 겨울의 비전이다. 황폐한, 그러나 여전히 이상하게 아름다운 - 빛나는 노란-회색 땅의 끝없는 흔적들, 어두운 몸, 슬픈 얼굴, 믿을 수 없이 마른 남자와 여자들, 이들은 거의 실루엣처럼 조용히 움직인다. 이들 위에는 형용할 수 없는 멜랑콜리가 지배한다. 이것은 육감적이고 화려한 색채의 밝고 외향적인 인도와는 다르다. 내가 볼 것이라고 기대했던 매혹적인 여행 포스터는 거짓이었다.[172]

그녀는 빠른 속도로 〈언덕의 남자〉(Hill Men), 〈언덕의 여자〉(Hill Women), 〈걸인들〉(The Beggars), 〈쿨리 보이〉(Coolie Boy), 그리고 〈해바라기를 든 여인들〉(Women with Sunflower)을 그렸다. 그림의 주제는 심라의 매혹적인 거리에서 부자 나리가 탄 릭샤를 끄는 여윈 남자들, 노점상인들, 걸인들, 그리고 그녀의 부유한 가족과 친구들의 아파트에서 일하는 남녀 하인들이었다. 셰르-길은 사회의 상류층을 위해 일하는 남자와 여자들의 빼앗긴 영혼을 그렸다. 이 단계에서 그녀는 그동안 배웠던 사실주의 양식에서 탈피한다. 셰르-길의 인물들은 길어졌는데, 더 평평해지고 더 색채에 의해 고취되었다. 그녀가 말하듯이, '나는 개인적으로 선과 색채, 디자인을 매개로 사람들의 삶, 특히 가난하고 슬픈 사람들의 삶을 전달하려고 했다 …….'[173]

그녀의 여성 주체들은 심히 복잡하다. 그들은 서로 다른 계급과 카스트, 다른 지역 출신으로 나타나지만, 그러나 모든 경우에 존재의 공허함이 넘친다. 보다 후기 작품에서는 편자브인들이 두드러진 주체로 나타난다. 비록 전형적인 편자브의 살와르-카메즈〔salwar-kameez, 튜닉과 바지로 구성된 전통의상〕를 입고 두파타〔duppata, 머리나 목에 두르는 스카프〕를 하고 있지만, 이들이 시크인지 힌두인지 아니면 무슬림인지 식별하기는 쉽지 않다. 미묘한 방식으로 예술가는 이들이 처해있는 공통적인 어려움을 전달했다. 이 편자브 여성들은 모두 똑같이 가부장제의 희생자인 것이다. 그녀의 작품들은 요란하지 않지만 커다란 공감을 이끌어낸다. 셰르-길의 캔버스에서 평범한 상황에 있는 평범한 주제들은 말로 쉽게 표현할 수 없는 현실의 평범하지 않은 혹독함을 선명하게 보여준다. 심지어 결혼식이나 친구와 함께 있을 때와 같은 소위 행복한 순간들에서조차 깊은 감정적 이탈을 보여주는 것이다. 여기서는 〈신부〉(The Bride)와 〈차르포이 위의 여인〉(Woman on the Charpoi), 두 작품을 살펴볼 것이다.

두 그림 모두 셰르-길의 말년에 그려졌다. 신부는 타는 듯이 붉은 옷을 입고 창백한 녹색 벽에 기대 있다. 그녀의 둥근 팔과 가슴은 도발적인 엉덩이에서 감각적으로 재연되고, 그녀의 검은 머리를 장식하는 둥근 황금 핀에 화답한다. 신부의 몸을 휘감고 있는 가벼운 스카프를 통해 몸과 엉덩이, 팔에 꽉 끼는 블라우스가 보인다. 아이러니하게도, 신부의 육감적인 신체의 생생하게 둥근 모양들은 비스듬히 경사진 얼굴에 의해 잘려지고, 또한 둥근 가발의 꼭대기에서부터 바닥 아래까지 비스듬하게 내려진 원형의 작은 금속으로 장식된 스카프에 의해 날카롭게 교차하면서 이중으로 절단된다. 눈에 체념의 빛을 띤 채, 그녀는 텅 빈 미래를 응시한다. 빛나는 크림슨 색깔의 옷과 금속으로 장식된 스카프, 그리고 머리에 있는 보석은 그녀의 어두운 마음을 배가시킨다. 잔혹한 사회적 규범이 그녀의 주체성을 통제하는 것처럼, 꽉 조인 의상은 그녀의 넘치는 열정을 통제한다. 그녀는 자신과 자신을 둘러싼 세계 모두에게서 물러서 있다. 그녀는 이제 자신이 태어난 집을 떠나 남은 생을 남편과 그 가족에게 바쳐야 한다. 그리고 그녀의 부모는 지참금과 선물의 끝없는 짐을 지게 될 것이다.

'무기력한 장난감'의 모습을 하고 있는 이 그림 속의 신부는 예술가가 12세 때 표현했던 것이다. 그녀는 자신보다 한 살 정도 위인 신부가 이미 3명의 아내가 있는 50세의 남자에게 시집가는 것을 보았다. 가족의 압박을 조용하게 받아들인 '사랑스럽게 젖은 눈'을 가진 고독한 어린 신부의 처지에 공감하면서, 어린 셰르-길은 이에 대해 자신의 일기에 썼던 것이다.[174] 암리타 셰르-길의 말 없는 신부의 입에서 우리는 암리타 프리탐(Amrita Pritam)이 쓴 시 "카냐 단"(Kanya Dan)을 들을 수 있다.

> 상서로운 헤나에 얼룩지고
> 아른거리는 크림슨에 가려지고
> 황금 사슬에 묶인
> 그의 살의 일부, 그녀의 자궁의 딸
> 오 위대한 아버지, 오 위대한 어머니,
> 너는 얼마나 많은 축복을 받았는지!
> 　　　　……
> 다이아몬드는 결코 울지 않는다,
> 소는 결코 말하지 않고

처녀는 영원히 말이 없다.

이 두 명의 암리타는 20세기 인도의 가장 뛰어난 여성 예술가들이었다. 셰르-길이 시각의 영역을 지배했다면, 프리탐은 방대한 분량의 시와 단편, 장편 소설로 문학의 세계를 지배했다. 두 사람 모두 흥청거리는 축제의 장면에는 보이지 않는 여성의 착취와 왜곡을 성공적으로 폭로했다.

셰르-길의 〈차르포이 위의 여인〉(Woman on the Charpoi,

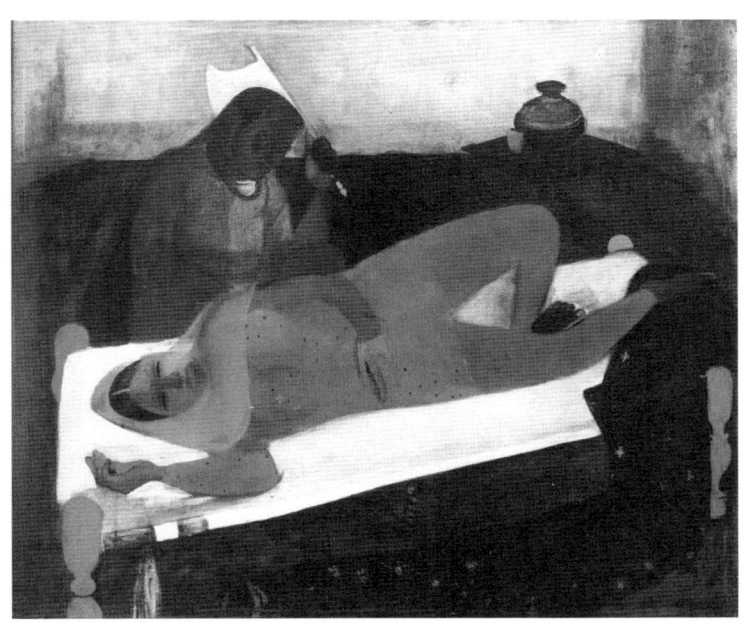

〈차르포이 위의 여인〉 암리타 셰르-길

제 8장 시크 예술

1940)은 〈신부〉보다 더 복잡하다. 칸달라발라에게 보내는 편지에서 셰르-길은 자신의 그림에서 색채에 대해서 열정적으로 썼는데, 다른 것은 쓰지 않았다.[175] 마치 세계를 오직 색채로만 보는 것 같았다. 이 그림에서 젊은 여인은 '하얗게 바랜 노란 차르포이[그물이 있는 나무 침대]'에 왼쪽 무릎을 기대고 있는데, 그 옆에는 부채를 든 시종이 바닥에 앉아 있다. 멀리 한쪽 구석에는 물주전자가 있다. 주위의 열기는 여인의 선정적인 자세에 상응하고 빛나는 붉은색 옷에 또한 상응한다. 사실, 그녀 머리의 '작열하는 붉은색' - 결혼의 문화적 상징 - 은 '불꽃의 혀처럼 그녀 주위에' 서 있는 침대 기둥을 불태운다. 붉은색은 부채의 나무 손잡이와 주전자 옆에 있는 유리컵, 여인의 발에 있는 헤나에서 다시 반복된다. 명백한 선정성에도 불구하고, 이 화면에는 또한 완전한 권태와 게으름이 있다. 무언가 몹시 어긋나 있다. 침대에 떨어져 있는 '빨강과 크림색의 작은 꽃들이 수 놓인' 검은 청색 옷은 그녀의 빼앗긴 순정을 가리킨다. 피폐한 정서가 화면을 지배하고 있다. 그곳에 있던 남자는 떠났다. 시종이 들고 있는 부채는 움직이지 않는다. 여인들은 서로를 쳐다보지 않는다. 어두운 시종('검붉은 갈색 피부가 무척 매력적인')은 '노란색 투명한 어스름한' 배경으로 물러서 있다. 침대 밑으로 나태하게 뻗은 그녀의 발은 침대 위 매트리스에 무심하게 놓여 있는 그녀의 손에 살며시 맞닿으려고 하고 있다. 텅 빈 눈동자와 패배적인 자세는 그녀들의 거짓된 존재 양식을 나타낸다.

모든 것이 정지되어 있다. 상위 계급의 새로 결혼하는 여인과 그녀의 시녀는 모두 남성 중심 사회에 저당 잡혀 있을 뿐이다.

다른 두 개의 그림은 분위기가 좀 다른데, 여기서 우리는 시크 주체들을 구분할 수 있다. 이 두 그림도 마찬가지로 1940년에 그린 것으로 〈악사들〉(The Musicians)과 〈고대 이야기꾼〉(The Ancient Story Teller)이란 제목의 그림이다.[176] 두 작품에는 역동적인 동작과 감정 그리고 청각적 반향이 있다. 첫 번째 작품에서 우리는 한밤의 푸른색을 배경으로 하얀 터번을 쓴 시크 삼인조의 음악을 보고 듣는다. 이들은 기하학적 무늬가 있는 전형적인 펀자브의 손으로 짜인 무명천(두리 durri) 위에 서로 가깝게 앉아 있다. 우리에게 가장 가까이 있는 악사는 손에 탄푸라〔tanpura, 전통 현악기〕를 들고 있다. 그는 크고 늠름한 모습 - 셰르-길이 심라

〈악사들〉 암리타 셰르-길

혹은 인도의 남부 지방을 여행한 후에 그린 모습들과는 매우 다른 -을 하고 있다. 그는 또한 세 사람 중에서 가장 검다 - 사실, 그는 너무 검어서 오른쪽 손목에 있는 카라가 보이지 않을 정도이다. 눈에 확 띄는 하얀 셔츠는 그의 검은색 피부와 마력적인 대비를 이룬다. 이것만으로는 충분하지 않다는 듯이, 색채의 애호가는 그의 목 주위에 타는 듯한 오렌지색 금잔화를 그렸다. 하얀색은 가운데 앉은 악사의 터번으로 이동하였다가, 다시 셋 중에서 가장 젊은 드럼 연주자의 터번에서 반복된다. 젊은 드럼 연주자는 세 사람 중에서 가장 하얀데, 그는 눈을 감고 조용히 영적인 기쁨을 발산하고 있다. 가로로 된 그의 넓은 돌락(dholak, 전통 타악기)은 리더가 들고 있는 세로의 탄푸라와 더불어 리듬적으로 직각을 이룬다. 인물들에게는 근접성과 유동성이 있고, 인물들 간에는 색조의 평형이 있다. 빛나는 하얀색은 그들의 직업적이고 영적인 유대를 효과적으로 밝혀낸다. 이들의 얼굴에서는 평화가 발산되고, 이와 함께 악기에서는 기쁨의 선율이 나온다. 이들은 무언가 커다란 기념할 만한 것이 있다. 이것은 셰르-길의 행복한 그림 중의 하나일 것이다.

파하리 세밀화의 구성과 서정주의에 대한 매료는 〈고대의 이야기꾼〉에 나온다. 이 그림은 구루 나나크가 쿠루크셰트라에 앉아 있는 가운데 뒤에 고기를 조리하는 그릇이 있는 자남사키 삽화를 상기시킨다. 슬프게도, 이것은 셰르-길의 마지막 완성 작품의 하나가 되었다. 마치 자신의 정체성을 찾아 어머니의 세계인 헝가리를 떠나 파리로 갔다가, 인도로 돌아가는 길에 인도 아대륙을 발견하고, 그리고 이제 그녀는 아버지의 시크 세계로 들어가려고 하는 것처럼 보인다. 이 야외 장면은 우리를 대칭적 구조의 넓은 정원으로 데려간다. 한가운데에 남녀 두 사람이 서로 등을 맞대고 땅 위에 앉아 있다. 이들은 등이 굽어있는데, 각각의 부드러운 색조의 복장이 가로로 확장됨에 따라 두 개의 분리된 반원처럼 보인다.

오른쪽에는 흰 터번을 쓰고 흰 수염을 늘어뜨린 나이 많은 남자가 있다. 세 명의 아이들이 그의 이야기를 열심히 듣고 있다. 그가 웅변적으로 올린 손은 그의 활발한 소통과 흥미로운 내용에 대한 환유의 표식이다. 뒤에는 그의 아내가 있는데, 머리를 덮은 붉은 두파타가 바닥까지 흘러내려 있다. 그녀는 그보다 더 어둡고 더 수수께끼 같다. 세 명의 아이들 대신하여 세 개의 커다란 용기가 그녀의 반원을 형성하고 있는데, 그것은 곡물을 빻

〈고대의 이야기꾼〉 암리타 셰르-길

는 도기, 버터를 휘젓는 요구르트 용기, 그리고 보다 편편한 그릇 (짜파티를 반죽하는?)이다. 남편의 활기찬 왼손과는 대조적으로 그녀의 손은 바닥에 놓여 있다. 젠더 역할이 아주 명백하다. 남편이 마음을 양육한다면, 아내는 빻고 휘젓고 반죽하는 이 도구들로 신체를 양육하는 책임을 지는 것이다. 그는 적극적으로 임하지만, 그녀는 열심히 하지 않는다. 배경에는 볼품없고 커다란 둥근 지붕의 집이 있다 - 이 모든 것이 눈부신 하얀색으로 되어 있는데, 이는 전체적인 구성에 조용히 드라마를 덧붙인다(사진들에서 그것은 사라야(Saraya, 터키식 건물) 안의 예술가 가정으로 나타난다). 정원의 장면과 병치되어 저택이 나타나는데, 여기서 남편과 아내는 각자의 일과를 수행하고 있다. 상류층과 하류층의 서로 다른 생활양식, 그리고 남편과 아내의 서로 다른 젠더 역할의 단편들이 파노라마식으로 전개되는데, 심지어 고대 이야기꾼과 아주 어린 청중 사이의 세대 차이까지 그려진다. 셰르-길이 이 작품에서 무엇을 의도했는지 정확히 말하기는 어렵다. 이것은 단지 예술을 위한 예술이었을까, 아니면 뭔가 상징적인 메시지를 전달하려 한 것일까? 아마 일상적 리듬 속에 삶의 방식을 드러내면서 셰르-길은 청중으로 하여금 당위적인 삶의 방식에 대해 숙고하도록 한 것일지도 모른다.

만일 셰르-길에게 작업을 계속할 기회가 있었다면 우리는 그녀의 열망에 대해 더 알게 되고, 그리고 아마 더 많은 시크 주제와 주체들을 선물 받았을 것이다. 그렇지만 불행하게도 그녀는 1941년 12월 28살의 나이로 일찍 세상을 떠났다. 그녀는 의사였던 헝가리인 사촌과 결혼했는데, 두 사람은 라호르로 이사해서 새로운 삶을 꾸리려 했다. 당시 라호르는 '인도의 파리'라는 명성을 얻고 있었고, 셰르-길은 그 진보적이고 코스모폴리탄적 분위기를 만끽했다. 이곳에서 중요한 개인 전시회를 준비하고 있을 때 갑자기 알 수 없는 상황 - 보통 '실패한 낙태시술'로 추측되는 - 으로 그녀의 인생이 끝나게 되었던 것이다. 셰르-길의 마지막 작품은, 비록 미완성이지만, 그녀의 작업실에서 내려다 본 시골 풍경이다. 아래에는 네 마리의 검은 물소가 보인다. 그중 두 마리는 나른하게 누워 있고, 세 번째는 여물통 옆에 서 있다. 그리고 같이 서 있는 네 번째 물소는 커다란 검은 까마귀가 입 위에 앉아 있도록 내맡기고 있다. 까마귀는 부리에서 꼬리까지 거의 물소의 얼굴 전체를 덮고 있다. 헛간 뒤에서 계단(난간이 없는)을 올라가면 옥상이 나오는데, 여기서 한 여인이 소똥으로 땔감을 만들고 있다. 두 마리의 물소처럼 그녀 역시 바닥에 웅크리고 앉아 있고, 까마귀가 앉아 있는 물소처럼 자신의 운명을 내맡기고 있다. 그녀는 실루엣만으로 나타난다. 사회적 규범이 그녀의 얼굴과 존재를 가리고 있는 것이다. 저 멀리 라호르의 붉은색과 노란색 건물들이 보인다. 이 미완성의 파노라마식 장면에서 셰르-길의 예리한 눈과 무한한 공감 능력은 여성의 억압이라는 주제를 전달하는 한편, 공감과 형식에 대한 과감하고 새로운 자유를 함께 전달한다. 그녀의 독특한 감수성으로 파리와 펀자브는 모두 미래 세대 예술가들을 위한 탐험되지 않은 영토를 개방할 수 있었다.

S. G. 타쿠르 싱

타쿠르 싱(S. G. Thakur Singh, 1899~1976)은 암리차르 인근에 있는 베르카(Verka) 마을에서 태어났다. 그는 봄베이에서 무슬림 멘토인 모하메드 알람(Mohammed Alam)과 함께 자신의 이력을 시작했다. 그다음에 캘커타로 이사했는데, 여기서 타고르(Tagore) 형제들이 그의 후원자가 되었다. 그의 명성이 퍼져 나가자 인도 전역에서 마하라자들이 그에게 작품을 의뢰했다. 유화와 파스텔화, 수채화 등 타쿠르 싱은 광범위한 레퍼토리로 창작했다.

타쿠르 싱

여기에는 마하트마 간디(Mahatma Gandhi)나 순데르 싱 마지티아(Sunder Singh Majithia) 경과 같은 인물들, 타지마할이나 황금 사원 같은 건축물들, 그리고 라다크와 봄베이, 우다이푸르 같은 지역 풍경들이 포함되어 있었다. 그의 매혹적인 작품 〈목욕 후에〉(After the Bath)는 1924년 영국 연방 예술(Commonwealth Art in Britain) 전시회 수상작이다. 양손으로 부드럽게 머리를 쓸어 올리고 있는 여인의 뒷모습이 보이는데, 젖은 하얀 사리를 통해 부드럽게 보이는 그녀의 육감적인 신체는 거의 의식하지 않는다. 10년 후 그의 〈가네샤 푸자〉(Ganesh Puja)는 런던에서 열린 인도 현대 예술 전시회에서 갈채를 받았다. 그는 캘커타에서 펀자브 미술 협회를 시작했다. 1931년 암리차르에 돌아가서 타쿠르 싱 예술 학교를 설립했는데, 이는 펀자브 예술가들의 중심이 되었다. 이 학교의 회원들은 황금 사원에 있는 시크 중앙 박물관(Central Sikh Museum)의 건축에 중요한 역할을 하였다. 타쿠르 싱이 그린 첫 번째 인도 총독의 취임은 뉴델리의 대통령궁(라시트라파티 바완Rashtrapati Bhawan)에 전시되었고, 타지마할(뭄타즈 마할의 〈그녀의 마지막 욕망〉(Her Last Desire)) 그림은 모스크바의 국립 예술 박물관에, 그리고 쿠툽 미나르(Qutub Minar) 그림은 스코틀랜드 국립 박물관(Scottish National Gallery)에 전시되었다.

소바 싱

소바 싱(Sobha Singh, 1901~86)은 종교적 전통들을 가로질러 다양한 인물들을 그렸다. 영국 군대에 근무하면서 인간의 폭력성을 목격했던 그는 캔버스에 사랑과 평화를 표현하는데 자신의 생

소바 싱의 <소흐니와 마히발>

을 바쳤다. 펀자브가 분할된 이후, 그는 라호르를 떠나 캉그라 계곡의 안드레타(Andretta)에 오두막집을 만들었다. 이곳의 고요한 분위기는 그의 예술적 기질에 도움이 되었고, 소바 싱은 거대한 유화 작품들을 창조할 수 있었다. 우선적으로 시크 구루들에게 초점을 맞추었지만, 그는 또한 예수 그리스도, 로드 크리슈나와 로드 라마, 바가트 라비다스(Bhagat Ravidas)와 바바 파리드(Baba Farid)와 같은 힌두와 무슬림의 성인들, 그리고 샤히드 바가트 싱(Shaheed Bhagat Singh)과 카르타르 싱 사라바(Kartar Singh Sarabha), 마하트마 간디와 랄 바하두르 샤스트리(Lal Bahadur Shastri) 같은 국민적 영웅들의 초상화를 그렸다. 그의 풍부한 유산에는 히르-란자(Heer-Ranjha), 사시-푸누(Sassi-Punnu), 소흐니-마히발(Sohni-Mahival)과 같은 펀자브 민속 로망스에 등장하는 불멸의 연인들의 그림도 포함되어 있었다. 실제로 그가 그린 소흐니와 마히발 그림은 고전이 되었다. 이 그림에서 옆모습으로 보이는 연인들은 서정적으로 서로 화답한다: 자신의 매력적인 몸매에 달라붙은 젖은 옷의 주름들처럼, 소흐니는 애인의 품에 굽이치며 안겨있다. 그녀의 오른팔은 유연하게 위로 뻗어 있고, 왼팔은 아래로 미끄러져 있다 - 심오한 형이상학 속에서 남성과 여성이 결합한다. 그렇지만 배경에는 어두운 푸른색과 검은 구름이 위협적으로 모여 있는데, 소흐니 옆에 있는 토기 그릇은 그녀를 죽음으로 이끄는 배신을 예시한다. 진정한 사랑을 방해하는 사회적 규범이 그의 캔버스에서 매섭게 흘러나온다. 다른 그림에서 우리는 시인 오마르 하이얌(Omar Khayyam(1048~1131), 페르시아의 시인)이 나무에 기대어 있는 것을 본다. 그는 한쪽 무릎에 책을 올려놓고 한 손에는 와인 잔을 든 채, 사랑스러운 젊은 여인의 만돌린 연주를 듣고 있다. 파스텔 푸른색, 노란색과 황토색 톤으로 된 또 다른 절묘한 장면에서 무굴 왕비 뭄타즈 마할의 침대 위에 남편 샤자한이 앉아 있다. 그녀는 그의 팔에 안겨 있다. 그녀의 임종이 가까워져 온 것 같다. 그러나 그들의 몸은 서로 가까이 있고, 그들의 소용돌이치는 의상과 만연한 원형적 요소는 죽음을 극복하는 사랑의 힘을 보여준다.

    소바 싱의 위대한 작품은 구루 나나크의 초상인데, 이는 보는 이에게 안정과 고요를 선사한다. 현재 시크교인의 상상 속에 깊이 각인되어 있는 이 작품에서 구루는 하얀 수염이 있는 얼굴을 비스듬히 기울이고 있다. 그는 부드러운 노란색 터번과 옷을 입고 있는데, 그의 눈동자에는 영성이 넘쳐흐르고 그의 손은 축복을 내리고 있다. 이 그림의 복사본은 아주 인기가 많은데, 거린더 차다(Gurinder Chadha)의 영화 〈슈팅 라이크 베컴〉(Bend It Like Beckham)에서 볼 수 있듯이, 시크 가정의 기본적인 표식이 되었다.

풀란 라니

1923년 암리차르에서 태어난 유명한 여성화가 풀란 라니(Phulan Rani)는 섬세한 선과 영감 가득한 색채로 인간의 모습을 창조해왔다. 그녀는 구루 나나크와 구루 테그 바하두르, 그리고 구루 고빈드 싱의 전기를 삽화로 그렸다. 1970년 그녀는 영국을 방문하여 맨체스터, 버밍햄, 리버풀 그리고 글래스고에서 '음악과 회화를 통하여 본 인도의 라가들'(Indian Ragas through Music and Painting)을 전시했다. 여성과 청년, 지구의 평화의 발전에 바치면서, 풀란 라니는 국제 여성의 해(1975)에 기념 삽화의 출판에 도움을 주었다. 그녀는 암리차르의 현대 미술과 공예 아카데미의 의장이자 회원이었고, 자신의 아름다운 작품으로 많은 상을 수상했다. 그녀는 1969년 구루 나나크의 탄생 500주년을 기념하여 구루 나나크의 생애에 대해 글을 쓰고 일련의 40점의 뛰어난 그림을 그렸는데, 이는 그녀에게 많은 영예를 가져다주었다. 풀란 라니의 여성적인 시각은 첫 번째 구루의 생애에서 여성들의 실존을 포착했다. 그녀는 우리에게 구루의 여성 친지들 뿐 아니라 마을과 동네의 여성들, 학교에서 나나크를 보았던 여성들, 그리고 그의 여러 통과의례에 참여했던 여성들을 보여주었다. 그중의 하나는 나나크가 누나 나나키와 함께 고요한 자연 속을 함께 걷고 있는 모습을 인상적으로 묘사한 작품이다.[177] 나이 많은 누나가 어린 동생을 팔로 사랑스럽게 감싸안고 있는데, 동생은 자신의 어깨 위에 부드럽게 놓여 있는 그녀의 왼쪽 팔을 잡고 있다. 두 사람 모두 헐렁한 옷을 입었고, 서로 비슷한 모습이었다. 두 사람 모두 사색적인 분위기에 잠겨 있다. 그가 바닥을 보고 있다면, 그녀는 먼 수평선을 보고 있다. 그녀는 마치 그의 후광이 있는 머리를 보호하는 것처럼 얼굴을 숙이고 있는데, 그러면서 그들은 아름다운 총체가 되었다. 나나키와 나나크, 누나와 동생, 여성과 남성은 육체적으로 정신적으로 통합되는 것이다. 이 조화와 일자성의 그림에서 나나키는 새 세계로 향해 어린 동생을 부드럽게 인도한다. 그녀의 사랑과 안내, 협동은 시크교 전통의 핵심인데, 이것이 풀란 라니에 의해 우아하게 포착된 것이다.

아르피타 싱

1937년에 태어난 아르피타는 다작의 화가이자 수많은 상의 수상자였다. 그녀가 그린 《구루 나나크의 휨들》(Hymns of Guru

Nanak, 쿠슈완트 싱(Khushwant Singh)에 의해 번역되었다)[178] 의 삽화들은 구루 나나크의 영적인 지향을 전달하였는데, 그것은, 광범위한 음악 멜로디 속에 표현되어 있는 것이었다. 여기서 그녀는 페르시아 세밀화의 구도 속에 펀자브의 민속 전통을 위치시켰는데, 이러한 아르피타의 모더니즘적 양식은 마르크 샤갈(Marc Shagall)의 성서 삽화를 연상시키면서 그녀 작품의 예술적 보편성을 강조하고 있다.

구루 나나크의 전기적인 장면 대신에 아르피타는 그의 심미성을 조명했다. 격동적인 색채와 유려한 형식을 통해 그녀는 각각의 작품들을 구별하게 하는 특별한 감정(라가(raga), 문자 그대로 색깔을 의미하는)을 불러 일으켰다. 이에 스리 라가에 있는 구루 나나크의 휨에 동반되는 그림들은 부드러운 신비 - 이는 구루 《그란트》의 맨 처음에 나오는 저녁 멜로디에 특징적이다(스리는 최고라는 뜻이다) - 로 마음을 색칠한다. 마찬가지로, 아르피타는 구루 나나크의 휨 '*바라흐 마흐*'(Barah Mah, 열두 달)의 차가운 효과를 그렸다. 이 작품은 *투카리*(Tukhari)라 불리는 멜로디에 붙여져서 아침에 부르도록 했는데, 투카리는 산스크리트어 투샤르(tushar, 겨울의 추위의 뜻)에서 유래했다. 아르피타는 1년의 서로 다른 계절을 따라가면서, 구루 나나크의 주인공의 영혼을 분절하였다. 봄에는 외로이 테라스에 앉아 있는데, 그녀의 외로움은 주위의 자비로운 자연에 의해 증대된다. 녹색과 분홍색의 어둠, 그리고 그녀의 밝은 노란색 스카프와 자홍색 셔츠는 그녀의 불안한 마음을 나타낸다. 몬순(타는 듯한 여름 뒤에 오는) 기간에 다른 사람들은 모두 즐겁게 소란을 피우지만 외로운 여인은 천둥과 번개에 놀라는데, 이에 우리는 그녀의 커다란 근심 어린 눈과 함께 그녀가 기둥을 잡고 있는 것을 본다. 어두운 보라색, 푸른색, 녹색이 눈부신 흰색 조각과 함께 풍경을 지배한다. 마지막으로, 태음력의 마지막인 *팔군(Phalgun*, 2월/3월)의 달에 여인은 자신의 연인을 발견한다. 계절과 이중성, 그리고 그에 따른 고통의 부드러운 냉기가 녹아버린다. 그녀는 안정을 찾는다. 얼굴에 핀 미소와 손에 든 꽃은 완벽하게 구루 나나크의 메시지를 표현한다: '여인은 자신의 내면에서 연인을 찾는다'(*가르 바르 파이아 나리/ghar var paia nari*, GG: 1109).[179]

아르피타의 이러한 시각적 번역은 구루 나나크의 상상력의 중심에 있는 여성의 형상을 적합하게 묘사했다고 할 수 있는데, 그것은 종종 번역자나 해석자에 의해 무시되었는데 심지어 남성적 맥락에서 바꾸어지기까지 하였다(6장을 보라). 휨 '바라흐 마흐'에서 여인은 영원한 연인(Timeless Beloved)을 자신의 사적이고 역사적인 세계로 끌고 간다. 마찬가지로, 스리 라가(Sri Raga)의 삽화는 두 여인을 보여준다. 이들은 눈에 띄는 녹색, 금색, 붉은색, 그리고 하얀색 옷을 입고 서로를 껴안고 있다.[180] 서로 사랑스럽게 팔에 안고 서로의 눈을 바라볼 때 이들의 얼굴에서는 구루 나나크의 휨 '오시오 자매여, 함께 포옹합시다, 우리는 친한 친구입니다(*아*

바후 바이네 갈 밀라우 안크 사헬레리아*(avahu bhaine gal milau ank saheleria)*'의 기쁨이 빛나고 있다. 이들은 인간관계와 여성의 유대가 구루의 세계관에서 지극히 중요한 것임을 확인하게 한다. "라그 바단스"(Rag Vadhans)의 삽화에서 아르피타는 분홍색 스카프를 하고 정원 바닥 위에 앉아 거울을 보고 머리를 땋고 있는 여인을 그렸다.[181] 베개와 깔끔한 침대 커버, 분홍색 꽃이 담긴 바구니, 두 개의 컵이 놓여 있는 쟁반은 그녀의 부재(不在)의 연인의 존재를 의미한다. 그녀는 아마 연인과의 조화를 염두에 두고 옷을 입었을 것이다. 아르피타의 시나리오는 여성을 근본적 가치와 힘을 갖고 있는 존재로 인정하는 구루 나나크의 시나리오를 재연하는데, 그녀는 자신의 신성한 연인을 찾고자 하는 사람이고, 그녀의 장식은 영적인 품위에 대한 생생한 메타포가 되는 것이다. 만약 우리가 그녀의 거울 속을 본다면, 우리 또한 우리가 누구인가, 그리고 우리가 무엇이 되기를 희망하는가를 알 수 있을 것이다.

아르파나 카우르

아르파나(Apana)는 1954년 델리에서 저명한 작가 아지트 카우르(Ajit Caur)의 딸로 태어났다. 펀자브 언덕의 형태와 색채, 선을 그리면서 그녀는 인도 여성들의 종속과 정치적 폭력, 그리고 환경 문제를 탐색했다. 이러한 사회적 비극이 시간, 삶과 죽음의 철학적 주제들 속에 짜여 있다. 전통적인 민속 회화에 현대적 감각을 덧붙이면서, 아르파나는 심리적 시각적으로 강한 긴장을 만들어냈다. 그녀의 작품은 초현실주의적인데, 거의 다다이즘(Dada) 같다. 작품들은 심각한 반향과 비판적인 사고를 불러일으킨다.

〈이중성 사이에서〉(Between Dualities)에서는 녹색의 여인과 푸른색의 여인이 우주의 창조적이고 파괴적인 힘을 만들기 위한 소용돌이 속에 공시적으로 합류했다. 녹색의 여인이 위에서 구름을 꿰매고 있다면, 아래에서는 이를 가위로 자르고 있다. 〈초록색 원〉(Green Circle)에서는 차들이 오가는 도시를 배경으로 어린 소녀가 자신의 주위에 원을 그리고 있다. 원은 고대신화 〈라마야나〉(Ramayana)에 등장하는 왕비 시타(Sita)에 대한 회상이라면,[182] 이는 델리나 봄베이와 같은 대도시에서 자동차 범퍼와 범퍼를 오가며 구걸을 해야 하는 어린 소녀를 상기하게 만든다. 아르파나의 동시대적 주인공은 삼륜차의 공해에서 해방된, 그리고 인간의 착취에서 해방된 작은 공간을 원하고 있는 것이다.

시크교의 역사는 예술가에 의해 짙은 색채와 혁신적인 형식으로 기록되었다. 〈1947년〉이란 제목의 그림에서 아르파나의 할아버지는 초록색 천에 싸인 구루 《그란트》를 머리에 이고 구부정한 등에 하얀 구름 뭉치 같은 유물을 지고 운반하는데, 이것은 펀자브의 분리 과정에서 벌어진 이동과 살육을 기록한 것이다. 마찬가지로, 아르파나의 〈1984년〉은 인도 정부에 의한 황금 사원에서의 역사적인 학살과, 시크 경호원에 의한 인디라 간디 수상의 암살 이후 시크교

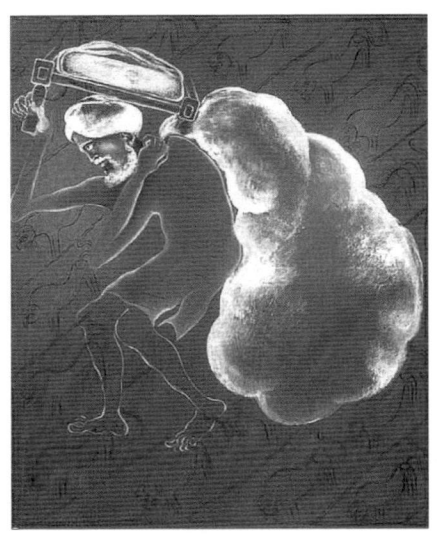
아르파나 카우르의 <1947>

인에게 행해진 무고한 살해에 대한 트라우마를 상기시킨다. 시크 관람객에게 있어 '1984년'이란 제목의 이 그림에서 가혹한 머리는 또한 1675년 종교의 자유를 위한 9대 구루의 희생과 1699년 10대 구루가 칼사를 창립할 때 자신들의 머리를 제공하려 했던 다섯 명의 총신들을 상기시킨다.

아르파나의 많은 작품이 구루 나나크의 전기에 초점을 맞추었고, 이에 자남사키 내러티브에 대한 포스트모던한 전망을 제시한다. <신성한 실>(Sacred Thread)에서 우리는 구루 나나크가 손에 가위를 들고 자신이 속한 사회에서 상위 계급 사람들이 입고 있는 전통적인 의식의 실을 자르는 것을 본다. <끝없는 여행>(Endless Journeys)에서 구루 나나크는 커다란 발자국 안에 위치하고 있는데, 이는 '발길이 닿는 곳은 어디든지' 자신의 사랑과 평화의 메시지를 전파하려는 노력을 상징한다. 다른 시크 여성 말라 다얄(Mala Dayal)과의 협업을 통해 아르파나는 어린이를 위한 책《나

나크: 구루》(Nanak-The Guru)를 그렸다.[183] 그녀는 매혹적인 색채 배열로 그의 영적인 빛을 드러냈다. 실제로 아르파나의 캔버스에서는 아주 검은색 옷을 입고 손에 주황색 염주(말라/mala)를 든 하얀 수염의 나나크가 밝게 빛나고 있다. [184]

1995년 아르파나는 히로시마 현대 예술 박물관(Hiroshima Museum of Modern Art)으로부터 원폭 투하 50주년을 기념하는 작품을 의뢰받았다. 3부작의 마지막 작품 〈꽃들은 다 어디로 사라졌는가?〉(Where Have All the Flowers Gone?)에서 아르파나는 검은 구름 아래 웅크리고 앉아 있는 여인의 어두운 형상을 그렸다. 이 어둠은 밝은 노란색 배경과 대비되면서 원자 폭탄으로 인해 타버린 그녀의 육체와 감정을 설명한다. 후퇴하는 노란색은 3부작의 첫 번째 작품을 암시하는데, 여기에서는 강에서 꽃들이 피어나고 있던 것이다. 그 줄기는 끔찍한 모양으로 다음 작품에 뻗치게 되는데, 이는 가운데 작품에 그려진 많은 병사들 중 한명에게 총을 메는 혁대가 되는 것이다.

아르파나는 수많은 상을 수상했고, 그녀의 작품들은 델리와 뭄바이, 찬디가르, 싱가포르, 히로시마, 뒤셀도르프, 스톡홀름, 브래드포드, 런던, 보스톤 그리고 샌프란시스코에서 전시되었다. 이 국제적으로 저명한 예술가의 주요 주제는 종교적 다원성이었다. 인도 독립 50 주년을 기념하여 그녀는 〈수많은 물줄기는 어디에서 만나는가〉(Where Many Streams Meet)를 창작했다. 아르파나의 캔버스에 모여 있는 시크교, 자이나교, 불교, 힌두교, 그리고 이슬람교 신자들은 인도의 풍요로운 유산을 환기시킨다. 하모니움과 탄푸라의 연주가 대기를 가득 메운다. 고귀한 푸른색 강이 갈색 흙을 따라 흘러간다. 아르파나의 초현실주의적 묘사는 상상 속에 머물러 있다. 우리는 이 인물들과 색채들, 그리고 이들의 병치로부터 어떤 의미를 만들어낼까? 우리는 다양성을 축하해야 할까? 아니면 종교적 분리를 슬퍼해야 할까? 새로운 지평을 열면서, 시크 예술은 우리로 하여금 우리의 본질적인 인간성에 직면하게 한다.

제9장
시크 디아스포라

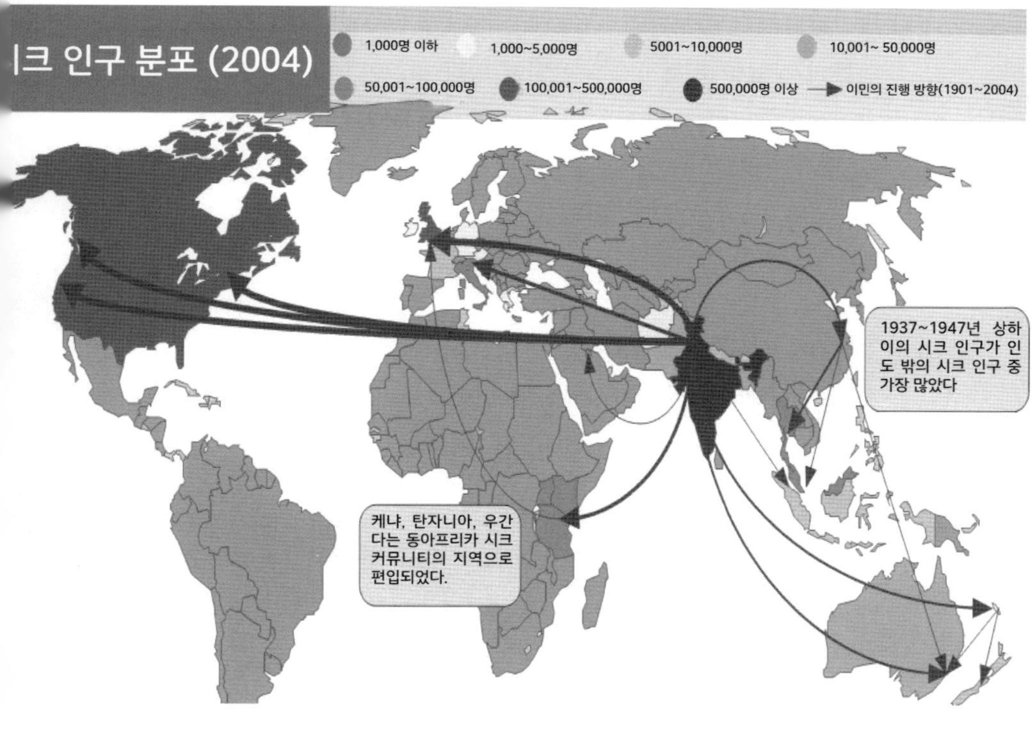

시크 디아스포라 지도

펀자브에서 시작되고 펀자브로 향하는 역동적인 움직임은 창시자 구루의 삶 속에, 구루 아르잔에 의해 명문화된 시크교 경전 속에, 그리고 10대 구루에 의해 창조된 칼사 조직 속에 분명하게 나타나 있다. 자남사키에는 구루 나나크가 펀자브에 있는 집을 떠나 배를 타고 동쪽과 남쪽, 북쪽, 그리고 서쪽을 향했던 여정이 나타난다. 그는 하리드와르, 바라나시, 보드 가야, 비다르, 스리랑카, 카시미르, 메카, 메디나, 바그다드를 방문했다고 전해진다. 시크교 경전에는 바라나시의 바가트 카비르(Bhagat Kabir)와 시타라(Sitara, 마하라슈트라주에 있는)의 남데브(Namdev)와 같은 다른 지역 성인들의 장엄한 목소리가 포함되어 있다. 1699년 아난다푸르의 역사적인 바이사키에서 구루 고빈드 싱에게 자신의 생명을 바칠 준비가 되어있었던 다섯 명의 총신은 인도의 다양한 문화적 중심지 - 라호르, 드와르카, 비다르, 하스티나푸르, 자가나트 - 에서 왔다고 믿어졌다. 신앙과 지역성의 만남은 시크 공동체 형성에 기본이었다. 펀자브에서 출발한 원심력과 시크의 내면에 간직된 고향을 향한 구심력의 상호 작용은 또한 디아스포라 시크교인의 특징이 되었다. 2005년 통계에 따르면, 약 1천 5백 만의 시크교인이 펀자브에 살고 있고, 약 5백만 명은 인도의 다른 지역에, 약 3십 3만 명은 아시아에, 약 5십만 명이 유럽에, 그리고 약 5십만 이상이 북아메리카에 각각 살고 있다.[185] 사는 곳이 어디든지 간에, 펀자브의 흙은 시크의 영혼을 양육했고, 그다음에는 그 영혼에 의해 다시 풍요로워졌다.

시크 공동체는 시크 구루들이 방문했던 지역에서 발전되었다. 우타르프라데시에 있는 필리비트(Pilibhit)에서 북서쪽으로 15마일 떨어진 곳에 나나크판티스(Nanakpanthis)라는 작은 지역이 있는데, 여기서 구루 나나크는 나트 요기(Nath Yogi)들과 담화를 나눈 것으로 기억된다.[186] 스펙트럼의 다른 끝에서는 바라나시에 많은 인구의 시크들이 살고 있는 것이 보인다. 도심에서 2마일 떨어진 곳에 위치한 구루바그 구르드와라(Gurubagh Gurdwara)는 구루 나나크의 방문을 기념하고 있다. 그가 1506년 바라나시를 방문했다는 것이 벽에 새겨져 있는데, 마당의 작은 정원에는 그가 앉았던 곳에 이를 기념하는 꽃이 피어있다.[187] 마찬가지로, 바라나시의 다른 중요한 신전인 니키바그 구르드와라(Nichibagh Gurdwara)는 1666년 구루 테그 바하두르의 방문을 기념하고 있다. 다카(Dhaka) 모슬린으로 만든 구루의 긴 셔츠와 샌들, 그리고 그가 지역의 신자들에게 전하는 14통의 역사적 편지가 신전에 전시되어 있다. 그가 명상을 했다고 믿어지는 곳에는 특별한 방이 마련되어 있고, 그 문 앞에는 꺼지지 않는 램프가 켜져 있다. 이러한 역사적 장소들은 세월이 흐르는 동안 인도의 북쪽과 남쪽, 동쪽과 서쪽에 거주하는 시크교인들을 매료시켰다.

20세기 초반 시크 농업인들은 펀자브 너머에 있는 라자스탄과 우타르프라데시, 하리아나(현대의)에 있는 땅을 사서 정착했다. 그렇지만 1947년 인도의 분할은 시크의 이주에 극적인 영향을 주었다. 파키스탄에서 넘어온 수백만의 시크 난민들은 인도 전역의 도시에서 새로운 집과 일자리를 찾았다. 모험적인 시크들은 나라의 먼 지역까지 가서 교통과 상업, 산업, 행정업무에 자리를 잡았다. 시크 상인들은 수 세기 동안 아프가니스탄, 페르시아, 그리고 스리랑카를 여행했고, 조그맣던 시크 공동체는 인도를 넘어 번성하기 시작했다. 나나크의 아주 초기 제자들이었던 바트라 시크(Bhatra Sikh)는 구루와 함께 스리랑카를 여행한 것으로 알려져 있다.

일반적으로 시크의 이주는 1849년 영국에 의한 합병으로 거슬러 올라간다. 식민지 기업을 위한 철도와 배들의 운송망은 시크의 유동성을 강화하고 가속화하였다. 영국인들은 또한 용수로를 확장했는데, 서펀자브의 새로운 용수 지역이 시크 농업인들을 매료시켰다. 새로운 농작물들이 도입되었고, 뉴올리언즈의 면화, 밀, 사탕수수, 아마와 담배가 경작되었고, 이는 펀자브를 식민지 중에서 가장 농업 생산량이 많은 지역의 하나로 만들었다. 이 지역에는 뽕나무가 있었고, 누에 수입과 함께 양잠업이 더욱 발전했다. 머레이 언덕(Murree Hill)의 경사지와 캉그라 계곡에 차가 심어졌다. 이탈리아의 메리노(merino) 양이 토종과 교배되었고, 이는 고기와 울의 생산을 촉진했다.[188] 1920년대 펀자브는 브리티시 인도의 전체 면 생산량의 3분의 1을 차지했고, 밀 생산의 10분의 1을 차지했다. 펀자브 농업인들은 철도망을 이용하여 자신의 상품들을 수출할 수 있었다. 수출은 현금과 신용을 가져왔고, 젊은 시크들로 하여금 더 먼 곳으로 나가도록 모험심을 북돋웠다 - 보통 펀자브인들이 말하듯이, '텔리아'(Telia, 오스트레일리아)와 '메리카'(Merika, 아메리카)의 타푸(tapu, 섬)를 향해서였다. 모험심 강한 시크들은 극동과 더 많은 지역으로 가는 비용을 지불하기 위해 금전적인 준비를 하였다.

동남아시아와 환태평양

'제국의 총아'(7장을 보라)는 제국의 노동력의 일부가 되어 다른 땅으로 이주할 수 있는 많은 기회를 갖고 있었다. 제국에 대한 충성과 군사력, 그리고 종교적 가치로 인해 시크들은 특권을 갖고 있었다. 여기에는 담배를 죄악시 하는 것 또한 포함되어 있었다.[189] 브리티시 군대에 복무했던 시크의 상당수가 홍콩과 싱가포르에서 근무하였다. 브리티시 경찰에 지원했던 첫 번째 시크들이 1867년 홍콩으로 갔는데, 이들은 1952년까지 계속해서 이 섬의 경찰과 보안 세력으로 근무했다. 1901년에는 홍콩에 있는 시크 병사들을 위해 영국인 건축가가 설계한 첫 번째 구르드와라가 세워졌다.

당시 싱가포르와 페낭은 유형지로 지정된 곳이었고, 이에 1850년 싱가포르에 갔던 첫 번째 시크들은 사실 정치범이었다. 펀자브에서 동인도 회사의 통치에 위험한 인물로 간주되었던 이들이 앵글로-시크 전쟁 이후 싱가포르로 보내졌던 것이다. 그러나 곧 이들의 뒤를 이어 수천 명의 시크가 영국인의 고용인이 되거나, 혹은 말레이반도의 고무 공장이나 낙농장에 일하러 갔다. 빅토리아 여왕의 즉위 60주년을 기념하는 다이아몬드 주빌리(Diamond Jubilee, 1897)의 해에 시크들에게는 페낭의 땅이 주어졌는데, 이들은 여기에 구르드와라를 세웠다. 시크 경찰 관리들은 한 달 치 월급을 건축 기금에 기부했다. 완성된 구르드와라는 빅토리아 여왕을 기념하여 다이아몬드 주빌리 구르드와라라 하였는데, 이는 당시 동남아시아에서 가장 큰 것이었다.

    1880년대 시크들은 홍콩과 동남아시아에서 호주로 이주를 시작했다. 이들은 타스만해(Tasman Sea)를 지나 뉴질랜드로 이주했다. 그리고 그다음에는 사탕수수 행운의 이야기에 매료되어 더 멀리 피지까지 갔다. 이들은 호주에서 행상을 하거나 사탕수수 자르는 일을 하였다. 그런데 1901년에서 1973년 사이에 호주에서는 '백인 유일'(whites only) 정책이 법제화되었는데, 이는 시크의 이주를 금지하거나 아니면 한번 떠난 뒤에는 다시 호주로 돌아오지 못하게 하는 것이었다. 초기 이주민 후손의 작은 시크 공동체가 울굴가(Woolgoolga)에 만들어졌는데, 이곳은 시드니와 브리즈번 사이에 있는 바나나 재배 지역이다.[190] 이곳에는 두 개의 구르드와라가 있는데, 최근에는 호주에 있는 시크교인의 숫자가 상당히 증가하고 있다. 교사와 의사, 컴퓨터 소프트웨어 전문가들이 빠른 속도로 도착하고 있는 것이다.

일부 시크들은 '간스'(Ghans, 아프간(Afghan)에서 유래)라 불리는 낙타 운전사가 되어 펀자브에서 호주로 직접 건너갔다. 1860년대 말부터 1920년대 초까지 낙타의 행렬은 호주 중앙의 외지고 건조한 내륙지역에 식량을 날랐다. 간스는 주로 아프가니스탄에서 온 무슬림들로 이루어졌는데, 그렇지만 펀자브에서 온 시크들도 소수자치고는 꽤 큰 규모였다.

중국과 네덜란드, 동인도, 필리핀으로 이주했던 시크들은 거의 자취가 남아있지 않다. 그렇지만 싱가포르, 말레이시아, 태국에는 꽤 많은 집단이 남아있다.

동아프리카

시크들은 홍콩과 싱가포르의 모병과 같은 방식을 통해 식민지의 여러 지역과 동아프리카의 보호령으로 이주했다. 1895년 많은 사람들이 고용되었는데, 이때 영국이 몸바사(Mombasa)에 군사기지와 그 본부인 동아프리카 라이플(East Africa Rifles)을 설립하였던 것이다. 2년 후 더 많은 시크들이 수단 군대의 폭동을 진압하기 위해 제국에 의해 이동되었다. 노동력의 커다란 부분을 차지하고 있던 시크 남성들은 19세기 말 우간다 철도(Uganda Railways) 건설을 위해 펀자브에서 수입되었다. 이들 중 대부분이 숙련공들이었다. 이들은 1892년 킬린디니(Kilindidni)에 동 아프리카의 첫 번째 구르드와라를 건축했다. 1960년 케냐가 독립했을 때 '아프리카화'(Africanization) 정책의 결과 많은 시크 - 2세와 3세까지도 - 가 떠날 것을 강요받았다. 1972년 8월 이디 아민(Idi Amin)이 8만 명 아시아인의 즉각 추방 명령을 내린 후 우간다로부터 시크들의 대단위 집단 이동이 행해졌다.

영국과 아일랜드

아이러니하게도, 시크들은 영국으로 가기 전에 제국의 다른 부분으로 이주했다. 추방된 마하라자 달립 싱(1838~93)은 영국에 정착한 첫 번째 시크이었다고 말해진다. 식민지인의 상상 속에서 영국은 특별한 장소였기 때문에 여러 시크 마하라자들과 여행객들, 작가들, 학생들, 군인들, 심지어 노동자들까지 브리티시 섬으로 갔는데, 이들 대부분이 방문객으로였다. 런던은 수행원을 대동한 시크 왕자들에게 쇼핑과 관광의 놀이터였다. 파티알라의 마하라자 부핀데르 싱의 이야기가 널리 회자되는데, 그는 사보이 호텔의 전층을 예약하고 롤스로이스(Rolls-Royce) 부대를 이끌고 런던을

드라이브 했던 것이다. 부핀데르 싱은 올림픽 팀의 대표로 런던을 자주 방문했다. 마하라자는 1911년 셰퍼드 부시(Shepher's Bush)에 세워진 영국의 첫 번째 구르드와라의 후원자가 되었고, 그 개관식에 참석하였다.

종종 주요 국경일에 행진을 하기 위해 시크 연대가 도착했다. 연대는 빅토리아 여왕의 골든 주빌리〔즉위 50주년 기념식〕와 다이아몬드 주빌리를 위해, 그리고 에드워드 7세(1902)와 조지 5세(1911), 조지 6세(1937)의 대관식을 위해 도착했다. 1차 세계 대전 기간에 부상당한 시크 병사들의 부대가 런던에 왔을 때, 달립 싱의 딸 소피아(Sophia)가 회복기의 환자들을 방문했다. 그리고 병사들은 집으로 보내는 편지에서 마하라자 란지트의 증손녀를 보았던 기쁨을 가족들과 함께 나누었다. 19세기 조지 4세의 바닷가 요양지였던 브라이튼(Brighton)의 왕실 병동은 제국을 위해 싸운 인도 병사들을 위한 병원으로 사용되었다. 환자들은 자신의 카스트와 종교의 규율에 따라 치료를 받았는데, 또한 각각의 종교 예배에 참석할 기회가 있었다.[191] 1921년 힌두 병사와 시크 병사들이 화장된 장소에 기념비(차트리(chattri), 혹은 우산 모양의)가 세워졌다. 그것은 '위대한 전투에서 왕과 제국을 위해 자신의 생명을 바친 모든 인도 병사들을 기념하며 ……. 감사의 칭송과 형제의 애정으로' 헌납되었다. 전쟁이 끝난 후 제대한 많은 시크 병사들이 영국에 남기를 선택했다. 최근 차트리 기념비 의식에서 시크들이 영국인 남녀

동료들과 함께 화환을 제공하고 아르다스를 낭송하는 것을 볼 수 있다.[192]

유복한 시크 가정은 영국 교육에서 문화적 가치를 보았고, 아이들(주로 아들)을 영국에 있는 학교에 보내기 시작했다. 영국과의 관계는 고국에 돌아와서 높은 계급적 지위와 연관된 길로 간주되었다.[193] 20세기 초 인도인에게 공무원직이 개방되었는데, 이는 옥스퍼드와 케임브리지에서 공부하는 청소년들을 고무했다. 케임브리지에 등록한 터번을 쓴 첫 번째 시크는 테자 싱(Teja Singh)이었다. 그는 1907년 런던에 도착한 초기 시크 학생들 중 한 명이었다.[194] 테자 싱은 런던 구르드와라의 의장이 되었고, 시크교에 대해 정기적으로 강연을 하였다. 뛰어난 시크 역사가 쿠시완트 싱 역시 영국에서 교육을 받았다.

잠시 머물다 가는 왕자들과 병사들, 학생들처럼 바트라 시크들(Bhatras)도 브리티시 섬을 방문했던 가장 초기 시크였는데, 동시에 이들은 영원히 정착한 첫 번째 시크기도 했다. 이들은 펀자브의 시알코트(Sialkot)와 구르드스푸르(Gurdspur)에서 왔다. 이들은 대부분 항구나 산업 지대에서 작은 집단으로 모여 살고 있었다. 전통적인 직업인 행상의 전문가였던 이들은 북잉글랜드와 스코틀랜드로 퍼져나가 한 집 한 집 방문하면서 멀리서 가져온 옷감을 팔았다. 유대인 행상이 유럽에서 미국으로 이주하면서 생겨났던 결핍을 이들이 충족시켰던 것이다. 사업적인 성공과 함께 바트라들은 오늘날 가게와 상점, 슈퍼마켓, 그리고 도매상점의 두드러진 소유자들이 되었다. 수많은 구르드와라의 건축과 함께 공동체의 면모가 갖추어졌다.

전시 노동력의 부족으로 인해 영국에서 이전에는 유색인들에게 닫혀 있던 문이 열렸을 때, 시크 선구자들은 이 기회를 놓치지 않았다. 1947년 조국의 쓰라린 분할은 수많은 시크의 생명과 가정, 일, 땅을 앗아갔다. 이들은 다른 곳에서 일자리를 찾아야 했다. 1948년 인도의 독립에 화답하여 영국 국적법이 통과되었는데, 이는 영연방국가(Commonwealth)의 시민들이 영국에 거주하고 일할 수 있도록 권리를 부여하는 것이었다. 시크 남성들은 주물공장과 방직 공장에 모여들어 침체된 전후 경제에 싼 노동력을 제공했다. 이들은 혹독하고 단조로운 작업을 마다하지 않았다. 새로 도착한 사람들은 대부분 런던과 버밍햄, 요크셔에 정착했는데, 런던의 서쪽에 있는 사우스올은 디아스포라 공동체의 허브가 되었다. 이들은 친지나 같은 마을 사람들이 영국에 와서 공장과 광산에서 일거리를 찾도록 자주 도움을 주었다. 이에 친지에 친지가 이어지는 연쇄적 이주와 그 확장 과정이 정립되었다. 스무 명 중에서 열 명이 한 집에 살면서 교대로 일하고 공동 취사하며 생활했다. 영국의 인종 관련 보고서는 언급했다: '몇몇 침대는 낮에는 야간 근무 노동자들이, 밤에는 주간 근무 노동자들이 사용하였다.'[195] 이렇게 살면서 일하여 번 돈은 고향에 보내졌다. 전후 분위기, 그리고 이민 정책의 개방으로 영국은 가장 커다란 시크 공동체의 주빈 국가가 되었다. 그런데 그 급속한 성장이 외국인 혐오에 기름을 부었다. 일자리 상실에 대한 경제적, 사회적 공포와 '영국식 생활양식'(British way of life)은 시크교의 상징들을 착용한 사람들에 대한 공격으로 이어졌다. 1962년 이민 통제 정책이 다시 도입되었다. 직장에서 터번을 쓸 수 있는 권리가 부정되었고, 젊은 남자들은 적대적인 인종주의의 희생양이 되었다.

그러나 회복력이 강한 시크들은 혹독한 도전에 저항했고, 곧 자신들이 영국에서 가치 있고 부유한 공동체라는 것을 입증했다. 이들은 직장에서 금지된 터번 착용에 대해 버스와 기차 안, 그리고 심지어 경찰서 안에서도 가능한 것으로 만들었다. 이들은 아내와 아이들을 영국에 데려와서 지역과 국가 정책에 참여하기 시작했다. 1970년대 탄자니아, 우간다, 케냐로부터 시크 2세대 - 그리고 3세대 - 또 다른 이주의 물결이 일었다. 동아프리카의 시크들은 고도로 숙련되었고 고용가능성이 있었는데, 이들은 수십 년 동안 명백한 소수자로 지내면서도 고유한 시크교의 상징들을 간직하고 있었다. 이들은 영국의 공장과 광산에서 일하기 위해 터번을 벗어야 했던 사람들을 분발하게 했다. 영국에는 336,179명의 시크가 살고 있었고, 이들은 영국 생활의 모든 영역에서 영향력이 있었다.[196] 많은 사람들이 굳건하게 자신의 뿌리를 내렸고, 56.1 퍼센트의 시크는 영국에서 태어났다. 열심히 일하고 머리가 좋은 시크들은 상업,

공업, 예술, 문화, 방송과 법률 분야에서 중요한 공헌을 하였다.

영국의 시크 수용에 있어 또한 흥미로운 에피소드가 있다. 예를 들어, 미래 소설 《악마의 아이들》(The Devil's Children, 이 책의 서론에서 언급된)에서 피터 디킨슨은 영국인 소녀와 몇몇 시크 이주민 어린이들과의 사랑과 신뢰로 가득한 깊은 우정을 제시한다. 영국에서 반(反)-테크놀로지의 광풍이 일었을 때, 12세의 니키는 부모와 헤어져서 시크 집단에 합류하게 된다. 이들은 셰퍼드 부시(Shepherd's Bush, 이곳에 첫 번째 구르드와라가 건축되었다는 역사적 의미를 지닌다)로 가는 길을 만들고 있었다. 폐허가 된 농장에 자리 잡고 있는 이들을 옆 마을 사람들은 '악마의 아이들'로 간주한다. 얼마나 쉽게 인종적 편견이 만들어지는지를 보여주면서, 디킨슨은 시크 이주 공동체의 가치를 밝힌다. 그것은 강한 가족적 유대와 충성, 전사의 유산, 희생, 그리고 펀자브에서 가져온 기술과 영국에서 배운 것들을 사용하는 좋은 두뇌이다. 이 작품은 변화 삼부작(Changes Trilogy)의 일부로서 1975년 BBC TV 시리즈로 채택되었고, 시크와의 관계에 대한 사람들의 태도를 바꿀 수 있게 했다.

시크는 공동체의 차원에서 스스로 중요한 장소를 만들었다. 약 200개의 구르드와라가 랑가르 식사를 제공하고 노인과 약자에게 봉사한다. 수많은 문화 센터, 정치 협회와 문학 협회가 영국에 있는데, 이들 중 많은 것이 국제적 연계를 갖고 있다. 2003년 완성된 구르드와라 싱 사바(Gurdwara Singh Sabha)는 영국에서 가장 큰 것이다. 그것은 자라나는 어린 시크들을 수용하기 위해 사우스올에 세워졌다. 공동체의 센터로도 사용되는 이 건물은 도서관과 세미나실, 다목적 공간, 그리고 특별한 기념일 기간에 주말 동안 2만 명에게 제공할 수 있는 식당을 갖고 있다.

시간의 흐름에 따라 디아스포라의 경험은 정신적으로 더욱 복잡한 문제가 되었다. 시크들은 한때 '주빈 국가'이자 식민 강국과의 관계에서 종속적인 이주자가 아닌 동등한 파트너십을 원했다. 기억은 개인적 공동체적 정체성을 위해 중요한 것이었고, 영국에 있는 시크들은 앵글로-시크의 과거에 접근하여 스스로 확실한 미래를 구축하기를 원했다. 이때 시크 군주 달립 싱은 앵글로-시크의 관계에 있어 중요한 상징이 되었다. 그는 시크로만 기억되지 않았고, 관대하게 지역의 자선과 제도에 기여했던 책임감 있는 영국인(브리튼Briton)으로도 기억되었던 것이다. 1993년 그의 사후 백주년을 기념하는 행사가 영국 전체에 걸쳐 널리 행해졌다. 구르드와라에서 예배와 자선 행사가 벌어졌고, 연극인과 악사, 시인들이 함께하는 야외 행사도 있었다. 시크 어린이들을 가득 태운 버스가 도심을 출발하여, 지금은 기네스 가의 소유가 된 멀리 엘베덴의 영지에 있는 달립 싱의 무덤을 향했다. 그 지역 사람들은 자신의 평화와 고요를 방해하는 시크들 - 터번을 쓴 악몽의 침입자들 - 을 원하지 않았다. 그러나 시크들에게 있어 이는 단순한 방문 이상의 의미를 지니고 있었다. 그것은 전형적인 영국 공간에 위치해 있는 자신의 과거에 대한 주장이자 정당성의 인정이었다. 〈가디언〉(Guardian) 지는 보도했다: '정교한 철문, 빈 저택, 그리고 공원의 낭만적인 산책은 속물적인 매력을 행사한다. 이 모든 것은 한때 그들과 같은 종교를 믿었던 사람에게 속했던 것이다.'[197] 그러나 이에 더하여, 이것은 〈가디언〉지가 말한 것과 같이 달립 싱과 현대의 방문객이 영국인이라는 것을 입증하는 것 이상의 의미를 지니는데, 제 2세대, 제 3세대, 제 4세대 시크들에게 있어 이것은 브리티시 토양에 이식된 자신의 고유한 역사인 것이다. 이 시크들의 우상이 살았거나 방문했던 다른 많은 영국의 장소들, 심지어 그의 어머니 마하라니 진단이 살았던 곳까지도 시크교의 지리적 일부가 되었는데, 비록 고국에서 7천 마일 떨어져 있지만 이 지역들은 자아의 감각을 증진시키는 것이다. 시크의 디아스포라 경험은 펀자브의 국경을 확장했던 것이다.

달립 싱 사후 백 주년 기간에 그의 초상화가 버밍햄 근처에 위치한 국제 조직 나나크사르 타트 이셰르 다르바르(Nanaksar Thath Isher Darbar)의 노력으로 널리 거래되었다. 국립 초상화 박물관에 의해 빈터할터가 그린 초상화의 복제품이 생산되었다(원본은 달립 싱이 1854년 영국에 도착한 직후에 그려졌다. 자세한 사항은 7장을 보라). 달립 싱의 백 주년 기념회는 다른 복제품을 의뢰했는데, 이때 일부에 훌륭한 수정이 가해졌다. 여기서 기본적인 자세와 당당한 외모, 보석들은 유사하지만, 빈터할터의 텅 빈 무대가 무언가로 가득 찼던 것이다. 달립 싱 뒤에는 칼사의 상징이 있는 옥좌가 있고, 그의 발밑에는 사자 가죽 카펫이 깔려 있다. 달립 싱의 양편에는 아버지 마하라자 란지트 싱과 어머니 진단 왕비의 이미지들이 있다. 그의 진주 목걸이에서 빅토리아 여왕의 초상은 사라지고, 그 대신 첫 번째 시크 마하라자였던 그의 아버지가 자리 잡고 있었다. 그리고 달립 싱의 왕실 깃털 바로 위에는 구루 나나크의 모형 이크 옴 카르가 황금빛 속에서 빛나고 있다. 형이상학적 일자가 이 풍성한 화면을 지배하고 있었다. 영국의 시골 귀족에게 그의 개인적인 역사, 정치, 종교의 구체적인 표식을 부여하면서, 디아스포라 공동체는 자신의 고유한 앵글로-시크 정체성을 명확하게 나타냈다. 마찬가지로, 1999년 세트퍼드(Thetford)의 첫 번째 시장의 8백 주년 기념 기간에 달립 싱의 커다란 청동 기마상이 찰스 왕자에 의해 베일을 벗었다. 영국 도시의 중심 가까이에 세워진 이 동상은 시크의 영국 거주 150년의 기억을 정착시켰는데, 찰스 왕자가 그 베일을 벗겼다는 것은 영국과 시크 두 왕실 간의 친밀성을 의미한다. 이러한 경우들은 영국 시민이자 시크라는 이들의 독특한 유산을 확인하게 한다.

아일랜드 공화국이 유럽 연합에 가입한 후 일어난 켈트 호랑이(Celtic Tiger, 1995~2007까지 계속된 아일랜드의 급격한 경제 성장을 의미)의 붐과 함께 기술 대학교에서 수학하기 위해, 그리고 정보 기술과 사업, 의학, 호텔과 의료 산업 분야에서 일하기 위해 시크들이 입국하기 시작했다. 이들은 이제 아일랜드 경찰[가르다 시오차나(Garda Siochána), 평화 수호대]에도 등록했다. 이때 거의 1천 명의 시크가 아일랜드에 굳건하게 뿌리를 내렸다. 더블린의 구르드와라(한때 오래된 영화관이었던)는 이들의 종교적 문화적 중심지였다. 2004년 이들은 아일랜드 시크 협의회(Irish Sikh Council)를 형성하고, 자신들의 요구와 관심사를 말했다. 영국에서 벌어졌던 7/7의 공격[2005년 7월 7일 런던에서 벌어진 이슬람 테러리스트의 폭탄 테러] 이후 애슬론(Athlon)에서는 한 시크 학생이 상처를 입고 언어로 모욕을 당했다. 관심을 불러일으키기 위해 시크들은 상호 종교 프로그램과 다문화 전시회에 참여했다. 켈트와 시크의 축제라는 새로운 빛깔의 모자이크가 창조되었다. 2007년 처음으로 성 페트릭의 날(St. Patrick's Day)에 90여 명의 시크 무용단이 포함되었다. 이들의 밝은 사프란과 푸른색은 아일랜드의 초록색과 잘 어울렸다. 2010년 체스터 비티 도서관(Chester Beatty Liberary)에서는 아일랜드에 사는 한 시크의 얼굴(A Sikh Face in Ireland)이라는 제목의 전시회가 시작되었다. 이는 상호 이해를 향한 중요한 한 걸음이었다. 여기에는 인데르지스 카우르(Inderjit Kaur)가 포함되었는데, 그녀는 아일랜드에 올 때 영어를 한 마디도 못했는데, 이제는 그녀의 아이들이 펀자브어를 하나도 모르는 것이다.

식민지 시대 이후의 영국에서 시크 디아스포라와 다른 디아스포라와의 상호 관계는 중요한 과정이다. 도시의 중심에 도착하면서, 시크들은 영국인뿐 아니라, 다른 펀자브인을 비롯하여 힌두, 무슬림, 다른 남아시아인과 영연방 국가 출신들 또한 만나게 되었다. 이들은 남아시아인, 카리브해인, 아프리카인, 그리고 아일랜드인과 함께 같은 곳에서 일했다. 이들의 자녀들은 다인종적이고 다종교적인 이웃들 속에서 성장한다. 긴장과 갈등이 불가피하지만, 또한 의미 있는 교환과 창조성이 있었다. 현대의 방그라(Bhangra)는 사우스올과 버밍햄 같은 지역에서 가까이 살게 된 펀자브의 젊은이들과 이들의 아프리카-카리브해 동료들 간의 사회적 접촉과 문화적 교환의 흥미로운 결과이다.[198] 전통적으로 추수와 결혼식 축제 때 펀자브에서 공연되었던 방그라 댄스 음악이 서구의 팝, 힙합, 하우스, 랩 그리고 레게와 섞이게 되었던 것이다. 그 독특한 북소리는 드럼 머신과 라이브 퍼쿠션〔percussion, 타악기〕, 그리고 다른 현대 악기와 합해졌다. 가사의 내용 또한 변하였다. 오리지널 방그라가 펀자브의 아름다움과 기쁨을 찬양하는 것이었다면, 여기에 더하여, 가사에는 떠나온 고향에 대한 향수, 그리고 더 나아가 적대적인 영국에 대한 이주자의 분노와 좌절의 목소리가 표현되었던 것이다. 혁신적인 사운드와 리듬, 영어의 사용, 그리고 방그라의 범-코뮨적이고 반 인종적인 성격은 젊은이들에게 힘을 주었고 광범위한 관중의 마음을 움직일 수 있게 하였다. 젊은 시크들은 창조적 에너지로 자신의 유산 - '자신의 부모들의 드럼 비트(drum beat)' - 을 주변의 문화와 결합하여 흥겨운 춤과 음악의 형식을 만들어냈다. 그리고 그것은 전 세계 곳곳에서 가장 최신의 유행이 되었다. 실제로 디아스포라의 풍경은 혁신적인 모험의 풍요로운 원천이다. 우리는 이 장의 끝에서 몇몇 시크 여성 아티스트들의 공헌을 탐색할 것이다.

유럽 대륙

유럽의 여러 지역에 약 10만 명의 시크들이 살고 있다. 독일에 2만 5천 명의 가장 큰 공동체가 거주하고 있고, 그다음으로 벨기에와 이탈리아에 각각 2만 명씩 거주하고 있다. 우크라이나, 그리스, 프랑스, 스페인, 덴마크, 스웨덴, 스위스, 네덜란드, 그리고 노르웨이에 각각 몇천 명씩 살고 있다.[199] 시크들이 유럽에 온 이유는 우선 일을 해서 돈을 벌기 위해서였다. 인도에 있는 가족과 친구들을 방문할 때마다, 이들의 가방은 값비싼 선물로 가득 차 있었다. 천한 일에 종사하는 사람들도 고향에 갈 때는 잘 차려입고 갔다. 이들의 성공 스토리가 다른 사람들로 하여금 서구로 향하도록 부추겼다. 그렇지만 문제도 있었다. 프랑스에서는 2004년 채택된 법에 따라 국립학교에서 눈에 띄는 종교적 상징을 착용하는 것이 금지되었는데, 여기에는 터번이 포함되어 있었다. 일부 시크 소년들은 금지를 지키지 않았다는 이유로 퇴학을 당하기도 했다. 그렇지만 대부분의 프랑스 학교에서는 시크에게 터번의 작은 대용물인 케스키(keski)의 착용을 허용하는 절충안이 합의되었다. 이주민과 소수자 공동체에서 종교는 근본적인 역할을 한다. 시크교는 언어와 문화, 유산을 전수하는데 있어 제일 중요한 통로가 되었고, 또한 개인의 정체성을 구축하는 데에도 절대로 필요한 것이었다. 시크교는 수세대를 가로질러 시크의 정체성을 형성하는 주요 매개체였다. 이는 내부적으로 공동체를 조직하는 토대를 제공하는 동시에, 일반 대중에게는 일차적인 정체성의 표식으로 작용했던 것이다.

북아메리카

신세계(New World)를 방문한 첫 번째 시크는 홍콩 연대의 창기병과 보병들이었다. 이들은 1897년 런던에서 빅토리아 여왕의 60주년 기념식을 거행한 후에 브리티시컬럼비아[British Columbia. 캐나다의 서부지역]에 위치한 밴쿠버로 갔다. 이들은 신세계에서 농사를 지을 수 있는 기회에 매료되었고, 이곳에서 정착을 꿈꾸었다. 뉴스에서 보도된 네 명의 시크가 첫 번째 이주자들이었는데, 이들은 1899년 4월 5일 경제적 기회를 찾아 샌프란시스코에 도착했다. 펀자브의 혹독한 가뭄이 이들을 내몰았을 때, 증기선 회사와 캐나다 태평양 철도 노동자의 모집 광고는 북아메리카 대륙의 첫 번째 '승객'(passenger)인 시크 이주자들을 매료시켰던 것이다. 이들은 보통 배를 타고 홍콩을 거쳐 들어왔고, 밴쿠버나 천사의 섬(Angel Island, 뉴욕의 엘리스 섬에 해당하는 서쪽 해안)에 상륙했다. 인도와 캐나다 모두 영국의 지배하에 있었기 때문에 캐나다를 여행하는데 비자가 필요 없었는데, 이에 밴쿠버는 선호되는 목적지가 되었다. 이들은 가는 도중에 홍콩에 정박하여 지역 구르드와라의 지원을 받았다. 북아메리카에 도착한 이주자들은 빠르게 캘리포니아 남부로 이동했다. 이들은 새크라멘토, 산 조아퀸, 임페리얼 밸리 전역의 농장에서 일하거나 혹은 워싱턴, 오레곤, 브리티시컬럼비아에 정착해서 벌목 사업에 종사하거나 혹은 태평양 철도에서 일했다. 힘든 일을 했지만, 새로운 이주자들은 지역 사람들보다 적은 임금을 받았다. 1905년과 1908년 사이에 시크 이주자들이 유입되었고, 이들은 1909년 밴쿠버에 북아메리카의 첫 번째 구르드와라를 건축할 수 있었다. 그리고 뒤이어 빅토리아(Victoria)에 또 다른 구르드와라가 건축되었다

    토착민들은 이 건장한 저임금 신참 노동자에 대해 경쟁의 위협을 느꼈다. 1908년 캐나다에서 연속 항해법(Continuous Voyage Act)이 통과되었는데, 이는 각자의 고국에서 캐나다까지의 끊임없

이 한 번에 항해할 수 없는 사람들을 막는 것이었다. 이 법으로 인해 펀자브로부터의 이주는 마감되었다. 그럼에도 불구하고, 진취적인 시크들은 법적인 요구를 만족시키려고 시도했다. 이들은 일본 배 코마가타 마루(Komagata Maru)를 전세 냈고, 홍콩과 상해에서 375명의 승객을 모아 빅토리아 항구에 도착했다. 그러나 캐나다 이민국은 몇 명을 제외하고 나머지의 입국을 허용하지 않았다. 긴 법정 싸움 끝에 코마가타 마루는 강제로 돌아가게 되었는데, 캘커타에 상륙해서는 적대적인 경찰력에 마주하게 되었다. 이 코마가타 마루 사건은 자랑스러운 브리티시 신민이라는 이들의 자부심에 상처를 주었다.[200]

미국 신문들 또한 '힌두 침략'(Hindu invasion)을 보도하기 시작했다. 시크교라는 특별한 종교에 익숙하지 않았던 미국인들이 포괄적으로 '힌두'라는 명칭을 사용했던 것이다. 이들의 종교적 정체성의 표식인 터번을 쓴 사람들은 '래그 헤드'(Rag Heads)라 불렸다. 1907년 워싱턴, 캘리포니아, 알래스카에서 인종주의자들의 폭동 - '안티-힌두'(anti-Hindoo) 폭력 - 이 일어났다. 시크들은 1907년 형성된 캘리포니아 아시아인 축출 연맹(California's Asiatic Exclusion League)의 적들의 명단에 포함되었다. 연합 주들의 법은 억압적이고 차별적이었다. 1913년 5월 캘리포니아 외국인 토지 법(California Alien Land Act)은 땅을 등록할 수 있는 권리를 미국 국민으로 한정했고, 그리고 1917년에는 시크의 입국이 금지되었다. 1923년에는 귀화할 권리를 잃었다. 종종 인용되는 바가트 싱 틴드 재판(Bhagat Singh Thind Case)에서 미국의 최고 재판소는 아시아의 인도인은 '자유로운 백인'이 아니고 따라서 미국 시민이 될 수 없다고 판결했다. 이미 귀화한 사람들은 시민권을 박탈당하기도 했다. 아시아 이주민들은 선거를 할 수 없었는데, 이들은 땅을 소유할 수 없었고, 이들은 미국 시민이 될 수 없었고, 그리고 이들은 가족이 자신을 따라올 수 있도록 후원할 수 없었다.

꿈의 나라는 악몽이 되었다. 기본적인 개인적 자유에 대한 차별과 배제에 불만을 품은 많은 사람들이 신세계를 떠나기 시작했다. 시크교 인구는 축소되었다. 1857년 세포이의 난에 합류하기를 거절하고 영국에 대해 가장 열렬한 충성을 보였던 시크들은 '백인 주인들'(white masters)에 대한 충심을 잃었다. 서부 해안의 인도인들은 인도의 독립운동을 시작했다. 1913년 혁명적인 가다르 당(Ghadar Party)이 형성되었고, 많은 시크가 여기에 합류했다. 가다르 신문의 제 1호가 캘리포니아 대학교 버클리 캠퍼스에서 발행되었는데, 여기에는 모든 시민이 동등한 권리를 갖는 자유로운 독립 인도를 위한 선언문이 게재되어 있었다. 당은 몇몇 잡지와 팸플릿을 발행하였고, 브리티시 라즈에 대한 시위를 조직하였고, 대중의 각성을 일깨우기 위한 강연을 시행하였다. 동부 해안의 시크들은 백악관에 로비를 해서 인도를 해방하도록 영국을 압박했다. 이렇게 많은 사람이 적극적으로 활동할 때, 일단의 시크들이 자유운동을 위해 고국으로 돌아갔다. 유명한 가다리테 카르타르 싱 사라바(Ghadarite Kartar Singh Sarabha)는 민족주의 혁명가들의 발생을 고무했는데, 여기에는 인도의 독립을 위해 순교한 바가트 싱(Bhagat Singh)이 포함되어 있었다.

미국에 머무는 사람들은 가족으로부터 엄격하게 분리되었다. 이들은 독신자처럼 살았고, 일부 결혼한 사람들은 인도로 돌아갔다. 잠시 펀자브에서 떨어진다고 생각했던 것이 종종 외국에서 평생을 보내는 결과로 나타나기도 했다. 초기 이주민 집단에는 시크 여성들이 거의 없었는데, 시크 남성들은 종종 서구적인 틀 안에서 스페인어를 구사하는 여성들과 결혼했다. 해당 주의 관청에 결혼 신고를 하기 위해서는 같은 종족이라고 생각될 수 있도록 비슷한 사람을 찾아야 했는데, 히스패닉 여성들이 이런 조건을 충족시켰던 것이다. 이에 이중적인 인종 공동체가 창조되었고, 이는 '멕시칸-힌두'(또한 '멕시두스'Mexidus)라는 잘못된 용어로 불리었다. 이들의 일부 후손은 오늘날 가장 성공한 농부가 되었는데, 호두나무, 복숭아, 자두, 그 밖의 다른 과일들이 자라는 커다란 과수원을 소유하게 되었던 것이다.[201]

일부 시크 이주민들은 인생의 후반기에 귀향하기도 했다. 이들은 모국어인 펀자브어를 잘 하지 못했는데 그렇다고 영어를 유창하게 하지도 않았다. 1960년대에는 파티알라에서 벌어졌던 결혼식과 같은 경우가 많이 발생했는데, 반세기 이상 서로 떨어져 살았던 할머니와 할아버지가 갈라 '재결혼식'(remarriage)을 올렸던 것이다. 신랑은 갓 결혼한 아내와 새로 생긴 가족을 떠나 미국으로 일하러 갔다. 비록 정기적으로 돈을 보내기는 했지만, 그는 아내를 거의 알지 못했다. 아들이나 손자를 만날 기회도 전혀 없었다.[202] 앞서 언급했듯이, 여성들은 제1세대 시크 이주자들과 거의 동반하지 않았으며, 일련의 이주 제한과 축출 법이 팽배한 반-아시아인 정서와 결합하여 이들의 입국을 거의 불가능하게 만들었던 것이다.

제 2차 세계 대전 후에 행해졌던 이주 법의 완화와, 특히 1965년 민족 쿼터제가 폐지된 이후 북아메리카 전체에 걸쳐 시크 인구는 남성과 여성 모두 극적으로 상승하였다. 새로운 가족 재결합 정책은 아시아인 이주의 두 번째 흐름의 포문을 열었는데, 이를 통해 모든 사회 계층의 시크 남성과 여성이 점점 더 많이 들어오게 되었던 것이다. 인도의 정치적 위기 또한 최근 몇십 년 동안 이주의 증가를 부추겼다. 1980년대 독립적인 칼리스탄(Khalistan)의 추구는 비극적인 정치 상황을 초래했고, 이에 많은 젊은 시크들이 북아메리카로 향했던 것이다. 그 가족들이 지금 그곳에서 가정을 갖고 있다. 또 다른 케이스는 '두 번 이주'(twice migrant)의 경우였다. 이는 처음에 우간다, 케냐, 이란에 정착했지만, 그 나라들에서 벌어지는 정치적 격변으로 인해 또다시 이주해야 했던 가족들의 경우이다. 이때 많은 사람이 미국과 캐나다에 정착했다.

미국에는 2만 5천 명의 시크가 살고 있고 캐나다에는 더 많은 수가 있다. 밴쿠버에서 이들은 전 도시 인구의 2.3 퍼센트를 차지한다. 펀자브와 비슷한 지대인 캘리포니아는 여전히 시크들을 매료시켰고(유바와 수터(Sutter) 카운티는 인도 밖에서 가장 크고 번성한 시크 농업 공동체를 형성하고 있다), 최근 시크 이주자들은 도시에 강력한 근거지를 갖고 있다. 1956년 미국 의회에서 첫 번째 아시아계 미국인이 의석을 획득했을 때, 새 역사가 창조되었다. 시크교인 달립 싱 사운드(Dalip Singh Saund)는 캘리포니아 대학교 버클리 캠퍼스에서 수학과를 졸업한 후 임페리얼 밸리(Imperial Valley)의 성공한 농업인이 되었다. 그리고 그는 자신의 동포에 대한 수많은 차별적인 법들과 싸웠다. 마침내 1949년 인도인들은 미국 시민이 될 수 있는 자격을 획득했고, 사운드는 의원으로 당선되었다. 2004년 루비 달라(Ruby Dhalla)는 서구 세계의 국회의원으로 선출된 첫 번째 시크 여성이라는 역사를 이루었다. 그녀는 브램프톤-스프링데일(온타리오, 캐나다) 의회의 자유 당원이었다. 지금은 몇몇 북아메리카인 시크가 미국과 캐나다의 정치 일선에 있다. 시크 여성들이 신세계에 온 것은 아내, 어머니, 딸, 자매의 비자를 받기 위해서 뿐만이 아니었다. 이들은 또한 독립을 위해, 교육을 받기 위해, 혹은 다양한 경력을 쌓기 위해 신세계에 왔던 것이다. 이들은 남성들처럼 열정적이고 모험적이었고, 자신의 전문 분야에서 높은 성취를 이루었다.

중동

1970년대 초중반 광대하게 매장된 석유의 발견, 그리고 그것이 중동에 가져다준 급작스러운 부는 이주민들에게 또 다른 전선을 열어놓았다. 새로운 인프라와 건설 계획은 수천 명의 시크를 매료시켰다. 단순 노동자에서 고도로 숙련된 기술자에 이르기까지, 이들은 두바이, 오만, 사우디아라비아, 바레인, 이라크로 일하러 갔다. 시크 이주민의 정확한 숫자는 알 수 없지만, 당시 문서에 따르면 걸프 국가들에는 약 6만에서 17만 5천 명의 시크가 있었다. 초기에는 더 많은 수가 있었을 것으로 추정된다. 중동은 종종 서구나 극동으로 이주하는 디딤돌로 작용하기도 하였다.

분명한 것은, 시크 이주민들은 세계의 여러 다른 지역에서 독특한 양식들을 추구하였고, 또한 그 역사적 순간에 따라 아주 다르게 나타났다는 것이다. 이주국의 서로 다른 '끄는'(pull) 요소들과 고국의 서로 다른 '미는'(push) 요소들이 모두 세계 정치와 경제에서 이동의 조건으로 작용했다. 이주민들 각자의 개별적인 성격과 능력은 시크 공동체의 디아스포라 경험에 크게 기여했다. 실제로, 시크들은 전혀 다른 문화적, 종교적 풍경 속에서 자신들의 집을 만들었다. 최근의 커뮤니케이션의 혁명 - 여행, 전자 우편, 전화, 스카이프 - 은 향수병을 가라앉혔다. 이들은 위성 TV로 인도 영화와 쇼를 즐길 수 있게 되었다. 몇몇 국가들에서는 스타(Star) TV와 알파 펀자비(Alpha Punjabi) TV 채널을 시청할 수 있다. 대도시의 중심지에서 공동체의 구성원들은 TV와 라디오 프로그램을 주최할 수 있다. 넘치는 에너지와 근면성, 모험성, 명랑한 태도로 시크 여성과 남성은 아주 성공할 수 있었다. 의식적이든 무의식적이든, 이들은 자신들의 격언대로 살았다: '*키라트 카르니, 남 자프나, 테 반드 차크나(kirat karni, nam japna te vand chhakna)* - 정직하게 일하라, 신성을 기억하라, 재화를 나누어라.' 어디를 가든지 이들은 새로운 도전에 있어 자신의 독특한 시크교 규범과 가치를 적용했다.

가족

앞서 언급했듯이, 첫 번째 이주민들은 남성들이었고, 행운을 찾아 해외로 떠날 때 독신이거나 아니면 인도에 부인과 가족을 남겨둔 채였다. 이주법이 완화되면서 이들은 가족을 초청할 기회를 갖게 되었고, 이에 인구수는 급격히 상승했다. 전형적인 시크 가족은 핵가족이 아니었으므로 대가족이 도착하게 되었는데, 그다음에는 또 다른 이주 사슬이 시작되었다. 남성은 아내와 아이들, 부모와 미혼의 형제들을 초청할 수 있었다. 그리고 그다음에는 그들이 자신의 배우자를 초청하고, 그 배우자가 또 자신의 부모와 형제들을 초청하는 식이었다. 이렇게 확장된 네트워크는 영국의 사우스올,

미국의 유바 시티, 그리고 캐나다의 밴쿠버와 같은 지역에 시크를 집중시켰다. 토론토의 지라르드(Girard) 같은 거리를 방문한 외로운 관광객은 옷과 보석, 잡화를 파는 상점을 함께 운영하는 친척들을 질투하게 되었다.

다른 한편, 디아스포라 공동체 내에서 성공과 풍요는 특유의 문제를 만들어냈다. 각 가정에서 전통적 가치의 붕괴와 현대적 생활양식이 나타나기 시작했던 것이다. 사람들이 교외에 사는 것을 꿈꾸게 되면서, 연로한 이주자들은 고독과 우울감에 시달리게 되었다. 최근 뉴욕타임즈의 톱기사는 귀화한 미국 시민의 나이 든 부모들을 조명했는데, 이들은 영어를 거의 하지 못하거나 완전히 못했고, 운전도 하지 못했고, 그리고 문화적으로는 펀자브에서 '수 광년'(light years)[203] 떨어져 있었다. 1면 사진에는 캘리포니아의 프레몽(Fremont)시의 한 공원에 터번을 쓴 하얀 수염의 남성 무리가 앉아 있었다. 이들은 슬픈 사연을 지니고 있었다. 이들에게 익숙했던 공동 가족 체제는 서구로 이주하면서 붕괴되었던 것이다. 아들과 딸들이 해외에 정착함에 따라, 연로한 부모들도 따라와야 했다. 이들은 때로 손자손녀들을 돌봐야 했는데, 가장 현대적이고 안정적으로 자리 잡은 사람들도 아이들은 가족이 돌봐야 한다고 믿었기 때문이다. 언어와 문화의 전수는 디아스포라의 시크들에게 중요한 것이었고, 여기에 할머니 할아버지가 중요한 역할을 하도록 요구되었던 것이다. 젊은 사람들이 직장 일로 바쁠 때, 펀자브에서 온 부모와 조부모들은 집안에 갇혀 있었다. 고립과 외로움에 지친 이들은 서구가 황금 새장이라는 것을 알았고, 이에 세탁부와 신문팔이, 채소 장수, 그리고 낮 동안 서로 방문할 수 있는 친구와 친지들이 있는 펀자브의 리듬적인 생활을 그리워하였다.

구르드와라

구르드와라는 언제나 시크교의 제일 중요한 기관이었다. 실제로, 시크 공동체의 크기와 번영은 구르드와라(들)의 '양'과 '질'에 반영되었다. 인도 밖에서 가장 큰 구르드와라는 사우스올에 있는 스리 구루 싱 사바(Sri Guru Singh Sabha)이다. 2005년 구르드와라가 문을 연 직후, 영국에 존재하는 이 시크교의 최고 상징은 찰스 황태자의 방문을 받았다. 전 지구상에 있는 모든 구르드와라는 시크들의 지역 공동체의 중심점이었다. 구르드와라는 정보와 협력, 식량, 쉼터, 친교의 원천이었다. 새로 도착한 시크에게 있어 구르드와라에서 묵는 것은 초기 단계의 중요한 과정이었다. 시크 공동체는 구르드와라를 통해 그 사회적, 문화적, 지적, 정치적 유대를 창조하고 지속했다. 1902년 캘리포니아의 스톡톤(Stockton) 시에 세워진 미국의 첫 번째 구르드와라는 종교적 중심일뿐 아니라, 가르다르 당(Ghardar Party, 인도의 독립을 위해 설립된 당)의 정치 활동의 격동적인 중심이기도 했다. 수십 년 동안 스톡톤은 유일한 시크교 센터였는데, 그러나 오늘날 미국에는 150개 이상의 구르드와라가 있다.

많은 구르드와라는 집이나 교회 지하실이나 공동 강당을 근거지로 하여 출발했다. 지금도 몇몇 구르드와라에서는 성경의 이야기가 그려진 스테인드글라스 창을 볼 수 있다. 시크 인구가 많은 곳에서는 대규모 인원을 수용할 수 있는 새로운 건물이 설계되고 있다. 38에이커의 토지에 3만 5천 제곱피트 건물이 있는 온타리오 칼사 다르바르(Ontario Khalsa Darbar, 토론토 공항 가까이에 위치한다)나 사우스올의 싱 사바와 같이 넓은 구르드와라들은 몇 천 명의 시크교인이 특별한 기념일을 함께 축하할 수 있게 도와준다. 동시에, 이 구르드와라들은 근처에 사는 사람들이 매일 일하러 가기 전에 경의를 표할 수 있게 한다 - 인도에 돌아간 많은 시크들이 그런 것처럼. 심지어 지나가는 방문객들에게도 구르드와라에서 경의를 표하고, 키르탄을 듣고, 맛있는 랑가르를 즐기고, 도서관을 방문하고, 시크 동료들을 만날 수 있는 멋진 기회가 제공된다. 펀자브에 있는 것과 똑같은 광경, 소리, 억양, 냄새 그리고 정신을 갖고 해외에 있는 구르드와라들은 이주자들을 상상 속의 고향으로, 그리고 아주 깊은 자아 속으로 되돌아가게 한다.

한편, 신자들의 예배가 보다 작은 규모로 보다 친밀한 집단 내에서 행해지는 추세가 증가하고 있다. 시크교인 수의 극적인 증가는 공동체 내에 어떤 긴장을 불러왔다. 숫자가 적을 때에는 나이가 적든지 많든지, 개척자이든지 새로운 사람이든지, 수염을 깎았든지 암리트에 입회했든지, 이데올로기적으로 공산주의자이든지 아칼리이든지, 모든 이주자들은 같은 구르드와라에 출석했다. 그런데 오늘날 신흥 시크 공동체 내에서는 아주 작은 차이일지라도 커다란 당파적 갈등으로 발전하는 경향이 있었다. 그 결과, 한때 구르드와라의 후원자였던 사람들이 이제는 '구르드와라 정치'로부터 방향을 틀도록 시도하고 있다. 그 대신, 이들은 영적인 독서와 예배 음악을 위해 보다 작은 모임을 조직했다. 수많은 시크교인이 환상적인 생일파티와 결혼기념일보다 자신의 집에서 예배를 드리고 키르탄을 낭송하는 것을 선호하게 되었다.

마찬가지로, 보다 젊은 세대의 시크교인들은 평신도가 주도하는 작은 회합에 끌리게 되었다. 최근의 뉴욕 타임즈는 한 전문성을 지닌 시크교인이 페이스북에 만든 '청년 구르드와라'에 대해 보도했는데, 이는 맨하탄 시크 협회가 붙인 것이었다. 그 내용은 다음과 같다.

…… 2007년 말 한 목요일 밤에 그는 배터리 파크 시티에 있는 호화로운 콘도미니엄 건물에 임대된 다용도룸으로 이끌렸다. 보통 주민들의 모임과 어린이들의 생일 파티가 열리던 이곳에는 카펫 위에 하얀 천이 깔려 있고 하얀 시트가 거울을 가리고 있었다. 저쪽 끝에는 천을

씌운 나무 연단 팔키(palki)가 있는데, 여기에는 시크의 성스러운 책 《아디 그란트》(Adi Granth)가 놓여 있었다.

그렇지만 무엇보다 싱 씨의 눈길을 사로잡은 것은 회합 혹은 상가트에 참석한 다른 회원들이었다. 그들도 싱 씨처럼 젊은 전문가들, 블랙베리(캐나다의 휴대폰 회사)를 갖고 있는 사람들이었다. 예배, 혹은 디완(diwan)이 진행되는 몇 시간 동안 이 아마추어 성직자들은 돌아가면서 신성한 시를 챈팅하고 찬가를 노래했다.

뉴욕 타임즈, 2009년 8월 22일

인도에 있는 젊은 시크교인들이 자신의 종교를 당연한 것으로 생각하는 것과 달리, 해외의 시크들은 자신의 유산을 발견하는데 민감하다. 전 지구상의 디아스포라에서 블랙베리를 소지한 젊은 시크교인들은 스터디 그룹과 사이버 구르드와라를 조직해서 자신의 신앙의 근본적인 원리를 이해하고자 했다. 이들은 자신에게 전수된 시크교를 단순히 받아들이는 대신에 토론하고 논쟁하였고 그러면서 전통 속에서 자신의 적극적인 역할을 찾으려 하였다.

구르드와라 역시 이들을 수용하려고 노력하고 있다. 구르드와라에서는 경전의 원어와 영어 번역이 동시에 나타나는 스크린을 이용해서 젊은 세대가 의식을 따라 할 수 있게 했다. 인도와 해외의 학자들이 회합에 초빙되어 철학적 윤리적 개념을 설명하기도 했다. 많은 구르드와라에는 청년 캠프가 조직되는데, 여기에서 종교적 지식과 사회적 유대, 그리고 체력 단련 프로그램이 제공된다. 북아메리카와 유럽, 인도의 아이들이 모두 참석하는 이런 캠프들은 눈에 띄게 초국가적이다. 구르드와라의 랑가르의 전형적인 식사는 콩과 야채, 밀가루 빵으로 구성되지만, 서구적 입맛을 지닌 어린이들을 위해 프렌치프라이와 다른 지역의 음식들이 메뉴에 추가되고 있다.

구르드와라는 또한 다른 종교의 사람들에게도 손을 내민다. 미국의 추수감사절에 시크 회합은 구르드와라에서 식사를 준비해서 지역 공동체 내에 있는 노숙자와 가난한 사람들에게 제공한다. 버밍햄에 있는 구루 나나크 니쉬캄 세와 자타(Guru Nanak Nishkam Sewa Jatha)는 세계 종교 회의(Parliament of the World's Religions), 국제 연합(United Nations), 그리고 NGO 프로그램과 연관되어 있다. 자타는 여러 대학교와 구르드와라에서 상호 종교 포럼을 조직해 왔다. 2004년 바르셀로나에서 열린 세계 종교 회의에서 자타는 회의에 참석한 수천 명의 남녀에게 랑가르 식사를 제공했다. 그리고 저녁에는 또한 키르탄 낭송을 조직했다. 시크 구루들의 시가 지중해의 파도 소리와 합쳐지면서 새로운 흐름을 알렸다. 구루의 시가 지닌 의미와 경험은 디아스포라의 현실에 의해 확장되었다: *'타하 바이쿤투 자흐 키르타누 테라'(taha baikunthu jah kirtanu tera)*: '우리가 당신의 찬가를 낭송하는 곳, 그곳이 바로 천국이다'(GG: 749).

구르푸랍

어디로 이주하든지, 시크교인들은 *구르푸랍(Gurpurab*, 문자 그대로 구루의 날)을 축하했다. 여기에는 구루들의 기념일과 역사적으로 중요한 사건들, 그리고 시크 영웅들의 순교가 포함되어 있다. 구르푸랍 기간에는 쉼 없이 경전을 낭독하고, 학술 심포지엄을 열고, 음악회를 조직한다. 많은 수의 시크가 도시와 그 근방에 살고 있기 때문에, 주요 축하 행사를 위해 여러 공동체의 사람들이 함께 공동 출자하는 것이 최근 현상이 되었다. 예를 들어, 1999년 칼사 창립 300주년 기념행사는 미국의 수도 워싱턴 DC에 거주하는 시크교인들이 이 지역에 있는 국립 컨벤션 센터에서 집단적으로 종교적, 문화적, 지적 활동을 주최하였다.

자신의 고유한 신앙과 문화의 근본을 유지하면서, 시크교인들은 지금 살고 있는 나라의 주요 관습과 전통에 성심껏 참여했다. 서구에서 이들은 부활절과 추수감사절, 크리스마스 같은 전통 행사에 참여했다. 시크교인의 가정에 하누카〔Hanukahh, 신전을 정화하는 유대교 축제. '빛의 축제'라고도 불린다〕캔들과 크리스마스 트리가 들어오게 되었다. 시크교인들은 이웃들과 친구들과 서로 의미 있게 영향을 주고, 선물을 교환하고, 단 것을 나누어 먹었다. 이들은 또한 자신의 문화를 나누고 싶어 했고, 이에 남성과 여성이 교대로 지역 TV 방송국에서 시크교에 대한 담화를 하고 키르탄 연주를 하였다. 상호 우정으로 얻어지는 이익을 수확하기 위해, 시크교인들은 이웃과 공동체에 사는 다른 신앙인들에게 손을 뻗는 것이다.

서구에서 시크교인의 다르마

1969년 로스앤젤레스에서 시크교의 기관 건강 행복 신성(Healthy Happy Holy, 3HO)이 창립되었을 때, 시크 이민자 하르바잔 싱 푸리(Harbhajan Singh Puri, 1929~2004)는 쿤달리니 요가를 가르치고 있었다. 이 기관은 곧 미국과 해외에 걸쳐 아쉬람을 갖는 공식적인 종교 기관이 되었다. 요기 마하라지(Maharaj)의 지도하에, 3HO는 시크교의 영적 철학적 교의를 새로운 세대의 감수성과 저항 문화의 요구에 적용하면서 독창적인 미국의 시크 공동체를 재생산하였다. 베트남-시대(Vietnam-era, 베트남 시대 참전 용사들에게 고용에 대해 특별한 배려를 제공의 사회적 정치적 제도)에 대한 불신은 내적 자아와 3HO의 리더에 대한 믿음으로 향한 길을 열어 놓았다. 이 운동은 탄트라 요가, 시크교, 뉴 에이지의 영성, 그리고 저항문화의 사상이 극적으로 종합된 것이었다. 보통의 '백인'(고라/Gora) 회원들은 시크식 이름을 받아들였고, 시크교의 다섯 상징을 착용했고, 그리고 시크교의 휨을 낭송했다. 그런데 이들은 시크교를 넘어 더 나아가기도 했는데, 고기와 카페인을 포기하고, 하얀색 의상을 착용하고(지금은 밝은 색깔 옷도 입기 시작했지만), 영성을 위한 본질적인 것으로 요가 수련을 받아들이고, 그리고 리더에게 헌신하는 - 심지어 리더가 주선하는 결혼을 하면서 - 것이다. 여성 회원들 또한 터번을 썼다. 서반구의 많은 지역에서 칼사 싱들(Khalsa Singhs, 일반적으로 그들을 부르던 대로)은 구르드와라를 세우기 위한 첫 번째 사람들이었다. 이들은 계속 키르탄을 연주했고, 랑가르를 준비했고, 시크교 학문에 주요한 공헌을 하였다. 사르다르 닥터 산트 싱 칼사(Sardar Dr. Sant Singh Khalsa)는 펀자브에 있는 시크교인들과 협업을 통해 시크교 경전의 소중한 전통을 만들었다(웹사이트 srigranth.org를 보라). 요기 마하라지가 세상을 떠난 후에는 그의 사위 바이 사히브 사트팔 싱 칼사(Bhai Sahib Satpal Singh Khalsa)가 서반구에서 시크 다르마의 대사가 되었다. 헌신과 지도력, 강연, 저술을 통해 바이 사히브 사트팔 싱 칼사는 마하라지의 사명을 진전시키고 있다.

키르탄

역시 3HO 출신인 사트 카르타르 칼사(Sat Kartar Khalsa)는 광범위한 서구 청중에게 시크교의 시를 열어놓았다. 그녀는 동양과 서양의 멜로디를 종합하여 경전을 녹음하였다. 시크교의 키르탄, 그리고 쿤달리니와 나드(Naad, 내면의 소리에 다가가는 요가) 같은 요가 형식들을 공부하고 수련하면서, 그녀는 시크교의 의식 음악에 새로운 차원을 부가했다.

두 번 이주했던 디아 싱(Dya Singh)은 시크 디아스포라에서 혁신적인 인물이었다. 말라야에서 태어난 그는 지금 호주에 살고 있다. 그와 그의 밴드는 시크 구루들의 전통적인 메시지를 동양과 서양의 멜로디를 혼합한 새로운 형식의 음악으로 세계에 내놓았다. 2000년 디아 싱은 시드니에서 열린 월드 뮤직 어워드(World Music Award)에서 그해의 남성 아티스트 상을 수상했다. 그의 팀에 소속된 작곡가와 연주가들은 다양한 종교적 배경을 지니고 있지만, 그러나 그들은 모두 시크교의 기본적인 가르침에 동조하고 있다. 그는 자신의 밴드를 '시크 음악은 세계로, 세계 음악은 시크로'라고 소개했다. 일부 시크교인들이 그의 혁신적인 양식에 반대하지만, 그의 고유한 사명은 시크 구루들의 우주적인 메시지를 다양한 청중에게 전달하는 것이다.

통과 의식

시크교의 의식들은 기본적으로 인도에서와 똑같은 것으로 남아

있다. 죽음만이 예외인데, 시신은 영안실에 안치되었다가 장례식장의 규범에 따라 화장한 다음, 가족들이 재를 수거하여 인도로 보내서 수틀레즈 강 속에 안장시켰던 것이다. 그 중간에 재는 해당 지역의 구르드와라에 남아 있게 된다. 가족들 속에서 죽음은 구루 《그란트》를 읽기 시작하는 것으로 표시된다. 열흘째 되는 날 보그(bhog) 의식이 행해지는데, 이때 고인의 평화를 위한 마지막 기도문이 낭송된다. 보그는 집이나 구르드와라에서 할 수 있는데, 스케줄에 맞추기 위해 주말에 배치된다. 학교나 도서관, 병원, 그리고 구르드와라에 필요한 것을 선물하면서, 가족들은 사랑했던 사람의 기억을 생생하게 간직하려 한다. 기일이 되면 가족들은 공동체에 랑가르를 제공한다. 시크교인 가족들은 황금 사원 같은 신전에서 구루 《그란트》의 완전한 읽기(아칸드 파트akhand path)를 위해 펀자브의 구르드와라에 돈을 보내기도 한다. 덧붙일 것은, 캘리포니아 대학교 산타 바르바라 캠퍼스에서 닥터 카파니(Dr Kapany)는 그의 어머니를 기념하여 시크교와 관련된 강좌를 신설하였고, 리버사이드에 있는 캘리포니아 대학교에서 시크교 강좌는 닥터 자스비르 싱 사이니(Dr Jasbir Singh Saini)를 기념하여 사이니 가족에 의해 신설되었다.

　시크교에서 결혼은 커다란 행사였고, 이는 가족이 부유해질수록 눈에 띄는 소비로 나타났다. 결혼은 두 사람의 결합 이상이었기 때문에, 여기에는 시크 디아스포라를 가로지르는 친지들과 값비싼 선물의 교환이 포함되어 있었다. *아난드 카라즈(Anad Karaj,* '축복 의식')는 일반적으로 지역의 구르드와라에서 기념되었는데, 이는 펀자브에서 하는 것과 같은 양식으로 행해졌다. 그러나 결혼식 이전과 이후의 의식은 서구의 관습을 따랐다. 반지 교환과 케이크 자르기, 샴페인 병마개 따기, 시끄러운 밴드와 디스코텍은 표준이 되었다. 결혼식 이전에 펀자브에서 흥청대는 쇼핑, 그리고 결혼식 이후에 이국적인 열대 섬으로의 신혼여행도 마찬가지였다. 현대의 시크교인 결혼식에는 서로 반대되는 두 방향이 포함되어 있는 것 같은데, 다우리의 일부로서 딸의 혼수와 서구적 양식의 피로연이 공존하는 것이다. 그러나, 다른 한편, 과거의 전통이 부활하기도 한다. 표준적인 *사흐바르-카메즈(sahvar-kameez,* 펀자브 여성의 전통 의상) 가 정교한 *라힝가(lahinga,* 폭넓은) 스커트로 대체되었고, *마힌디(mahindi,* 헤나)와 같은 사장된 관습이 중요성을 갖게 된 것이다. 그렇지만 이 경비를 모두 신부의 가족이 부담하는 것은 여전하다.

여성의 교육 수준과 고용의 향상, 높아진 생활 수준, 그리고 현대 생활의 도전과 스트레스로 인해 결혼의 파기가 증가하였다. 이혼이 시크 사회에서 파문과 같았다면, 이는 이제 보다 더 받아들여지는 경향이 되었는데, 여성의 재혼도 마찬가지이다(시크 남성에게 재혼이 아주 보통이었다면, 남편과 사별하였더라도 여성의 재혼은 그녀와 그녀의 가족에게 불명예로 간주되었던 것이다).

젠더와 성별

시크교인들은 국경을 초월하여 인도에 있는 자신의 가족과 공동체와 가깝게 연결되어 있었다. 현대 서구 사회에서 시크의 정체성을 유지하는 것은 디아스포라의 시크들에게 중요한 문제였다. 그 시작부터 시크 사회는 고대 인도의 가부장적 구조에서 결코 자유롭지 않았다. 현대 서구 사상의 위협 속에서 이 가부장적 형식은 대양을 건너왔고, 이주민들이 제일 먼저 한 일은 이를 정립하는 것이었다. 여성들은 문자 그대로 공동체의 재생산자였고, 이에 신세계에서 '시크성'(Sikhness)의 유지는 무엇보다 여성들의 몫이 되었다. 그 결과 이들은 엄격한 통제의 대상이 되었다. 이들의 재생산 능력에 대한 통제는 가족 정체성의 재생산, 더 나아가 시크 공동체의 재생산으로 이어졌다. 서구의 개방적 생활양식에 불안을 느낀 일부 부모들은 딸들을 보다 전통적인 방식으로 양육하였다. 어떤 사람들은 교육을 위해 딸들을 펀자브에 되돌려 보내기도 했고, 많은 가정에서는 조부모를 대신 이곳으로 모셔왔다. 아들들에게 서구의 자유가 허용되었다면, 이에 반해 딸들은 전통적 가치를 지켜야 했던 것이다.

가족의 명예(*이자트izaat*)는 어머니와 딸들에게 달려 있었고, 시크 어머니들은 아들과 딸들의 *케샤(kesha)*를 유지하는 책임을 지고 있었다. 소년들이 머리를 짧게 깎는 서구에 살고 있는 시크교인 어머니들은 시크교 형식의 보존이라는 자부심과, 여자아이만 긴 머리를 묶는다고 생각하는 친구들에게 놀림을 당하는 아들 사이에서 상당한 심리적 갈등을 겪고 있었다.

대부분의 시크교인은 중매로 결혼했다. 아름답고 재능 있는 젊은 여성의 부모와 가족들은 그들의 가정을 방문한 이주 독신자에 대한 화려한 광고에 솔깃했다. 해외 결혼이 제공하는 생활양식과 부에 매료되어 펀자브의 시크 여성들은 종속적으로 이주했다. 많은 사람이 자신의 가족 전체를 부양하는 수단이 되어 먼 나라에 정착한 남자에게 시집을 갔다. 사회학자들은 이 과정을 '아들을 위한 딸의 희생'[204]이라고 해석했다. 펀자브의 인기 있는 영문 잡지는 이 현대의 비극을 포착했다: '다른 가족들을 금전의 땅으로 보낼 수 있는 기회를 얻기 위해 부모들은 젊고 똑똑하고 미래가 밝은 소녀들을 문자 그대로 교환했다.'[205] 심지어 어떤 사람은 도착하자마자 그가 '성공한 의사' 또는 시간제 약사 또는 '부유한 사업가'라고 했는데 실제로는 친척 소유의 세븐-일레븐에서 일하고 있는 것을 발견했다.

강제 결혼과 명예 살인, 여아 낙태 같은 사건들이 디아스포라 공동체에 보도되었다.[206] 디아스포라의 시크들은 성차별과 싸우고 여성과 남성에게 동등한 권리를 부여하기 위해 다양한 방식으로 접근하였다. 학자들은 공동체가 구루《그란트》로 되돌아가서 수 세기 동안 진전되었던 가부장제 속에 감춰진 구루들의 혁명적인 정신을 깨달아야 한다고 주장했다. 이들은 젠더 불균형을 조명하면서 가부장제의 가정들에 도전했다. 예술가들, 소설가들, 영화제작자들은 창조적인 렌즈를 제공하여 시크교인들로 하여금 만연한 성차별이 사회에 끼치는 해악을 깨닫게 했다. 활동가들은 기존의 권력 구조에 대한 논쟁을 주도했다. 미국의 시크 연합(Sikh Coalition) 회원들은 여성들에게 자신의 기본권에 대한 교육을 했다. 영국의 *시크 나리 만치(Sikh Nari Manch*, 시크교 여성들의 교육 기관) 회원들은 여성이 공개 예배에서 동등한 권리를 추구할 수 있도록 힘을 주었다. 아시아인과 아프리카인-카리브해인을 위한 사우스올 블랙 시스터 기구(Southhall Black Sister Organization)는 인종차별주의, 국내 폭력, 중매 결혼, 다우리 제도, 가정 내의 성폭력에 대항하여 용감히 싸웠고, 여성과 아이들이 폭력적인 관계에서 탈출할 수 있도록 지지와 도움을 주었다.

시크교인들은 성별의 차이에 대한 현대의 논쟁에 자신의 종교를 대입했다. 런던 디아스포라의 시크 자스비르 싱(Jasbir Singh)은 시크교 신앙에 근거하여 동성애와 양성애를 옹호했다. 법학과 학생인 싱은 시크교인 중에서 레즈비언, 게이, 양성애자, 트랜스젠더를 위한 단체 다르샨(Darshan)과, 남아시아 남성 중 게이와 양성애자를 위한 단체 마살라(Masala)를 설립했다. 현대 서구에 살면서 그는 구르 고빈드 싱이 표현했던 관용과 평등사상을 받아들였다. 그는 시크 공동체가 다른 사람의 권리를 위해 일어설 수 있는 역사적 사례들을 인용했다. 레즈비언, 게이, 양성애자, 트랜스젠더 시크교인들을 위한 웹사이트(sarbat.net)는 시크교의 포용 개념인 *'사르바트 다 발라'*(sarbat da bhala, 각자와 모두를 위한 복지)에 근거하고 있다.

학술

식민주의 이후에 펀자브에 세워진 펀자브 대학교(파티알라)와 구루 나나크 데브 대학교(암리차르) 같은 기관들은 전 세계에서 시크교에 대한 학문적 관심을 증진하였다. 이러한 관심은 북아메리카 전체에 걸쳐 기부금에 의한 시크교 강좌를 만들게 했는데, 여기에는 브리티시 콜롬비아 대학교, 캘리포니아 대학교 산타 바르바라 캠퍼스, 롱아일랜드에 있는 호프스트라 대학교, 캘리포니아 대학교 리버사이드 캠퍼스, 그리고 미시간 대학교 앤아버 등이 포함된다. 호프스트라 대학교에는 또한 음악학 강좌가 계획되고 있다. 기부금 강좌와 함께 미국과 캐나다, 영국, 유럽에는 점점 더 많은 교수들이 시크교와 관련된 연구와 강의를 하게 되었는데, 이는 더 많은 학생에게 시크교에 대한 연구를 개방하고 초민족적인 관계를 강화할 수 있게 할 것이다. 시크와 비(非)시크는 문학과 역사, 철학, 젠더 연구, 후기 식민주의 이론, 퍼포먼스 이론, 대중문화, 예술, 건축 등 다양한 분야에서 혁신적인 연구를 하고 있다. 캐나다인 학자 마이클 홀리(Michael Hawley)의 협동 작업의 결과, 시크교 연구는 최근 아메리카 종교 아카데미〔American Academy of Religion(AAA), 세계에서 가장 큰 종교학회〕에서 독창적인 공간이 되었다. 이 중요한 포럼은 주요 주제에 대해 중견 학자, 대학 졸업생, 그리고 시크교 연구의 입문자들 사이에 교환을 촉진했다. 이는 동시에 학계 전반에 걸쳐 시크교에 대한 관심을 가져왔다.

공동체는 미국에서 시크교에 대한 학술 연구를 증진시키는데 매우 중요한 역할을 했고, 일반 대중의 교육에 있어서도 또한 매우 적극적으로 활동했다. 닥터 나린데르 싱 카파니의 비전 있는 리더십 아래 1967년 서구에서 시크교의 유산과 미래를 발전시키기 위한 재단이 설립되었다. 시크와 펀자브의 연구 프로그램, 미국의 유명한 대학교에서 시크교에 대한 상설 강좌 개설, 그리고 샌프란시스코 아시아 예술 박물관에 시크교 예술에 대한 첫 번째 상설 갤러리를 구체화하는 것과 같은 카파니의 공헌은 비교할 수 없는 것으로 나타났다. 보다 최근에는 종교와 교육에 대한 시크 위원회(Sikh Council on Religion and Education)와 카우르 재단(Kaur Foundation)이 지역 공동체와 정치 집단 내에서 시크 종교와 그 가치에 대한 관심과 이해를 증대시키는 교육 활동을 조직하기 시작했다. 이들은 워크숍과 콘퍼런스를 조직하고, 책과 시각 자료를 생산했다. 카우르 재단의 대표 미린 카우르(Mirin Kaur)는 미국 의회 도서관과 협력하여 학자를 초대하고, 도서관 강당에서 콘퍼런스를 주최하고, 도서 목록에 시크교에 관한 80권의 책을 덧붙였다. 스피닝 휠 페스티벌(Spinning Wheel Festival)은 전 세계 시크 디아스포라에서 시크에 대한, 혹은 시크에 의한 필름 제작을 후원했는데, 이는 자신들의 종교, 역사, 문화, 전통을 교육하기 위해서였다. 9/11 이후 혐오 폭력을 기록한 첫 번째 장편 다큐멘터리인 발레리 카우르(Valerie Kaur)의 〈흩어지면 죽는다〉(Divided We Fall)는 많은 교실과 강연장에서 상영되었고, 이에 대화와 토론을 점화했다. 이 진취적인 개인과 조직들의 목표는 시크교가 미국의 커리큘럼의 주류의 일부가 되는 것을 보는 것이다. 이 목표는 서서히 성공하고 있다. 2010년 5월 21일 텍사스 주립 교육부는 만장일치로 커리큘럼의 수정안을 통과시켰는데, 이는 사회학과 역사학 강의 계획서에 시크교의 역사와 문화에 대한 정보를 포함하는 것이었다.

책임감

시크 제2세대는 아메리카의 구성원이라는 것에 커다란 자부심을 갖고 있었다. 이들은 자유롭고 평등한 기회의 땅에서 디아스포라 시크의 시민적 권리를 확보하기 위해 공동체에 근거한 조직을 구축했다. 1996년 일단의 대학교 졸업생들이 시크 미디어 감시와 자원 과제 부대(Sikh Mediawatch and Resource Task Force, SMART)를 창조했는데, 이는 시크교 신앙에 대한 정확한 정보 소통과 미디어 분석에 초점을 맞춘 자발적인 사이버 공간이었다. 수요와 도전이 점증함에 따라, 이는 워싱턴 D.C.에 근거한 국립 시민 권리와 교육 기관인 시크 아메리카인의 법적 방어와 교육 재단(Sikh American Legal Defense and Education Fund, SALDEF)으로 확장되었다. 9/11 직후 시크 협의회(Sikh Coalition)가 뉴욕에 존재하게 되었다. 9/11과 7/7 이후 많은 시크교인들이 차별에 직면하게 되었고, 이에 따라 일반 대중의 교육에 대한 책임을 심각하게 느끼게 되었던 것이다. 주류 미디어 방송은 터번을 쓰고 수염을 기른 사람들에 대한 두려움과 혐오를 주입시켰고, 9/11 이후 미국에서 2백 명 이상의 시크가 혐오 범죄에 희생되었다. 애리조나 주에서 가스 사업소를 운영하던 시크교인 사다르 아마르지트 싱 소디(Sadar Amarjit Singh Sodhi)가 '눈먼 분노'의 행위로 인해 살해되었다. 뉴욕의 퀸즈에서는 또 다른 폭력 행위가 벌어졌는데, 십 대의 어린 시크가 같은 학교 학생들에 의해 터번을 찢기고 머리카락을 잘리었다(뉴욕타임지, 2007 5월 26일). 자원봉사자들의 넓은 네트워크를 배경으로 SALDEF와 시크 협의회는 인권, 교육, 미디어 관련 분야에서 수많은 프로젝트들을 발의하였다. 이들은 직장에서 터번 쓰기, 학교에서 키르판(시크교의 상징인 칼) 착용, 그

이니 & 제시 카우르의 <왕실의 매>의 표지

재현하는데, 이는 바로 시크 구루들이 존중했던 것이다. 이 작은 이야기는 독자를 넓은 내면의 세계로 데려가고, 그곳에서 외면적인 차이를 넘어 서로를 이해하게 된다. 작가는 고도로 섬세한 방식으로 시크 구루의 매와 관련된 정서를 서구 문학의 아이콘인 벨베틴 래빗(Velveteen Rabbit, 벨벳 토끼) - '사랑은 모든 사람을 실재로 만든다'(Love makes everyone real) - 의 정서와 연결한다. 그리고 그녀의 사회에 새로운 정서적 인식적 통로를 열어놓는다.

암리트 카우르 & 라빈드라 카우르 싱

암리트 카우르 & 라빈드라 카우르 싱(Amrit and Rabindra

용어 설명

3HO(Healthy Happy Holy Organization) - 건강 행복 신성의 기구. 서반구에 위치한 시크교 다르마의 명칭. 요기 하르바잔 싱(Harbhajan Singh)에 의해 설립 되었다. 2004년 그의 사망 후 바이 사히브 사트팔 싱 칼사(Bhai Sahib Satpal Singh Khalsa)가 그 대표가 되었다.

구루《그란트》(Guru Granth) - 시크교인들의 신성한 경전, 시크교 예배와 의식의 중심이다. 1-430 페이지의 이 책은 일반적으로 구루《그란트》사히브라 불리는데, 사히브(sahib) 혹은 사히브지(sahibji)는 경의를 표현하는 것이다. 〈아디 그란트〉(Adi Granth)라 불리기도 한다. 이는 첫 번째 책이란 뜻으로, 《다삼 그란트》와 구분하기 위해서이다.

구루(Guru) - 스승, 일깨우는 사람.

구루무크(Gurmukh) - 도덕적 인물(구루를 향한, 자기중심적이 아닌).

구르드와라(Gurdwara) - 시크교인의 예배 장소. 구루를 향한 문(드와라).

구르무키(Gurmukhi) - 시크교의 문자.

구르푸랍(Gurpurab) - 시크교의 달력에서 특별한 날(구루들의 탄생이나 죽음 기념일).

구트카(Gutka) - 작은 힘 모음집.

기다(Gidda) - 펀자브의 민속 음악과 무용. 여성들에 의해 공연된다.

니샨 사히브(Nishan Sahib) - 시크교 깃발. 구르드와라의 표식이다. 삼각형 모리고 여행 중 공항에서 시크교인의 종교적 권리들을 이슈화했다. 젊은 시크 남성과 여성들은 열정적으로 연방과 주 수준에서 법적인 원조와 교육을 제공하였고, 시크 아메리카인의 시민권을 보호하기 위해 법적인 주장을 하였다. 이들은 대응에 있어서도 또한 신속하고 강력했다. 남 캐롤라이나 주 대표와 지사 후보였던 시크 이주민의 딸 니키 할리(Nikky Haley)에 대해 남 캐롤라이나 주 상원의원인 제이크 노츠(Jake Knotts)가 인종차별적인 발언('이미 백악관에 래그헤드가 있다. 주지사 관저에까지 래그헤드가 있을 필요는 없다')을 한 지 몇 시간 이내에 SALDEF는 공식적인 사과를 요구했다.[207] 한 세기 이전만 해도 '래그헤드'(raghead, 넝마)라 불렸을 때 시크들은 아무런 반응도 하지 않았다. 그러나 오늘날 정치적으로 민감한 시크들은 화이트 앵글로-색슨 미국인처럼 똑같이 존중되기를 요구했다. 수많은 기관들과 웹 사이트에서는 시크교와 관련된 영역에서 과거의 잘못과 삭제를 수정하고 상호 종교적인 이해의 새로운 통로를 장려하기 위해 열심히 일하고 있다.

디아스포라의 서사들

앞서 언급했듯이, 첫 번째 이주의 물결 속에서 시크 여성은 그 수가 극히 적었다. 그러나 오늘날 이들의 존재는 극히 중요한데,

지역적인 영역과 국제적인 영역 모두에서 눈에 띄는 기여를 하고 있는 것이다. 그 결정적인 단면이 몇 명 여성 예술가의 작품에 집중되어 있다. 거린더 차다(Gurinder Chadha), 쇼나 싱 볼드윈(Shauna Singh Baldwin), 이니 카우르(Inni Kaur), 제시 카우르(Jessi Kaur), 암리트 카우르 & 라빈드라 카우르(Amrit Kaur & Rabindra Kaur) 자매가 그들이다. 이 여성들은 자신의 독특한 디아스포라 입장에서 시크 디아스포라의 튼튼한 천을 짜기 위한 복잡한 실들을 탐험하고 있다. 이들의 영화와 문학적 서사, 그림들은 싱가포르에서 몬트리올에 이르기까지 시크교의 다채로운 역사에 대해 의미 있는 통찰력을 제공한다. 이들은 디아스포라 경험의 현재적 리얼리티 속에서 복잡하게 짜인 향수, 적응, 편견, 고정관념, 혼성, 다문화성의 타향 땅을 아주 섬세하게 소개했다. 그리고 이들의 자기 관찰적인 예술적 디자인은 빠르게 변하는 세계에서 시크교의 미래를 반영한다.

거린더 차다

케냐에서 태어나 영국에서 교육 받은 거린더 차다는 장편 영화를 감독한 첫 번째 남아시아 영국 여성이다. '두 번 이주'(twice migrants) 가정에서 태어난 그녀의 아버지는 케냐의 바클레이 은행(Barclays Ban)에서 근무하였다. 그러나 시크의 터번과 수염은 영국 고객들에게 적절하지 않은 것으로 간주되었고, 그는 사우스올에서 가족 사업을 하게 되었다. 그리고 가족들도 이곳에서 살게 되었다. 차다는 커다란 남아시아인 노동계급 집단 속에서 성장하였다. 그녀는 BBC 뉴스 리포터로 사회생활을 시작하였다. 그녀가 감독한 몇몇 작품은 다큐멘터리 상을 수상하였다. 한 인터뷰에서 자세히 이야기하듯이, 그녀의 필름 〈나는 영국인이다, 그러나〉(I'm British, But)는 사우스올에 있는 공동체 센터에서 많은 박수를 받았고, 그리고, 아이러니하게도, 그녀가 첫 번째 상업 영화 〈해변의 바지〉(Bhaji on the Beach, 1993)에서 번 돈은 모두 바클레이 은행에 예금되었다![208]

영화 창작에 대한 공식적인 훈련을 받지 않은 차다의 경력은 뛰어난 성공으로 기록된다. 〈왓츠 쿠킹?〉(What's Cooking?, 2000), 〈슈팅 라이크 베컴〉(Bend It like Beckham, 2002), 〈신부와 편견〉(Bride and Prejudice, 2004), 〈나는 조지아의 미친 고양이〉(Angus, Thongs and Perfect Snogging, 2008), 〈이츠 어 원더풀 애프터라이프〉(It's a Wonderful Afterlife, 2010) 등이 그것이다. 〈슈팅 라이크 베컴〉은 그녀의 최대 흥행작이다. 적은 예산과 스타의 기용 없이 이 영화는 전 세계에서 7천 7백만 달러의 수익을 올렸고, 출연 배우들은 프리미어 급의 출연료를 받게 되었다. 다른 많은 영화에서처럼, 차다의 카메라는 민족, 인종, 종교, 젠더의 정체성을 민감하게 탐색했다. 이 고전적이고 고급스러운 신세대 코미디 영화 역시 매우 날카로웠다. '볼을 휘게 하는 것'(벤딩 킥, 일

명 바나나킥)은 사실 꿈을 이루기 위해 관습적인 역할을 휘게 하는 것이다. 차다의 스크린에는 구루 나나크와 데이비드 베컴의 사진이 자주 등장하는데, 이는 주인공의 시크교의 유산과 그녀의 서구적 꿈이 병치된 것이다. 밤라 부부는 딸 자스윈더(Jaswinder, 애칭은 제스(Jess))가 교육을 받고 결혼을 하고 가정을 꾸리기를 원하지만,

<슈팅 라이크 베컴>포스터

그러나 제스는 축구를 하고 싶어 한다. 그녀의 아버지가 영국에 와서 크리켓 팀에 들어가려고 했을 때 겪었던 인종 차별과 따돌림은 제시가 경기 동안 '파키'(Paki, 파키스탄 사람)라고 불리는 것으로 재현된다. 집 위를 날아가는 비행기는 이들의 지위 변화에 대한 수사가 된다. 차다의 강력한 서사와 빛나는 연출은 이주와 문화적 통합의 복잡성 - 시크뿐 아니라 디아스포라 전체와 관련된 - 을 보여준다. 영화는 국제적인 호소력을 지니고 있었다. 그것은 근본적인

문제를 제기했는데, 세대 갈등과 문화적 긴장, 전통과 현대의 충돌이 그것이다.

　인종과 종교, 민족과 문화의 차이에도 불구하고, 차다의 테마는 인간은 연대의 가능성을 지니고 있다는 것에서 공명한다. 그녀의 카메라는 어떻게 같은 집에서 성장한 사람들이 서로 분리되는가를 보여주는데, 이때 전적으로 다른 배경을 지닌 사람들은 아주 가까워질 수 있는 것이다. 사실 히드로(Heathrow) 공항 근처의 전형적인 시크교 가정에서 자란 밤라 자매는 완전히 반대다: 핑키가 유행하는 옷과 결혼, 아이들에 대한 사랑 등 전통적인 젠더 역할을 재생산한다면, 제스는 - 축구를 하는 것이 유일한 목적인 - 이러한 관습들을 전적으로 거부한다. 다른 한편, 제스는 영국의 '현대적인' 백인 중산층 가정 출신의 키가 큰 금발머리 줄스(Jules)와 가까워질 수 있다. 심지어 줄스의 '백인' 엄마와 제스의 '시크' 엄마는 생긴 것도 말하는 것도 행동하는 것도 서로 완전히 다르지만, 자신의 딸을 소중하게 생각하는 것에서는 놀랄 만큼 유사함을 보인다. 두 사람 모두 자신의 딸이 축구하는 것을 원하지 않는 것이다! 가부장제의 희생자인 두 사람은 모두 딸이 날씬한 몸매를 갖기를 원한다. 같은 맥락에서 '백인' 코치와 '갈색인' 제시는 매우 유사하다. 인도인 혹은 아일랜드인 둘 다 식민주의의 희생자이고, 둘 다 부모에게 불만을 갖고 있고, 둘 다 축구를 좋아하고, 둘 다 사고로 인해 다리에 상처를 갖고 있다. 두 사람 사이에 싹트는 사랑, 그리고 그녀와 줄스와의 우정은 출생이나 혈통의 차이를 초월한 인간적인 유대를 보여준다. 이 영화는 특정 국가나 인종에 국한된 것이 아니라 문화적으로 다양한 전 지구적 정체성을 목표로 하고 있다. 영화에서 펀자브의 서정시는 서구의 리듬과 결합되어 디아스포라 시크의 브리티시성(Britishness)을 공표한다. 이 영화는 새로운 집단적 인종적 정체성을 향하고 있다.

주류 영화에서 사람들을 우리로 볼 수 있다는 것은 자기 긍정의 현상이다. 시크 가족을 만나 서로의 문제를 공유하고, 전통적인 옷을 입고, 고유의 언어로 말하고, 고유의 음식을 만들고, 그리고 이들의 관습과 상징을 기념하는 것은 시크들에게 커다란 자부심과 자존감을 선사한다. 사회적으로 광범위한 가족과 공동체 내에 위치하면서, 차다의 주인공들은 의미 있는 연합을 제공한다. 일반적으로, 시크라는 경력은 인도와 서구 영화 모두에 있어 부차적인 것이었다. 발리우드 영화의 홍수 속에서도 확실한 시크 주인공은 거의 없다. 할리우드 영화 〈잉글리시 페이션트〉(The English Patient)에서 키르팔 싱의 역할에 대한 소홀함은 시크에게 행해졌던 무시의 패러다임의 또 다른 예로 간주된다. 앤서니 밍겔라(Anthony Minghella)의 화면에서는 심지어 황금 사원에 대한 온다치(Michael Ondaatje, 〈잉글리시 페이션트〉의 원작자)의 길고 아름다운 묘사조차도 완전히 사라졌던 것이다. 차다의 생생하고 스펙타클한 시각적 장관은 중요한 간극을 메웠다. 예술가 소바 싱

(Sobha Singh)이 그린 구루 나나크의 그림이 벽난로 선반 위에서 밤라 가정을 지배한다면, 거실에는 또한 황금 사원의 복제본이 자랑스럽게 걸려 있다. 핑키의 결혼은 영국의 첫 번째 구르드와라인 셰퍼드 부시 구르드와라에서 거행된다. 이 종교적으로 의미 있는 장소에서 차다 감독 자신도 결혼식을 올렸다. 이렇게 관객은 그들의 축적된 역사에 참여하게 되는 것이다.

쇼나 싱 볼드윈

이 '제국 되받아쓰기'(Empire writing back, 후기 식민주의 문학 이론) 장르에서 쇼나 싱 볼드윈(Shauna Singh Baldwin)은 시크교인들의 '잊혀진' 종교에 초점을 맞추었고, 이 북인도의 종교를 독자 대중에게 소개하는데 큰 기여를 하였다. 그녀는 《영어 수업과 다른 이야기들》(English Lessons and Other Stories)를 쓴 각광받는 작가였다. 그녀의 첫 번째 소설 《몸이 기억하는 것》(What the Body Remembers)는 2000년 영연방 작가 시상식에서 캐나다-카리브 지역의 최우수 도서상을 수상했고, 두 번째 소설 《호랑이 발톱》(The Tiger Claw)은 2004년 길러 상(Giller Prize)의 피날레를 장식했다. 작가는 몬트리올의 시크 가정에서 태어났는데, 부모의 귀국으로 인해 인도에서 성장했고, 그다음에 미국으로 건너갔다. 이에 그녀의 작품은 여러 지점들에 걸쳐있다. 예를 들어, 단편 소설 〈몬트리올 1962〉(Montreal, 1962)은 새로운 이주 커플의 어려움을 포착하고 있다. 남편은 터번을 벗어야만 일을 할 수 있다는 말에 머리를 깎지만, 아내는 이를 용납하지 않는다. 그녀는 맹세한다: '나는 당신이 이 강한 머리카락 끈을 자르고 터번을 벗은 채, 이 낯선 이의 땅에 나가는 것을 허락하지 않을 것이다.'[209] 작가의 부모를 포함하여 신세계에서 많은 디아스포라의 시크교인들은 자신이 이런 상황에 처해있는 것을 발견한다.

그녀의 소설 《몸이 기억하는 것》은 1947년 펀자브의 분할을 정치적-역사적 배경으로 한다. 인도 역사에서 트라우마적인 이 시기에 대한 문학작품은 거의 없다. 볼드윈의 훌륭한 소설은 쿠쉬완트 싱(Khushwant Singh)의 《파키스탄으로 가는 기차》(Train to Pakistan)와 살만 루시디(Salman Rushdie)의 《한밤중의 아이들》(Midnight's Children), 그리고 밥시 시드와(Bapsi Sidhwa)의 《크래킹 인디아》(Cracking India)에 연결

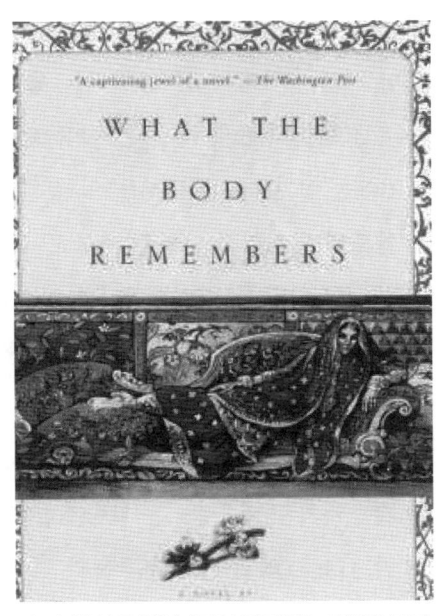

쇼나 싱 볼드윈의 《몸이 기억하는 것》의 표지

된다. 그렇지만 《몸이 기억하는 것》은 시크 여성의 눈으로 이 역사적 사실로 인도한다는 것에서 두드러진다. 부유한 시크교인 사르다르의 젊은 두 번째 아내 루프(Roop)는 영국인이 인도 아대륙에 대한 주권을 포기할 때 그어놓은 경계를 과감하게 넘어선다. 더 나아가, 볼드윈의 텍스트는 당시 정치적 협상을 시크의 관점에서 재검토하고, 시크의 열망과 절망을 감동적으로 말한다. 소설은 아주 분명하게 인도 정치인들을 비판하는데, 그들의 전략과 전술은 시크 공동체에 해를 가져왔던 것이다. 위대한 마하트마 간디는 부정적 시각에서 그려진다. '우유부단한 정치인,' '자신이 힌두, 시크, 무슬림, 기독교인 등 모든 종교인를 위한다고 말하는 사람은 아무 신념도 없는 사람이다.'[210] 작가는 동료 시크들이 느꼈던 배반감을 자주 표현한다. '마하트마는 자유 인도의 민족 국기를 들었는데, 거기에는 그가 약속했던 시크의 깊은 슬픔이 한 조각도 없었다.'[211]

볼드윈의 소설적 담화는 시크교인의 일상생활에 대한 흥미로운 창을 제공한다. 루프의 할머니가 신성한 책을 들고 작은 기도 방으로 가서 '구루를 밤 동안 침대에'[212] 안치할 때, 그녀는 구루 《그란트》의 중심성(centrality)을 개인적으로 맥락화한다. 소설 전체를 통해 독자는 다섯 상징 - 케샤(긴 머리), 캉가(빗), 카라(팔찌), 키르판(칼), 카차(속바지) - 을 자랑스럽게 착용하고 있는 시크교인들을 만난다. 그리고 시크 구루들과 그 가족들을 만난다. 파키스탄과 인도 양쪽에 있는 시크교 신전을 방문하고, 시크교인의 인사 사트 스리 아칼(Sat Sri Akal, 시크 인사말)을 자주 듣는다. 그리고 여러 다른 시크교의 관습과 기념일에 대해 배우고, 심지어 이것들이 힌두와 무슬림의 것들과는 어떻게 다른지를 배운다. 시크교의 이상과 가치, 정체성이 볼드윈의 서사 텍스트 속에 짜여 있다. 그녀의 생생한 묘사는 독자를 전형적인 이미지 너머로 인도하고 위엄 있는 시크 남성과 여성과 마주 대하게 한다. 식민주의 이후 펀자브에서 백설 공주와 신데렐라 이야기를 듣고 자란 시크들조차 영어로 쓰인 인물들과의 유사성을 발견하고 기쁘게 놀란다. 서구에서 출간된 이러한 소설 작품들은 시크교인들에게 자신의 고유한 유산에 대한 새로운 감각을 부여한다.

이니 카우르와 제시 카우르

이니 카우르(Inni Kaur, 미국 동부 해안 출신)와 제시 카우르(Jessi Kaur, 서부 해안 출신)는 이야기와 그림을 이용해서 디아스포라의 어린이들에게 시크교를 소개했다. 어떻게 전통을 다음 세대에게 전할 것인가는 시크 공동체의 주요 관심사였다. 이 혁신적인 사상가들은 자신의 시크교의 유산을 현대적 언어로 전달했다. 이니는 창시자 구루가 영적인 사명에 착수하기 전을 조명하면서, 그의 어린 시절과 성년 시절의 사건들을 글로 쓰고 그림으로 그렸다.[213] 그녀는 문학적 시각적 초점을 구루의 기적이 아닌 그의 내적인 긴장과 고뇌에 맞추었다. 이에 그녀의 어린 초등학생 독자들은 개인적인 방식으로 구루에 접근할 수 있었다. 이니의 텍스트에서 구루 나나크는 멀리 있는 인물이 아닌 3차원의 인물이었고, 어린 독자들은 그와 함께 걱정을 나누고 문제 해결 방법을 찾기 위해 그와 함께 생각할 수 있다.

제시 카우르 소설의 주인공들은 서부 해안에서 자라나는 시크 디아스포라의 어린 소년들이다. 이들은 시크교에 대해 잘 알려지지 않고 심하게 오해를 받는 문화 속에서 자신의 신앙의 상징인 긴 머리를 유지한다. 친구들에게 받아들여지기 위해 싸우는 9살 소년 심란(Simran)의 투쟁은 일본에 있는 펜팔 친구에게 보내는 편지에서 인상적으로 전달된다 - *디어 타쿠야. 시크 소년의 편지*.[214] 그의 반 친구들은 그의 터번을 벗기고 여자아이라고 놀린다. 여름에 심란은 시크 문화 캠프에 참여해서 자신과 같은 아이들을 만난다. 그리고 현대 서구에서 자신의 문화의 진가를 인정하게 된다. 자신을 긍정하면서, 어린 소년은 다른 사람들에게 시크교 신앙과 정체성에 대해 알린다.

《왕실의 매》(The Royal Falcon)에서 제시의 주인공 아르잔은 쿨시(Khushi)라는 매를 타고 미국에 있는 자기 방을 떠나 마법의 비행을 하게 된다. 그는 아름다운 하늘 아래로, 축구경기 위로, 지저분한 아파트 속으로, 그리고 아난드푸르에 있는 구루 고빈드 싱의 궁정 정원으로 날아간다.[215] 주권의 문화적 상징으로서 용맹한 매는 사실상 공감과 관용, 사랑이라는 인간의 본질적인 가치들을

Kaur Singh)의 그림들에서 시크 디아스포라의 경험은 새롭고 흥미로운 다문화적 전망을 획득한다. 이 쌍둥이 자매는 함께 작업하면서 스스로 '패스트 모던'(Past Modern, 과거의 현대)이라 부르는 장르를 창조했다. 그것은 무굴 제국 궁정에서 발전한 전통적인 인도의 세밀화 양식과 기술을 식민주의 이후 시기의 자신들의 고유한 디아스포라 경험과 결합하여 빛나게 재가공한 것이었다. 이들은 1966년 런던의 시크 가정에서 태어나 가톨릭 학교를 다녔다. 가족과 공동체의 긴밀한 결속은 이들이 예술가로 발전하는데 중요한 역할을 하였다. 이 쌍둥이들은 '종교와 예술'에 대한 대학원 과목의 커리큘럼에 비서구권의 미학적 모델이 거의 없는 것에 놀랐다. 다양한 정체성 - 영국인이자 아시아인, 시크, 그리고 여성 - 으로 인해 이들은 매우 민감한 감수성을 지니고 있었다. 선과 색채라는 보편적 매체를 이용하여 쌍둥이들은 치환과 혼합의 감각적인 초상을 제공했고, 문화와 민족을 가로질러 이주자들에게 쉽게 연결될 수 있었다. 이들은 커다란 성공을 거두었는데, 이들의 작품은 수 차례에 걸쳐 영국과 해외에서 단독 혹은 단체로 전시되었다.

무굴 황제들의 삶이 전통적인 세밀화에 상세하게 기록되었던 것처럼, 시크 쌍둥이들도 자신의 다층적인 전기를 이야기했다. 이들은 자신과 관련되어 있는 사람들과 사물들, 장면들을 놀랍도록 상세하게 그렸다. 그 결과, 지배적인 서구 문화 속에 살고 있는 영국의 아시아인 시크 여성이었던 이들의 개인적인 삶의 에피소드는 가치 있는 사회적 정치적 비평을 제공했다. 이들의 작품은 모두 세련된 디테일과 상징으로 가득했고, 이는 면밀한 읽기를 유도해 냈다.

대처 시대에 성장했던 이들은 그 정책을 신랄하게 비평할 수 있었다. 〈레이건과 대처〉(Reagan and Thatcher, 1987)는 인도 황제 자한기르가 페르시아의 샤 압바스를 포옹하는 무굴 그림을 모방했다.[216] 이때 무슬림 지도자들의 포옹은 미국 대통령과 영국 수상의 악수로 바뀌었는데, 이는 기독교와 자본주의, 그리고 소련 파괴의 승자였던 그들의 긴밀한 연합을 상징한다. 아불 하산(Abul Hassan)의 지도에서 인도-페르시아의 위치는 대서양의 중간으로 바뀌었고, 자한기르 뒤에 있던 후광은 붉은색 구름으로 변형되어 레이건과 대처의 핵 위협을 나타냈다. 이 정치적 풍자에서 원래 그림에 있던 양과 사자는 노새와 암여우로 대체되었는데, 그 위에서 현대의 지도자들이 커다랗고 교활한 미소를 띠고 서 있다.

보다 심각한 정치 비평은 〈1984〉(Nineteen Eighty-Four, 1998)에 나온다.[217] 여기서 시크 쌍둥이는 인도 수상 인디라 간디의 명령으로 군대가 황금 사원을 습격했던 비극적 사건을 그리고 있다. 시크교의 가장 신성한 경내로 무장 탱크가 들어왔다. 디아스포라 공동체는 비극적 사건이 벌어진 암리차르로부터 지리적으로 멀리 떨어져 있었지만, 세계 각지에 있는 시크교인들은 그 고통과 불의를 생생하게 느끼고 있었다. 쌍둥이의 이 작품에서 황금 사원은 각진 전망으로 프레임화 되었고, 감로의 연못은 피로 가득 차 있었다. 경배를 드리러 왔던 죄 없는 남자와 여자, 아이들은 광포한 공격을 받았다. 편파적인 보도로써 미디어는 눈을 가리게 했다. 수 개의 머리를 가진 인디라 간디가 왼손에 동전 가방을 들고 무장 탱크 위에 서 있다. 오른손으로는 9대 시크 구루 테그 바하두르와 자유의 전사 바가트 싱(Bhagat Singh)의 순교한 머리들을 물리치고 있다. 인디라 간디의 정체성은 대처와 처칠, 빌 클린턴의 머리들로 구성된다. 서구 정치인들처럼 그녀는 돈과 권력에 사로잡힌 것으로 나타난다. 암리트 & 라빈드라의 그림에서는 아무리 작은 부분이라도 모두 미묘한 뉘앙스를 지니고 있다.

〈나의 모든 것〉(All That I Am)에서 이들은 아버지의 이주 스토리를 생생하게 재현했다.[218] 중앙에는 노란 터번을 쓴 시크 남성이 목에 청진기를 걸고 미소 짓고 있다. 그의 꿈과 기억은 그의 마음의 지도와 함께 엮여 있다. 왼쪽에는 그가 멀리 떠나온 펀자브에서 연 날리던 즐거운 어린 시절이 있고, 오른쪽에는 맨체스터의 안코츠(Ancoats)의 산업지역에서 행상인으로 힘겨운 출발이 그려져 있다. 그의 머리 위에는 서로 다른 세 장소가 있다. 그의 종교의 중심지인 암리차르, 1947년 분리의 트라우마를 연상시키는 마하트마 간디가 걷고 있는 피에 젖은 장소, 그리고 그를 영국으로 실어 왔던 증기선 봄베이-티버리(Bombay-Tibury)가 그것이다. 오른쪽 하단에는 책들과 졸업장들이 나타나기 시작한다. 이는 성공적인

암리트 & 라빈드라 싱의 <나의 모든 것>

의사 경력을 의미한다. 왼쪽에 있는 영국의 교외에 있는 집은 그의 오른쪽에 있는 인도와 지구적인 균형을 이루고 있다. 이는 신세계에 정착해서도 그가 '어머니 인도'(Mother India)에 대한 향수를 항상 지니고 있다는 것을 의미한다. 실제로, 그의 왼손에는 1957년 발리우드 대중 영화 <마더 인디아>(Mother India, 감독 메붑 칸(Mehboob Khan)의 LP레코드가 들려 있다. 우리는 또한 시크교의 시집과 인도에서 가져온 시타르〔sitar, 인도의 현악기〕를 본다. 액자 속에는 그의 부모님 사진이 있고, 그의 오른손에는 가족사진이 있는데, 이 둘의 놀라운 교차는 펀자브에 있는 선조들의 문화와 종교를 영국에 있는 다음 세대에 전수해야 하는 그의 역할을 조명하고 있다. 지구의 각 지역으로부터의 모든 이주가 싱 쌍둥이의 정교하고 화려한 디자인 속에 입력되었고, 이들의 통렬한 서사로부터 자양분을 이끌어냈다. 이들의 그림은 다문화적 리얼리티를 반복적으로 공표한다.

〈소녀들〉(Les Girls)은 예술가의 침실에 아시아와 서구 문화를 함께 도입했다. 이곳에는 현대적인 하이힐 옆에 펀자브의 수공예 신발 주티(jutti)가 놓여 있다.[219)] 이런 인테리어 공간 속에서 자매는 친구들과 사촌들과 함께 휴식을 취하고 있다. 다양한 펀자브 문양과 블루진을 입은 갈색과 흰색의 친구들이 트윈 침대에 함께 앉아 있다. 이들의 순진하고 기쁨에 찬 이야기, 사모사〔samosa, 인

〈소녀들〉

도의 튀김 간식) 먹기, 코카 콜라 마시기, 음악 듣기, 춤추기, 이야기와 사진 나누기, 화장하기는 외적인 에덴의 이미지를 설명한다. 흥미로운 것은, 이 조화로운 그림에서 '인도'와 '서구'의 고유한 자세가 구별된다는 것이다. 쌍둥이 중 한 명이 다리를 접고 앉아 있을 때, 옆에 있는 서구 친구는 침대에서 다리를 뻗고 있는 것이다. 전체적으로 빛나는 노랑과 금색은 소녀들이 경험하는 이 평범한 순간에 비범한 성격을 부여한다. 여성의 상징들이 풍경을 지배하는데, 세속을 상징하는 마릴린 먼로의 흑백 사진과 아이를 안고 있는 성모(Madonna and Child)의 화려한 사진이 함께 존재하는 것이다. 넘치는 기쁨과 일체성을 통해 이 침실 장면은 예술가의 다문화적 실존에 대한 환유적 표식이 되었다.

마찬가지로, 〈최후의 만찬〉(The Last Supper)은 시크 가족의 크리스마스 축연을 묘사하고 있다. 전체 장면은 상징들, 음식들, 옷들, 그리고 서양과 동양, 중동의 물건들로 가득하다.[220] 장식된 크리스마스트리 옆에 앉아 있는 아버지가 커다란 칠면조를 자를 때, 이집트 파라오가 그려진 티셔츠를 입고 있는 조카는 넘치는 코카 콜라 병을 잡으려고 하고 있다. 서로 다른 종교에서 비롯된 복수의 이미지 - 구루 고빈드 싱, 로드 부다, 로드 가네샤, 성모 마리아, 타지마할 - 가 영국과 인도의 성찬이 놓여 있는 호화로운 식탁 주변의 공간을 채우고 있다. 다빈치의 〈최후의 만찬〉이 그 배경을 차지하고 있는데, 이는 종종 상업 광고 속에서 잊힌 진정한 크리스마스의 의미를 되새기게 한다. 그리고 창문 밖에 보이는 눈사람은 사프란색 터번과 검은 수염이 있는 단정한 시크의 모습을 하고 있다! 눈사람은 크리스마스 파티를 맞이하여 혼성화, 지구화, 그리고 포스트모던의 이슈를 제기하는 것 같다. 명백하게 다양한 흐름이 작용하고 있는 것이다. 디아스포라의 시크들은 열심히 자신의 문화를 유지하고, 새로운 이웃의 관습을 수용하고, 그리고 세계 속에서 새로운 존재 방식을 역동적으로 단련하고 있다.

절실한 책임감과 함께 디아스포라의 시크에게는 새로운 확신이 있는데, 이는 미국인, 영국인, 캐나다인이건 모두 똑같은 시크라는 정체성을 부여한다. 음악가, 소설가, 단편 작가, 패션 디자이너, 영화감독들은 시크교의 유산을 탐색하는 한편, 자신들의 삶에서 만난 타자의(other) 문화가 혼합된 새로운 아라베스크를 창조한다. 시크들은 자신의 전통을 축하하는 동시에 수많은 문화적 학술적 현장에서 커다란 기쁨으로 축하하는 자랑스러운 시민들이다. 이들은 새로운 전통을 만들고 있다. 바이사키, 시크교의 새해(봄), 구루 나나크의 생일(가을) 즈음에는 특히 공기가 술렁거린다. 시크교의 여러 다른 생활 양상들이 묘사된 화려한 수레에 구루《그란트》를 태우고 행진하는 커다란 시크교 행렬은 전 세계 대도시에서 익숙한 풍경이 되었다. 2009년 11월 16일 처음으로 백악관에서 구루 나나크의 생일이 축하되었다. 암리차르의 황금 사원에서 초대된 라기(ragi)들에 의해 시크교의 신성한 음악이 연주되었고, 3HO

출신의 두 명의 미국인 시크교인이 휨을 불렀다. 시크 공동체에 있어 이는 미국에서 자신들의 존재와 고유한 정체성에 대한 강력한 긍정을 의미하는 것이었다. 종교 행렬을 하면서 시크교인들은 니샨 사히브(Nishan Sahib, 시크교의 상징 깃발)와 함께 별과 줄무늬의 깃발들을 당당하게 운반했다. 이는 이들의 신앙과 이들의 새로운 국가의 연합을 동시에 상징하는 것이었다.

펀자브에서건 해외에서건 시크들은 어떤 경우에도 동질적이지 않았다. 서로 다른 교육, 연령, 직업, 젠더, 신앙, 관례(어떤 사람은 외적 상징을 유지하지만, 그렇지 않은 사람들도 있다), 그리고 사회적 정치적 관심사는 이들의 다양성에 기여했다. 이들이 이주한 국가의 사회 환경이 고유한 영향력을 갖지만, 그러나 모두가 공유하는 근본적인 시크만의 영혼이 있었다. 초국가적 유대와 사회적 네트워크는 이들의 영혼을 살아있게 하고 이들의 관습을 연결했다. 사우스올(영국)의 구르드와라에 들어가는 것은 보비뉴(프랑스)의 구르드와라에 들어가는 것과 같다. 똑같은 휨, 언어, 랑가르를 통해서 시크교인들은 세계 각지에 있는 여러 공동체와 공간적으로 연결되어 있다. 그리고 과거와 미래 세대가 시간적으로도 연결되어 있다. 그리고 환대는 공통적인 것이다. 세월이 흐른 후에도 환대의 말은 나의 마음속에서 계속 메아리치고 있다. 내가 동료 교수들과 함께 저택에 머물 때, 보비뉴의 암리트다리(amritdhari, 암리트 의식을 치른) 시크들은 몇몇 키르탄 음악 테이프를 가져다주면서 물었다. '왜 우리 구르드와라에 머물지 않나요, 자매?' 깨끗하게 면도한 시크교인 택시 기사는 빅토리아(브리티시 컬럼비아)에 있는 호텔에서 나를 태우면서 말했다. '자매, 나의 가족에게 머무는 건 어떤가요?' 이들의 말은 대륙을 건너온 이주민들을 환대하고 부양했던 시크교의 전통에 속해 있다.

미국에 도착한 첫 번째 시크들은, 1899년 샌프란시스코 크로니클(San Francisco Chronicle)이 관찰했듯이, '그림 같은 정경'(picturesque quartet)에 지나지 않았다. 그러나 현재 시크 남성과 여성들은 전 지구상에서 의미 있는 활동가들이 되었다. 이제 이들의 집은 새로운 나라에 있다. 이들은 더이상 펀자브로 돌아가는 신화를 갖고 있지 않다. 세계의 여러 다른 지역에 안전하게 정착한 이들은 인도에 있는 자신의 동료 시크들을 위해 교육, 의료, 사업의 인프라를 재정적으로 지원하고 있다. 해외의 시크들은 또한 인도에 있는 공동체에도 손을 내민다. 최근에 한 영국의 시크교인은 1947년 분할 시기에 폭동으로 파괴되었던 루디아나(Ludhiana) 근처에 있는 그의 마을에 모스크를 재건축하도록 지원했다. 펀자브 지역에서 비롯된 이들의 종교는 실로 세계적인 종교가 되어가고 있다. 시크에게 가슴 떨리는 시기가 아닐 수 없다.

역자 후기

이 책은 인도에서 발생한 시크교(Sikhism)에 대한 것이다. 시크교는 15세기 말 인도의 북부 펀자브(Punjab) 지방에서 처음 시작되었다. 시크교는 '찾는 자'(seeker), '제자'(disciple)를 의미하는 단어 '시크'(sikh)에서 유래했다. 시크교의 창시자는 나나크(Nanak, 1469-1539)이다. 나나크를 시초로 시크교에는 모두 열 명의 구루(Guru, '스승')가 존재했다. 마지막 열 번째 구루인 고빈다 싱(Guru Gobind Singh)은 시크 경전《그란트》(Grant)를 자신의 후계자로 지명하였다. 이후 현재에 이르기까지 시크교는 인간이 아닌 경전이 구루의 자리에 있는 독특한 전통을 유지하고 있다.

《시크교》는 이러한 시크교의 역사와 문화에 대해 상세하게 서술하고 있다. 이 책의 저자 니키-거닌더 카우르 싱(Nikky-Guninder Kaur Singh)은 수 년 동안 대학에서 연구하고 강의하면서 시크교에 대한 여러 저서를 집필했다. 이 책에서 저자는 시크교의 발생과 그 발전의 역사, 종교적 교리와 철학, 그리고 시크 윤리에 대해 포괄적이면서도 구체적으로 설명하고 있다. 이와 함께 시크교의 문화와 의식, 제도, 예술과 건축, 디아스포라 등 다양한 이슈에 대해 설명하고 있다. 이렇게 시크교의 여러 양상들을 개관하면서 저자는 전통적인 종교 체계를 변화하는 현대의 관점에서 포착하고 이를 균형 잡힌 시각으로 서술한다.

　　시크교는 기독교와 이슬람교, 힌두교와 불교에 이어 세계에서 다섯 번째로 커다란 종교 공동체이다. 현재 지구상에 거주하는 시크교인은 약 3천만 명으로 추정된다. 이렇게 시크교는 세계적인 종교이지만, 유감스럽게도 한국에는 거의 알려져 있지 않다. 이 책의 출간이 시크교를 한국에 알리고 그 역사와 문화를 이해하게 하는데 도움이 되기를 바란다.

역자

양으로, 그 안에는 칸다의 모양이 있다.

니트넴(Nitnem) - 매일 기도.

다르바르 사히브(Darbar Sahib) - 하르만디르 혹은 황금 사원. 경애하는 '궁전'(Royal Court).

다르샨(Darshan) - '보는 것.' 구루《그란트》의 현존 속에 있는 것.

다삼 그란트(Dasam Grant) - 제 10대 구루가 자신의 궁정에서 만든 책.

데그 테그 파테흐(Deg tegh fateh) - '솥, 칼, 승리'의 뜻. 칼사의 슬로건이다.

라그(Rag) - 음악 양식.

라기(Ragi) - 키르탄 연주자들.

라반(Lavan) - 결혼 의식. 구루《그란트》를 네 번 도는 것.

라히트 마리아다(Rahit Maryada) - 윤리 규범.

랑가르(Langar) - 공동 식사. 모든 사람이 똑같이 바닥에 앉아 함께 식사한다.

루말라(Rumala) - 신성한 텍스트를 위한 덮개.

마타 테카나(Matha tekana) - 구루《그란트》를 향해 이마를 바닥에 대고 절하는 것.

만무크(Manmukh) - 자기를 향하는 것. 이기적인 사람.

무바라크(Mubarak) - '축하.'

물 만타르(Mul Mantar) - 구루 나나크의 자프의 서곡. 시크교 사상의 핵심으로 구루《그란트》의 처음에 위치한다.

바니(Bani) - 신성한 말씀.

바이(Bhai) - 형제. 공동체의 남성을 일컫는데 자주 사용된다.

바이사키(Baisakhi) - 새해를 축하하는 날. 바이사크(Baisakh) 달의 첫 날이다.

방그라(Bhangra) - 펀자브의 민속 무용.

보그(Bhog) - 구루 《그란트》의 낭독을 마감하는 마지막 의식.

사르다르, 사르다르니(Sardar, Sardarni) - 시크 남성과 여성들을 위한 호칭 ('씨' (Mr. & Mrs.)에 해당한다).

사트 스리 아칼(Sat Sri Akal) - 시크교인들의 인사. '진리는 영원한 일자이다.'

사트(Sat) - 진리. 사트.

사티(Sati) - 여성이 남편의 장례식에서 장작불에 스스로 몸을 던지는 관습.

사하즈다리(Sahajdhari) - '온건한 수용자(Slow adopter).' 긴 머리를 고수하지 않는 시크교인.

산트-시파히(Sant-sipahi) - 신성한 병사. 깊은 신앙심과 용감성을 겸비한 이상적인 시크교인.

살바르-카메에즈(Salvar-kameez) - 시크 여성들이 입는 헐렁한 바지와 윗도리.

상가트(Sangat) - 시크교인들의 회합.

샤히드(Shahid) - 순교자.

세바(Seva) - 무욕(無慾)의 행위. 도덕적 인격을 위한 방법.

수카산(Sukhasan) - '쉬는 자세.' 구루 《그란트》를 닫는 저녁 의식.

시로마니 구르드와라 프라반다크 위원회(Shromani Gurdwara Prabhandak

Committee) - 약칭 SGPC. 시크교 사원의 운영을 위해 선출된 위원.

시크(Sikh) - '제자' 혹은 '학생'의 뜻. 산스크리트어로 시샤(Shishya), 팔리어로는 세카(Sekha).

싱 사바(Singh Sabha) - 1873년에 시작된 시크교의 부흥 운동.

싱(Singh) - '사자의 마음을 지닌(Lion-hearted)'의 뜻. 시크 남성의 성.

아난드카라즈(Anandkaraj) - '축복의 의식.' 시크교인의 결혼.

아르다스(Ardas) - 회합의 대표가 낭송하는 기도문. 의식의 마지막에 참석한 사람이 모두 서 있는 상태에서 낭송된다.

아칸드파트(Akandpath) - 몇몇의 사람들이 돌아가면서 시크교 경전을 끝까지 읽는 것. 전체 낭독에 48시간이 소요된다.

아칼 타크트(Akal Takht) - 하르만디르 앞에 있는 건물. 시크 종교 지도자들의 중심지이다.

아칼리(Akali) - '무한한 일자를 따르는 사람'의 뜻. 시크교 정당의 명칭이기도 하다.

암리트 벨라(Amrit vela) - 영적인 묵상에 적당한 이른 새벽.

암리트 산스카르(Amrit sanskar) - 칼사 입회식.

암리트다리(Amritdhari) - 암리트(amrit, 음료) 의식을 통해 입회한 시크교인.

와헤구루(Waheguru) - '놀라운 구루'(Wonderful Guru). 시크교인들의 일상적인 감탄사(식사, 혹은 재채기 한 다음에도).

우다시(Udasi) - 고행하는 시크 교단. 구루 나나크의 아들 시리 찬드(Siri

Chand)에 의해 세워졌다.

이크 오안 카르(Ikk Oan Kar) - '일자의 존재가 있다.' 유일 신성에 대한 시크교의 정언.

자남사키(Janamsakhi) - 시크교의 첫 번 째 구루의 탄생과 생애에 대한 이야기.

자트카(Jhatka) - 한 번에 죽인 동물. 시크교에서는 이를 먹는 것이 허용된다.

자프(Jap) - 구루《그란트》의 첫 번째 휨. 구루 나나크가 작곡했다. 신앙심 깊은 시크교인들에 의해 매일 아침 낭송된다. 존경의 의미로 어미에 '지'(ji)를 덧붙여 '자프지'(Japji)라고 한다.

차우리(Chauri) - 야크 털로 만든 부채로 구루《그란트》위에서 흔든다. 경의의 상징.

카라(Kara) - 팔찌. 칼사의 상징으로 착용한다.

카라프라샤드(Karahprashad) - 시크교의 예배 마지막에 나누어지는 성체 음식. 같은 양의 버터와 밀가루, 물로 만들어졌다. 따뜻하고 맛있다.

카람(Karam) - 행위, 그리고 그 행위로 인한 결과.

카르 세바(Kar Seva) - 자원 봉사. 하르만디르가 있는 연못의 물을 청소하는 것.

카우르(Kaur) - '공주' - 시크 여성들의 성.

카차(Kacha) - 속옷. 칼사의 상징이다.

칸다(Khanda) - 양날의 칼. 이 또한 칼사의 상징이다. 양날의 칼이 원 안에 세로로 놓여 있고(액시스 문디(axis mundi, 우주의 중심축)처럼), 그 아래로 두 개의 칼이 교차되어 있다.

칼사(Khalsa) - '순수'의 뜻. 종종 시크교인의 동의어로 사용된다. 1699년 아난드푸르에서 10대 구루에 의해 이 독특한 시크 정체성이 창조되었다고 시크교인들은 굳건하게 믿고 있다.

캉가(Kangha) - 빗. 칼사의 상징으로 머릿속에 지닌다.

케스키(Keski) - 시크교인의 작은 터번.

케시(Kesh) - 깎지 않은 머리. 칼사의 상징.

케시다리(Keshdhari) - 칼사의 상징인 깎지 않은 머리를 한 사람.

키르탄(Kirtan) - 신성한 시들을 노래하는 것. 하모니움과 타블라가 함께 연주된다.

키르판(Kirpan) - 칼. 칼사의 다섯 상징 중의 하나.

파트(Path) - 경전 읽기

판트(Panth) - 시크 공동체.

푸르다(Purdah) - 여성들로 하여금 얼굴에 베일을 쓰고 집안에만 있게 하여 개인적인 세계를 제한하는 관습.

푼즈 피아레(Punj pyare) - 다섯 총신: 다야 싱(Daya Singh), 다람 싱(Dharam Singh), 히마트 싱(Himmat Singh), 사히브 싱(Sahib Singh) 그리고 무하캄 싱(Muhakam Singh). 칼사의 창설에 있어 첫 번째로 자원했던 다섯 명이다.

프라카시 카르나(Prakash Karna) - 구루 《그란트》를 여는 아침 의식. '빛을 발하다'의 뜻.

하우마이(Haumai) - 편협한, 자기중심적인 '나' 혹은 '나를.'

후캄(Hukam) - '명령 혹은 질서' - 임의로 구루 《그란트》를 경건한 펼치고 그 왼쪽 상단의 구절을 구루의 직접적인 응답으로 간주하여 읽는 의식.

참고문헌

Reference Works

McLeod, W. H. Historical Dictionary of Sikhism, 2nd edn(Lanham, MD/Toronto/Oxford: The Scarecrow Press, 2005).
Nabha, Bhai Kahn Singh, Gurushabad Ratanakar Mahan Kosh(Patiala: Punjab Bhasha Vibhag, reprint 1930).
Singh, Harbans, Encyclopedia of Sikhism, 4 volumes(Patiala: Punjabi University, 1992-8).

Basic Works

Banga, Indu(ed.), Five Punjabi Centuries: Politics, Economy, Society and Culture, c 1500-1990. Essays for J. S. Grewal(New Delhi: Manohar, 1997).
Cole, Owen and Sambhi, Piara Singh, The Sikhs: Their Religious Beliefs and Practices(London/Boston, MA: Routledge & Kegan Paul, 1978).
Duggal, K. S.. Maharaja Ranjit Singh: The Last to Lay Arms(New Delhi: Abhinav Publications, 2001).
Dusenbery, Verne(ed.), Sikhs at Large: Religion, Culture and Politics in Global Perspective(New Delhi: Oxford University Press, 2008).
Fenech, Louis, Martyrdom in the Sikh Tradition(New Delhi: Oxford University Press, 2000).
- - -, The Darbar of the Sikh Gurus: Court of God in the World of Men(New Delhi/New York: Oxford University Press, 2008).
Grewal, J. S., From Guru Nanak to Maharaja Ranjit Singh: Essays in Sikh History(Amritsar: Guru Nanak Dev University, 1972).
- - -, The Sikhs of the Punjab. New Cambridge History of India, Vol. II, 3(Cambridge: Cambridge University Press, 1990).

Hans, Surjit, A Reconstuction of Sikh History from Sikh Literature(Jalandhar: ABS, 1988).
Juergensmeyer, Mark and Barrier, N. G., Sikh Studies(Berkeley, CA: University of California Press, 1979).
Macauliffe, Max Arthur, The Sikh Religion: Its Gurus, Sacred Writings, and Authors(Oxford: Oxford University Press, 1909).
Madra, Amandeep Singh and Singh, Parmjit, Warrior Saints: Three Centuries of the Sikh Military Tradition(London/New York: I.B.Tauris, 1999).
Mahmood, Cynthia, Fighting for Faith and Nation: Dialogues with Sikh Militants(Philadelphia, PA: University of Pennsylvania, 1997).
Mandair, Arvind-Pal S., Religion and the Specter of the West: Sikhism, India, Postcoloniality, and the Politics of Translation(New York: Columbia University Press, 2009).
Mann, Gurinder Singh, Sikhism(Upper Saddle River, NJ: Prentice Hall, 2004).
Mann, Jasbir Singh and Singh, Kharak, Recent Researches in Sikhism(Patiala: Punjabi University Publication Bureau, 1992).
McLeod, W. H., Guru Nanak and the Sikh Religion(Oxford: Clarendon Press, 1968).
- - - , Who Is a Sikh: The Problem of Sikh Identity(Oxford: Clarendon Press, 1989).
- - - , Sikhism(London: Penguin, 1997).
Myrvold, Kristina, Inside the Guru's Gate: Ritual Uses of Texts Among the Sikhs in Varanasi(Lund, Sweden: Lund University Press, 2007).
Nasr, S. H., Knowledge and the Sacred(NY: Crossroad, 1981).
Nesbitt, Eleanor, Sikhism: A Very Short Introduction(Oxford: Oxford University Press, 2005).
Nijhawan, Michael, Dhadi Darbar: Religion, Violence, and the Performance of Sikh History(New Delhi: Oxford University Press, 2006).
Oberoi, Harjot, The Construction of Religious Boundaries: Culture, Identity and Diversity in the Sikh Tradition(Chicago, IL: University of Chicago Press, 1994).
O'Connell, J. T., Sikh History and Religion in the Twentieth Century(Toronto: University of Toronto, 1988).
Rinehart, Robin, Debating the Dasam Granth(New York, Oxford University Press,

forthcoming).

Rogers, Alexander(trans. and ed. Henry Beveridge), Tuzuk-i-Jahangiri, or Memoirs of Jahangir(London: Royal Asiatic Society, 1909).

Schimmel, Annemarie, The Empire of the Great Mughals: History, Art and Culture(London: Reaktion Books, 2004).

Shackle, Christopher, Singh, Gurharpal and Mandair, Arvind-Pal, Sikh Religion, Culture and Ethnicity(London: Curzon, 2001).

Singh, Bhai Vir(ed.), Varan Bhai Gurdas(Amritsar: Khalsa Samachar, 1977).

Singh, Fauja(ed.), Historians and Historiography of the Sikhs(New Delhi: Oriendtal Publishers, 1978).

Singh, Gurdev, Perspectives on the Sikh Tradition(Chandigarh: Siddhartha, 1986).

Singh, Harbans, Guru Nanak and Origins of the Sikh Faith(Bombay: Asia Publishing House, 1969).

- - - , The Heritage of the Sikhs(New Delhi: Manohar, 1985).

Singh, I. J., The World According to Sikhi(Guelph, Canada: Centennial Foundation, 2008).

Singh, Kapur, The Baisakhi of Guru Gobind Singh(Jullundur: Hind Publishers, 1959).

Singh, Khushwant, A History of the Sikhs(Princeton, NJ: Princeton University Press, 1966).

Singh, Nikky-Guninder Kaur, Sikhism(New York: Facts on File, 1993).

Singh, Nripinder, The Sikh Moral Tradition(New Delhi: Manohar, 1990).

Singh, Pashaura, Life and Work of Guru Arjan: History, Memory, and Biography in the Sikh Tradition(New Delhi: Oxford University Press, 2006).

Singh, Pashaura and Barrier, N. G.(eds), Sikhism in the Light of History(New Delhi: Oxford University Press, 2004).

Talbot, Ian and Singh, Gurpharpal, The Partition of India(NY: Cambridge University Press, 2009).

Sikh Scripture and Textual Studies

Chahil, Pritam Singh(trans.), Sri Guru Granth Sahib, 4 vols(New Delhi: Pritam Singh Chahil, 1992).

Kohli, S. S., A Critical Study of the Adi Granth(New Delhi: Punjabi Writers Coop, 1961).
Maken, G. S., The Essence of Sri Guru Granth Sahib, 5 vols(Chandigarh: Guru Tegh Bahadur Educational Center, 2001).
Mandair, Arvind and Shackle, C.(eds and trans.), Teachings of the Sikh Gurus: Selections from the Sikh Scriptures(London/New York: Routledge, 2005).
Mann, Gurinder Singh, The Making of Sikh Scripture(New York: Oxford University Press, 2001).
McLeon, W. H., Textual Sources for the Study of Sikhism(Chicago, IL: University of Chicago Press, 1990).
Shackle, C., An Introduction to the Sacred Language of the Sikhs(London: SOAS, University of London, 1983).
Singh, Gopal, Sri Guru Granth Sahib: English Version(Chandigarh: The World Sikh University Press, 1978).
Singh, Harbans, Sri Guru Granth Sahib: The Guru Eternal for the Sikhs(Patiala: Academy of Sikh Religion and Culture, 1988).
Singh, Mammohan(trans.), Sri Guru Granth Sahib, 8 vols(Amritsar: SGPC, 1969).
Singh, Nikky-Guninder Kaur, The Name of My Beloved: Verses of the Sikh Gurus(New Delhi: Penguin, 2001).
Singh, Pashaura, The Guru Granth: Canon, Meaning and Authority(New Delhi: Oxford University Press, 2000).
Talib, G. S.(trans.), Sri Guru Granth Sahib, 4 vols(Patiala: Punjabi University, 1984).

Sikh Art

Aijazuddin, F. S., Sikh Portraits by European Artists(London/ New York: Sotheby's Parke-Bernet, 1979).
Ananth, Deepak, Amrita Sher-Gil: An Indian Art Family of the Twentieth Century(Munich: Schirmer/ Mosel, 2007).
Archer, W. G. The Paintings of the Sikhs(London: HMSO, 1966).
Bigelow, Anna, Sharing the Sacred: Practicing Pluralism in Muslim India(New York: Oxford University Press, 2010).
Brown, Kerry(ed.), Sikh Art and Literature(London/ New York: Routledge, 1999).

Caur, Arpana and Dayal, Mala Kaur, Nanak: the Guru(New Delhi: Rupa, 2005).
Crill, Rosemary, 'Textiles in the Punjab,' in Susan Stronge(ed.), The Arts of the Sikh Kingdoms.
Dalmia, Yashodhara, Amrita Sher-Gil: A Life(New Delhi: Viking/ Penguin, 2006).
Deol, Jeevan, 'Illustration and Illumination in Sikh Scriptural Manuscripts,' in Kavita Singh(ed.), New Insights into Sikh Art(Mumbai: Marg Publications, 2003).
Goswamy, B. N. 'A Matter of Taste: Some Notes on the Context of Painting in Sikh Punjab,' in Marg: Appreciation of Creative Arts under Maharaja Ranjit Singh(Bombay: Marg Publications, 1982).
- - - . Piety and Splendour: Sikh Heritage in Art(New Delhi: National Museum, 2000).
Goswamy, B. N. and Smith, Caron, I See No Stranger: Early Sikh Art and Devotion(New York: Rubin Museum of Art, 2006).
Hans, Surjit(ed.), B-40 Janamsakhi: Guru Baba Nanak Paintings(Amritsar: Guru Nanak Dev University, 1987).
Kamboj, B. P. Early Wall Painting of Garhwal(New Delhi: Indus Publishing Company, 2003).
Kaur, Madanjit, The Golden Temple: Past and Present(Amritsar: Guru Nanak Dev University, 1983).
McLeod, W. H., Popular Sikh Art(New Delhi: Oxford University Press, 1991).
Melikian_Chirvani, A. S. 'Ranjit Singh and the Image of the Past,' in Susan Stronge(ed.), The Arts of the Sikh Kingdoms(London: V&A Publishing, 1999).
Milford-Lutzker, M., 'Five Artists from India,' Woman's Art Journal 23/2(Autumn 2002-Winter 2003).
Mitter, Partha, The Triumph of Modernism: India's artists and the avant-garde, 1922-1947(London: Reaktion Books, 2007).
Moonan, Wendy, 'An Heirloom Is Resurrected at Cartier,' The New York Times, 29 November 2002.
Murphy, Ann, 'The Guru's Weapons,' Journal of the American Academy of Religion, June 2009.
Randhawa, M. S. 'Paintings of the Sikh Gurus in the collection of Mahant of

Gurdwara Ram Rai, Dehradun,' Roopa-Lekha XXXIX/1.
Rani, Phulan, Life of Guru Nanak Through Pictures(Amritsar: Modern Sahit Academy, 1969).
Singh, Kavita, 'Allegories of Good Kingship: Wall Paintings in the Qila Mubarak at Patiala,' in Kavita Singh, New Insights into Sikh Art(Mumbai: Marg Publications, 2003).
Singh, Khuswant and Kaur, Arpita, Hymns of Guru Nanak(Hyderabad: Orient Longman, 1991).
Singh, Patwant, The Golden Temple(Hong Kong: ET Publishing, 1988).
Spalding, Julian, Pal, Raj and Swallow, Deborah, Twin Perspectives: Paintings by Amrit and Rabindra KD Kaur Singh(London: Twin Studios, 1999).
Stronge, Susan(ed.), The Arts of the Sikh Kingdoms(London: V&A Publishing, 1999).

Women and Gender

Bal, Gurpreet, 'Migration of Sikh Women to Canada: A Social Construction of Gender,' Guru Nanak Journal of Sociology, Amritsar, 1997.
Baldwin, Shauna Singh, English Lessons and Other Stories(Canada, Frederiction, NB: Goose Lane, 1996).
- - - , What the Body Remembers(New York: Doubleday, 1999).
Bhachu, Parminder, Dangerous Designs: Asian Women Fashion the Diaspora Economies(London/ New York: Routledge, 2004).
Daiya, Kavita, Violent Belongings: Partition, Gender, and National Culture in Postcolonial India(Philadelphia: Temple University, 2008).
Elsberg, Constance, Graceful Women: Gender and Identity in an American Community(Knoxville, TN: University of Tennessee Press, 2003).
Fair, C. C., 'Female Foeticide among Vancouver Sikhs: Recontexualizing Sex Selection in the North American Diaspora,' International Journal of Punjab Studies 3/1(Sage, 1996).
Jakobsh, Doris, Relocating Gender in Sikh History: Transformation, Meaning and Identity(New Delhi: Oxford University Press, 2003).
- - - . Sikhism and Women: History, Texts, and Experience(New Delhi: Oxford

University Press, 2010).
Kaur, Kanwaljit, Sikh Women: Fundamental Issue in Sikh Studies(Chandigarh: Institute of Sikh Studies, 1992).
Kaur, Upinderjit, Sikh Religion and Economic Development(New Delhi: National Book Organization, 1990).
Mahmood, Cynthia and Brady, Stacy, Guru's Gift: An Ethnography Exploring Gender Equality with North American Sikh Women(Mountain View: CA: Mayfield Publishing Company, 2000).
Oldenburg, Veena Talwar, Dowry Murder: The Imperial Origins of a Cultural Crime(Oxford/ New York: Oxford University Press, 2002).
Rait, Satwant Kaur, Sikh Women in England: Their Religion and Cultural Beliefs and Social Practices(Stoke-on-Trent UK/ Stering USA: Trentham Books, 2005).
Sasson, Vanessa, Imagining the Fetus: The Unborn in Myth, Religion and Culture(Oxford/ New York: Oxford University Press, 2008).
Singh, Nikky-Guninder Kaur, Feminine Principle in the Sikh Vision of the Transcendent(Cambridge: Cambridge University Press, 1993).
- - - , 'The Kanjak Ritual in the Land of Disappearing Kanjaks,' in South Asian Review(University of Pittsburgh) 29/2(2008), 109-32.
- - - , 'Translating Sikh Scripture into English,' in Sikh Formations(Routledge: United Kingdom) 3/1(June 2007), 1-17.
Westwood, Sallie and Bhachu, Parminder(eds), Enterprising Women: Ethnicity, Economy and Gender Relations(London/ New York: Routledge, 1988).

Colonialism and Diaspora

Ali, N., Lara, V.S. and Sayyid, S.(eds), A Postcolonial People: South Asians in Britain(New York: Columbia University Press, 2008).
Axel, Brian, The Nation's Tortured Body: Violence, Representation, and the Formation of a Sikh Diaspora(Durham, NC: Duke University Press, 2001).
Ballantyne, Tony, Between Colonialism and Diaspora: Sikh Cultural Formations in an Imperial World(Durham, NC: Duke University Press, 2006).
Barrier, N. Gerald and Dusenbery, Verne A.(eds), The Sikh Diaspora(Delhi:

Chanakya, 1989).
Benson, Arthur and Esher, Viscount, The Letters of Queen Victoria, Volume 2: 1844-1853(London: John Murray, 1908).
Bhachu, Parminder, Twice Migrants: East African Sikh Settlers in Britain(London: Tavistock, 1985).
Burnes, Alex, Travels into Bokhara: Being the Account of Journey from India to Cabool, Tartary and Persia(Philadelphia, PA: Carey and Hart, 1835).
Coward, Harold(ed.), The South Asian Religious Diaspora in Britain, Canada, and the United States(New York: State University of New York Press, 2000).
Dusenbery, Verne and Tatla, Darshan S.(eds), Sikh Diaspora: Philanthropy in Punjab(New Delhi: Oxford University Press, 2009).
Eden, Emily, Up the Country: Letters Written to Her Sister from the Upper Provinces of India(London: Richard Bentley, 1867).
Ellinwood, DeWitt C., 'An Historical Study of the Punjabi Soldier in World War I,' in Harbans Singh(ed.), Punjab Past and Present: Essays in Honor of Ganda Singh(Patiala: Punjabi University, 1976).
Grewal, Inderpal, Transnational America; Feminisms, Diasporas, Neoliberalisms (Durham, NC: Duke University Press, 2005).
Hunter, Sir William Wilson(ed.), Lord William Bentinck(Oxford: The Charendon Press, 1897).
Kaur, Inni, Journey with the Gurus(illustrations Pardeep Singh)(Norwalk, CT: Sikh Education & Cultural Foundation, 2010).
Kaur, Jessi, Dear Takuya: Letters of a Sikh Boy(illustrations Brian Johnston)(Tustin, CA: International Institute of Grumat Studies, 2008).
La Brack, Bruce, The Sikhs of Northen California 1904-1975(New York: AMS, 1988).
Leonard, Karen, Making Ethnic Choices: California's Punjabi Mexican Americans(Philadelphia: Temple University, 1992).
Mukherjee, Bharati, Jasmine(New York: Grove Press, 1989).
Nayar, Kamala Elizabeth, The Sikh Diaspora in Vancouver: Three Generations Amid Tradition, Modernity, and Multiculturalism(Toronto: University of Toronto Press, 2004).
Ondaatje, Michael, The English Patient(New York: Vintage International, 1992).

Shukla, Sandhya, India Abroad: Diasporic Cultures of Postwar America and England(Princeton, NJ: Princeton University Press, 2003).

Sidhwa, Bapsi, Cracking India(Minneapolis, MN: Milkweed Editions, 1993).

Singh, Ganda(ed.), Early European Accounts of the Sikhs(reprint from Indian Studies: Past and Present)(Calcutta: A. Guba, 1962).

Singh, Gurharpal and Tatla, Darshan S., Sikhs in Britain: The Making of a Community(London/ New York: Zed Books, 2006).

Singh, Pashaura and Barrier, Gerry(eds). Sikh Identity: Continuity and Change(New Delhi: Manohar, 1999).

Tatla, Darshan Singh, Sikhs in North America: An Annotated Bibliography (Westport, CT: Greenwood Press, 1991).

Tatla, Darshan Singh, 'Sikh Diaspora,' in Melvin Ember, Carold Ember and Ian A. Skoggard(eds), Encyclopedia of Diasporas: Immigrant and Refugee Cultures around the World, Vol, 1(Springer Science+Business Media Inc., 2005).

Tweed, Thomas A., and Prothero, Stephen, 'Things That Make You Ask Kion?,' in Asian Religions in America: A Documentary History(New York: Oxford University Press, 1999), 312-14.

색인

3HO (Healthy Happy Holy) 410
AAA(아메리카 종교 아카데미) 419
B-40 자남사키 308 314 315
SGPC (Shromani Gurdwara Prabhandak Committee) 208 232 234 293

ㄱ

가다르 289
간스 381
고라트나트 47
고빈드 싱, 구루 15, 322
고사인 75
고스와미 304
고인드발 63
구루 《그란트》 51, 104
<구루 나나크의 휨들> 367
구루프랍 409
구르드와라 84 404
구르무크 152
구르무키 23
굴레르 310
굴레르 캉그라 양식 305
그란티 231
그로스, 엘리자베스 19

ㄴ

나나키 26
나나크, 구루 12, 21, 34, 41, 128
나린데르 싱 342
나마즈 52
나인수크 307, 310
남다리스 290
니샨 사히브 94

ㄷ

다람 144
다람살 44, 147
다람칸드 145
다르샨 카라나 169
《다삼 그란트》 104, 106
다울탄 26
다원주의 15
다이아몬드 주빌리 380
닥터 자스비르 싱 사이니 413
닥터 카파니 413
달립 싱 264, 267
담다마 103
데그 테그 파테흐 331
델리 술탄 52
두 번 이주 399, 423
두크니와란 사히브 구르드와라 168
드와라 87, 167
디발리 64
디아 싱 412

디아스포라 375
디킨슨, 피터 14, 387

ㄹ
라가 76
라가 다나사리 39
라밥 27
라지아술타나, 여제 169
라캅 간즈 구르드와라 290
라호르 크로니클 274
라히마트 211
란지트 싱, 마하라자 89, 205, 247, 248, 328
람 다스, 구루 66
람다스푸르 67
람라이 318
람사르 73
랑가르 28
레그 헤드 396, 422
레드클리프 선 295, 299
로드 붓다 100

ㅁ
마니아 152
<마더 인디아> 350
마르다나 27 309
마산드 67
마이 바로 235
마타 구자리 101
마타 키비 62
마타 테크나 169

마한트 292
마할라 77
만지 63
메카 30, 92
멕레오드, 휴 109
모한 싱 297
무굴양식 317
무굴제국 15
무한한 일자 51
미리 93

ㅂ
바나 40
바니 40, 119
바르나 85
바르드 52
바바 나나크 307
바부르 바니 51, 150
바스투푸르샤만달라 87
바이 구르 다스 21, 42
바이 람 싱 271
바이 마니 싱 104
바이 붓다 68, 79
바이 비르 싱 284
바이 타크트 싱 281
바이사키 41, 64, 101
바크 81 170
바트라 시크 378
바하두르가르흐 168
박티 76
반다 싱 바하두르 247

발라 309
밤바 진단 347
번스, 알렉산더 254
베인 강 35
볼드윈, 쇼나 싱 235
부핀드라 싱 330
비니 119
비비 바니 60
비비 아마로 62
빅토리아, 여왕 262, 268

ㅅ
사이루 55
사트 카르타르 칼사 411
사트남 134
사티 52, 63, 221
사틴데르 카우르 카파니 304
상가트 28
샤리아 98
세바 28
세포이 273
셰르 싱 337
셰퍼드부시 383
소바 싱 363
쇠프트, 아우구스트 253
쇼나 싱 볼드윈 428
<소흐니와 마히발> 364
수니아 152, 153
수카산 171
수크마니 76
수틀레즈 258

<순다리> 286
술라크니 27
<슈팅 라이크 베컴> 424
시르파오 39
시르힌드 91
시스 간즈 구르드와라 169
시크 나리만치 417
시크 라히트 마리아다 156, 232
시크 아난드 284
시크 제국 247
'시크: 펀자브의 유산' 304
신성한 합일 27
싯다 44
싱 사바 278, 279

ㅇ
아난드 64
아난드푸르 42 101
<아디 그란트> 104
아라티 39
아르다스 94
아르잔, 구루 43, 83
아르파나 카우르 370
아르피타 싱 367
아마르 다스, 구루 62
아우랑제브, 황제 98
아칼 우스타트 106
아칼리 293
아칼타크트 43, 89
아크바르, 황제 70
<악마의 아이들> 14, 387

알라르드, 장-프랑수아 252
알리멘터리/엘리멘터리 163
암리차르 67
암리차르 조약 254
암리타 36
암리타 셰르-길 345
암리트 115
암리트 카우르 & 라빈드라 카우르 싱 433
암리트다리 441
앙가드, 구루 29, 60
에스테틱/ 아네스테틱 157
에피파니 41
엘리아데, 마르체아 42
여왕 마니아 101
연속 항해법 396
<영웅의 탄생 신화> 25
오스본 하우스 271
온다체, 마이클 88, 427
<와리스샤에 대한 송가> 299
우담 싱 292
우파냐야나 31
우핀데르지트 카우르 234
유일 신성 13, 48
이니 카우르와 제시 카우르 431
이크 오안 카르 23, 75, 142, 302
이티하사 24
인류평등주의 10
<잉글리시 페이션트> 427

ㅈ
자남사키 12, 21
자네우 31
자아프 105
자프 12
자한기르, 황제 90
잘리안 왈라 바그 291
제국 되받아쓰기 428
지지야 98
진단, 마하라니 265, 338
진리의 이름 48

ㅊ
차다, 거린더 235, 423
차우리 319
최고의 일자 47

ㅋ
카디 31
카라 115
카라프라사드 79
카르타르푸르 28
카시 103
카트리 25
카피 76
칸딘스키, 바실리 157
칼리 시대 48
칼리안 찬드 25
칼사 108
칼사 대학교 280
캉가 115 119
캐노피 54
케샤 115

켈트 호랑이 390
쿠다 75
쿠드라트 135
쿠시완트 싱 294
쿤지 43
크램리치, 스텔라 87
키라트푸르 95
키르탄 44
키르판 115

ㅌ
타쿠르 싱 362
<타히니 여인 복장의 자화상> 348
탈 161
탈완디 21
테그 바하두르, 구루 43, 96
테자 싱 384
트리팔가 광장 274
트리프타 26
티카 54

ㅍ
파운타 103
파이브 K 115, 118
파탈리푸트라 99
파트나 99
파티알라 168
판디트 69
판즈 피아레 118
펀자브 18, 237, 238
펀자비 23

페로제푸르 265
포티 72
폴란 라니 366
푸르다 52, 63, 221
풀카리 333
프라카시 170
프리탐, 암리타 235
피리 93

ㅎ
하누카 409
하르 라이, 구루 95, 321
하르 키셴, 구루 95, 322
하르고빈드, 구루 43, 93, 319
하르드와르 30
하르만디르 83
하우마이 151
하지 70
황금 사원 70, 89, 251
후캄 170

미주

들어가는 말

1) Mark Juergensmeyer, 'The Forgotten Tradition: Sikhism in the Study of World Religions,' in M. Juergensmeyer and N. G. Barrier(eds), Sikh Studies(Berkeley, CA: University of California Press, 1979), 13-23.
2) W. C. Smith, 'Comparative Religion: Whither - and Why?,' in Mircea Eliade and Joseph Kitagawa(eds), The History of Religion(Chicago, IL: University of Chicago Press, 1959), 34.
3) Peter Dickinson, The Devil's Children(The Changes: Book 1)(New York: Dell, 1970), 89.
4) In 'What Is Feminist Theory?,' C. Pateman and E. Gross(eds), Feminist Challenge: Social and Political Theory(Boston, MA: Northeastern University Press, 1986), 199.

제 1장

5) 인구 통계와 관련하여 나는 구르하르팔 싱과 다르샨 싱 타틀라에 의거했다: Gurharpal Singh and Darshan Singh Tatla, Sikhs in Britain: The Making of a Community(London/ New York: Zed Books, 2006), 32). 이 작가들은 2005년 전 세계 시크교 인구를 제시했다. 현재 그 숫자는 증가했을 것이다. 2011년 센서스에 의해 곧 더 많은 데이터가 제공될 것이다..
6) Harbans Singh, Guru Nanak and Origins of the Sikh Faith(Bombay: Asia Publishing House, 1969), 20-1.
7) Otto Rank, The Myth of the Birth of the Hero(New York: Vintage, 1959).
8) 구루 나나크의 이름은 누나 '나나키'(Nanaki)의 이름에 따라 지어졌을 것이다. 그녀는 외조부 댁에서 태어났는데, 이는 펀자브어로 '나나케'(nanake)라고 한다. 그래서 이름이 '나나키'가 되었다.
9) 수 백 년이 흐른 후 수피 시인 불레 샤(Bulleh Shah)는 물었다: "내가 왜 카바를 향해야 하는가? 나의 연인이 타크트 하자라(Takht Hazara, 펀자브의 도시)에 살고 있는데 말이다."
10) 구루 <그란트>의 라그 아사(Rag Asa, 471)에 기록되었다.
11) Victor Turner, The Forest of Symbols: Aspects of Ndembu Ritual(Ithaca, NY: Cornell University Press, 1967), 96.
12) Puratan Janamsakhi Guru Nanak Devji. Published in Amritsar by Khalsa Samachar, 1946; 'Bein Parvesh,' 16-19.
13) Hans-Georg Gadamer, Truth and Method(New York: Crossroad, 1989), 575.

14) 보다 자세한 유형학적 분석에 대해서는 나의 책 <칼사의 탄생>을 보라: The Birth of the Khalsa: A Feminist Re-Memory of Sikh Identity(Albany, NY; SUNY Press, 2005).
15) Darsha Singh, Bhai Gurdas: Sikhi de Pahile Viakhiakar(Patiala,India: Punjabi University, 1986), 6.
16) 바이 구르다스의 발라드와 관련하여 나는 바이 비르 싱(Bhai Vir Singh)의 편집본을 사용했다: Varan Bhai Gurdas(Amritsar, India: Khalsa Samachar, 1977).
17) 보다 초기 텍스트에서 바이 구루다스는 구루 나나크가 여행할 때 원고를 겨드랑이 아래 끼고 다녔다고 말했다(Var I: 32). 그러므로 그가 꺼낸 재스민 꽃은 그의 시적인 발화를 상징하는 것 같다.
18) 자남사키에 있는 그의 계시적인 이야기 속에 낭송되고 바이 구르다스에 의해 언급되었던 작품.
19) S. H. Nasr, Knowledge and the Sacred(NY: Crossroad, 1981), 12.

제 2장

20) 구루 <그란트>의 발전에 대한 연구는 다음을 보라: Pashaura Singh, The Guru Granth: Canon, Meaning and Authority(New Delhi: Oxford University Press, 2000); Gurinder Singh Mann, The Making of Sikh Scripture(Oxford University Press, 2001), and S. S. Kohli, A Critical Study of the Adi Granth(Delhi: Punjabi Writers Coop, 1961).
21) Rudolph Otto, Idea of the Holy(New York: Galaxy, 1958).
22) 하르만다르에 대한 연구는 다음을 보라: Mandanjit Kaur, The Golden Temple: Past and Present(Amritsar: Guru Nanak Dev University Press, 1983); and Patwan Singh, The Golden Temple(New Delhi: Time Books International, 1988).
23) Stella Kramrisch, The Hindu Temple, Vol. 1(Delhi: Motilal Banarsidass, 1976), 6.
24) Stella Kramrisch, The Hindu Temple, Vol. 1(Delhi: Motilal Banarsidass, 1976), 6.
25) 아흐마드 샤 시르힌디(Ahmad Shah Sirhindi)는 1624년 파티알라 인근의 시르힌드에서 사망했다. 신비가이자 신학자였던 그는 인도에서 수니파 이슬람(Sunnite Islam)을 부흥시켰다. 안네마리 쉬멜(Annemarie Schimmel)은 "1598년 아크바르는 다작의 구루 아르잔을 방문했다"고 말했다. 그녀의 책 The Empire of the Great Mughals: History, Art, and Culture(London: Reaktion Books, 2004), 118을 보라. 이 책에서 쉬멜은 다음과 같이 말했다: "아크바르의 관용과 종합주의는 진정한 이슬람에 대한 아흐마드의 편협한 개념에 있어 완전히 이상한 것이었다"(p. 132).
26) Tuzuk-i-Jahangiri or Memories of Jahangir, translated by Alexander Rogers and edited by Henry Beveridge(London: Royal Asiatic Society, 1909), 72.
파샤우라 싱에 따르면, 야사 몽골 법(Yasa Mogolian law, 징기스칸 시대 몽골의 법)에 따라 왕자들과 고귀한 인물들의 피를 흘리게 해서는 안되었다. 이에 피를 흘리지 않게 하면서 구루에게는 극도의 고문이 가해졌다. 다음을 보라: Pashaura Singh, Life and Work of Guru Arjan: History, Memory, and Biography in the Sikh Tradition(New Delhi: Oxford University Press, 2006), 207.
27) Tuzuk-i-Jahangiri, 72-3.
28) 제론 하비에르 신부의 편지는 다음 책에 들어있다: Ganda Singh(ed.), Early European Accounts of the Sikhs(reprinted as Indian Studies: Past and Present)(Calcutta: A. Guha, 1962), 48-9.

제 3장

29) 지지야(Jijya)는 또한 금고를 충당하는 방법이었는데, 재정은 황제의 남부 출정에 소모되었다.
30) 이에 대한 훌륭한 자료는 Robin Rinehart, Debating the Dasam Granth(forthcoming 2011, Oxford University Press) 이다.
31) 이에 대한 훌륭한 자료는 Robin Rinehart, Debating the Dasam Granth(forthcoming 2011, Oxford University Press) 이다.
32) 더 많은 분석은 다음을 보라: Gurharbhagat Singh, Transcultural Poetics: Comparative Studies of Ezra Pound's Cantos and Guru Gobind Singh's Bachittra Natak(Delhi: Ajanta Publications, 1988); and Nikky-Guninder Kaur Singh, The Birth of the Khalsa: A Feminist Re-Memory of Sikh Identity(Albany, NY: SUNY, 2005), Ch. 1.
33) 아랍어에서 파행된 칼사(khalsa)는 순수를 의미한다.
34) W. H. McLeod, Who Is a Sikh: The Problem of Sikh Identity(Oxford: Clarendon Press, 1989), 29.
35) David Shulman, The Hungry God: Hindu Tales of Filicide and Devotion(Chicago, IL: University of Chicago Press, 1993), 136.
36) 카푸르 싱에서 인용: Kapur Singh, The Baisakhi of Guru Gobind Singh(Jalandhar, Punjab, India: Hindu Publishers, 1959), 4-5.
37) 도리스 자콥시(Doris Jakobsh)는 이 영역에서 귀중한 목록(valuable entry)을 만들었다. 그녀의 책Relocating Gender in Sikh History(New Delhi: Oxford University Press, 2003)을 보라.
38) Nikky-Guninder Kaur Singh, The Birth of the Khalsa, Ch. 4 를 보라.
39) 기아니 가르자 싱(Giani Garja Singh)에 따르면, 이를 기록한 저자는 나르부드 싱 바트(Narbud Singh Bhatt)로, 그는 당시 구루 고빈드 싱과 함께 난데르에 있었다. 자세한 사항은 다음을 보라: Harbans Singh, Sri Guru Granth Sahib: The Guru Eternal for the Sikhs(Patiala,

Punjab, India: Academy of Sikh Religion and Culture, 1988).
40) 원문은 다음에서 인용되었다: Harbans Singh, The Heritage of the Sikhs(New Delhi: Manohar Publications, 1983), 108-9. 또한 다음을 보라: Jeevan Deol, 'The Eighteenth Century Khalsa Identity: Discourse, Praxis and Narrative,' in Christopher Shackle, Gurharpal Singh and Arvind-Pal Mandair(eds), Sikh Religion, Culture and Ethnicity(Richmond, UK: Curzon Press, 2001), 28.
41) Harbans Singh, The Heritage of the Sikhs(New Delhi: Manohar, 1985), 110.
42) Harbans Singh, Sri Guru Granth Sahib: Guru Eternal for ths Sikhs, 19.
43) George Lakoff and Mark Johnson, Metaphors We Live By(Chicago and London: University of Chicago Press, 1980). '존재론적 메타포'(ontological metaphors)에 대해서는 25-32을 보라; '동양의 메타포'(orientational metaphors)에 대해서는 14-21을 보라; 그리고 '구조적 메타포'에 대해서는 61-68을 보라.
44) W. H. McLeod, Historical Dictionary of Sikhism(Lanham, MD: The Scarecrow Press, 2005), 2.

제 4장

45) S. Radhakrishnan, The Principal Upanishads(London: George Allen & Unwin, 1953), 695-705.
46) In the Preface to Carol P. Christ, Diving Deep and Surfacing: Women Writers on Spiritual Quest(Boston, MA: Beacon Press, 1980), xxvii.
47) ma + i = 락슈미와 사라스바티. 탈리브(G. S. Talib)는 자신의 번역본 Japji: The Immortal Prayer-Chant(New Delhi: Munshiram Monoharlal, 1976), 42 에서 세 명의 여신, 파르바티와 락슈미, 사라스바티를 인지했다(acknowledge).
48) 나는 이 다섯 단계에 대해 "시크교의 영적 체험"(The Spiritual Experience in Sikhism)에서 논했는데, 이는 다음 책에 실려 있다: K. R. Sundarajan and Bithika Mukerji(eds), Hindu Spirituality: Postclassical and Modern World Spirituality(New York: Crossroad Publications, 1997), 530-561.
49) 영향력 있는 종교 철학자 키르케고르(SØren Kierkegaard)가 구분한 세 영역 - 미학, 윤리학, 그리고 종교 - 에서 미학은 제일 낮은 단계에 위치한다.
50) Wassily Kandinsky, Concerning the Spiritual in Art(New York: Dover, 1977), 54.

제 5장

51) 아칸드파트(akhandpath)에 대한 상세한 분석은 크리스티나 미르볼드(Kristina Myrvold)

의 뛰어난 작품을 보라: Inside the Guru's Gate: Ritual Uses of Texts Among the Sikhs in Varanasi(Lund, Sweden: Lund University Press, 2007), 269.
52) Barbara Meyeroff, in Victor Turner, Celebration: Studies in Festivity and Ritual(Washington, D.C.: Smithsonian Institute Press, 1982), 109-135.
53) 구루 람 다스의 휨 '라반'에 대한 보다 자세한 사항은 2장을 보라.
54) Owen Cole, The Sikhs: Their Religious Beliefs and Practices(Eastbourne, UK: Sussex Academy Press, 1995), 124.
55) Harvey Cox, Feast of Fools: A Theological Essay on Festivity and Fantasy(Cambridge, MA: Harvard University Press), 7.
56) Satwant Kaur Rait, Sikh Women in England: Their Religious and Cultural Beliefs and Social Practices(Stoke-on-Trent, UK: Trentham Books, 2005), 55-94.

제 6장

57) Elizabeth Bumiller, May You Be the Mother of a Hundred Sons(New York: Random House, 1990).
58) 마누 법전(The Laws of Manu)은 일반적으로 200 BCE - 200 CE 사이로 거슬러 올라간다.
59) 1740-1765년 사이로 거슬러 올라가면 '이 작품만큼 우리를 구루 그빈드 싱의 시대로 더 가깝게 데려가는 라히트-나마(rahit-nama, 펀자브어로 '행동 지침')는 없다...': W. H. McLeod, in his Introduction to his translations and edition of the text, The Chaupa Singh Rahit-Nama(Dunedin, New Zealand: University of Otago Press, 1987), 10.
60) McLeod, The Chaupa Singh Rahit-Nama, 111-113.
61) 런던의 빅토리아& 알버트 박물관(Victoria and Albert Museum)에 있는 그림은 이 비극적 장면을 그리고 있다. 자세한 사항은 제 8장 시크교의 예술을 보라.
62) C. C. Fair, 'Female Foeticide among Vancouver Sikhs: Recontexualizing Sex Selection in the North American Diaspora,' International Journal of Punjab Studies(Sage) 3/1(1996), 1-44. 또한 다음을 보라: Anshu Malhotra, 'Shameful Continuities: The Practice of Female Infanticide in Colonial Punjab,' in Doris Jakobsh, Sikhism and Women(Delhi: Oxford), 83-114.
63) Mary Daly, Gyn-Ecology: The Metaethics of Radical Feminism(Boston, MA: Beacon Press, 1978), 1-42.
64) Ibn al'Arabi, The Bezels of Wisdom(trans. R. W. J. Austin, The Classics of Western Spirituality)(Mahwah, NJ: Paulist Press, 1980), 29.
65) Phyllis Trible, God and the Rhetoric of Sexuality(Philadelphia, PA: Fortress Press, 1978), 31-59.

66) H. Cixous and C. Clement, The Newly Born Woman(trans. B. Wing)(Minneapolis, MN: University of Minnesota Press, 1986), 93.
67) S. McFague, Models of God: Theology for an Ecological, Nuclear Age(Philadelphia, PA: Fortress Press, 1987).
68) 다음을 보라: Rosemary Ruether, Sexism and God-Talk: Toward a Feminist Theology(Boston, MA: Beacon Press, 1983).
69) Naomi Goldenberg, 'The Return of the Goddess: Psychoanalytic Reflections on the Shift from Theology to Thealogy,' in Ursula King, Religion and Gender(Oxford UK/ Cambridge MA: Basil Blackwell, 1995), 155.
70) Rudolph Otto, The Idea of the Holy(New York: Galaxy, 1958), 29.
71) Tillich, Paul, Systematic Theology, Vol. 1(Chicago, IL: University of Chicago Press, 1951), 241.
72) Carol Christ, 'Symbols of Goddess and God in Feminist Theology,' in Book of the Goddess, ed. Carol Olsen(New York: Crossroad Press, 1985), 250.
73) 남편을 잃은 인도 여성의 상황에 대한 생생한 설명은 디파 메타(Deepa Mehta)의 영화 <물>(Water, 2005)을 보라. 또한 다음을 보라: Nikky-Guninder Kaur Singh, 'The Kanjak Ritual in the Land of Disappearing Kanjaks,' in South Asian Review(University of Pittsburgh) 29/2(2008), 109-32.
74) Nikky-Guninder Kaur Singh, 'Translating Sikh Scripture into English,' Sikh Formations(Routledge, UK) 3/1(June 2007), 1-17.
75) Grace Jantzen, Becoming Divine: Towards a Feminist Philosophy of Religion(Bloomington, IN: Indiana University Press, 1999).
76) 프레네에트 카우르(Preneet Kaur)와 하르심라트 카우르(Harsimrat Kaur)는 모두 유력한 시크 가문의 며느리이다. 이들은 파티알라 왕족, 유력한 바달(Badal) 가문에 각각 속해있다.

제 7장

77) 이 장에서 찰스 윌킨스(Charles Wilkins)의 인용은 모두 다음에 의거한다: Early European Accounts of the Sikhs, ed. Ganda Singh(Calcutta: A. Guha, 1962), 71-75.
78) 위의 책, 74-75.
79) Colonel Antoine Louis Henri Polier, 'The Siques,' in Singh(ed.), Early European Accounts of the Sikhs, 63.
80) Fauja Singh(ed.), Historians and Historiography of the Sikhs(New Delhi: Oriental Publishers, 1978), 2.

81) James Browne, 'History of the Origin and Progress of the Sikhs,' in Singh(ed.), Early European Accounts of the Sikhs, 13-43. 이 장에서 브라우니의 인용은 이 책에 대한 그의 서문 13-19에 의거한다.
82) 이는 F. S. Aijazuddin, Sikh Portraits by European Artists(London/New York: Sotheby's Parke-Bernet, 1979), illustrations XI-XVII 에서 확인된다. 이 그림은 영국에 있는 달립 싱의 엘베덴 집의 홀에 걸려 있었다. 현재는 라호르에서 그의 딸 밤바 공주(Princess Bamba)의 소장품의 일부로 전시되고 있다.
83) Alex Burnes, Travels into Bokhara: Being the Account of Journey from India to Cabool, Tartary and Persia(Philadelphia, PA: Carey and Hart, 1835), 107.
84) Burnes, Travels into Bokhara, 106.
85) Burnes, Travels into Bokhara, 117-118.
86) Burnes, Travels into Bokhara, 116.
87) Burnes, Travels into Bokhara, 114.
88) Burnes, Travels into Bokhara, 117.
89) Burnes, Travels into Bokhara, 116.
90) Burnes, Travels into Bokhara, 122.
91) K. S. Duggal, Maharaja Ranjit Singh: The Last to Lay Arms(New Delhi: Abhinav Publications, 2001), 102.
92) Sir William Wilson Hunter(ed.), Lord William Bentinck(Oxford: Clarendon Press, 1897), 169.
93) Emily Eden, Up the Country: Letters Written to her Sister from the Upper Provinces of India(London: Richard Bentley, 1867), 236.
94) Eden, Up the Country, 227.
95) Eden, Up the Country, 228.
96) Eden, Up the Country, 230.
97) Eden, Up the Country, 200.
98) Eden, Up the Country, 201.
99) Eden, Up the Country, 209.
100) Eden, Up the Country, 216.
101) Arthur Benson and Viscount Esher, The Letters of Queen Victoria, Vol. 2: 1844-1853(London: John Murray, 1908), 217.
102) ' Cited by Brian Axel, The Nation's Tortured Body: Violence, Representation, and the Formation of a Sikh 'Diaspora'(Durham, NC: Duke University Press, 2001), 55. 액셀은 '마하라자의 장려한 몸'(Maharaja's Glorious Body, 1장)에서 빈터할터가 젊은 달립을 그리는 일주

일 동안 일어났던 많은 일들을 멋지게 묘사하고 있다. 빈터할터의 그림에 대해서는 이 책의 p. 138을 보라.
103) Hindustan Times, 28 March 2006.
104) Khushwant Singh, History of the Sikhs, Vol. 2(Princeton, NJ: Princeton University Press, 1966), 101-102.
105) Arthur Moffat, quoted by Tony Ballantyne, Between Colonialism and Diaspora: Sikh Cultural Formations in an Imperial World(Durham, NC: Duke University Press, 2006), 63.
106) Lahore Chronicle, 17 November 1858; quoted by Ballantyne, Between Colonialism and Diaspora, 64.
107) Veena Talwar Oldenburg, Dowry Murder: The Imperial Origins of a Cultural Crime(Oxford, UK: Oxford University Press, 2002), 154.
108) DeWitt C. Ellinwood, 'An Historical Study of the Punjabi Soldier in World War I,' in Harbasn Singh(ed.), Punjab Past and Present: Essays in Honor of Ganda Singh(Patiala: Punjabi University, 1976), 344.
109) 상세한 역사적 사실에 대해서는 쿠시완트 싱(Khushwant Singh)의 History of the Sikhs에 의거했다. esp. 160을 보라.
110) Historical Sketches of the Indian Missions(Allahabad, 1886), 27 에서.
111) Khushwant Singh, History of the Sikhs, 142-143.
112) Bhai Vir Singh, Sundari(New Delhi: Bhai Vir Singh Sahitya Sadan, 1985), 127-128.
113) Khushwant Singh, in his Foreword to K. C. Gulati, The Akalis Past and Present(New Delhi: Ashajanak Publications, 1974), 7.
114) Harbans Singh, Encyclopedia of Sikhism, Vol. 3(Patiala: Punjabi University, 1992)의 "Morcha Chabian"(124-125) 편을 보라.
115) 공식적 비공식적 숫자에 대해서는 Kavita Daiya, Violent Belongings: Partion, Gender, and National Culture in Postcolonial India(Philadelphia: Temple University, 2008), 6을 보라.

제 8장

116) Susan Stronge(ed.), The Arts of the Sikh Kingdom(London: V&A Publishing, 1999).
117) B. N. Goswamy, Piety and Splendour: Sikh Heritage in Art(New Delhi: National Museum, 2000). 나는 시크 예술에 대한 고스와미 박사의 고무적인 학문적 업적에서 큰 빚을 지고 있다.
118) Kerry Brown(ed.), Sikh Art and Literature(London/New York: Routledge, 1999); Stronge, The Arts of the Sikh Kingdoms; Goswamy, Piety and Splendour, and B. N. Goswamy and

Caron Smith, I See No Stranger: Early Sikh Art and Devotion(New York: Rubin Museum of Art, 2006).
119) B-40 자남사키는 19세기 라호르에서 발견되었고 1907 인디아 오피스 도서관(India Office Library)에 소장되었다. 이는 수르지트 한스(Surjit Hans) 교수에 의해 편집되었다: B-40 Janamsakhi: Guru Baba Nanak Paintings(Amritsar: Guru Nanak Dev University, 1987). 이 책의 p.3에 있는 구루 나나크의 이미지는 B-40 자남사키에서 가져온 것이다. 여기에 인용된 정보에 대해서는 Hew McLeod, Popular Sikh Art(Delhi: Oxford University Press, 1991), 5-6을 보라.
120) Goswamy and Smith, I See No Stranger, 36-37.
121) 카파니 소장품. Brown, Sikh Art and Literature, Fig. 36에서.
122) 찬디가르의 국립 박물관 & 예술 갤러리(Government Museum and Art Gallery)에 있는 불투명 수채화. Goswamy and Smith, I See No Stranger, 69를 보라.
123) Goswamy and Smith, I See No Stranger, 93. 현재 샌프란시스코의 아시아 예술 박물관에 소장되어 있다.
124) 역시 샌프란시스코의 아시아 예술 박물관에 소장되어 있다. Goswamy and Smith, I See No Stranger, 89에서.
125) 굴레르 나인수크의 파하리 작업실 그림에서 구루 나나크는 두 명의 신성한 무슬림 남자와 이야기를 나누고 있다. Goswamy and Smith, I See No Stranger, 61에서.
126) Goswamy and Smith, I See No Stranger, 94.
127) Goswamy and Smith, I See No Stranger, 30.
128) M. S. Randhawa, 'Paintings of the Sikh Gurus in the Collection of Mahant of Gurdwara Ram Rai, Dehradun,' Roopa-Lekha XXXIX/1, 13-20.
129) McLeod, Popular Sikh Art, 7-8.
130) 캄보즈(B. P. Kamboj)에 따르면, 이 바이 바훌로 다르와자(Bhai Bahlo Darwaza)의 벽에 그려진 벽화들은 "아마 지금까지 인도와 그 밖의 지역에서 그려진 시크교 구루들의 벽화 중에서 가장 오래된 것이다." B. P. Kamboj, Early Wall Painting of Garhwal(New Delhi: Indus Publishing Company, 2003), 35을 보라.
131) 찬디가르의 국립 박물관 & 예술 갤러리에 소장되어 있다. Stronge, The Arts of the Sikh Kingdoms, illustration 30.
132) 심라(Simla)에 위치한 히마찰 프라데시 주립 박물관(Himachal Pradesh State Museum)에 소장되어 있다. Goswamy, Piety and Splendour, 48.
133) Goswamy, Piety and Splendour, 38-39. 고스와미는 구루 나나크의 옷에 있는 문자와 시들에 대한 상세한 설명을 제공한다. 이미지에 대해서는 이 책의 p.15를 보라.
134) Goswamy, Piety and Splendour, 38.

135) 이슬람의 기도 '가장 자비롭고 가장 은혜로운 신의 이름으로'의 번역. 시크교 기도의 번역은 '진리가 항상, 그리고 영원히 함께하기를.'
136) Jeevan Deol, "Illustration and Illumination in Sikh Scriptural Manuscripts," in Kavita Singh(ed.), New Insights into Sikh Art(Mumbai: Marg Publitions, 2003), 50-67.
137) 물 만트라(Mul Mantra)는 구루 나나크의 모형 이크 오안 카르를 따른다. 이는 시크교 경전의 맨 처음에, 그리고 각 장의 시작에 등장한다.
138) Goswamy and Smith, I See No Stranger, 38.
139) 그러나 현재 어디에 있는지 모른다. Deol, "Illustration and Illumination in Sikh Scriptural Manuscripts," 55를 보라.
140) 번역과 논의에 대해서는 다음을 보라: A. S. Melikian-Chirvani, 'Ranjit Singh and the Image of the Past,' in Stronge, The Arts of the Sikh Kingdoms, 63.
141) Goswamy, Piety and Splendour, 184.
142) 뉴델리의 국립 박물관에서.
143) 황금 토큰(gold token), Goswamy, Piety and Splendour, 186.
144) Goswamy, Piety and Splendour, 188.
145) Goswamy, Piety and Splendour, 71.
146) Goswamy, Piety and Splendour, 70-71.
147) Goswamy, Piety and Splendour, 73.
148) Goswamy, Piety and Splendour, 78-79.
149) Goswamy, Piety and Splendour, 77.
150) Rosemary Crill, 'Textiles in the Punjab,' in Stronge, The Arts of the Sikh Kingdoms, 119.
151) 로즈마리 크릴(Rosemary Crill)에 따르면, '잉그르(Ingres)와 데이비드(David)의 19세기 초 회화들은 당시 프랑스에서 아주 인기 있었던 카시미르 숄의 날짜를 추적하는데 있어 역사가들에게 가치가 있다." 다음을 보라: Rosemary Crill, "Textiles in the Punjab," in Stronge, The Arts of the Sikh Kingdoms, 119.
152) Stronge, The Arts of the Sikh Kingdoms, plates 143, 144. 또한 Goswamy, Piety and Splendour, 191 을 보라.
153) F. S. Aijazuddin, Sikh Portraits by European Artists(London/New York: Sotherby's Parke-Bernet, 1979), 30.
154) Kanwarjit Kang, 'Art and Architecture of the Golden Temple,' in Marg, XXX/3, June 1977, 24.
155) B. N. Goswamy, 'A Matter of Taste: Some Notes on the Context of Painting in Sikh Punjab,' Marg, Special Issue: Appreciation of Creative Arts under Maharaja Ranjit Singh(Bombay: 1982), 55.

156) Aijazuddin, Sikh Portraits by European Artists, 30.
157) Aijazuddin, Sikh Portraits by European Artists, illustration II.(Reproduced by Amrit and Rabindra, Twin Perspectives(London: Twin Studios), plate 40).
158) Aijazuddin, Sikh Portraits by European Artists, illustration III.
159) Aijazuddin, Sikh Portraits by European Artists, illustration V. 마라하니 진단에 대한 조지 리치몬드(George Richmond)의 그림은 이 책의 p. 116을 보라.
160) 알라르드 부인(Mrs Allard)은 인도 귀족의 딸이었고 이름은 바누 판 델(Bannou Pan Del)이었다. Stronge, The Arts of the Sikh Kingdoms, illustration 118. 알라르드 가족에 대한 그림은 이 책의 p. 130을 보라.
161) Stronge, The Arts of the Sikh Kingdoms, illustration 105(Rietberg Museum, Zurich).
162) Goswamy, Piety and Splendour, illustrantion 129. 이미지는 이 책의 p. 116 을 보라.
163) Goswamy, 'A Matter of Taste,' Marg, Special Issue: Appreciation of Creative Arts under Maharaja Ranjit Singh(Bombay: 1982), 49.
164) Illustration 63 in Marg, XXX/3, June 1977.
165) W. G. Archer, The Paintings of the Sikhs(London: HMSO, 1966), 30.
166) Wendy Moonan, "An Heirloom Is Resurrected at Cartier," The New York Times, 29 November 2002.
167) Kavita Singh, "Allegories of Good Kingship: Wall Paintings in the Qila Mubarak at Patiala," in New Insights into Sikh Art(Mumbai: Marg Publications, 2003), 68-85.
168) Goswamy, "Continuing Traditions in the Later Sikh Kingdoms," in Stronge(ed.), The Arts of the Sikh Kingdoms, 175-177.
169) M. Milford-Lutzker, "Five Artists from India," Woman's Art Journal 23/2(Autumn 2002/ Winter 2003), 21.
170) Deepak Ananth, Amrita Sher-Gil: An Indian Art Family of the Twentieth Century(Munich: Schirmer/Mosel, 2007), 14. 이 장에서 논의된 셰르-길의 그림들은 아난트의 책에서 재생된다.
171) Ananth, Amrita Sher-Gil, 22.
172) Ananth, Amrita Sher-Gil, 19-22.
173) Ananth, Amrita Sher-Gil, 20.
174) Yashodhara Dalmia, Amrita Sher-Gil: A Life(New Delhi: Viking/Penguin, 2006), 20.
175) 인용된 구절은 셰르-길이 칼 칸달발라(Karl Khandalvala)에게 보내는 1940년 7월 1일 자 편지에서 발췌한 것이다. Ananth, Amrita Sher-Gil, 98에서.
176) Ananth, Amrita Sher-Gil, illustrations 82와 84에서.
177) 풀란 라니(Pulan Rani)의 그림. Life of Guru Nanak Through Pictures(Amritsar: Modern Sahit Academy, 1969), 17에서.

178) Khuswant Singh and Arpita Kaur, Hymns of Guru Nanak(Hyderabad: Orient Longman, 1991).
179) 아르피타의 그림은 Hymns of Guru Nanak, 109에서.
180) Hymns of Guru Nanak, 27.
181) Hymns of Guru Nanak, 81.
182) 시타를 보호하기 위해 시동생 락시만이 그린 선이다.
183) By Arpana Caur and Mala Kaur Dayal(New Delhi: Rupa, 2005).
184) 뉴델리의 국립 현대 미술 갤러리에 전시되었다.

제 9장

185) Gurharpal Singh and Darshan Singh Tatla, Sikhs in Britain: The Making of a Community(London/New York: Zed Books, 2006), 32. 저자들은 2005년 전 세계 시크교인 숫자를 제공한다. 그 숫자는 이 책을 쓰고 있는 동안 늘어났을 것이다.
186) Harbans Sing, Guru Nanak and Origins of the Sikh Faith(Patiala: Punjabi University, 1969), 116-117.
187) 상세한 사항은 다음의 책에서: Kristina Myrvold, Inside the Guru's Gate: Ritual Uses of Texts Among the Sikhs in Varanasi(Lund, Sweden: Lund University, 2007), 34, 98-101.
188) 상세한 사항은 다음의 책에서: Khushwant Singh, History of the Sikhs, Vol. 2(Princeton, NJ: Princeton University Press, 1966), 91-92.
189) Tony Ballantyne, Between Colonialism and Diaspora: Sikh Cultural Fomations in an Imperial World(Durham, NC: Duke University Press, 2006), 72를 보라.
190) Hew McLeod, Sikhism(Harmondsworth: Penguin, 1997), 255.
191) BBC 웹사이트에는 흥미로운 사진들이 있다: http: news.bbc.co.uk/2/hi/uk_news/8589634.stm; 2010년 6월 1일 접속.
192) http:// www.black-history.org.uk/chattri.asp.
193) Sandhya Shukla, India Abroad: Diasporic Cultures of Postwar America and England(Princeton, NJ: Princeton University Press, 2003), 38.
194) Singh and Tatla, Sikhs in Britain, 47.
195) Quoted by Singh and Tatla, Sikhs in Britain, 52.
196) 이 숫자들 역시 Singh and Tatla, Sikhs in Britain 에서.
197) The Gardian. cited in Ballantyne, Between Colonialism and Diaspora, 114.
198) 완전한 논의는 다음을 보라: Ballantyne, "Displacement, Diaspora, and Difference in the Making of Bhangra," in Between Colonialism and Diaspora, 121-174.

199) Darsha Singh Tatla, "Sikh Diaspora," in Melvin Ember, Carol Ember and Ian A. Skoggard(eds), Encyclopedia of Diasporas: Immigrant and Refuge Cultures around the World, Vol. 1(Springer Science + business Media, 2005), 276. 또한, Singh and Tatla, Sikhs in Britain, 32.
200) 각광받는 영화감독 데파 메타(Deepa Mehta)가 코마가타 마루(Komagata Maru)의 비극에 대한 영화를 만들고 있다.
201) 영화 <모래 속의 뿌리>(Roots in the Sand). 또한, <신(新) 청교도: 유바 시티의 시크교인들>(New Puritans: Sikhs of Yuba City).
202) 이들의 아들은 유명한 시크 역사학자 닥터 간다 싱(Dr Ganda Singh)의 누이와 결혼했다-. 저자는 이들 가족과 친하게 지냈다.
203) The New York Times 1면, 31 August 2009.
204) Gurpreet Bal, "Migration of Sikh Women to Canada: A Social Construction of Gender," Guru Nanak Journal of Sociology(Amritsar, 1997).
205) The Tribune, 15 June 1996.
206) C. C. Fair, "Female Foeticide Among Vancouver Sikhs: Recontexualizing Sex Selection in the North American Diaspora," International Journal of Punjab Studies(Sage Publications) 3/1(1996), 1-44.
207) 4 June 2010. http://www.saldef.org/pr/statement-on-sc-sen-jack-knotts-use-of-term-~~~
208) Susan Koshy and Gurinder Chadha, 'Turning Color: Conversation with Gurinder Chadha,' in Transition, No. 72(Indiana University, 1996), 148-161.
209) Shauna Singh Baldwin, English Lessons and Other Stories(Fredericton, NB, Canada: Goose Lane, 1996), 16.
210) Shauna Singh Baldwin, What the Body Remembers(New York: Doubleday, 1999), 335.
211) Baldwin, What the Body Remembers, 83.
212) Baldwin, What the Body Remembers, 34.
213) Inni Kaur, Journey with the Gurus(illustrated by Pardeep Singh)(Norwalk, CT: Sikh Education & Cultural Foundation, 2010).
214) Jessi Kaur, Dear Takuya: Letters of a Sikh Boy(illustrated by Brian Johnston)(Los Angeles: International Institute of Gurmat Studies, 2008).
215) Jessi Kaur, The Royal Falcon(illustrated by Pammy Kapoor)(Los Angeles: International Institute of Gurmat Studies, 2009).
216) Twin Perspectives: Paintings by Amrit and Rabindra KD Kaur Singh, with contributions by Julian Spalding, Raj Pal and Dr Deborah Swallow(London: Twin Studio, 1999), 29.

217) Twin Perspectives: Paintings by Amrit and Rabindra KD Kaur Singh, 67.
218) Twin Perspectives: Paintings by Amrit and Rabindra KD Kaur Singh, 81.
219) Twin Perspectives: Paintings by Amrit and Rabindra KD Kaur Singh, 53.
220) Twin Perspectives: Paintings by Amrit and Rabindra KD Kaur Singh, 49.

시크교와 시크문화

초판 1쇄 발행 | 2025년 7월 31일

지은이 | 니키-거닌더 카우르 싱
옮긴이 | 임나탈리야
편 집 | 강완구
디자인 | S-design
펴낸이 | 강완구
펴낸곳 | 써네스트   **브랜드** | 우물이있는집
출판등록 | 2005년 7월 13일 제2017-000293호
주 소 | 서울시 마포구 양화로 56, 1521호
전 화 | 02-332-9384   **팩 스** | 0303-0006-9384
홈페이지 | www.sunest.co.kr
ISBN 979-11-94166-69-6(03290)

책값은 뒤표지에 있습니다.
잘못된 책은 바꾸어 드립니다.